Klaus Hirsch/Klaus Seitz (Hrsg.)

Zwischen Sicherheitskalkül, Interesse und Moral

Klaus Hirsch/Klaus Seitz (Hrsg.)

Zwischen Sicherheitskalkül, Interesse und Moral

Beiträge zur Ethik der Entwicklungspolitik

IKO – Verlag für Interkulturelle Kommunikation

Das Buch wurde vom Evangelischen Entwicklungsdienst (EED) durch den ABP gefördert.

Bibliographische Information der Deutschen Bibliothek
Die Deutsche Bibliothek verzeichnet diese Publikation in der Deutschen Nationalbibliographie; detaillierte bibliographische Daten sind im Internet über http://dnb.ddb.de abrufbar.

©   IKO-Verlag für Interkulturelle Kommunikation
Frankfurt am Main • London, 2005

Frankfurt am Main	London
Postfach 90 04 21	70 c, Wrentham Avenue
D - 60444 Frankfurt	London NW10 3HG, UK

e-mail: info@iko-verlag.de • Internet: www.iko-verlag.de

ISBN: 3-88939-754-9

Lektorat:	Helga Steck
Umschlaggestaltung:	Volker Loschek, 61184 Karben
Herstellung:	Bookstation GmbH, 78244 Gottmadingen

Inhalt

Klaus Hirsch/Klaus Seitz
Zur Einführung   5

I. Gefährdete Welt: Ethische und entwicklungspolitische Herausforderungen

Wolfgang Sachs
Ökologie – die neue Farbe der Gerechtigkeit.
Der globale Konflikt um den Umweltraum und die Frage nach den
Menschenrechten   15

Kerstin Müller
Entwicklung und Sicherheit in der globalisierten Welt.
Neue Herausforderungen für die Außen-, Sicherheits- und
Entwicklungspolitik   33

Ulrich Menzel
Die neue Politisierung der Entwicklungspolitik   43

II. Grundfragen einer Ethik der Entwicklungspolitik

Thomas Kesselring
Wozu Entwicklungspolitik?
Ethische Reflexionen   63

Corinna Mieth
Sind wir zur Hilfe verpflichtet?
Zur Dialektik von Hilfe und Gerechtigkeit   83

Christoph Stückelberger
Grundwerte und Prioritäten globaler Entwicklung.
Ethische Herausforderungen der Entwicklungspolitik aus Sicht eines
christlichen Hilfswerkes   105

III. Entwicklungszusammenarbeit zwischen Interesse und Moral

Klaus Seitz
Die Sicherheitsfalle.
Weshalb sicherheitspolitische Argumente eine ethische Begründung der
Entwicklungspolitik nicht ersetzen können   127

Alexander Lohner
Option für die Armen oder Strategie der Sicherheitspolitik?
Ein Beitrag zur Ethik der Entwicklungszusammenarbeit aus der Sicht
theologischer Sozialethik   145

Joachim Lindau
Zwischen Sicherheitskalkül, Eigeninteresse und Barmherzigkeit.
Legitimationsdefizite der Entwicklungspolitik am Beispiel der
Europäischen Union   161

Lothar Brock
Die Eigeninteressen der Entwicklungsagenturen:
Schranke oder Grundlage einer effektiven Hilfe zur Selbsthilfe?   171

Gerhard Kruip
Wechselseitige Verpflichtungen.
Partnerschaft in der Entwicklungszusammenarbeit   185

IV. Weltordnungspolitik für das 21. Jahrhundert

Wolfgang Benedek
Rechtlich-institutionelle Grundlagen einer gerechten Weltordnung   193

Brigitte Hamm
Unternehmensverantwortung und Global Governance   211

Ute Hausmann
Entwicklungspolitik als praktische Menschenrechtspolitik.
Die Annäherung von Entwicklungs- und Menschenrechtspolitik
am Beispiel des Menschenrechts auf Nahrung   225

Jens Martens
Globale Öffentliche Güter
– ein neues Paradigma für die Entwicklungszusammenarbeit?   237

V. Globale Solidarität und Globales Lernen

Marianne Heimbach-Steins
Bildung und Beteiligungsgerechtigkeit.
Bildungspolitische und sozialethische Anfragen   257

Eckart Voland
Eigennutz und Solidarität.
Das konstruktive Potenzial biologisch evolvierter Kooperationsstrategien
im Globalisierungsprozess   273

Karl Ernst Nipkow
Universalistische Ethik in einer pluralistischen Welt.
Zu den ethischen Grundlagen weltbürgerlicher Bildung   287

Klaus Hirsch
Quo vadis Humanitas?   303

Veröffentlichungsnachweise   307

Die Autorinnen und Autoren   309

Zur Einführung

Auf den ersten Blick mag die Frage nach den ethischen Grundlagen der Entwicklungspolitik etwas verstaubt anmuten. Denn groß ist die Skepsis, ob Ethik und Moral für die Gestaltung der Politik im 21. Jahrhundert überhaupt noch etwas austragen können. Ist nicht der Anspruch, den Globalisierungsprozess zivilisieren und die Nord-Süd-Beziehungen nach ethischen Maßstäben ordnen zu wollen, angesichts der Komplexität gegenwärtiger Weltverhältnisse vermessen? Nach mehr als vier „Entwicklungsdekaden" beurteilen auch wohlmeinende Mitstreiter der Entwicklungspolitik deren Wirkungen als „wenig erbaulich" (*Thomas Kesselring*). Hat sich die Entwicklungspolitik mit ihren normativen Ambitionen und idealistischen Visionen vielleicht selbst ein Bein gestellt? Wäre nicht, vor allem von Seiten der Nichtregierungsorganisationen und der kirchlichen Hilfswerke, mehr nüchterner Pragmatismus angezeigt?

So berechtigt auch die Anfragen an Macht oder Ohnmacht jeder politischen Ethik sind: Unter dem Eindruck neuer globaler Sicherheitsrisiken gewinnt auch das Bemühen um eine ethische Fundierung der Entwicklungszusammenarbeit wieder an Brisanz und Aktualität – und erweist sich damit als ein Problem, das nicht nur der akademischen Erörterung in Philosophieseminaren vorbehalten bleiben sollte. Denn seit dem 11. September 2001 haben sich die Rahmenbedingungen für die internationale Politik und die Entwicklungszusammenarbeit erheblich verschoben. Sicherheitspolitische Erwägungen drängen sich auch und gerade im Bereich der Nord-Süd-Politik in den Vordergrund. Die ursprünglichen Anliegen einer gerechtigkeitsorientierten Entwicklungspolitik drohen beim vorherrschenden Diskurs um die Abwehr globaler Sicherheitsgefahren und beim Kampf gegen den Terror vollends unter die Räder zu geraten.

Unmittelbar nach den Terroranschlägen des 11. September 2001 hat die Bundesregierung bereits signalisiert, die veränderte Problemlage stelle neue Anforderungen an die „Vernetzungsfähigkeit von Diplomatie, Sicherheitskräften und Entwicklungspolitik" (vgl. hierzu auch den Beitrag von *Kerstin Müller* in diesem Band). Im Zuge des Umbaus der Bundeswehr zu einer global operierenden Interventionsarmee und des Aufbaus einer gemeinsamen europäischen Sicherheitspolitik werden gerade auch in Deutschland und in Europa die Beziehungen zwischen Entwicklungspolitik und Militär immer enger. Neue Formen der zivil-militärischen Kooperation entstehen, die vor Jahren noch undenkbar schienen. Damit verändert sich auch die Arbeitsteilung bislang getrennter Politikfelder: Die Differenz zwischen Entwicklungszusammenarbeit, Katastrophenhilfe, Peace Enforcement und „humanitärer Intervention" droht zu verschwimmen. Es ist heute üblich geworden, die zahlreichen neuen und alten Schattenseiten der Globalisierung im Rahmen eines „erweiterten Sicherheitsbegriffs" als nichtmilitärische Bedrohungen der Sicherheit zu interpretieren, die nach sicherheits- wie entwicklungspolitischen Antworten gleichermaßen verlangen, einerlei ob es nun um Massenarmut oder Staatszerfall, die Vertiefung der weltweiten Einkommenskluft, die organisierte Kriminalität, die Ausbreitung der AIDS-Pandemie, unkontrollierbare Flüchtlingsströme oder die Folgen von Umweltkatastrophen geht. Zugleich wächst unter den Vorzeichen des Kampfes gegen den globalen Terrorismus die Bereitschaft, Rechtsstaatlichkeit, Frieden und Menschenrechte in gescheiterten Staaten des Südens, in denen expandierende Gewaltmärkte die Herrschaft übernommen haben, notfalls auch mit militärischen Mitteln zu erzwingen

Nichtregierungsorganisationen warnen angesichts dieser Trends vor einer sicherheitspolitischen Instrumentalisierung der Entwicklungspolitik. Zum zweiten Jahrestag der Terroranschläge auf das World Trade Center hatten Brot für die Welt, Evangelischer Entwicklungsdienst und Misereor ein gemeinsames Positionspapier unter der Fragestellung „Entwicklungspolitik im Windschatten militärischer Interventionen?" vorgelegt (vgl. hierzu den Beitrag von *Alexander Lohner* in diesem Band). Sie brachten darin ihren Protest gegen die drohende Dominanz einer sicherheitspolitischen Doktrin zum Ausdruck. Kirchliche Entwicklungsarbeit könne nicht einem Sicherheitsdenken verpflichtet sein, das die Unversehrtheit der Lebensverhältnisse im Norden in den Mittelpunkt stellt. Und die Entwicklungsorganisationen mahnen an, das sozialethisch begründete eigenständige Profil der Entwicklungszusammenarbeit nicht aufzugeben, das mehr und mehr unter dem neuen sicherheitspolitischen Kalkül verschüttet zu werden droht.

Diese Aufforderung, sich neu der ethischen Motive und Begründungen der Entwicklungszusammenarbeit zu vergewissern, möchten wir mit diesem Sammelband aufgreifen. In der kritischen Auseinandersetzung mit einem engen sicherheitspolitischen Denken, das die Wahrung der Sicherheitsinteressen der

Wohlhabenden zum Maßstab politischen Handelns nimmt, sollen hier alternative Ansätze einer sozialethischen Begründung und normativen Orientierung der Entwicklungspolitik erörtert werden.

Auch Entwicklungspolitiker lassen sich inzwischen dazu verleiten, der anhaltenden Akzeptanzkrise ihres Politikfeldes dadurch entgegenzutreten, dass sie Armutsbekämpfung und Entwicklungszusammenarbeit als kostengünstigste Form der Terrorprävention ausweisen. Doch ist es angemessen, die Notwendigkeit der Entwicklungspolitik vor allem durch den Verweis auf unser Eigeninteresse legitimieren zu wollen? Erstaunlicherweise hatten Hunderte von Expertinnen und Experten aus Politik und Wissenschaft, die im Jahr 2000 vom Verband der deutschen Nichtregierungsorganisationen (VENRO) zur Zukunft der Entwicklungspolitik befragt worden waren, genau dies angeraten: Zur Verbesserung der öffentlichen Verankerung der Entwicklungspolitik sollte zukünftig stärker der Eigennutz, den die Geberländer vom Ausgleich der Interessen zwischen Nord und Süd haben, hervorgehoben werden. Demgegenüber kann die philosophische Ethik durchaus eine Reihe von überzeugenden Argumenten ins Feld führen, die zeigen, dass wir zum internationalen Interessenausgleich und zur Entwicklungszusammenarbeit verpflichtet sind, auch wenn wir daraus keinen unmittelbaren Nutzen ziehen sollten.

Im Zentrum der entwicklungsethischen Debatte steht der schillernde Begriff der „internationalen Gerechtigkeit". Doch die Rede von der Gerechtigkeit ist als gängige Wärmemetapher politischer Rhetorik häufig zur Leerformel verkommen. Umso dringlicher scheint es, der Inflationierung des Begriffs mit präzisen sozialethischen Kriterien entgegenzutreten – und deutlich zu machen, dass sogar von „globaler sozialer Gerechtigkeit" in einem substantiellen, wohl begründeten und weltordnungspolitisch relevanten Sinne gesprochen werden kann.

Gustav Stresemann hatte einst für das, woran sich „Gerechtigkeit" bemisst, eine einleuchtende Faustregel vorgeschlagen: „Es gibt ein unfehlbares Rezept, eine Sache gerecht unter zwei Menschen aufzuteilen: Einer von ihnen darf die Portionen bestimmen, und der andere hat die Wahl." Dieses originelle Gedankenexperiment mag unserem unmittelbaren Gerechtigkeitsempfinden sehr nahe kommen und kann in Alltagssituation durchaus ein überzeugendes Kriterium an die Hand geben, wie wir zu angemessenen Lösungen im Sinne der Verteilungsgerechtigkeit kommen. Stresemanns Rezept dürfte beim Verteilen einer Torte ordentlich funktionieren – aber wie ist das beim Streit um die globalen Einkommen, Lebenschancen und Ressourcen?

Angesichts der dramatischen Einkommensdisparitäten in der Welt werden wohl viele die herrschenden Weltverhältnisse intuitiv als „ungerecht" bewerten. Gerade einmal 587 Milliardäre besitzen, so die jüngste Übersicht des US-Wirtschaftsmagazins Forbes (2004), zusammen unvorstellbare 1,9 Billiarden Dollar, d.h. sie verfügen zusammen über ein Vermögen, das sich auf der Schattenseite des irdischen Lebens dreieinhalb Milliarden Menschen teilen müssen. Vermutlich würden diese sich, wenn sie die Wahl hätten, für die andere Seite des Kuchens entscheiden... Aber mit der Gerechtigkeit einer Gesellschaft, gar der Weltgesellschaft, ist das so eine Sache: denn es wäre zu einfach, zu unterstellen, dass Gleichverteilungen per se schon gerecht und ungleiche Verteilungen ungerecht sind. Das Gegenteil kann der Fall sein – gleiche Verteilungen können ungerecht und ungleiche Verteilungen gerecht sein.

Auf die Frage, nach welchen Kriterien die Verteilungseffekte einer gesellschaftlichen Ordnung als legitim beurteilt werden können, versuchen die Theorien der sozialen Gerechtigkeit eine Antwort zu geben. Von sozialer Gerechtigkeit ist indes zumeist nur in Bezug auf eine national abgegrenzte Rechts- oder Solidargemeinschaft die Rede. Wie die aktuellen Debatten um die Zukunft des Sozialstaats, um Steuerreform und Rentengerechtigkeit zeigen, sind die Politiker darüber, was in diesem Rahmen sozial gerecht ist, schon heillos zerstritten. Um wie viel verworrener dürfte die Situation erst sein, wenn es um die Gerechtigkeit von Weltverhältnissen geht? Die (entwicklungs)politische Praxis tut jedenfalls gut daran, die fortgeschrittene philosophische Debatte um internationale soziale Gerechtigkeit genauer zur Kenntnis zu nehmen – denn die politische Philosophie hat, wie einige der nachfolgenden Beiträge belegen, durchaus überzeugende Antworten für die Frage parat, nach welchen Kriterien sich die Gerechtigkeit globaler Verhältnisse entscheidet. Und dabei zeigt sich, dass weltweite Gerechtigkeit im Zeichen allgegenwärtiger Globalisierungsrisiken durchaus „sicherheitsrelevant" sein kann. Sollte der aktuelle Sicherheitsdiskurs dazu beitragen, das Thema der globalen Gerechtigkeit auf die weltpolitische Agenda zu setzen, dann wäre ihm auch aus entwicklungsethischer Sicht durchaus Positives abzugewinnen.

Dass Entwicklungspolitik heute angesichts einer veränderten sicherheitspolitischen Lage und globaler Risiken neue Antworten auf neue Herausforderungen finden muss, führen die drei Beiträge im ersten Teil des Buches vor Augen. Sie bieten zugleich eine knappe Bestandsaufnahme zur Weltlage im ersten Jahrzehnt des 21. Jahrhunderts. *Wolfgang Sachs* skizziert die globalen Konfliktlagen, die sich aus der Ungleichverteilung der Güter und Rechte vor dem Hintergrund einer begrenzten Biosphäre ergeben und benennt Orientierungspunkte für eine menschenrechtsorientierte Umweltpolitik. *Kerstin Müller* verweist angesichts neuer Sicherheitsrisiken auf die Grenzen der herkömmlichen Entwicklungszusammenarbeit; sie plädiert für eine enge Verknüpfung von Sicherheits-, Außen- und Entwicklungspolitik. Für einen Paradigmenwechsel der Entwicklungspolitik tritt auch *Ulrich Menzel* ein. Er beschreibt die dramatischen Konsequenzen, die sich aus dem Verfall staatlicher Strukturen in vielen Ländern des Südens ergeben und sieht die vorrangige Aufgabe zukünftiger Entwicklungspolitik darin, zur Wiederherstellung des staatlichen Gewaltmonopols beizutragen.

Grundfragen der Entwicklungsethik sind die Beiträge im zweiten Teil gewidmet: *Thomas Kesselring*, der jüngst mit seinem Buch „Ethik der Entwicklungspolitik" (München 2003) die entwicklungsethische Debatte im deutschsprachigen Raum neu belebt hat, erörtert die Frage nach der Begründung der internationalen Entwicklungszusammenarbeit und ihrer Ziele im Kontext des Gerechtigkeitsproblems. Er führt hierzu in die derzeit einflussreichste Theorie sozialer Gerechtigkeit ein, der des US-amerikanischen Philosophen John Rawls, und prüft, inwieweit sich dessen Gerechtigkeitsprinzipien auf globale Verhältnisse anwenden lassen. Daran anknüpfend diskutiert *Corinna Mieth*, welche Rolle den Hilfspflichten in verschiedenen philosophischen Konzeptionen globaler Gerechtigkeit zukommt und macht deutlich, dass es aus ethischer Sicht zwingende Gründe gibt, die die wohlhabenden Staaten zur Hilfe für die armen Länder verpflichten. *Christoph Stückelberger* schließlich gibt, vor dem Werte- und Erfahrungshintergrund eines christlichen Hilfswerkes, eine werteorientierte Antwort auf die entwicklungsethischen Herausforderungen der Globalisierung und schlägt acht Grundwerte für die ethische Fundierung der Entwicklungspolitik vor.

Mit der aktuellen politischen Relevanz einer entwicklungsethischen Reflexion befassen sich die Beiträge im dritten Teil. *Klaus Seitz* verdeutlicht an zahlreichen Beispielen die zunehmende „Versicherheitlichung" des Entwicklungsdiskurses und beleuchtet die Dilemmata, die sich daraus für die politische Legitimation und für die öffentliche Akzeptanz der Entwicklungspolitik ergeben.

Auch *Alexander Lohner* tritt der Einbindung der Entwicklungszusammenarbeit in sicherheitspolitische Überlegungen entgegen und warnt vor den Risiken eines „neuen Interventionismus". Am Beispiel der Neuorientierung und Neuorganisation der Entwicklungspolitik der Europäischen Union diagnostiziert *Joachim Lindau* den fortschreitenden Bedeutungsverlust dieses Politikfeldes und eine „entwicklungspolitische Regression". *Lothar Brock* beleuchtet das Spannungsfeld zwischen den Interessen „der Anderen" und den strategischen Eigeninteressen der Entwicklungsagenturen und rät, diese institutionellen Interessen nicht als zu überwindenden Makel zu bewerten, sondern als Voraussetzungen entwicklungspolitischen Handelns anzuerkennen. Den sensiblen Zusammenhang zwischen Partnerschaft und Konditionalität in der Entwicklungszusammenarbeit erläutert *Gerhard Kruip* vor dem Hintergrund einer Studie, die eine Sachverständigengruppe der Deutschen Bischofskonferenz im Frühjahr 2004 vorgelegt hat.

Welche Voraussetzungen müssen gegeben sein, um ethischen Prinzipien in der Weltpolitik zur Geltung zu verhelfen? Welcher rechtlichen, institutionellen Grundlagen und welcher Instrumente bedarf „Global Governance"? Mit den politisch-rechtlichen Aspekten einer Weltordnungspolitik für das 21. Jahrhundert befassen sich die Beiträge im vierten Teil. Ausgehend von der erschütterten Legitimität internationaler Wirtschaftsorganisationen wie dem Internationalem Währungsfonds oder der Welthandelsorganisation WTO entwirft *Wolfgang Benedek* Reformperspektiven in Richtung auf eine stärke Verrechtlichung und Konstitutionalisierung der Internationalen Wirtschaftsordnung. *Brigitte Hamm* erläutert die Rolle, die die Privatwirtschaft in der Global Governance spielen sollte und macht deutlich, dass die Wahrnehmung von Unternehmensverantwortung auf rein freiwilliger Basis nicht ausreichen kann. Perspektiven und Instrumente einer menschenrechtsorientierten Entwicklungspolitik beschreibt *Ute Hausmann* am Beispiel des Rechts auf Nahrung. Als neuen, innovativen Begründungszusammenhang für die internationale Zusammenarbeit stellt *Jens Martens* das Konzept der Globalen Öffentlichen Güter vor.

Die Beiträge des letzten Abschnitts werfen schließlich einen Blick auf die Konsequenzen, die sich aus den diskutierten sozialethischen Einsichten für die Entwicklungspädagogik, die Bildungspolitik und die Bemühungen um eine Verankerung der Entwicklungszusammenarbeit in der Öffentlichkeit ergeben. Wie können sozialethisch präzisierte Konzepte von „Gerechtigkeit" und „Solidarität" als substanzielle Leitmotive Globalen Lernens und weltbürgerlicher Bildung fruchtbar gemacht werden? *Marianne Heimbach-Steins* entfaltet den Zusammenhang von Bildung und Gerechtigkeit in doppelter Perspektive: sie erörtert zum einen, wie durch Bildung gesellschaftliche Teilhabe insbesondere für die Benachteiligten ermöglicht wird, und fragt zum anderen, wie durch Bildungsprozesse die Sensibilität für gesellschaftliche Gerechtigkeitsprobleme geweckt werden kann. Die anthropologischen Grundlagen kooperativen Verhaltens beschreibt *Eckart Voland*. Ausgehend von der These, dass Solidarität der eigennützlichen menschlichen Natur keineswegs mühsam abgerungen werden muss, sondern ihr inhärent ist, rät Voland der Entwicklungspädagogik, das „aufgeklärte Eigeninteresse" des Menschen anzusprechen statt auf moralisierende Kommunikation zu setzen. *Karl Ernst Nipkow* unterscheidet vier Grundtypen universalistischer Ethikentwürfe und lenkt die Aufmerksamkeit auf rechtliche, institutionelle und anthropologische Voraussetzungen und Rahmenbedingungen, denen der pädagogische Diskurs über globale Gerechtigkeit Rechnung tragen muss. *Klaus Hirsch*s abschließende Meditation zur Frage „Quo vadis Humanitas?" erinnert an die Wurzeln humanistischen Denkens und plädiert für die Wiederbelebung des humanistischen Bildungsauftrags: einer Erziehung zur Gerechtigkeit.

Mit dieser Publikation knüpfen wir an die gleichnamige Fachtagung an, zu der wir, als Kooperationsprojekt der Evangelischen Akademie Bad Boll, der Zeitschrift Entwicklungspolitik Frankfurt/Main und der Fachstelle für entwicklungsbezogene Bildungsarbeit des Evangelischen Entwicklungsdienstes (Paul Hell) vom 5.-7. März 2004 nach Bad Boll eingeladen hatten. Den hier veröffentlichten Beiträgen von *Wolfgang Sachs, Ulrich Menzel, Thomas Kesselring, Corinna Mieth, Christoph Stückelberger, Alexander Lohner, Joachim Lindau, Brigitte Hamm, Jens Martens* und *Klaus Hirsch* liegen Referate und Statements zu Grunde, die die Autor(inn)en bei dieser Tagung in der Evangelischen Akademie vorgetragen hatten. Die Tagungsbeiträge, die z.T. bereits in stark gekürzter Form in der Zeitschrift Entwicklungspolitik dokumentiert wurden, werden hier zusammen mit weiteren entwicklungsethischen Beiträgen aus der Zeitschrift Entwicklungspolitik und der Zeitschrift für internationale Bildungsforschung und Entwicklungspädagogik (ZEP), sowie zusätzlichen Originalbeiträgen, in diesem Reader gesammelt vorgelegt. Alle bereits vorab veröffentlichten Beiträge wurden für diese Veröffentlichung neu durchgesehen, bearbeitet und aktualisiert.

Wir danken allen, die die Herausgabe dieses Bandes, wie auch die vorausgegangene Fachtagung ermöglicht haben: in erster Linie den Autorinnen und Autoren für die inspirierenden Beiträge, weiterhin der Evangelischen Akademie Bad Boll, der Zeitschrift Entwicklungspolitik, der Zeitschrift für internationale Bildungsforschung und Entwicklungspädagogik (ZEP) und dem IKO-Verlag für die gute Zusammenarbeit. Unser besonderer Dank gilt *Helga Steck* und *Uwe Walter* von der Evangelischen Akademie Bad Boll für die Hilfe bei der technischen Erstellung des Buches und dem Evangelischen Entwicklungsdienst, der die Veröffentlichung des Buches mit einem Druckkostenzuschuss unterstützt hat.

Die hier vorgelegte Sammlung von aktuellen Beiträgen zur Entwicklungsethik möchten wir gerne als Einladung zur weiteren Diskussion verstehen. Das hier dokumentierte Gespräch zwischen Philosophischer und Theologischer Ethik, Politikwissenschaft, Entwicklungspädagogik und Entwicklungspolitik (wie auch zwischen „Theoretikern" und „Praktikern" in diesen Arbeitsfeldern) über die ethischen Grundlagen der Entwicklungszusammenarbeit im 21. Jahrhundert soll fortgeführt werden – in Tagungsform in der Evangelischen Akademie Bad Boll, publizistisch in der Zeitschrift Entwicklungspolitik. Bitte setzen Sie sich mit uns in Verbindung, wenn Sie sich daran beteiligen möchten. Kontaktadressen finden Sie im Autorenverzeichnis im Anhang.

Bad Boll und Frankfurt/Main im November 2004

Klaus Hirsch   *Klaus Seitz*

I.

Gefährdete Welt:

Ethische und entwicklungspolitische Herausforderungen

Wolfgang Sachs
Ökologie – die neue Farbe der Gerechtigkeit
Der globale Konflikt um den Umweltraum und die Frage nach den Menschenrechten

Ohne Ökologie wird es keine Gerechtigkeit in der Welt geben. Denn der global verfügbare Umweltraum ist begrenzt; er ist zudem von jenem Viertel der Weltbevölkerung weitgehend besetzt, deren Produktions- und Konsumstil sich als ökologisch unhaltbar erwiesen hat. Drei Kernfragen rücken dabei in den Mittelpunkt. Erstens: Wer nimmt wie viel vom globalen Umweltraum? Zweitens: Wer muss die Hauptlast der Übernutzung tragen? Und drittens: Worin kann Gerechtigkeit bestehen? Letztendlich geht es bei Ökologie nicht nur um Frösche und Wälder, sondern ganz grundlegend um Menschenrechte.

Armut, Ressourcenkonflikte und Subsistenzrechte

Armut hat viele Gesichter. Ein Landloser und ein Slumbewohner, ein Dorfbauer und ein fliegender Händler, eine alleinwirtschaftende Frau und ein Wanderarbeiter haben wenig gemeinsam – außer ihrer Mittellosigkeit. Arme, wie alle Menschen, folgen überdies unterschiedlichen moralischen Idealen und persönlichen Ambitionen, so wie sie auch von ganz unterschiedlichen religiösen Identitäten und ethnischen Bindungen geprägt sein können. Sie denken von sich selbst oft zuletzt als Arme im statistischen Sinne. Diese Vielschichtigkeit wird freilich von den üblichen Zahlen über das Ausmaß der Armut in der Welt auf Dollarwerte verkürzt; dennoch schärft es den Sinn für Größenordnung, wenn man sich ins Gedächtnis ruft, dass etwa 1,3 Milliarden Menschen, also ein Viertel der Weltbewohner, mit der Kaufkraft von einem Dollar oder weniger am Tag auskommen müssen. Setzt man die – allerdings jüngst angezweifelte (vgl. Pogge 2003) – Schwelle bei 2 US-Dollar am Tag an, dann steigt diese Zahl auf 2,8 Milliarden, was etwas weniger als der Hälfte der Weltbevölkerung entspricht. Etwa 80 Prozent der ersten Kategorie an Mittellosen leben auf dem Land, 24 Prozent davon ohne eigenes Land (vgl. WRI 2000, 38), jedoch nimmt die Anzahl der städtischen Armen rasch zu. Die Orte ländlicher Armut konzentrieren sich in geografischen Clustern auf Südasien, Südostasien, Zentralchina, Schwarzafrika und auf wenige innere Zonen Südamerikas, während die städtische Armut vor allem in Nischen und Rändern der Megastädte auf allen Kontinenten nistet.

Seit geraumer Zeit herrscht freilich in der internationalen Debatte Einverständnis darüber, dass der Zustand der Armut mit dem Indikator Einkommen nicht zureichend erfasst werden kann. Denn über den Zugang zu Geld hinaus hat Armut auch mit dem Zugang zu Natur, zu einer sozialen Gemeinschaft, zu öffentlichen Basisdiensten oder zu politischen Entscheidungen zu tun. Sowohl hat sich gezeigt, dass Einkommensarme nicht im Elend leben müssen, falls sie auf Naturgüter und Sozialnetze zurückgreifen können, so wie auch offenbar wurde, dass Einkommensstärkere vergleichsweise arm dran sind, wenn keinerlei unentgeltliche Gemeinschaftsgüter zur Verfügung stehen oder wenn Repression herrscht. Was einer Person also Lebensunterhalt und Würde sichert, ist nicht nur Geldeinkommen, sondern ein Bündel an Gewohnheitsrechten, Besitztiteln, Zugehörigkeitsrechten, Lohnansprüchen, öffentlichen Leistungen und Beteiligungsrechten. Daher hat sich – besonders über den jährlichen *Human Development Report* – eingebürgert, Armut zu verstehen als ein Mangel an jenen Grundbefähigungen (*capabilities*), die zu erlangen erlauben, was für Lebensunterhalt und Würde als wichtig angesehen wird. Im Lichte dieses Verständnisses wird dann über die Kategorie Einkommen hinaus erst das jeweilige Geflecht an Lebensumständen sichtbar, was Männer sowie Frauen in der Armut festhält.

Wenn Menschen nicht über die wesentlichen Grundbefähigungen verfügen, um Lebensunterhalt und Würde zu gewährleisten, sind ihre Menschenrechte bedroht. In den meisten Gesellschaften werden gewisse Befähigungen als grundlegend angesehen. Dazu gehört die Befähigung, sich Nahrung zu verschaffen, unnötige Krankheiten und frühe Sterblichkeit zu vermeiden, eine angemessene Behausung zu haben, den Lebensunterhalt zu sichern, auf physische Sicherheit zählen zu können, gleichen Zugang zur Gerichtsbarkeit zu haben, in der Öffentlichkeit ohne Scham erscheinen zu können und am Leben einer Gemeinschaft teilzuhaben (vgl. OHCHR 2002, 9). Insbesondere die ersten vier – Nahrung, Gesundheitsschutz, Wohnung, Lebensunterhalt – können als *Subsistenzrechte* (vgl. Shue 1980), d.h. als Erfordernis minimaler wirtschaftlicher Sicherheit betrachtet werden. Subsistenzrechte sind so ein Teil der Menschenrechte; sie machen den Kernbestand der wirtschaftlichen, sozialen und kulturellen Rechte aus, wie sie im *International Covenant on Economic, Social and Cultural Rights* niedergelegt worden sind.

In welchen Schicksalen auch immer sich chronische Mittellosigkeit und Demütigung ausprägen, erniedrigende Armut geht im Allgemeinen auf einen Mangel an Subsistenzrechten zurück. Dabei ist für ein besseres Verständnis von Umwelt-Menschenrechten entscheidend, dass Subsistenzrechte auch in Rechten auf die Nutzung von Naturräumen eingelassen sein können. Denn neben Einkommen und Gemeinschaftsleistungen stellt die Natur eine andere wichtige Quelle zur Sicherung des Lebensunterhalts dar. Das ist insbesondere der Fall für jenes Drittel der Menschheit (vgl. UNDP 1998, 80), dessen Lebensunterhalt vom direkten Zugang zur Natur, also zu den sie umgebenden Feldern, Wäldern, Weiden und Gewässern abhängt. Für Menschen, die in unmittelbarem Austausch mit der Natur leben, ist das Schicksal der Ökosysteme in ihren Territorien lebenswichtig. Ihre Subsistenzrechte hängen zu einem guten Teil an der Verfügbarkeit von Naturressourcen. Eine Degradierung jener Naturräume, auf die sie zu ihrem Lebensunterhalt angewiesen sind, unterminiert daher gleichzeitig ihre Subsistenzrechte.

Doch immer wieder geraten die Natur-Lebensräume der Armen auch ins Visier der internationalen Ressourcenwirtschaft. Denn die über den Erdball gesprenkelten Peripherien – sowohl auf dem Land wie in den Städten - sind nicht außerhalb der Reichweite der Weltwirtschaft, sondern gerade was die Ressourcenwirtschaft anlangt in vielfältiger Weise mit den Zentren verbunden. Sie können (1) als Hinterland zur Rohstoffentnahme, (2) als Bezugsraum landwirtschaftlicher Produkte und (3) als Einsatzgebiet für gentechnisch veränderte Lebewesen dienen. Ferner können sie sich (4) als Gefahrenzonen wegen des Klimawandels, (5) als Krankheitsherd wegen Verschmutzungslasten und (6) als Arena der Marginalisierung wegen der Entwicklung von Ressourcenpreisen erweisen. Gerade im Gefolge der wirtschaftlichen Globalisierung vertiefen sich diese Verflechtungen: Unternehmen haben leichteren Zugang zu den Märkten im Süden und sind weniger staatlicher Rahmensetzung unterworfen. Trotz mancher Gewinne in Ressourceneffizienz, die offene Märkte mit sich bringen, vervielfältigen sich daher die Konflikte zwischen Ressourcenindustrien und Unterhaltswirtschaften. Wo Grenzen keine Barrieren mehr darstellen, wird auch das Hinterland der Weltwirtschaft zugänglicher – und die Einwohner verwundbarer.

Im Normalfall sind die Peripherien indes durch größere geografische Entfernungen und/oder enorme soziale Abstände von jenen Zentren getrennt, welche Druck auf ihre Ressourcensituation ausüben. Die Stätten der Bereicherung befinden sich zumeist auf sicherer Distanz von den Stätten der Verarmung. Doch über Investitionsflüsse, die Atmosphärenchemie oder den Sog höherer Kaufkraft werden Verbindungen geschlagen, Verbindungen, welche ein Machtgefälle aufweisen, das für eine stabil asymmetrische Aufteilung von Vorteilen und Nachteilen sorgt. So brechen in den armen Peripherien Ressourcenkonflikte auf, wo, und sei es nur auf lokaler Ebene, ein Kampf um nichts weniger als die Anrechte auf die Biosphäre ausgetragen wird. Kraft der biologischen Natur des Menschen sind einige dieser Anrechte unveräußerbar; wenn sie nicht mehr garantiert werden, dann wandelt sich ein Konflikt um Ressourcen in einen Konflikt um Menschenrechte (eine Typologie von sechs Konfliktlagen, in denen Ressourcenansprüche aus den Zentren mit den Subsistenzrechten der Peripherie in Kollision geraten, wird in Sachs 2003 entfaltet).

„Nachhaltige Entwicklung" – ein Ausweg aus der Fortschrittsfalle?

„Nachhaltigkeit" ist ein blasser Begriff für einen dramatischen Konflikt. Es wird sich in den ersten Jahrzehnten dieses Jahrhunderts herausstellen, ob die Menschheit in der Lage ist, dem Verlangen nach Gerechtigkeit in der Welt entgegenzukommen und gleichzeitig die Endlichkeit der Biosphäre zu respektieren.

Tragischerweise aber stehen diese beiden Großziele, beim gegenwärtigen Stand der Verhältnisse, in klaffendem Widerspruch zueinander. Jeder Versuch, die Gerechtigkeitskrise zu mildern, droht die Naturkrise zu verschärfen; und umgekehrt: Jeder Versuch die Naturkrise zu mildern, droht die Gerechtigkeitskrise zu verschärfen. Denn typischerweise sprechen sich Umweltvertreter gegen Abholzung von Wäldern, gegen chemische Landwirtschaft oder den Ausbau von Kraftwerken aus, während Entwicklungsexperten die Vermarktung von Holz, den Export von Agrargütern und die Elektrifizierung der Dörfer gefördert wissen wollen. Wer für die Armen mehr Agrarfläche, Energie, Häuser, Medizin- und Schuldienste, kurz: mehr Kaufkraft fordert, setzt sich zu denen in Widerspruch, die Boden, Tiere, Wälder, Atmosphäre oder Gesundheit schützen wollen.

Die Ambition der „Nachhaltigkeit" ist nichts anderes, als dieser Zwickmühle zu entkommen. Denn es ist leicht zu sehen, dass der Entwicklungsbegriff die Basis abgibt, auf der das Dilemma errichtet ist. Eine Entwicklung nämlich, die weniger Natur verbraucht und gleichzeitig mehr Menschen einschließt, würde einen Ausweg aus der Zwickmühle eröffnen. Kein Wunder daher, dass in den letzten Jahren die engagierten Geister aus allen Ecken der Welt nach einem „anderen Entwicklungsmodell" rufen.

Mit dem Begriff „*Nachhaltige Entwicklung*" schien 1987 der Weltkommission für Umwelt und Entwicklung (Brundtland-Kommission) der konzeptuelle Brückenschlag gelungen zu sein. Die bereits kanonische Definition lautet: „Dauerhafte Entwicklung ist Entwicklung, die die Bedürfnisse der Gegenwart befriedigt, ohne zu riskieren, dass künftige Generationen ihre eigenen Bedürfnisse nicht befriedigen können" (WCED 1987, 8). Freilich wird schon bei flüchtigem Lesen klar: Maximiert wurde hier nicht die Eindeutigkeit, sondern die Zustimmungsfähigkeit. Wie für jeden anständigen Formelkompromiss ist das nicht wenig, denn die Definition wirkt wie ein Alleskleber, von dem keine Partei mehr loskommt, weder Freund noch Feind. Damit waren die Gegner im Wachstumsstreit der siebziger und achtziger Jahre auf ein gemeinsames Spielfeld gezwungen; seither ist keine Feierstunde mehr vor dem Lobpreis der „nachhaltigen Entwicklung" sicher.

Die Brundtland-Formel ist auf die Zukunft gerichtet, und zwar auf eine eher düstere Zukunft der Knappheiten, anstatt auf eine leuchtende Zukunft des Fortschritts. Sie fordert dazu auf, bei Entscheidungen in der Gegenwart die Bedürfnisse zukünftiger Generationen in Rechnung zu stellen. Ihr geht es um Gerechtigkeit auf der Zeitachse. Doch mit dem Nachdruck auf Generationengerechtigkeit wird Gerechtigkeit im sozialen Raum vernachlässigt. Die Aufmerksamkeit wird auf Beschränkungen gelenkt, welche heutige Generationen den zukünftigen Generationen auferlegen, nicht auf Beschränkungen, welche mächtige Gruppen innerhalb einer Generation den machtloseren Gruppen aufdrücken. „Bedürfnisse" und „Generation" sind im Grunde sozial neutrale Begriffe; sie lassen keine vertikalen Unterscheidungen zu. Doch solche Unterscheidungen sind ausschlaggebend, wenn es um Gerechtigkeit innerhalb einer Generation geht. Wessen und welche Bedürfnisse sollen befriedigt werden? Soll nachhaltige Entwicklung das Bedürfnis nach Wasser, Boden und wirtschaftlicher Sicherheit oder das Bedürfnis nach Flugreisen und Bankguthaben decken? Geht es um Überlebensbedürfnisse oder Luxusbedürfnisse? Die Brundtland-Definition suggeriert ein Sowohl-als-auch – und vermeidet damit, sich der Gerechtigkeitskrise wirklich zu stellen.

Keine Gerechtigkeit ohne Ökologie

Seit Mitte der siebziger Jahre wird die Kapazität der Biosphäre durch menschliches Handeln überschritten. Die Welt verbraucht mehr Ressourcen als die Natur regenerieren kann. Seither ist die Überforderung der Biosphäre zu einem herausragenden Kennzeichen der Menschheitsgeschichte geworden. 1997 belief sich die Überbelastung auf 20 Prozent mehr als die Erde verkraften kann, oder gar 30 bis 40 Prozent, wenn man die Bedürfnisse anderer Lebewesen mitberücksichtigt (vgl. WWF 2000). Ein großer Teil der Überforderung der Biosphäre hängt mit dem übermäßigen Verbrauch von fossilen Brennstoffen zusammen, deren Kohlendioxidausstoß eine riesige bioproduktive Oberfläche als natürliches Auffangbecken erfordern würde. In der Tat ist es vor allem das unbekümmerte Verbrennen fossiler Stoffe, das für die Zwickmühle verantwortlich ist, in die sich die konventionelle Entwicklung hineinmanövriert hat: zwischen Gerechtigkeit oder biosphärischem Kollaps wählen zu müssen. Die Grenzen des global verfügbaren Umweltraums sind in einigen Dimensionen bereits zu spüren, obwohl erst eine Minderheit der Weltbevölkerung die Früchte des wirtschaftlichen Fortschritts genießt.

Aus diesem Grund ist es selbstzerstörerisch, globale Gerechtigkeit auf dem Niveau eines westlichen Lebensstandards anzustreben. Die dafür benötigten Rohstoffmengen sind zu riesig, zu teuer und zu schädigend für lokale und globale Ökosysteme. Schon der UNDP-„Bericht über menschliche Entwicklung" von 1998 hat betont, „arme Länder müssen ihren Verbrauch steigern, aber sie sollten nicht den Weg verfolgen, den die reichen und schnell wachsenden Volkswirtschaften im letzten halben Jahrhundert eingeschlagen haben"(UNDP 1998, 8). Wenn etwa die gegenwärtigen durchschnittlichen Kohlendioxidemissionen, die in der industrialisierten Welt pro Kopf ausgestoßen werden, auf alle Länder übertragen würden, dann müsste die Atmosphäre fünf mal mehr Emissionen absorbieren als sie verkraften kann – ohne den Bevölkerungszuwachs in Rechnung zu stellen. In anderen Worten, wenn alle Länder der Welt dem industriellen Modell folgen würden, bräuchte es fünf Planeten, um als CO2-Senken für die wirtschaftliche Entwicklung herzuhalten. Da die Menschheit aber nur über eine Erde verfügt, würde nachholende Entwicklung um der Gerechtigkeit willen die Mutter aller Katastrophen werden.

Gerechtigkeit kann also nicht mehr mit Verbreitung von grenzenlosem Wirtschaftswachstum gleichgesetzt werden; Gerechtigkeit und Grenze müssen vielmehr zusammengedacht werden. Ohne Ökologie kann es keine Gerechtigkeit auf der Welt geben, weil sonst die Biosphäre in Turbulenzen gestürzt würde. Doch ohne Gerechtigkeit kann es auch keine Ökologie geben, es sei denn eine menschenfeindliche. Die Sache der Gerechtigkeit entscheidet sich nicht nur an der Machtfrage, sondern auch an der Naturfrage. Dabei stellen sich drei Kernfragen, wenn man über eine faire Nutzung des begrenzten globalen Umweltraums nachdenkt: Erstens, wer nimmt wie viel? Zweitens: wer trägt die Hauptlasten? Und drittens: Gerechtigkeit worin?

Der Fußabdruck der Reichen

Die Einsicht, dass der global verfügbare Umweltraum begrenzt ist, wenn auch innerhalb flexibler Grenzen, hat der Frage der Gerechtigkeit eine neue Dimension hinzugefügt. Während die Suche nach größerer Gerechtigkeit von alters her damit zu tun hat, den Machtgebrauch einzuschränken, hat sie heute auch damit zu tun, den Naturgebrauch einzuschränken. Wenn Gerechtigkeit eine Chance haben soll, dann müssen die Mächtigen den Machtlosen sowohl politischen wie ökologischen Raum überlassen. Aus diesem Grund steckt nach dem Zeitalter der umweltpolitischen Unschuld die Naturfrage innerhalb der Machtfrage, wie auch die Machtfrage innerhalb der Naturfrage steckt.

Macht bestimmt, wer wie viel Umweltraum beanspruchen kann. Weder alle Nationen noch alle Bürgerinnen und Bürger nutzen ihn zu gleichen Teilen. Im Gegenteil, der verfügbare Umweltraum ist höchst unfair verteilt. Noch immer stimmt die Daumenregel, dass 20 Prozent der Weltbevölkerung 70 bis 80 Prozent der Weltressourcen verbrauchen. Diese 20 Prozent sind es, die 45 Prozent aller Fleisch- und Fischprodukte verspeisen, 68 Prozent aller Elektrizität und 84 Prozent allen Papiers verbrauchen. Außerdem besitzen sie 87 Prozent aller Autos (vgl. UNDP 1998, 2). Es sind vor allem die Industrieländer, die das Erbe der Natur in exzessiver Weise antasten; sie machen sich die Umwelt weit über ihre nationalen Grenzen hinaus zunutze. Ihr ökologischer Fußabdruck ist größer – in einigen Fällen sogar sehr viel größer – als ihr eigenes Territorium, mit all den Ressourcen und Senken, die jenseits der eigenen Grenzen in Beschlag genommen werden. Die OECD-Länder schießen über die (was Ökologie und Gerechtigkeit betrifft) statistisch zulässige Durchschnittsgröße eines solchen Fußabdrucks in der Größenordnung von 75 bis 85 Prozent hinaus. Das bessergestellte Viertel der Menschheit hat gegenwärtig einen Fußabdruck, der so groß ist wie die gesamte biologisch nutzbare Erdoberfläche (vgl. Wackernagel-Rees 1997). Wenn es aber zum Ressourcenverbrauch kommt, dann führt die übliche Unterscheidung zwischen Nord und Süd in die Irre. Denn die Trennlinie in der heutigen Welt, sofern sich eine solche ausmachen lässt, verläuft nicht in erster Linie zwischen den nördlichen und den südlichen Gesellschaften, sondern geradewegs durch all diese Gesellschaften hindurch. Der größte Graben scheint zwischen den *globalisierten Reichen* und den *lokalisierten Armen* zu bestehen; die Nord-Süd-Spaltung trennt nicht mehr ganze Nationen voneinander, sondern zieht sich, wenn auch in unterschiedlichen Formen, durch jede einzelne Gesellschaft. Sie trennt die globale Konsumentenklasse auf der einen Seite von der sozialen Mehrheitswelt auf der anderen Seite, die im Wesentlichen außerhalb der globalen Wirtschaftsarena verbleibt. Die *globale Mittelklasse* besteht aus der Mehrheit der Bevölkerung des Nordens sowie den mehr oder weniger großen Eliten des Südens; ihre Größe entspricht in etwa den gut 20 Prozent der Weltbevölkerung, die Zugang zu einem Auto besitzen. Es sind jene Gruppen, die sich trotz unterschiedlicher Hautfarbe in ihrem Lebensstil überall gleichen: Sie shoppen in ähnlichen Einkaufscenters, kaufen die globalen Marken in Kleidung und Elektronik, sehen ähnliche Filme und TV-Serien, verwandeln sich hin und wieder in Touristen und verfügen über das Medium der Angleichung par excellence: Geld. Es gibt einen globalen Norden, wie es auch einen *globalen Süden* gibt, und diese Tatsache wird durch die konventionelle Unterscheidung zwischen „Norden" und „Süden" verdeckt.

Die konzerngetriebenen Konsumentenklassen im Norden wie im Süden haben die Macht, den Löwenanteil der vermarkteten Naturressourcen der Welt auf sich zu ziehen. Auf Grund ihrer Kaufkraft sind sie in der Lage, die Ressourcenflüsse zu dirigieren, welche sie für ihre warenintensiven Produktions- und Konsummuster brauchen. Um an Ressourcen zu kommen, steht ihnen sowohl die eigene Nation wie der Globus als Hinterland zur Verfügung. Auf der globalen Ebene spannt sich ein meist von transnationalen Unternehmen organisiertes Netz von Ressourcenflüssen wie ein Spinnennetz über den ganzen Planeten und transportiert Energie und Stoffe in die Zonen hohen Konsums. Auf nationaler Ebene gelingt es den städtischen Mittelklassen in gleicher Weise, auf Grund von Eigentumsverhältnissen, Subventionen oder überlegener Nachfrage, zu ihren Gunsten an Ressourcen zu gelangen. Vor allem in südlichen Ländern stammt die Marktnachfrage nach ressourcenintensiven Gütern und Dienstleistungen meist von jener oft relativ kleinen Bevölkerungsgruppe, die über Kaufkraft verfügt und es sich deshalb leisten kann, die Konsummuster des Nordens nachzuahmen. Als Folge davon verbrauchen die wohlhabenderen Gruppen in Ländern wie Brasilien, Mexiko, Indien, China oder Russland genauso viel Energie und Materialien wie ihr Gegenüber in der industrialisierten Welt, was fünf bis zehn Mal mehr ist als der Durchschnittsverbrauch in diesen Ländern (vgl. Siddiqui 1995).

Die Existenzrechte der Armen

Die Reduktion des ökologischen Fußabdrucks der Konsumentenklasse in der Welt ist mehr als eine Frage der *Ökologie*; es ist eine Frage der *Fairness*. Obwohl die Ausfuhr von Ressourcen einzelnen Volkswirtschaften zu einem gewissen wirtschaftlichem Aufschwung verhelfen kann, ist sie ökologisch und sozial problematisch. Die Hauptlast der Konkurrenz um die Ressourcen im begrenzten Umweltraum müssen im Allgemeinen die schwächeren Sektionen der Weltbevölkerung tragen. Denn die exzessive Nutzung des Umweltraumes nimmt der sozialen Mehrheit der Weltbevölkerung die Ressourcen weg und schränkt ihre Fähigkeiten ein, ihr Leben zu verbessern und auf eine hellere Zukunft zuzugehen. Mehr noch, Reichtum auf der einen Seite ist manchmal auch mitverantwortlich für die Armut auf der anderen Seite. Immer wieder vermag die Konsumentenklasse sich selbst gegen Umweltschäden zu schützen, indem sie Lärm, Schmutz und die Unappetitlichkeit des industriellen Hinterlandes auf die Lebensräume benachteiligter Gruppen verschiebt.

Darüber hinaus warten Ressourcen nicht einfach im Niemandsland darauf, abgebaut zu werden. Sie sind nur im seltensten Falle herrenlos, sondern oft dort, wo Menschen leben, die dank dieser Ressourcen ihren Lebensunterhalt sichern können. Indem die Konsumentenklasse über die globale Reichweite transnationaler Unternehmen diese Ressourcen vereinnahmt, trägt sie zur Marginalisierung jenes Drittels der Weltbevölkerung bei, das seinen Lebensunterhalt direkt durch den freien Zugang zu Land, Wasser und Wäldern erhält (vgl. Gadgil-Guha

1995). Um die Existenzrechte dieser Gruppen zu sichern, kommt der Ökologie ein hoher Stellenwert zu: Weil Savannen, Wald, Wasser, Ackerboden und auch Fische, Vögel oder Rinder wertvolle Mittel zum Lebensunterhalt sein können, fällt hier das Interesse an Existenzsicherung mit dem Interesse an Umweltschutz überein. Niemand ist stärker auf intakte Naturräume angewiesen als jene Kulturen, die ihre Nahrung, Kleidung, Behausung, Medizin und ihr Weltbild unmittelbar von der Pflanzen- und Tierwelt beziehen.

Allerdings stehen diese Gruppen in latentem und manchmal offenem Konflikt mit den lokalen und globalen Mittelklassen und deren Ressourcenhunger. Da werden Staudämme gebaut, um Wasser in Großstädte zu transportieren; da wird der beste Boden genutzt, um exotische Früchte für die globale Konsumentenklasse anzubauen; da werden Berge aufgebrochen und Flüsse vergiftet, um Metalle für die Industrie zu holen; da werden Urwälder gerodet und verschmutzt, um Öl für die Automobile der Welt zu fördern; da wird Biopiraterie betrieben, um Pharmazeutika gentechnisch zu produzieren. In all diesen Fällen werden lokale Ökosysteme zum Nutzen ferner Verbraucher umgemodelt oder abgetragen – Ökosysteme, von deren Früchten vor Ort viele Menschen tagtäglich leben. Solche Art von Entwicklung dient oft zu nichts anderem, als die Armen ihrer Ressourcen zu berauben, damit die Reichen über ihre Verhältnisse leben können.

Wie solche Beispiele veranschaulichen, ist der Kampf um den knappen Umweltraum schon im Gange, auch wenn er unerkannt an entlegenen Orten und unterschwellig in lokalen Konflikten ausgetragen wird. Das Interesse der globalen Mittelklasse an Ressourcen für erweiterten Konsum kollidiert mit dem Interesse der *„Vierten Welt"*, eben der indigenen Völker und Stammesgesellschaften, der Bauern, Viehzüchter und Fischer, an denselben Ressourcen zur Sicherung ihres Lebensunterhalts. Entschärfen lässt sich der Konflikt nur, wenn die Konsumentenklasse ihre Nachfrage nach Naturressourcen zurückbaut, also den Druck auf die Naturräume anderer Völker mindert. Ein Übergang zu einer ressourcen-leichten Wirtschaftsweise im Norden und in den reichen Sektoren des Südens würde solche Ressourcenkonflikte mildern oder gar beseitigen. Falls die Konsumentenklasse in Nord und Süd ihren Ressourcenverbrauch herunterschraubt, würden zwar nicht die Exporterträge der Landwirtschaft vorangebracht, aber gewiss die Lebensrechte der marginalisierten Mehrheit, soweit sie auf dem Land lebt.

So ist die Ökologie des Reichtums über (trans-)nationale Nachschubketten mit der Ökologie der Armut verschränkt. Wer die Rechte der Machtlosen auf Habitat und Naturressourcen stärken möchte, kommt nicht umhin, die Ansprüche der Kaufkräftigen einzudämmen. Armutslinderung setzt somit Reichtumslinderung voraus.

Der Anspruch auf Gleichheit muss keineswegs als das Herzstück von Gerechtigkeit gelten. Vielmehr umschließt das Ideal der Gerechtigkeit auch den Anspruch auf Menschenwürde. Beide Ansprüche haben aber kein identisches Profil, sie unterscheiden sich im Ansatzpunkt und in der Schlussfolgerung. Während die Forderung nach Gleichheit die Relationen zwischen Menschen ins Licht rückt und auf einen Ausgleich von Ungleichheit drängt, geht die Forderung nach Menschenwürde von einem für Menschen absolut notwendigen Standard an Lebensbedingungen aus und verlangt die Erfüllung dieses Standards für alle. Denn Elend und Unterdrückung als solche sind für jeden Menschen schreckliche Zustände, und nicht etwa deswegen, weil es anderen besser geht. Mit anderen Worten, die *Verteilungs*-Konzeption der Gerechtigkeit fußt auf einem komparativen Denkansatz, der darauf sieht, nach welchen Proportionen Güter/Rechte verteilt sind, die *Würde*-Konzeption der Gerechtigkeit dagegen fußt auf einem nichtkomparativen Denkansatz, der darauf sieht, dass ein Sockel an Gütern/Rechten gewährleistet ist (vgl. Krebs 2002).

Um die bei Gerechtigkeitstheoretikern beliebte kuchenverteilende Mutter zu bemühen: Sie handelt im Sinne der *Verteilungs-Gerechtigkeit*, wenn sie jedem Gast beim Geburtstagsfest ein gleichgroßes oder ein Kuchenstück nach Maßgabe von Alter oder Leistung gibt, aber sie handelt im Sinne der Würde-Gerechtigkeit, wenn sie zuallererst darauf sieht, dass jeder Anwesende ein sättigendes Stück Kuchen bekommt. Gewiss, auch im letzteren Fall wird Gleichheit hergestellt, und zwar auf dem Niveau des sättigenden Anteils, aber Gleichheit ist dabei nicht Ziel, sondern Nebenprodukt der Würde-Gerechtigkeit. Umgekehrt wäre die Gleichheit der Kuchenstücke wenig wert, wenn sie nicht eine Mindestgröße hätten; Würde ist, jenseits einer bestimmten Kuchengröße, ein Nebenprodukt von Verteilungsgerechtigkeit. So lässt sich festhalten: Gleichheit wie auch Würde machen das Ideal der Gerechtigkeit aus, eine Politik der Gerechtigkeit wird Menschenrechtsfragen ebenso wie Verteilungsfragen im Sinne haben.

Es besteht jedoch keine Frage, dass der Sicherung der Menschenrechte eine größere Dringlichkeit zukommt als einer gerechteren Verteilung, insbesondere im Weltmaßstab. Überleben geht vor besser leben. Auf Grund des Unbedingtheitscharakters von Menschenrechten lässt sich deshalb ein Prioritätsprinzip formulieren: die Erfüllung grundlegender Rechte muss Priorität vor allen anderen Aktivitäten haben, gerade auch vor der Erfüllung eigener, nichtgrundlegender Rechte (vgl. Shue 1980, 118). Auf *ökologische Subsistenzrechte* angewandt heißt dies, dass die Erfüllung von Rechten auf Lebensunterhalt Priorität haben muss vor der Erfüllung nicht-grundlegender Ressourcenbedürfnisse anderer Akteure. Subsistenzbedürfnisse rangieren vor Luxusbedürfnissen.

Diese Formel bezeichnet jene Grundpflicht, die sich für die Institutionen, national wie international, aus der Anerkennung von Subsistenzrechten ergeben. Hält man sich vor Augen, dass Rechtlosigkeit das Resultat eines fortdauernd wirksamen Machtgefälles darstellt, dann wird klar, dass mehr Rechte nur über Verschiebungen im Machtgefüge, vorsichtige oder weitreichende, zu haben sind. Weil es darauf ankommt, die Schere der Machtbeziehungen ein Stück weit zu schließen, lässt sich von einer dualen Strategie sprechen: es geht einerseits darum, den Spielraum der Machtlosen zu erweitern und andererseits die Macht der Wohlhabenden einzuschränken.

Den Spielraum der Machtlosen zu erweitern, verlangt, in den Ressourcenkonflikten die Rechte der lokalen Gemeinschaften auf ihre Ressourcen anzuerkennen und zu stärken. Schließlich sind Weiden und Wälder, Felder und Saatgut, Frischwasser und saubere Luft wertvolle Quellen für Nahrung, Gesundheit, Materialien und Medizin. Dies ist der Grund, warum eine Politik der Lebensunterhaltsrechte sich mit dem Interesse an Umweltschutz deckt. Weil intakte Ökosysteme die Verwundbarkeit der Armen mindern, sind Natur- und Umweltschutz Kernstück einer Politik, die Armutsüberwindung ernst nimmt. Und weil umgekehrt wirksame Rechte der Bewohner die beste Gewähr dafür geben, dass die Ressourcen der Armen nicht mehr so leicht zu den Reichen umgelenkt werden, ist eine Politik der Lebensunterhaltsrechte ein Kernstück des Natur- und Artenschutzes.

Ökologie und Subsistenzrechte sind so aufs Engste verschränkt. Keine Frage, diese Erfahrung hat zahllose Umweltkonflikte gerade im Süden der Welt befeuert, aber auch zu institutionellen und legislativen Maßnahmen geführt. So haben gerade die indigenen Völker – etwa 220 Millionen Personen auf der Welt – in letzter Zeit ein Mehr an rechtlicher Anerkennung erkämpft; ihr Anspruch auf das eigene Territorium mitsamt seiner Ressourcen wurde mehrfach in internationalen Rechtswerken bestätigt (vgl. MacKay 2002). Man könnte auch an die Stärkung der Panchayats denken, Formen der Dorfdemokratie in Indien, die auch mit Blick auf die Erhaltung der Ressourcen durchgeführt wurden (vgl. Agarwal-Narain 1991). Oder an Artikel 8(j) der Konvention zur biologischen Vielfalt, der die besondere Rolle einheimischer Gemeinschaften beim Schutz der Biodiversität unterstreicht und einen gerechten Vorteilsausgleich bei der Nutzung lokaler Ressourcen durch Außenstehende verlangt. Am überzeugendsten hat bislang vielleicht die *World Commission on Dams* einen auf Achtung der Menschenrechte gegründeten Ordnungsrahmen für Entscheidungen über große Infrastrukturprojekte vorgeschlagen; sie verabschiedet sich von aggregierten Kosten/Nutzen-Analysen und fordert Abwägungen, welche die Rechte und Risiken gerade der Machtloseren berücksichtigen (vgl. WCD 2002).

Für einen gerechtigkeitsfähigen Wohlstand

Die dritte Frage – Gerechtigkeit worin? – zielt auf den Stil einer fairen Ressourcenverteilung. Denn es besteht kein Zweifel, dass Gerechtigkeit nicht auf dem Verbrauchsniveau der nördlichen Volkswirtschaften erreicht werden kann. Wiederum, die Endlichkeit der Biosphäre verbietet es, den Lebensstandard des Nordens zum Maßstab jeglichen Wohlstands zu machen. Denn das Wohlstandsmodell der reichen Länder ist nicht gerechtigkeitsfähig; es kann nicht quer über den Globus demokratisiert werden – oder nur um den Preis, den Globus ungastlich zu machen. Der oligarchische Charakter dieses Wohlstandsmodells rührt vom oligarchischen Charakter seiner Entstehung: die enorme Produktivität der Reichtumsschöpfung in einer einzigen Region der Welt, der euro-atlantischen, beruhte auf der Mobilisierung von Ressourcen von überall in der Welt sowie aus den Tiefen der geologischen Zeit. Weil geografisch wie zeitlich Ressourcengebrauch verdichtet wurde, konnte die Industriezivilisation entstehen, jedoch dieselbe Verdichtung kann nicht überall und für immer wiederholt werden. Aus diesem Grunde steht es auf der Tagesordnung, eine Vielfalt von Wohlstandsstilen zu entwickeln, die eines vereint: sie müssen ressourcen-leicht sein (vgl. Hawken et al. 2001). Vor allem im Norden wird es darum gehen, einen *gerechtigkeitsfähigen Wohlstand* zu verwirklichen, einen Wohlstand, der es dem Norden erlaubt, sich aus der Übernutzung des globalen Umweltraums zurückzuziehen. Der

Wunsch nach Gerechtigkeit jedenfalls ist nur legitim, wenn er einen ressourcenleichten Wohlstand im Auge hat, andernfalls ist er ökologisch gefährlich und sozial trennend, weil er nicht von allen geteilt werden kann. Für den Übergang zu einer ressourcen-leichten Ökonomie lassen sich zwei allgemeine Strategien unterscheiden (vgl. BUND/Misereor 1996). Die *eine* ist der Versuch, die wirtschaftliche Produktion stufenweise vom Ressourcenstrom abzukoppeln. Zum Beispiel ist die Steigerung der ökologischen Effizienz technischer und organisatorischer Strukturen auf die Senkung des pro Produktionseinheit benötigten Ressourceneinsatzes gerichtet. Aller Wahrscheinlichkeit nach lässt sich die Ressourceneffizienz erheblich steigern; Beispiele für ökointelligente Produktionsformen und Dienstleistungen gibt es zuhauf. Die *zweite* Strategie ist der Versuch, die Lebensqualität von der wirtschaftlichen Produktion zu entkoppeln. Tatsächlich hat die Lebensqualität jenseits der Kaufkraft viele Quellen; sie beruht ebenso auf nicht-monetärem Kapital wie Zugang zu Natur, Beteiligung an der Gemeinschaft oder dem Reichtum an öffentlichen Gütern. Worum es hier geht, ist also nicht die *Effizienz*, sondern die *Suffizienz* in der Ressourcennutzung. Eine solche Orientierung zielt auf die Kunst ab, einem geringeren Ressourcenaufwand eine höhere Lebensqualität abzuringen; sie wägt ab, wie viel benötigt wird, um Wohlstand und Wert, Schönheit und Sinn zu erreichen. Kurz gesagt: Der Übergang zu einer ressourcen-leichten Wirtschaft dürfte eine zweigleisige Strategie erfordern: eine Wiedererfindung von Mitteln *(Effizienz)* sowie eine kluge Mäßigung der Ziele *(Suffizienz)*. Anders ausgedrückt geht es darum, Dinge richtig und die richtigen Dinge zu tun.

Umweltschützer haben freilich schon seit langem auf die Wende zu einer ressourcen-sparenden Gesellschaft gedrängt. Sie taten es aus Liebe zur Natur oder aus Sorge um Lebensqualität. Sie haben ihr Licht unter den Scheffel gestellt. Denn beim Übergang zu einer ökologischen Gesellschaft geht es nicht nur um Natur oder Lebensqualität, sondern um Gerechtigkeit zwischen Völkern und Menschen. Mehr noch, eine Weltbürgergesellschaft ist nur auf der Basis einer ökologischen Umgestaltung der vorherrschenden Produktions- und Konsummuster vorstellbar. Denn letztendlich heißt ja die Großfrage, auf die das angebrochene Jahrhundert eine Antwort finden muss: wie ist es möglich, mehr als der doppelten Anzahl von Personen Gastfreundschaft auf der Welt zu bieten, ohne dass die Biosphäre für nachkommende Generationen ruiniert wird?

Falls die Frage jemals ein Antwort haben wird, muss sie eine ökologische sein. Wie man leicht auf dieser Erde auftreten kann, davon spricht die Ökologie; sie ist unverzichtbar, um das Zusammenleben auf einem begrenzten Planeten zu gestalten. Sie gehört, mit anderen Worten, zu den Zutaten für einen *Kosmopolitismus im post-nationalen Zeitalter.*

Menschenrechte und Umweltpolitik

Die Macht der Wohlhabenden einzuschränken, diese Perspektive kann sich auf Grundprinzipien der Fairness berufen. Dabei muss man nicht an eine Umverteilung zwischen Armen und Reichen denken, sondern daran, was man als die Minimalregel der Gerechtigkeit begreifen kann: Alle Regelungen, national wie international, sind so zu treffen, dass sie nicht die Lage der am wenigsten Begünstigten verschlechtern (vgl. Pogge 2002; Müller-Plantenberg 1999). Anscheinend eine bescheidene Regel, die es aber dennoch in sich hat. Denn gerade die grenzüberschreitenden, wirtschaftlichen und ökologischen Folgen von Produktionsprozessen, Auslandsinvestitionen, Protektionsmaßnahmen oder finanziellen Transaktionen sind so gewaltig, dass ein solches Prinzip eine erhebliche Prioritätenveränderung in Wirtschaft und Politik auslösen würde. Denn sowohl Investitionsentscheidungen wie multilaterale Politikverhandlungen sind davon geprägt, in der Auseinandersetzung mit Konkurrenten den eigenen Vorteil zu maximieren – ohne großartige Rücksichten auf die Kosten für die am wenigsten Begünstigten, die gewöhnlich auch gar nicht am Tisch der Entscheidungen sitzen.

Beispiele sind nicht schwer zu finden. Bei multilateralen Agrarverhandlungen wird um Konkurrenzvorteile zwischen Agrarexportländern gerungen, doch die Lage von Kleinbauern wird ignoriert. Bei Klimaverhandlungen werden Emissionsgrenzen ins Auge gefasst, welche die Wohlfahrtsverluste für Industrieländer minimieren, aber den Verlust von Subsistenzrechten bei Fischern, Bauern und Deltabewohnern in der südlichen Hemisphäre dabei in Kauf nehmen. Völkerrechtlich aber ist es keine Frage, dass die Menschenrechte dem Handels- oder Umweltrecht übergeordnet sind; ihre Beachtung verlangt, die eigenen Vorteile zurückzustellen, sobald durch deren Wahrnehmung die bereits Schwachen noch mehr deklassiert würden.

Und schließlich ist ein Übergang zur Nachhaltigkeit in den wohlhabenden Ökonomien, in den Nordländern wie auch innerhalb der Südländer auch eine unverzichtbare Voraussetzung, um die Subsistenzrechte gerade jener Menschen zu wahren, deren Lebensunterhalt vom direkten Zugang zur Natur abhängt. Gewiss, auf kürzere Sicht kann der Druck auf lebensdienliche Ökosysteme und lokale Gemeinschaften durch effizientere Rohstoff- und Agrarerzeugung gemildert werden. Auch können lokale Gemeinschaften bei stärkerer Verhandlungsmacht mehr Entschädigung und Gewinnanteile herausschlagen. Doch auf längere Sicht werden sich die Konflikte um Umwelt-Menschenrechte nur entschärfen lassen, wenn die globale Klasse der Hochverbraucher in der Lage ist, ihre Nachfrage nach Naturressourcen zurückzubauen. Erst dann, wenn die Nachfrage nach Öl sinkt, lohnt es nicht mehr, Förderzonen im Urwald zu erschließen, erst wenn der Wasserdurst von Landwirtschaft und Industrie abklingt, bleibt genügend Grundwasser für Trinkwasserbrunnen in den Dörfern, erst wenn die exzessive Verbrennung fossiler Stoffe eingedämmt ist, sind die Existenzrechte der Armen nicht mehr von der Heimtücke des Klimawandels bedroht.

Daraus folgt nichts weniger, als dass ressourcen-leichte Produktions- und Konsummuster in den wohlhabenden Ökonomien die Basis abgeben für eine menschenrechtsfähige Welt-Ressourcenwirtschaft. Denn der statistische Sachverhalt, dass die Minderheit der wohlhabenden Länder den globalen Umweltraum überbeansprucht, wird zur handgreiflichen Wirklichkeit in der sozialen Deklassierung. Weit davon entfernt, nur dem Schutze von Wasserrosen und Walen zu dienen, ist Ökologie die einzige Option, um in einer begrenzten Welt einer wachsenden Anzahl von Menschen Gastfreundschaft anzubieten.

Literatur

Agarwal, A./Narain, S. (1991): Towards Green Villages. A Strategy for Environmentally Sound and Participatory Rural Development. New Delhi.

BUND/Misereor (Hg.) (1996): Zukunftsfähiges Deutschland. Eine Studie des Wuppertal Instituts, Basel und Berlin.

Gadgil, M./Guha, R. (1995): Ecology and Equity – The Use and Abuse of Nature in Contemporary India. London.

Hawken, P./Lovins, A. /Lovins, H. (2000): Öko-Kapitalismus – Die industrielle Revolution des 21. Jahrhunderts. München.

Heinrich Böll Stiftung (Hg.) (2002): Das Jo'burg Memo: Ökologie – die neue Farbe der Gerechtigkeit. Memorandum zum Weltgipfel für Nachhaltige Entwicklung. Berlin. (www.joburgmemo.de).

Krebs, A. (2002): Arbeit und Liebe. Die philosophischen Grundlagen sozialer Gerechtigkeit. Frankfurt/Main.

MacKay, F.(2002): The Rights of Indigenous Peoples in International Law. In: Zarsky, Lyuba (Hg.), Human Rights and the Environment. London, pp. 9-30.

Müller-Plantenberg, U. (2000): Rawls weltweit. In: Prokla 30 (2000), H. 121.

Muradian, R./Martinez-Alier, J. (2001): Globalization and Poverty – An Ecological Perspective. World Summit Paper No. 7, Heinrich Böll Stiftung, Berlin.

Office of the UN High Commissioner on Human Rights (OHCHR) (2002): Draft Guidelines: A Human Rights Approach to Poverty Reduction Strategies. Geneva.

Pogge, T. (2003): Ein Dollar pro Tag. Von den Schwierigkeiten, die Weltarmut zu berechnen. In: Neue Zürcher Zeitung, 04.01.2003.

Pogge, T. (2002): World Poverty and Human Rights. Cambridge.

Sachs, W. (2002): Nach uns die Zukunft. Der globale Konflikt um Gerechtigkeit und Ökologie. Frankfurt/Main.

Sachs, W. (2003): Ökologie und Menschenrechte. Wuppertal Paper Nr. 131. Wuppertal Institut für Klima, Umwelt, Energie. Wuppertal.

Shue, H. (1980): Basic Rights. Subsistence, Affluence and U.S. Foreign Policy. Princeton.

Siddiqui, T. (1995): Energy Inequities Within Developing Countries. In: Global Environmental Change, Vol. 5, No. 5, pp. 447-459.

United Nations Development Programme (UNDP) (1998): Human Development Report 1998. New York.

Wackernagel, M. /Rees, W. (1997): Perceptual and structural barriers to investing in natural capital: economics from an ecological footprint perspective: In: Ecological Economics 20.

World Commission on Dams (WCD) (2000): Dams and Development. London.

World Commission on Environment and Development (WCED) (1987): Our Common Future. Oxford.

World Resources Institute WIR (2000): World Resources 2000-2001: People and Ecosystems. Washington.

WWF (2000): Living Planet Report 2000, WWF International. Gland.

Kerstin Müller
Entwicklung und Sicherheit in der globalisierten Welt:
Neue Herausforderungen für die Außen-, Sicherheits- und Entwicklungspolitik

Angesichts der Herausforderungen der globalisierten Welt wird sich die internationale Staatengemeinschaft künftig noch stärker als bisher mit der Notwendigkeit von Maßnahmen der Konfliktprävention und Friedenserhaltung konfrontiert sehen. Das Instrumentarium der klassischen Entwicklungspolitik reicht nicht aus, um diesen Herausforderungen wirksam zu begegnen. Wir brauchen einen umfassenden Sicherheitsbegriff und ein darauf abgestimmtes, kohärentes Instrumentarium.

Herausforderungen

Die neuen Herausforderungen zeigen sich zum Beispiel im Westen des Sudan, in Darfur, wo zurzeit eine der weltweit schlimmsten humanitären Krisen stattfindet. Anfang Mai 2004 konnte ich mir einen persönlichen Eindruck von der dramatischen humanitären Lage in Darfur verschaffen, als ich mich zu Gesprächen mit Vertretern von Regierungen, Widerstandsgruppen, Hilfsorganisationen und dem örtlichen UNHCR im Tschad und an der Grenze zum Sudan aufhielt. Schätzungsweise eine Million Menschen sind auf der Flucht, vor allem Frauen und Kinder. Brandstiftung, Raub und Mord sind an der Tagesordnung. Die Folgen, die dieser Konflikt für die Entwicklung des Sudans haben wird, sind noch nicht absehbar.

Bereits im Dezember 2003 hatte ich während einer Reise in die Region am Horn von Afrika die feste Überzeugung gewonnen, dass diese Schnittstelle zwischen arabischer und afrikanischer Welt (Sudan, Äthiopien, Eritrea und Somalia) von besonderer sicherheits- und entwicklungspolitischer Relevanz ist.

Diese Beobachtungen bestärken mich in der Notwendigkeit, Außen-, Sicherheits- und Entwicklungspolitik zusammen zu sehen. Denn nur so lassen sich die großen Herausforderungen meistern, die sowohl hinsichtlich weltweiter Stabilität, als auch betreffend der Entwicklungsperspektiven unserer Partnerländer vor uns liegen.

Aus meiner Sicht stehen dabei im Vordergrund:

- Die verheerenden Anschläge vom 11. September 2001 und vom 11. März 2004 in Madrid machen deutlich, dass es sich beim *Terrorismus* um die größte sicherheitspolitische Herausforderung unserer Zeit handelt. Dieser weltumspannende Terrorismus zielt nicht nur darauf, staatliche Organe und Sicherheitskräfte als Symbole der zu bekämpfenden Gesellschaftsform zu treffen. Vermehrt geht er dazu über, Anschläge auf so genannte „weiche Ziele" zu verüben, d.h. Zivilisten zu töten, um damit ein größtmögliches Maß an Schrecken zu verbreiten. Dies ist eine neue, asymmetrische Bedrohung von internationalem Ausmaß, bei der die herkömmlichen Sicherheitssysteme wie Armee und Polizei nur unzureichend gerüstet sind, um den in Netzwerken agierenden Terroristen entgegenzutreten.
- Internet und New Economy haben unsere Volkswirtschaften revolutioniert und unsere Gesellschaften verändert. Die *Globalisierung* – selbst ein Ergebnis technischer, dann zunehmend auch wirtschaftlicher, politischer und sozialer Veränderungen – erzeugt ihrerseits neuen strukturellen Wandel: Der sich ausweitende Welthandel, internationale Kapitalströme, weltweite Direktinvestitionen haben zu Wachstum und Wohlstandssteigerung geführt. Gleichzeitig klafft aber die Schere zwischen Arm und Reich zunehmend auseinander – nicht nur in den Entwicklungsländern, sondern auch in wichtigen Industrienationen. Viele Konflikte entstehen aus Verteilungsproblemen: zunehmende Wasserknappheit, ungebremstes Bevölkerungswachstum und sich rasch ausbreitende Krankheiten schwächen Gesellschaften und können zu Verzweiflung, Perspektivlosigkeit und damit zu Migrationsdruck führen.
- In vielen Ländern ist eine traditionelle Entwicklungszusammenarbeit gar nicht mehr möglich, weil keine funktionierende Verwaltung und keine Rechtssicherheit mehr gegeben ist oder gar kriegsähnliche Zustände herrschen. Beim Umgang mit *Failing States*, in denen es bereits zu einem Verfall staatlicher Strukturen gekommen ist, befindet sich die Politik in einem Dilemma: Einerseits möchte sie *Good Governance* in stabilen Staaten belohnen und zum Vorbild machen, andererseits kann sie nicht ganze Völker und Landesteile marginalisieren.

Globalisierung gerecht gestalten

Wir sind uns bewusst, dass sich unser nationales Handeln unter den Rahmenbedingungen der Globalisierung vollzieht. Doch ist diese kein statisches Faktum, sondern ein dynamischer Prozess. In der globalisierten Welt sind Menschen und Unternehmen immer stärker vernetzt, wechselseitig voneinander abhängig und dadurch auch verwundbarer als zuvor. Die Reichweiten nationaler Politik werden geringer, die Grenze zwischen Innen- und Außenpolitik verschwimmt. Globalisierung drückt sich auch in einer Vervielfachung der Akteure aus. Nicht nur Regierungen, sondern zunehmend Verbände, Organisationen, Firmen, und sogar einzelne Personen haben heute Einfluss auf unser Schicksal. Ich denke dabei an weltweit agierende Unternehmen wie Daimler Chrysler oder Siemens, aber auch an Organisationen wie Greenpeace oder „Ärzte ohne Grenzen".

Die strategische Antwort auf die neuen Herausforderungen ist eine *gerechte* und *nachhaltige* Gestaltung der Globalisierung. Um die mit der Globalisierung verbundenen Chancen zu fördern und die Risiken zu verringern, müssen wir die Globalisierung aktiv gestalten. Dies ist eine politische Aufgabe. Ziel ist, die Globalisierung zu einem gerechten, fairen und nachhaltigen Prozess zu machen, von dem auch die Entwicklungsländer profitieren. Kontinente wie Afrika dürfen nicht zu den Verlierern der Globalisierung gehören. Damit wird auch ein Beitrag zu mehr Stabilität und Sicherheit geleistet. Diese Gestaltungsaufgabe kann nur im Rahmen gestärkter und – soweit notwendig – auch reformierter multilateraler Institutionen geschehen. Dazu ist verstärkte internationale Zusammenarbeit notwendig, vor allem in den Vereinten Nationen und in der Welthandelsorganisation WTO, selbst wenn diese Organisationen nicht perfekt und stellenweise reformbedürftig sind. Denn die Bewältigung der globalen Herausforderungen kann nur durch ein System weltweit verbindlicher Regeln erreicht werden, das man als ‚*globale Good Governance*' bezeichnen kann.

Ein Mittel der Gestaltung der Globalisierung ist kohärentes Handeln. Alle relevanten Politikinstrumente müssen miteinander vernetzt und aufeinander abgestimmt werden, um die entsprechenden Kompetenzen zu bündeln – von der Konzeption bis hin zur Durchführung. Nur so können wir die vielschichtigen Probleme angehen, denen sich die Welt gegenüber sieht.

Internationale Aktivitäten

Die Notwendigkeit einer Verknüpfung von Sicherheitserwägungen mit Fragen der Entwicklung von Ländern und Gesellschaften wird zunehmend zum Thema der internationalen Gemeinschaft und spiegelt sich in den laufenden Debatten in den multilateralen Gremien wider:

- Die *Vereinten Nationen* verfolgen ein umfassendes Sicherheitsverständnis, zu dem ebenfalls ein hohes Engagement bei der Terrorismusbekämpfung gehört. Zwölf sektorale Anti-Terrorismuskonventionen bilden dafür die völkerrechtliche Grundlage. Zudem wurden Gremien des Sicherheitsrates geschaffen – das Sanktionsregime gegen Taliban/Al Qaida sowie der Anti-Terrorismus Ausschuss (CTC) deren Aktivitäten den globalen Handlungsspielraum für den internationalen Terrorismus erheblich einschränken. Deutschland arbeitet – vor allem als derzeitiges nichtständiges SR-Mitglied – in beiden Gremien aktiv mit und hat alle zwölf Anti-Terrorismuskonventionen unterzeichnet. Ebenfalls Ausdruck des umfassenden Sicherheitsverständnisses der Vereinten Nationen war die unlängst auf unsere Initiative aufgenommene Diskussion im Sicherheitsrat über die Verantwortung privater Unternehmen in Konfliktregionen.
- Ende des letzten Jahres wurde vom Europäischen Rat in Brüssel die neue *Europäische Sicherheitsstrategie (ESS)* angenommen. Sie weist Wege auf, wie die Europäische Union ihr politisches, wirtschaftliches und auch militärisches Gewicht wirksamer, kohärenter und mit verbesserten Fähigkeiten zum Tragen bringen kann.
- Auch im *Development Assistance Committee (DAC)* der OECD, dem wichtigsten Forum der Geber von Entwicklungshilfe, wird die Reform des Sicherheitssektors auch als eine entwicklungspolitische Aufgabe erörtert und sogar über die Frage der Anrechenbarkeit von friedensrelevanten Maßnahmen auf die öffentliche Entwicklungshilfe diskutiert (vgl. Zeitschrift Entwicklungspolitik 10/2004, S. 33 f.).

Deutsche Herangehensweise

Zwischen Sicherheits- und Entwicklungspolitik sehe ich keinen Zielkonflikt. Es gilt vielmehr, den richtigen „policy mix" zu finden, der einerseits den Bedürfnissen der Partnerländer entspricht und andererseits unseren eigenen Sicherheits- und Stabilitätsinteressen genügt. Klar ist: Armut allein führt noch nicht zum Krieg. Auch andere Faktoren tragen zu gewaltsamen Konflikten bei: ein schwacher oder zerfallender Staat, ethnische Spannungen, Abhängigkeit von Rohstoffexporten, eine ausgeprägte Schattenwirtschaft, perspektivlose und vom gesellschaftlichen Fortschritt ausgeschlossene Jugendliche und die leichte Verfügbarkeit von Kleinwaffen.

Welche Schlussfolgerungen ergeben sich daraus für unsere nationale Politik? Die klassischen Methoden der Sicherheitspolitik und Entwicklungszusammenarbeit für sich genommen werden den veränderten Rahmenbedingungen nicht mehr gerecht. Ich bin der Auffassung, dass ein mehrdimensionaler, flexibler, nachhaltiger und in sich kohärenter Ansatz benötigt wird. Die Handlungsmöglichkeiten von Außen-, Sicherheits- und Entwicklungspolitik müssen miteinander verknüpft werden.

Einem Geflecht von Risikofaktoren können wir nicht mit unkoordinierten Aktivitäten und Instrumenten begegnen. Wir brauchen vielmehr ein schlüssiges politisches Gesamtkonzept, das auf dem umfassenden Sicherheitsbegriff beruht. Dieser deckt neben den Aspekten klassischer politisch-militärischer Sicherheit auch die wirtschaftliche und ökologische Dimension sowie die kulturelle und gesellschaftliche Dimension mit ab.

Im Zeitalter der Globalisierung wird Entwicklungspolitik zunehmend zu einem Teil von Sicherheitspolitik. Entwicklungspolitik darf sich nicht darauf beschränken, Armut zu lindern und Entwicklungschancen zu bieten, sondern sie muss auch die Förderung von Demokratie, Menschenrechten und Rechtsstaatlichkeit als Kernaufgabe auffassen.

Auch insofern spielen die Menschenrechte eine herausragende Rolle. Menschenrechte sind kein Orchideenthema, das in den Hintergrund rücken kann, wenn die Stunde der Sicherheitspolitik schlägt. Das Gegenteil ist wahr. Die Förderung von Menschenrechten, Demokratie und Rechtsstaatlichkeit dient auch der Terrorismusprävention und ist auf Dauer die verlässlichste Grundlage für Stabilität und Frieden. Der neuen bedrohlichen Tendenz, Menschenrechtsverletzungen unter dem Etikett der Terrorismusbekämpfung zu legitimieren, muss die Staatengemeinschaft mit aller Entschiedenheit entgegentreten. Einen Anti-Terror-Rabatt beim Schutz der Menschenrechte darf es nicht geben.

Ebenso konsequent müssen wir darauf drängen, dass die geschlechtsspezifische Dimension des politischen Handelns berücksichtigt wird und die Auswirkungen auf Frauen nicht aus dem Blickfeld geraten. Zu oft wird vergessen, welche Folgen politische Entscheidungen für Frauen haben. Frauen werden – teilweise ungewollt – benachteiligt und können häufig ihren Beitrag zur politischen, wirtschaftlichen und gesellschaftlichen Entwicklung nicht leisten. Gesellschaften, denen es hingegen gelingt, das Potenzial, das Frauen mitbringen, zu nutzen und zu fördern, haben die größten Entwicklungschancen. Frauen sollten auch stärker einbezogen werden, wenn es um Sicherheit und Stabilität geht. Diesem Ziel dient die Resolution 1325, in der sich der Sicherheitsrat dafür einsetzt, Frauen auf allen Ebenen eine größere Rolle bei der Entscheidungsfindung im Bereich der Konfliktverhütung und -beilegung einzuräumen.

Um der Bedrohung des Terrorismus wirkungsvoll zu begegnen, müssen wir vor allem die Ursachen angehen. Nur wenn wir auch den Menschen in den Entwicklungsländern eine Zukunftsperspektive vermitteln, können wir ein Abgleiten in Extremismus verhindern. Chaos, Armut und soziale Instabilität sind der Nährboden, auf dem Fundamentalismus, Hass und Terror gedeihen. Der damalige Bundespräsident Rau hat dazu direkt nach den Anschlägen vom 11. September 2001 erklärt: „Wer den Terrorismus wirklich besiegen will, der muss durch politisches Handeln dafür sorgen, dass den Propheten der Gewalt der Boden entzogen wird."

Aktionsplan Zivile Krisenprävention

Diesem Gedanken trägt die Bundesregierung durch ihren am 12. Mai 2004 verabschiedeten Aktionsplan „Zivile Krisenprävention, Konfliktlösung und Friedenskonsolidierung" Rechnung. Diese unter Federführung des Auswärtigen Amtes und Mitwirkung zahlreicher Ressorts, insbesondere des Bundesministeriums für wirtschaftliche Zusammenarbeit und Entwicklung (BMZ), erstellte nationale Gesamtstrategie berücksichtigt die Herausforderungen der Globalisierung und legt dabei den beschriebenen umfassenden Sicherheitsbegriff zu Grunde.

Der Aktionsplan enthält konkrete Aktionsvorschläge, die auf einen überschaubaren Zeitraum von fünf bis zehn Jahren angelegt sind. Ein Kriterium bei der Auswahl der Handlungsfelder und der 161 Aktionen bestand in ihrer unmittelbaren Relevanz zur Schaffung einer Infrastruktur der Krisenprävention und trägt den besonderen Kompetenzen Rechnung, die Deutschland in Arbeitsteilung mit der internationalen Gemeinschaft in die Prozesse der Friedensförderung einbringen kann.

Wesentliche Bereiche

Um die mit dem umfassenden Sicherheitsbegriff verbundenen Aktionsfelder umzusetzen, halte ich drei Bereiche für besonders wichtig:
1. die Herstellung verlässlicher staatlicher Strukturen,
2. die Stabilisierung und Förderung aktiver und lebendiger Zivilgesellschaften und
3. die Sicherung der Lebensgrundlagen, also die Sektoren Wirtschaft, Soziales und Umwelt.

Im Folgenden einige exemplarische Aspekte:

1) Funktionstüchtige rechtsstaatliche Strukturen sind eine zentrale Voraussetzung für gesellschaftlichen Interessenausgleich und eine geregelte und friedliche Austragung von Konflikten. Deshalb bilden Rechtsstaatlichkeit, Demokratie und verantwortliche Regierungsführung (Good Governance) einen entscheidenden Eckpfeiler in unserer Außen- und Entwicklungspolitik.

Um die Unabhängigkeit der Justiz in den Partnerländern zu gewährleisten, fördert die Bundesregierung zum Beispiel transparente Auswahlverfahren für Spitzenpositionen im Justizbereich und unterstützt Aus- und Weiterbildungen für Richter, Staatsanwälte, Verteidiger und Justizbeamte. Vergessen wir auch nicht den Aufbau und die Fortbildung von Polizeikräften in anderen Ländern, zuletzt der irakischen Polizei. Hervorzuheben sind auch die Aktivitäten im Rahmen der European Police Mission in Bosnien-Herzegowina und die Anstrengungen als Lead-Nation in Afghanistan.

Entscheidend für das Funktionieren staatlicher Strukturen ist die Korruptionsbekämpfung. Die Bundesregierung hat sich in den letzten beiden Jahren aktiv an den Verhandlungen über die jüngste UN-Konvention zur Bekämpfung der Korruption beteiligt, die Ende Oktober 2003 von der UN-Generalversammlung angenommen und von Deutschland Anfang Dezember unterzeichnet wurde. Damit wurde erstmals ein internationales Rechtsinstrument geschaffen, das über rein regionale Übereinkommen hinausgeht. Neben Präventivmaßnahmen enthält die Konvention Regelungen zum organisatorischen und strafrechtlichen Bereich, zur internationalen Zusammenarbeit und insbesondere zur Rückführung von illegal erworbenen Vermögenswerten. Dies ist ein großer Fortschritt, besonders im Hinblick auf viele der ärmsten Länder der Welt, die von ihren Machthabern ausgeplündert wurden und zum Teil noch werden.

2) Die Erfahrung zeigt, dass Reformprozesse der Partnerländer von außen nicht erzwungen, sondern nur wirksam unterstützt und begleitet werden können. Notwendig sind ein langer Atem und angepasste Ansätze, welche die Reformkräfte in Gesellschaft und Regierung flexibel unterstützen. Es erscheint wenig erfolgversprechend, ausschließlich auf den Staat als Garant stabiler Verhältnisse zu setzen. Der Staat muss von einer aktiven *Zivilgesellschaft* getragen werden, die konstruktiv an sozialen Veränderungen mitwirkt. In zahlreichen Gesellschaften konnte sich bislang keine Kultur aktiver Staatsbürger herausbilden. Deshalb fördert das Auswärtige Amt die internationale Vernetzung von zivilgesellschaftlichen Akteuren und den Austausch zwischen Staat und Zivilgesellschaft. Seit 1999 hat die Bundesregierung aus Mitteln des Auswärtigen Amtes auf diesem Gebiet über 250 Projekte von Nichtregierungsorganisationen im Bereich der Krisenprävention mit rund 21 Mio. Euro unterstützt.

Nimmt die Politik ihre Gestaltungsaufgaben ernst, so ist es wichtig, mit den Akteuren der globalen Zivilgesellschaft in einen kontinuierlichen Dialog zu treten, auch mit den globalisierungskritischen Bewegungen, etwa dem Weltsozialforum oder Attac. Hier hat das Auswärtige Amt ein regelmäßig stattfindendes Forum eingerichtet, auf dem dieser Dialog geführt wird: das *„Forum Globale Fragen"*.

3) Die beste und nachhaltigste Hilfe für unsere Partnerländer besteht in der Förderung ihres langfristigen Wachstumspotenzials. Deutschland setzt sich mit Nachdruck für eine gerechtere Gestaltung des *Welthandels* ein. Dazu gehören selbstverständlich auch deutliche Zugeständnisse auf Seiten der Industrieländer in der Handelspolitik. Wenn wir es schaffen, die Doha-Runde der Welthandelsorganisation – die ja als „Entwicklungsrunde" ausgerufen wurde – erfolgreich abzuschließen, so ist nach Berechnungen der Weltbank ein Wohlstandsgewinn bei den Entwicklungsländern von bis zu 100 Mrd. US-Dollar zu erwarten. Das ist fast doppelt so viel, wie derzeit weltweit jährlich an staatlicher Entwicklungshilfe geleistet wird. Ein Erfolg der Doha-Runde wäre damit zugleich ein

Beitrag in Richtung „Hilfe zur Selbsthilfe" und langfristiger Entlastung der öffentlichen Haushalte. Damit alle Länder in der internationalen Arbeitsteilung ihr volles Potenzial realisieren können, müssen viele von untragbarer Verschuldung befreit werden. Die Kölner Schuldeninitiative – von der bereits 27 Länder profitieren - muss weitergeführt werden.

Ein weiteres Beispiel für konkretes Handeln ist die derzeit von der Bundesregierung aktiv betriebene Erarbeitung von „freiwilligen Leitlinien zum Recht auf Nahrung" in einer zwischenstaatlichen Arbeitsgruppe unter dem Dach der Welternährungsorganisation (FAO). Dies geschieht aus der Überzeugung, dass Erfolge im Kampf gegen den Hunger nur dann zu erreichen sind, wenn die nationalen Regierungen ihre Verantwortung wahrnehmen und klare Prioritäten setzen. Im Vordergrund muss der Zugang zu Ernährungsmöglichkeiten stehen. Dafür kommt es in erster Linie auf den politischen Willen an sowie die nötigen Instrumente, diesen von den Regierungsstellen einfordern zu können. Deutlich wird dies z.B. anhand der Tatsache, dass über 70 Prozent der unterernährten Kinder in Ländern mit Produktionsüberschüssen leben.

Ich bin der festen Überzeugung, dass die Vernetzung und Koordination unserer Politikfelder die Voraussetzung dafür ist, künftig den Risiken zu begegnen, die sich aus Unterentwicklung und Einflusslosigkeit der Entwicklungsländer für die betroffenen Regionen, aber auch für uns, unsere Sicherheit und unseren Wohlstand ergeben. Hierfür gilt es, die notwendige Kohärenz sicherzustellen. Dies betrifft die Formulierung unserer bilateralen Beziehungen mit den Entwicklungsländern ebenso wie die Ausgestaltung der globalen Rahmenbedingungen in den multilateralen Gremien. Friedensentwicklung und Krisenprävention werden in wachsendem Maße Schwerpunkte in der Entwicklungszusammenarbeit mit einzelnen Ländern und Regionen sein.

Sinnvoll erscheint auch, über neue Instrumente der Zusammenarbeit zwischen den für Entwicklungszusammenarbeit, Sicherheit und Außenpolitik zuständigen Ministerien nachzudenken. So wenig wie im Zeitalter der Globalisierung unser Sichtfeld an den nationalen Grenzen enden kann, so wenig können wir uns isoliertes Handeln in einem komplexen und risikobeladenen internationalen Umfeld leisten. *Kohärenz* der Themen und Handlungen ist das Gebot der Stunde. Ihm stellt sich die Politik der Bundesregierung.

Ulrich Menzel
Die neue Politisierung der Entwicklungspolitik

Entwicklungspolitik war immer eine politische Angelegenheit im doppelten Sinne. Politisch war sie um ihrer selbst willen. Idealistische Motive bestimmten in hohem Maße das Handeln der Akteure in diesem normativ besetzten Politikfeld – gleichviel, ob sie als Politiker, als Publizisten oder als Experten engagiert waren. Politisch war Entwicklungspolitik aber auch deshalb, weil sie als Instrument im Ost-West-Konflikt betrachtet wurde. Mit dem Ende der Blockkonfrontation konnte zwar der Ballast der alten Politisierung über Bord geworfen werden, indes kommen nun neue sicherheitspolitische Motive ins Spiel. Angesichts des Zerfalls staatlicher Strukturen in vielen Ländern des Südens sollte eine politische Entwicklungszusammenarbeit heute vor allem als Hilfe zur Wiederherstellung des staatlichen Gewaltmonopols begriffen werden.

Der Ost-West-Konflikt war auch in der so genannten Dritten Welt ausgetragen worden. Hier liegt die realistische Begründung, warum Entwicklungszusammenarbeit überhaupt betrieben wurde und man das Feld nicht privaten Investoren oder den einzelnen Ländern selbst überlassen hat. Die Entwicklungszusammenarbeit sollte dort im Sinne der globalen Containment-Strategie der USA der Ausbreitung des Kommunismus entgegenwirken. George Kennan in seinem berühmten, mit „X" gezeichneten, Artikel aus dem Jahre 1947 und zehn Jahre später Walt W. Rostow zusammen mit Max Milikan (1957) haben diesen Politikansatz paradigmatisch begründet (vgl. Menzel 2003c), der gegen heftige Widerstände in der Kennedy-Ära auch praktisch umgesetzt wurde (vgl. Baumann 1990). Die bundesdeutsche Version von containment schlug sich damals in der „Hallstein-Doktrin" nieder: Die alte politische Konditionierung der Entwicklungshilfe bestand in der Nichtanerkennung der DDR.

Umgekehrt haben aber auch die Sowjetunion und später die VR China erkannt, dass die Propagierung des eigenen Modells, antiimperialistisch grundiert, als entwicklungspolitische Alternative eine sehr effektive Strategie in der Systemkonkurrenz war. Sie kam zudem mit einem sehr viel geringeren Ressourceneinsatz aus. Sozialismus als entwicklungspolitisches Allheilmittel war fest in den Köpfen vieler Befreiungsbewegungen und postkolonialer Eliten an der Macht verankert.

Das Ende des Ost-West-Konflikts musste die Entwicklungspolitik gleich in doppelter Weise in heftige Turbulenzen versetzen. Zum einen war das realistische Fundament der Entwicklungszusammenarbeit (EZ) weggebrochen. Das äußerte sich darin, dass die östliche EZ wie die brüderliche „Waffenhilfe" ganz abrupt eingestellt und die westliche EZ schrittweise reduziert wurden. Dass letztere nicht ebenso abrupt eingestellt wurde, macht deutlich, dass idealistische Motive durchaus eine Rolle spielten und von Fall zu Fall auch andere Interessen, nicht zuletzt das Eigeninteresse der entwicklungspolitischen Apparate, am Werk sind. Sie sorgen, dem Tankerprinzip gemäß, für Kontinuitäten. Zum anderen ist die sozialistische Entwicklungsideologie zusammengebrochen und hat damit viele ehemalige Befreiungsbewegungen in eine tiefe Identitäts- und Orientierungskrise gestürzt, zumal man, wenn die Hilfe der Bruderländer ausblieb, nach neuen Fleischtöpfen Ausschau halten musste. Benin ist das klassische Beispiel, wo die postkoloniale Elite den Paradigmenwechsel buchstäblich über Nacht vollzogen hat.

Das Ende der Blockkonfrontation als Totengräber des Projekts „Entwicklung durch Zusammenarbeit"? Eine bizarre, aber durchaus plausible These, da dieses Ende auch das Ende des *Containments* bedeutete. Immerhin eröffnete sich eine normative Perspektive. Nachdem der Ballast der alten Politisierung über Bord geworfen ist, könnte doch auch auf diesem Feld eine Friedensdividende kassiert werden und Entwicklungszusammenarbeit um ihrer selbst willen betrieben werden. Ein idealistisches Projekt ist nur noch idealistisch motiviert. Auch wenn die Mittel spärlicher fließen, so sind doch wenigstens die alten Sachzwänge an den Rand gerückt.

Ein neues sicherheitspolitisches Paradigma

Doch leider haben die 1990er Jahre, auch im Bereich der Entwicklungspolitik eine Phase des Übergangs, zu einem ganz anderen Ergebnis geführt. Die Entwicklungszusammenarbeit wird immer noch im Sinne übergeordneter sicherheitspolitischer Erwägungen instrumentalisiert, nur hat sich das sicherheitspolitische Paradigma verändert. Die neue sicherheitspolitische Konstellation ist eine Gemengelage von postmodernen oder postwestfälischen Konflikten, die aus dem Auftreten neuer politischer Phänomene wie den Schurkenstaaten *(rogue states)*, den versagenden bzw. zerfallenden Staaten *(failing states)* und neuer nichtstaatlicher Akteure wie dem *Terrorismus* oder dem *Organisierten Verbrechen* resultieren.

Die neueste Fassung der Nationalen Sicherheitsstrategie der USA (NSS 2002) vom 20.9.2002, verbindliche Richtlinie der US-Außenpolitik, hat dieses erstmals auf den Begriff gebracht[1]. „*Schurkenstaaten*" sind hier definiert als Staaten, die nach Massenvernichtungswaffen streben, die die Proliferationen der entsprechenden Technologie betreiben, die nach regionaler Vormacht streben und damit das internationale Machtgefüge bedrohen, die sich krasser Menschenrechtsverletzungen schuldig machen und die ggf. den internationalen Terrorismus unterstützen.

Versagende oder zerfallende Staaten zeichnen sich dadurch aus, dass das staatliche Gewaltmonopol nicht mehr erkennbar ist und demzufolge elementare Staatsfunktionen wie innerer Frieden und damit Schutz der Bürger, Rechtssicherheit, Garantie des Eigentums etc. nicht mehr gewährleistet sind. An die Stelle des staatlichen Gewaltmonopols ist in ihnen eine Vielzahl von „Gewaltakteuren" getreten, die sich wiederum auf sog. „Gewaltmärkte" stützen (vgl. Elwert 1997). Versagende Staaten lassen sich in zwei Typen unterscheiden:

- *ehemals funktionierende Staaten* wie Jugoslawien, wobei aus der Konkursmasse neue funktionierende Staaten resultieren können oder der Fragmentierungsprozess sich auch in den Nachfolgestaaten fortsetzt,
- und „*Quasi-Staaten*" (vgl. Jackson 1990) wie z.B. der Kongo, die seit der Unabhängigkeit nie im strikten Sinne funktionierende staatliche Strukturen aufgewiesen haben und eher eine Karikatur des westlichen Staates waren, die zwar deren Symbole zur Schau stellten, aber kaum deren ordnungspolitische Funktionen wahrnahmen.

Der Begriff „schwache Staaten" *(weak states)* weist auf eine Vorstufe des versagenden Staates hin. Schwache Staaten können durchaus autokratisch regiert werden. Dies ist aber nicht gleichbedeutend mit einem „starken" Staat. Solange die klassischen Renten in ausreichendem Maße zur Verfügung stehen, muss aus einem „schwachen" Staat nicht zwangläufig ein versagender Staat werden. Da sich beide Typen mit ihren Vorstufen überwiegend aus der Gruppe von Ländern rekrutieren, die ehemals zur so genannten Dritten Welt gehörten,

---

[1] Die Nationale Sicherheitsstrategie der USA. In: Internationale Politik Nr. 12, 2003. S. 113-138; Original unter: www.usembassy.de/policy/nss.pdf. Vgl. Menzel 2003 b.

sollte deren Typologie um eine neue Kategorie, die der „Gewaltökonomien", erweitert werden. Schurkenstaaten hingegen gehören eher zum klassischen Typ der Rentenökonomie, wenn auch die Grenzen zu den zerfallenden Staaten, siehe Afghanistan unter den Taliban, fließend sind.

Tabelle 1
Politische und ökonomische Systemmerkmale von "Entwicklungsländern"

		Politisches System				
		Rechtsstaat staatl. Gewaltmonopol	Autokratie schwacher Staat	"Failed State" Auflösung des staatlichen Gewaltmonopols		
	Marktwirtschaft (Schwellenländer)	(1) Profit	(2)	(3)	Ex- und Import von Kapital- und Massenkonsumgütern	
ökonomisches System	Rentenökonomie (Rohstoffproduzenten)	(4)	(5) Rente aus Bergbau, Öl, Landwirtschaft, Außenhandel, EZ	(6)	Export Primärgüter Import Luxusgüter	Weltwirtschaftlicher Bezug
	Gewaltökonomie (Schattenökonomie)	(7)	(8)	(9) Rente aus Katastrophenhilfe, Drogenanbau, Diamanten, Schutzgeld etc.	Export Drogen etc. Import Waffen etc.	
		Anschluss an OECD-Welt	Organisationen im Rohstoffsektor durch OPEC etc. klassischer Nord-Süd-Konflikt	Kooperation mit "Schurkenstaaten"		
		Weltpolitische Konsequenzen				

Die Idealtypen anzeigende Neunfelder-Tafel ergibt sich aus der Kombination von drei Typen politischer Systeme: Rechtsstaat mit staatlichem Gewaltmonopol; der Autokratie, die auf Grund nur unzureichender staatlicher Leistungen als „schwacher Staat" bezeichnet wird; versagender Staat, der auf Grund des verlorenen Gewaltmonopols in der neuen Kriegs-Zone der neuen Kriege (vgl. Münkler 2002) zu finden ist mit drei Typen von Wirtschaftssystemen: Marktwirtschaften, zu denen die Schwellenländer in Asien und Lateinamerika gehören; klassische Rentenökonomien wie die OPEC-Länder; Gewaltökonomien in der neuen Kriegszone, die sich auf eine Schattenökonomie stützen.

Die grundlegende ökonomische Kategorie ist deshalb in Feld 1 (Schwellenländer) der *Profit*, in Feld 5 (Rohstoffexporteure) die *klassische Rente* aus Bergbau, Öl, Landwirtschaft etc. und in Feld 9 (zerfallene Staaten) als *neuer Typ* eine Rente, die aus dem Elend, dem Krieg und der internationalen Schattenwirtschaft gezogen wird. Marktwirtschaften bzw. Schwellenländer sind zunehmend auf symmetrische Art in die internationale Arbeitsteilung eingebunden, da sich Kapital- und Massenkonsumgüter sowohl auf der Export- wie auf der Importseite in ihrem Warenkorb befinden. Ihre Dynamik erhalten sie durch eine Aufwärtsmobilität in der internationalen Arbeitsteilung. Der Staat fungiert hier als Entwicklungsstaat, der interveniert, um die internationale Wettbewerbsposition seiner Unternehmen zu verbessern.

Rentenökonomien sind asymmetrisch in die internationale Arbeitsteilung eingebunden. Sie exportieren Rohstoffe und importieren Luxusgüter. Die Angehörigen dieses Typs gehören zu den klassischen Akteuren im Nord-Süd-Konflikt (vgl. Elsenhans 2001). Die Aktivitäten des Staates konzentrieren sich darauf, durch Selbsthilfe oder multilaterales Vorgehen zur Durchsetzung internationaler Kartelle die aus dem Ausland bezogenen Renten zu erhöhen. Die OPEC-Mitglieder haben das am erfolgreichsten vermocht. Gewaltökonomien sind in die internationale Schattenwirtschaft eingebunden. Idealtypisch exportieren sie Drogen und importieren Waffen. Die Rente beziehen sie aus dem Drogenanbau, aus der Erpressung von Schutzgeld, der illegalen Vermarktung von Diamanten etc. Die Waffen, aber auch die Dienste von Söldnerfirmen benötigen sie, um ihre Gewaltherrschaft zur Aufbringung der Rente aufrecht zu erhalten.

Die weltpolitischen Konsequenzen lauten, dass die Schwellenländer den Anschluss an die OECD-Welt suchen und auch die Mitgliedschaft in deren Organisationen wie der Welthandelsorganisationen WTO oder den transregionalen

Handelsforen wie APEC (Asian Pacific Economic Cooperation) oder ASEM (Asia-Europe Meeting) nicht scheuen. Die Rentenökonomien sind die Vertreter einer globalen Umverteilungspolitik und an der Aufrechterhaltung von klassischer Nord-Süd-Politik und rententrächtiger Entwicklungszusammenarbeit interessiert. Hier finden sich die Leidtragenden des Endes des Ost-West-Konflikts, weil eine Schaukelpolitik zwischen den Blöcken oder die Blockfreiheit zur Maximierung politischer Renten nicht mehr möglich ist. Aus dieser Perspektive sind die zerfallenen Staaten bzw. die neuen Akteure in den Gewaltökonomien sogar Nutznießer vom Ende des Ost-West-Konflikts, wenn sie mit den Schurkenstaaten bzw. mit den nichtstaatlichen Akteuren des globalen informellen Sektors der Schattenwirtschaft kooperieren, weil letztere die neuen Antipoden der Länder des Nordens sind.

Tabelle 2
Typologie von Akteuren der Gewaltökonomie

		Ziele/Interessen			
		politisch	ökonomisch		
Reichweite	regional	**Rebellen**	**Warlords**	ersetzt	Staatliches Gewaltmonopol wird
	global	**Terrorismus**	**Organisiertes Verbrechen**	genutzt	
		Globale Schattenökonomie			
		Ressourcenbasis			

Adaptiert aus Mair 2002.

Das Innenleben der Gewaltökonomien

Auch das Innenleben der Gewaltökonomien lässt sich typologisch erfassen, sind hier doch eine Vielzahl von Akteuren am Werk, die zwar die gemeinsame Ressourcenbasis – die internationale Schattenökonomie – eint, die aber sehr wohl unterschiedliche Interessen verfolgen (vgl. Mair 2002, Lock 2001, Boyart et al. 1999). Unterscheiden lassen sich „*Rebellen*" – früher hätte man gesagt, nationale Befreiungsbewegungen –, klassische *Warlords*, regional oder international operierende *Terroristen* und das *Organisierte Verbrechen*. Rebellen und Terroristen verfolgen politische, Warlords und Organisiertes Verbrechen ökonomische Ziele. Rebellen und Warlords operieren regional, aber durchaus grenzüberschreitend, Terroristen und Organisiertes Verbrechen operieren global. Rebellen und Warlords ersetzen das staatliche Gewaltmonopol, ein wesentlicher Grund für den Staatszerfall, Terroristen und Organisiertes Verbrechen nutzen, auch wenn sie es aushöhlen, das staatliche Gewaltmonopol und operieren in seinem Schatten.

Dabei sind die Grenzen zwischen den vier Typen wie zum formellen staatlichen Sektor fließend je nachdem, ob es sich um einen schwachen, einen zerfallenden oder einen zerfallenen Staat handelt. Entscheidend zum Gesamtverständnis sind die symbiotischen Beziehungen zwischen den Akteuren, ohne die die Gewaltökonomie nicht funktionieren kann. Rebellen, Warlords und sogar Terroristen sind auf das Organisierte Verbrechen angewiesen, da nur über dieses Bindeglied die Integration in die internationale Schattenwirtschaft und von dort in die legale Ökonomie möglich ist. So finanzieren sie sich, so beziehen sie ihre Ausrüstung: Waffen, Fahrzeuge, Telekommunikationseinrichtungen etc. Der Terrorismus bedarf aber auch der Rebellen und Warlords, da diese ihnen Rückzugsräume, Ausbildungslager und sonstige Unterstützung bieten. Das Organisierte Verbrechen benötigt Kunden und Lieferanten, will es Einnahmen erzielen. Zu denen gehören nicht nur ansonsten seriöse Firmen und Privatpersonen in den Ländern des Nordens, sondern eben auch Rebellen, Warlords und Terroristen.

Die „Investitionsgüter" der Gewaltökonomie dienen zur Rekrutierung neuer Gewaltakteure wie etwa Kindersoldaten und gewährleisten, dass die neuen Renten auch tatsächlich fließen. Der entscheidende Unterschied zwischen einer Marktwirtschaft und einer Rentenökonomie besteht nämlich darin, dass in ersterer Einkommen aus unternehmerischer Tätigkeit und in letzterer aus politischer Kontrolle über rententrächtige Ressourcen entstehen. Also muss man in ersterer Gewinne investieren, Kapital akkumulieren, in letzterer einen Teil der Rente in die Institutionen und Akteure des Gewaltapparats „investieren".

Schurkenstaaten (vgl. Henriksen 2001) können insofern Teile dieses Netzwerks sein, da sie als Outlaws der internationalen Staatengemeinschaft kaum an der formellen internationalen Arbeitsteilung teilhaben, aber auch Devisen benötigen, ihren Einflussbereich auszudehnen suchen und gerade Waffen als exportfähiges Gut anbieten.

Neue Bedrohungen aus dem Süden

Aus diesen neuen Phänomenen, so das Zwischenfazit, resultieren neue Bedrohungen (vgl. Schneckener 2003, Rotberg 2003) aus den Ländern des Südens, die mittlerweile die ganze Aufmerksamkeit der Sicherheitspolitiker und Militärs des Nordens gefunden haben, auch wenn diese noch weit davon entfernt sind, umfassende Konzepte im Umgang mit den neuen Bedrohungen entwickelt zu haben. Genannt seien nur die wichtigsten:

1. Die Ausweitung der internationalen *Schattenwirtschaft* (vgl. Couvrat/Pless 1993*)*: Deren Umfang beträgt, je nach Schätzung, 17 – 25 Prozent des Welthandels. Ihre wichtigsten Komponenten sind Drogenhandel, Waffenhandel, Billigflaggen und Phantomschiffe, neue Formen der Sklaverei einschließlich des Sextourismus, Menschenschmuggel, Geldwäsche und Offshore-Paradiese, Giftmüllexporte, Zigarettenschmuggel, Handel mit Organen und Blutkonserven, Schutzgeld und Söldnerwesen, Seeräuberei, Handel mit Diamanten, Coltan, Elfenbein und geschützten Tierarten etc. Dabei gibt es eine unübersichtliche Grauzone zwischen noch legalen und nur noch illegalen Aktivitäten. Klar ist auch, dass die internationale Schattenwirtschaft ohne die seriösen Partner in den Industrieländern, die Bergbaukonzerne und Schweizer Banken, die Rüstungsfirmen, Sicherheitsdienste und Reedereien, die Giftmüllproduzenten und Tabakkonzerne nicht funktionieren kann. Anbau, Produktion und Handel mit Drogen dürfte dabei, nicht zuletzt wegen der Sekundäreffekte wie der Beschaffungskriminalität, der Probleme der Drogenabhängigen und der enormen Summen, die im Spiele sind, die größte Bedeutung haben. Hinzu kommt, dass hier das Zusammenspiel von neuen Gewaltakteuren, illegalem Waffenhandel und Organisiertem Verbrechen, besonders eng ist.

2. Die diversen Formen der *Migration* als Folge von Staatszerfall, Menschenrechtsverletzungen, Genozid, massenhaftem Elend: Dabei spielt es am Ende keine Rolle mehr, ob es sich um Armutswanderung, Flucht vor Krieg und Bürgerkrieg oder Asylsuche als Folge von politischer Unterdrückung handelt. Sobald die Migration ein bestimmtes Maß übersteigt, verschwimmen die Differenzierungen, wird alles als nicht mehr tolerierbar und finanzierbar empfunden, wird zu den Instrumenten der Abwehr, Abschreckung und Abschiebung gegriffen.
3. Der *Terrorismus* in seinen diversen Erscheinungsformen, insbesondere seit er sich international vernetzt hat und international agiert (vgl. Hoffmann 2002).
4. Alles das, was unter der *„Versüdlichung des Nordens"* zu verstehen ist: Wenn das Zusammenwirken der genannten Phänomene dazu führt, dass sich auch im Norden Zonen herausbilden, in denen das staatliche Gewaltmonopol kaum noch durchzusetzen ist (die Bronx in New York, die banlieues von Paris), wenn der „Kampf der Kulturen" innerhalb des Nordens geführt wird (vgl. Kurth 1994), wenn Fundamentalismen jeglicher Art auch im Norden ihren Nährboden finden, wenn die Endpunkte des Organisierten Verbrechens, des Drogenhandels, der Schutzgelderpressung, des Menschenschmuggels bis in die Großstädte des Nordens reichen. Die neue Gewaltökonomie ist also keineswegs auf die neue Kriegszone beschränkt, ihre Ableger reichen tief hinein in die Gesellschaften des Nordens.

Entwicklungshilfe im Teufelskreis

Angesichts dieser Tendenzen muss man leider feststellen, dass die Entwicklungszusammenarbeit im Sinne von Prävention zwar nicht viel bewirken kann, andererseits aber dabei ist, aufs Neue instrumentalisiert zu werden. Die klassische Entwicklungszusammenarbeit, insbesondere in der Form der Projekthilfe, verlangt ein stabiles politisches Umfeld. Gleichviel, welche Strategie, welches Konzept im Einzelnen verfolgt wird, die Voraussetzung ist allemal Rechtssicherheit, Schutz des Eigentums, funktionierende Märkte, innerer Friede und ein Minimum an Randbedingungen, die nur ein halbwegs funktionierender Staat gewährleisten kann. Wenn der Staat verschwindet oder selber zum Parasiten wird, dann ist Entwicklungszusammenarbeit nicht mehr möglich, da kann sich auch eine möglicherweise präventive Wirkung nicht mehr entfalten.

Es spricht sogar vieles dafür, dass die Reduzierung der Entwicklungshilfe als Folge der beendeten Blockkonfrontation den Staatszerfall in manchen Regionen noch beschleunigt hat. Paradoxerweise nicht deshalb, weil Projekte gescheitert sind, sondern weil die Entwicklungshilfe, die in manchen afrikanischen Staaten 20 – 50 Prozent der Staatseinnahmen ausmachen konnte, selber eine Rente war. Solange sie geflossen ist, hat sie, aus der Logik des Ost-West-Konflikts durchaus erwünscht, politisch stabilisierend gewirkt. Ob sie auch Entwicklungseffekte erzielt hat, war aus dieser Logik sekundär. Seit sie nicht nur reduziert, sondern im Sinne der Good Governance wieder, wenn auch anders als früher, politisch konditioniert wird, zwingt dieses die Machthaber, nach neuen Renten Ausschau zu halten.

Eine neue Quelle der Rente ist aber die *Katastrophenhilfe* (vgl. Stirn 1996). Hier lassen sich im Prinzip auf die gleiche Art und Weise Geld und Sachleistungen abzweigen wie bei der klassischen Entwicklungshilfe, nur dass dieses oftmals unverblümter und direkter geschieht, wenn mit der Kalaschnikow am Hafenkai oder an der Flugzeugpiste ein Teil der Hilfslieferung abgepresst wird. Die große Frage ist, wie weit menschliches Elend regelrecht inszeniert wird, das medial aufbereitet die Hilfsbereitschaft des Westens in Gang setzt und damit neue Renten eröffnet. Tatsache ist jedenfalls, dass es eine schleichende Verlagerung in den Etats der Entwicklungszusammenarbeit weg von der klassischen Entwicklungshilfe hin zur Katastrophenhilfe gibt.

Damit gerät man in einen fatalen Teufelskreis, bei dem wie immer nicht mehr so recht ersichtlich ist, wo er anfängt und wo er endet bzw. was Ursache und was Wirkung ist. *Bad Governance* führt in einem Land zur Verschlechterung der Lage. Der Druck der politischen Konditionierung, der zu Good Governance anhalten soll, führt zur Reduzierung der Entwicklungszusammenarbeit und damit auch der Rente. Die Staatstätigkeit wird noch ineffektiver, aus einem schwachen wird ein versagender Staat. Die Lage verschlechtert sich weiter bis hin zur Katastrophe. Dann setzt die Katastrophenhilfe ein. Neue Renten erschließen sich, die auch wahrgenommen werden. Die Katastrophe wird im schlimmsten Falle als Inszenierung aufbereitet, so dass noch mehr Katastrophenhilfe fließt, die die klassische Entwicklungszusammenarbeit weiter reduziert und so fort.

Gefahrenabwehr durch militärische Intervention

Instrumentalisiert wird die klassische Entwicklungszusammenarbeit demnach aufs neue, weil sich in der entwicklungspolitischen Auseinandersetzung im Norden eine neue Front aufgetan hat. Vordergründig wächst angesichts des Staatszerfalls und des daraus resultierenden menschlichen Elends die Bereitschaft zur neuen Form militärischer Intervention. Dies ist die idealistische Seite der Angelegenheit. Interveniert wurde schon immer – politisch, wirtschaftlich und militärisch in Form von Waffenlieferungen, Entsendung von Militärberatern und ggf. der Fremdenlegion bzw. den Kubanern. Neu ist die humanitäre Begründung des Militäreinsatzes, die, weil sie auch die Linke, die Liberalen, die Christen und alle ethisch Engagierten spaltet, besonders umstritten ist.

Auch die humanitäre Begründung ist vielschichtig. Unmittelbar geht es darum, in krassen Fällen von Staatsversagen menschliches Leben zu schützen oder den zivilen Hilfsdiensten überhaupt die Möglichkeit zu verschaffen, Nothilfe leisten zu können. Der diesbezügliche Bericht der International Commission on Intervention and State Sovereignty (ICISS) spricht sogar von der *„Responsibility to Protect"*, also der Verpflichtung zum Schutz[2].

Grundsätzlich lautet das Argument, dass in einer Situation, wo das staatliche Gewaltmonopol nicht mehr besteht, es von außen wieder hergestellt werden muss, um anschließend einen Staatsaufbau von unten in Gang zu setzen, aus einem versagenden oder zerfallenden Staat wieder einen funktionierenden Staat zu machen. Erst dann besteht auch wieder ein Ansatzpunkt für langfristige Entwicklungszusammenarbeit. Im Hintergrund steht allerdings auch das weniger offen ausgesprochene neue Motiv, dass auf diese Weise auch Gefahrenabwehr im o.g. Sinne betrieben werden kann: Also militärische Intervention, um die neuen Bedrohungen, die aus dem Staatszerfall resultieren, vor Ort zu bekämpfen. Damit haben wir dann auch wieder eine realistische Begründung.

Die grundsätzliche Gegenposition lautet, dass die eigentliche und langfristige Prävention darin besteht, Entwicklungszusammenarbeit im klassischen Sinne und zwar in verstärktem Maße zu betreiben. Entwicklungszusammenarbeit gerät allerdings auch so hinterrücks zu einer Maßnahme der Gefahrenabwehr. Diese nicht ausdiskutierte und schon gar nicht politisch entschiedene Gemengelage

---

[2] ICISS, The Responsibility to Protect. 2001. Unter: www.dfait-maeci.gc.ca/iciss-ciise/reporten.asp; Vgl. dazu Loges/Menzel 2004 und Fearon/Laitin 2004.

führt dann dazu, dass im milliardenschweren „Antiterror-Paket" der Bundesregierung in Reaktion auf den 11. September alle etwas abbekommen haben: Polizei, Grenzschutz, Geheimdienste, Bundeswehr und eben auch das Bundesministerium für wirtschaftliche Zusammenarbeit und Entwicklung (BMZ). Jedenfalls ist ein regelrechter *Paradigmenwechsel* zu konstatieren.

Bedingungen humanitärer Intervention

Die klassische Projekthilfe ist – um es pointiert zu sagen – tot. Das neue Schlagwort, das auch die entwicklungspolitische Debatte beherrscht, lautet *„Humanitäre Intervention".*[3] Diese wird allerdings in der Debatte viel zu schnell auf ihre rein militärische Komponente reduziert. Es wird zu wenig zur Kenntnis genommen, dass es sich hierbei nur um ein letztes Mittel handeln kann, dessen Einsatz wiederum an viele Bedingungen geknüpft ist.

Insbesondere den Vereinten Nationen (Agenda for Peace, Brahimi-Report) ist es zu verdanken, dass auf der konzeptionellen Ebene mittlerweile ein breites und umfassendes Instrumentarium erarbeitet wurde. Dieses reicht von der Prävention über die Intervention im engeren Sinne bis zur Postkonfliktphase, so dass von einem regelrechten „Regime humanitärer Intervention" unter dem Dach der Vereinten Nationen gesprochen werden kann, das alle geforderten Elemente der Regime-Theorie, also die Prinzipien, Normen, Regeln und Verfahren, beinhaltet[4]. Auch wird von den Kritikern gerne übersehen, dass auch die klassische Entwicklungszusammenarbeit eine Form der Intervention war, nicht zu sprechen von den Strukturanpassungsprogrammen des IWF oder der politischen Konditionierung des BMZ. Letztlich ist auch jedes Projekt der Entwicklungszusammenarbeit, jede Aktion einer privaten Hilfsorganisation, jedes Engagement einer

---

[3] In diesem Beitrag geht es darum, die diskutierten Begründungen für humanitäre Interventionen zu liefern. Empirische Untersuchungen zu dieser Problematik sind, das liegt in der Natur der Sache, kaum möglich. Auch Sozialwissenschaft ist in einem zerfallenen Staat nicht möglich. Herangezogen werden können allerdings diverse Reiseberichte zu den "Frontiers of Anarchy", vgl. Kaplan 1996; neuerdings aus amerikanischer Perspektive das preisgekrönte Buch von Samantha Power 2003.

[4] Boutros Boutros-Ghali, An Agenda for Peace, 1992. (www.un.org./Docs/SG/agpeace.html); Brahimi-Report, 2000: Panel on United States Peace Operations (www.un.org/peace/reports/peace_operations); vgl. Loges 2003.

ausländischen Nichtregierungsorganisation (z.B. die Kampagne gegen Genitalverstümmelung bei Frauen) eine Form der Intervention, die Souveränitätsrechte berührt oder aushöhlt.

Allerdings: Über den unmittelbaren Schutz der betroffenen Bevölkerung und die Absicherung erster Hilfsmaßnahmen hinaus muss das eigentliche Ziel humanitärer Intervention die *Wiederherstellung des staatlichen Gewaltmonopols* sein. Der Staat muss wieder in die Lage versetzt werden, seine Funktionen wahrzunehmen, seinen Bürgern elementare Formen der Sicherheit und damit auch den Schutz der Menschenrechte zu bieten. Deshalb ist die Postkonfliktphase, die Hilfe beim Staatsaufbau, das entscheidende strategische Element.

Hier liegt auch der neue wichtige Ansatz für eine politische Entwicklungszusammenarbeit. Diese muss lauten: *Hilfe zur Durchsetzung des staatlichen Gewaltmonopols, Hilfe zum Aufbau leistungsfähiger staatlicher Strukturen.* Diese wurden seinerzeit, d.h. nach der Entkolonialisierung, allzu selbstverständlich als gegeben angesehen. In Wirklichkeit hat man nur die administrative Hinterlassenschaft der Kolonialmacht irgendwie auszufüllen gesucht. In diesem Sinne ist die neue Politisierung der Entwicklungspolitik zu begrüßen.

Das Problem der humanitären Intervention besteht also nicht im Grundsatz, sondern im Detail. Wann und unter welchen Bedingungen sie möglich, notwendig oder sogar zwingend ist, lässt sich nicht abstrakt, sondern nur im konkreten Fall entscheiden. Hierbei sind die Erfahrungen aus bisherigen Interventionen – im Guten wie im schlechten – zu berücksichtigen.

Motive des neuen Interventionismus

Zur Klärung der Debatte um humanitäre Intervention ist es hilfreich, die Motive der wichtigsten Akteure auf diesem neuen Politikfeld zu unterscheiden und dabei auch deren jeweilige Interessenlagen zu berücksichtigen. Diese Akteure sind die amerikanische Regierung, die Vereinten Nationen und die EU (vgl. Loges et al. 2003). Im Anschluss an die berühmte Rede „Towards a New World Order" des älteren Bush vom Herbst 1990 waren die USA zunächst bereit, dem idealistischen Ansatz der Idee zu folgen und auch amerikanische Truppen in den Dienst der Vereinten Nationen zu stellen. Boutros-Ghali ist von Bush zu seiner *„Agenda for Peace"* im Sinne einer Konzeptualisierung der Idee regelrecht ermuntert worden. Erst die negativen Erfahrungen mit Somalia haben zu einem Umdenken der amerikanischen Regierung geführt, das bereits in der ersten Amtsperiode von Clinton einsetzte. In der „Presidential Decision Directive 25" (PDD 25) wurden strikte Bedingungen genannt, unter denen die USA sich überhaupt noch an solchen Aktivitäten beteiligen könne. Vor allem müsse ein klares amerikanisches Interesse erkennbar sein, eine hohe Erfolgswahrscheinlichkeit bestehen und die Unterstützung in der amerikanischen Öffentlichkeit gegeben sein. Ausgeschlossen wurde grundsätzlich die Unterstellung von US-Militär unter ein UN-Kommando. Das hat die USA zwar nicht gehindert, auch weiterhin humanitäre Interventionen wie etwa im Kosovo zu betreiben. Gleichzeitig sind aber auch militärische Interventionen, die durch den Kampf gegen den Terrorismus wie in Afghanistan oder den Kampf gegen Schurkenstaaten wie im Irak motiviert wurden, nachträglich oder zusätzlich humanitär begründet worden, was zu einer Verwirrung des gesamten Komplexes beigetragen hat.

Am konsequentesten im Sinne des Paradigmas und auch konsequent multilateral agieren die Vereinten Nationen. In drei Berichten, der „Agenda for Peace" von Boutros Gali (1992), dem „Brahimi-Report" (2000) und dem Bericht der ICISS (2001) sind schrittweise die Bestandteile eines Regimes humanitärer Intervention ausgearbeitet worden. Daraus resultierte die Aufforderung an die Mitgliedstaaten, wenn es geboten ist, in diesem Sinne tätig zu werden und sich dabei an die UN-Regeln zu halten. Die Bereitschaft ist von Fall zu Fall durchaus gegeben. Ein multilaterales Vorgehen unter dem Dach der Vereinten Nationen wird allerdings auf europäischer Seite viel eher befürwortet als auf amerikanischer.

Im EU-Kontext war es vor allem Robert Cooper (2003), Generaldirektor des Büros für auswärtige und sicherheitspolitische Angelegenheiten des Rats der EU und damit rechte Hand von Solana, der sich mit seiner neuen *„Drei-Welten-Theorie"* am weitesten vorgewagt hat. Laut Cooper zerfällt die Welt in drei Teile:
- die postmoderne Welt der EU, die auf vielfältige Weise miteinander verflochten ist und in substantiellen Bereichen staatliche Souveränität an transnationale Institutionen abgegeben hat;
- die moderne Welt der klassischen Nationalstaaten vom Schlage der USA oder Chinas, die strikt auf der Behauptung ihrer Souveränität beharren, sich

jegliche Einmischung in innere Angelegenheiten verbitten und einem neuen Multilateralismus eher skeptisch gegenüber stehen;
- und die prämoderne Welt des neuen Mittelalters, der zerfallenen oder Quasi-Staaten, wo im Zuge des verlorenen Gewaltmonopols Souveränität unfreiwillig abgegeben bzw. wo trotz Entkolonialisierung im Grund nie so richtig Souveränität ausgeübt wurde.

Die postmoderne Welt der EU ist, so Cooper, dazu aufgerufen, „liberale Protektorate" in der neuen Dritten Welt zu errichten, um den Verfallsprozess zu stoppen, die Länder zu befrieden und einen neuen Staatsaufbau zu unterstützen. Dieses habe grundsätzlich auf multilaterale Weise zu geschehen, um neokolonialen Tendenzen vorzubeugen. Insofern handelt es sich um einen neuen, wenn man so will, liberalen Kolonialismus (vgl. Menzel 2003a).

Die Quintessenz lautet demnach, dass der neue Interventionismus auf doppelte Weise motiviert ist. Es gibt die *neohegemoniale Logik* der Intervention gegen Schurkenstaaten und die *postmodern-multilaterale Variante* der humanitären Intervention in zerfallenden Staaten. Es lässt sich aber nicht leugnen, dass es Berührungen zwischen beiden Varianten gibt, Interessenüberschneidungen und legitimatorischen Missbrauch, insbesondere, wenn das Thema Terrorismus ins Spiel kommt. Die Afghanistan-Intervention kann sowohl hegemonial wie humanitär begründet werden, während im Fall Irak, wo die humanitäre Begründung nur nachgereicht wurde, der alteuropäisch-amerikanische Konflikt nur zu verständlich war. Beide Varianten führen hinterrücks aber auch zur neuen Politisierung der Entwicklungspolitik.

Lehre vom gerechten Krieg

Die eigentliche ethische Begründung für humanitäre Intervention liefert der Rückgriff auf die Lehre vom *gerechten Krieg,* die ihrerseits bis auf die Spätantike (Augustinus), das Hochmittelalter (Thomas von Aquin) und die spanischen Spätscholastiker zurückgeht (vgl. Beestermöller 1990). Sie war seinerzeit der erste Versuch, die Willkür des Krieges durch ein normatives Regime einzuhegen, der erste Schritt in Richtung der Durchsetzung des staatlichen Gewaltmonopols, verlangte sie doch die *auctoritas principis,* die Autorität des obersten Fürsten, als oberste Legitimation. Die Legitimität der Kriegsführung war ferner geknüpft an diverse Kriterien, die *iusta causa*, die *recta intentio*, den *iusta pax*, die *ultima ratio*, die Verhältnismäßigkeit der Mittel u.a. – alles Kriterien, die heute in der Debatte wieder eine Rolle spielen. Die *auctoritas principis* ist jetzt das Mandat des Sicherheitsrats der Vereinten Nationen, die *iusta causa* die krasse Verletzung von Menschenrechten, die *recta intentio* die humanitäre Begründung, der *iusta pax* die Wiederherstellung des inneren Friedens und des staatlichen Gewaltmonopols, die *ultima ratio* der Verweis, dass alle anderen Mittel ausgeschöpft sind.

Die Probleme, die sich bei dieser Art von Legitimierung auftun, sind im Grunde die gleichen wie vor tausend Jahren. Was ist, wenn sich beide Seiten im einem Konflikt auf ähnliche Weise zu legitimieren suchen, die Konstellation des *bellum iustum ab utraque parte*, des beiderseits gerechten Krieges, eintritt? Die modernen Denker im Anschluss an Hugo Grotius haben deshalb die Lehre verworfen und an ihre Stelle das *ius ad bellum*, das Recht zum Kriege als Ausfluss der staatlichen Souveränität gesetzt, das keiner besonderen Legitimierung bedarf. Insofern ist der neue Interventionismus der USA eher die Rückkehr des *ius ad bellum* und nicht des *bellum iustum* à la Cooper.

Die Zügelung des Krieges sollte damals durch das *ius in bello*, das Kriegsrecht, erfolgen, zu dem auch das Verbot der Folter von Gefangenen gehört. Wir sehen jetzt, dass auch dieses, wie im Irak geschehen, zur Disposition steht, wenn die neuen Themen Schurkenstaaten, Massenvernichtungswaffen und Terrorismus im Spiele sind. Das *ius contra bellum*, das Kriegsverhinderungsrecht, das nur den Verteidigungskrieg zulässt, ist kaum mehr durchsetzbar. Obwohl die UN-Charta hier eigentlich sehr strikt ist, hat dieselbe Charta unter Kapitel VII, wenn eine Gefährdung des Friedens als Folge humanitärer Katastrophen erkannt wird, das Schlupfloch gelassen.

Bemerkenswert ist allerdings auch, dass die Lehre vom gerechten Krieg immer dann bemüht wird, wenn es gegen die „*Barbaren*" geht. Bei Augustinus war es die Völkerwanderung, bei Thomas waren es die Kreuzzüge, bei den Spätscholastikern die Bewohner der „Neuen Welt" – und jetzt sind es die zerfallenden Staaten und die von diesen ausgehenden Bedrohungen. Rufin (1994) hat diesen Zusammenhang in seinem Buch „Das Reich und die neuen Barbaren" bereits auf den Begriff gebracht, auch wenn er damit die Defensiv-Variante, nämlich die neue Abschottung, meinte.

Die über den Einzelfall hinausgehende globale Strategie muss jedenfalls lauten, den neuen Gewaltakteuren von zwei Seiten zu begegnen, um ihre Ressourcenbasis, die neuen Renten, auszutrocknen:
- Kampf gegen internationale Schattenwirtschaft und Organisiertes Verbrechen in den Ländern des Nordens
- und Wiederherstellung des staatlichen Gewaltmonopols überall da, wo es verloren gegangen ist.

Letzteres muss eine vorrangige Aufgabe von Entwicklungspolitik werden.

Literatur

Baumann, Y. (1990): John F. Kennedy und „Foreign Aid". Die Auslandshilfepolitik der Administration Kennedy unter besonderer Berücksichtigung des entwicklungspolitischen Anspruchs. Stuttgart.

Beestermöller, G. (1990): Thomas von Aquin und der gerechte Krieg. Friedensethik im theologischen Kontext der Summa Theologiae. Köln.

Boyart, F./Ellis, S./Hibon, B. (1999): The Criminalization of the State in Africa. Oxford.

Cooper, R. (2003): The Breaking of Nations: Order and Chaos in the Twenty-first Century. London.

Couvrat, J.F./Pless, N. (1993): Das verborgene Gesicht der Weltwirtschaft. Münster.

Elsenhans, H. (2001): Das internationale System zwischen Zivilgesellschaft und Rente. Münster.

Elwert, G. (1997): Gewaltmärkte. Beobachtungen zur Zweckrationalität von Gewalt. In: von Trotha, T. (Hrsg.): Soziologie der Gewalt. = Kölner Zeitschrift für Soziologie und Sozialpsychologie, Sonderheft 27, 1997. S. 86-101.

Fearon, J. D./Laitin, D. D. (2004): Neotrusteeship and the Problem of Weak States. In: International Security 28 (2004) 4, pp. 5-43.

Henriksen, T. H. (2001): The Rise and Decline of Rogue States. In: Journal of International Affairs 54 (2001), pp. 349-373.

Hoffmann, B. (2002): Terrorismus – der unerklärte Krieg. Neue Gefahren politischer Gewalt. Bonn.

Jackson, R. J. (1990): Quasi-states: Sovereignity, International Relations and the Third World. Cambrigde.

Kaplan, R. D. (1996): The Ends of the Earth: From Togo to Turkmenistan, from Irak to Cambodia. A Journey to the Frontiers of Anarchy. New York.

Kurth, J. (1994): The Real Clash. In: The National Interest 37/1994, pp. 3-15.

Lock, P. (2001): Sicherheit à la Carte? Entstaatlichung, Gewaltmärkte und die Privatisierung des staatlichen Gewaltmonopols. In: Brühl, T. u.a. (Hrsg.): Die Privatisierung der

Weltpolitik. Entstaatlichung und Kommerzialisierung – ein Globalisierungsprozess. Bonn, S. 200-229.

Loges, B. (2003): Gibt es ein Regime humanitärer Interventionen unter dem Dach der Vereinten Nationen? Forschungsberichte aus dem Institut für Sozialwissenschaften Nr. 54. Braunschweig.

Loges, B. /Menzel, U. (2004): Staatszerfall und humanitäre Intervention. In: Entwicklung und Zusammenarbeit 45 (2004) 4, S. 148-151

Loges, B. /Menzel, U. /Ulbricht, S. (2003): Die Debatte um humanitäre Interventionen, die Doktrinen der USA und die Regimebildung durch die Vereinten Nationen. Forschungsberichte aus dem Institut für Sozialwissenschaften Nr. 55. Braunschweig.

Mair, S. (2002): Die Globalisierung privater Gewalt. Kriegsherren, Rebellen, Terroristen und organisierte Kriminalität. Berlin: Stiftung Wissenschaft und Politik 2002.

Menzel, U. (2003a): Afrika oder: Das neue Mittelalter. Eigenlogik und Konsequenzen der Gewaltökonomie. In: Blätter für deutsche und internationale Politik Nr. 9, 2003. S. 1060-1069.

Menzel, U. (2003b): Die neue Hegemonie der USA und die Krise des Multilateralismus. Forschungsberichte aus dem Institut für Sozialwissenschaften Nr. 53. Braunschweig.

Menzel, U. (2003c): Walt Whitman Rostow (1916-2003). Ein nicht-kommunistisches Manifest. In: Entwicklung und Zusammenarbeit 44 (2003) 12. S. 466-470.

Milikan, M.F. /Rostow, W.W. (1957): A Proposal: Key to an Effective Foreign Policy. New York.

Münkler, H. (2002): Die neuen Kriege. Reinbek.

Power, S. (2003): "A Problem from Hell": America and the Age of Genocide. New York.

Rotberg, R. J. (ed.) (2003): State Failure and State Weakness in a Time of Terror. Washington D.C.

Rufin, J. C. (1994): Das Reich und die neuen Barbaren. Berlin.

Schneckener, U. (2003): Staatszerfall als globale Bedrohung. Fragile Staaten und transnationaler Terrorismus. In: Internationale Politik 58 (2003) 11, S. 11-19.

Stirn, W. M. (1996): Katastrophenhilfe in Entwicklungsländern. Effizienzpotenziale der deutschen Auslandshilfe. Münster.

X (= George F. Kennan): The Sources of Soviet Conduct. In: Foreign Affairs 25 (1947) 4, pp. 566-582.

II.

Grundfragen einer Ethik der Entwicklungspolitik

Thomas Kesselring
Wozu Entwicklungspolitik?
Ethische Reflexionen

Die Entwicklungszusammenarbeit hat in ethischer Hinsicht ein positives Image. Dennoch lohnt sich eine Diskussion der Frage, welches ihre vorrangigen ethischen Ziele sind, ob es für die wohlhabenden Gesellschaften eine eigentliche Pflicht zur Entwicklungszusammenarbeit gibt und wie sich diese Pflicht begründen lässt. Im Folgenden will ich auf diese Punkte eingehen. Zuvor behandle ich in Auseinandersetzung mit dem australischen Philosophen Peter Singer eine Vorfrage – die Frage, ob es eine Pflicht zur Leistung von Nothilfe außerhalb der eigenen Landesgrenzen gibt. Die anschließende Argumentation erfolgt in enger Auseinandersetzung mit den Positionen von John Rawls, Herbert L. A. Hart und Amartya Sen.

1 Der Ansatz von Peter Singer

Peter Singer, der weltweit wohl bekannteste Utilitarist der Gegenwart, hat sich vor drei Jahrzehnten mit Fragen internationaler Not- und Entwicklungshilfe befasst. Die Mitglieder der reichen Gesellschaften, so seine These, sind moralisch verpflichtet, Menschen, die im Elend leben, durch Spenden zu unterstützen. In der Begründung hält sich Singer an das klassische utilitaristische Schema: Es geht darum, das größte Wohl der größten Zahl zu fördern, bzw. umgekehrt, das menschliche Leiden zu minimieren.

Wie viel aber sollen die Reichen spenden? Eine erste Antwort liefert das Gesetz des Grenznutzens: Jeder Hundertdollarschein, der in ein Programm der Notlinderung gesteckt wird, erhöht signifikant die Summe des Wohls, während einen Wohlstandsbürger der Verzicht auf hundert Dollar kaum schmerzt. Der Nutzen, der sich mit einem gegebenen finanziellen Betrag erreichen lässt, nimmt bei wachsender Bedürfnisbefriedigung ab. Umgekehrt wird auch bei einem Wohlhabenden, der immer mehr von seinen Mitteln weggibt, der relative Verlust, den die Weggabe jedes weiteren konstanten Betrages mit sich bringt, schließlich immer größer.

Vor diesem Hintergrund beantwortet Singer die Frage, bis zu welchem Punkt die Verpflichtung zur Unterstützung Benachteiligter im Einzelfall reichen soll, zunächst wie folgt: Jeder sollte „give as much as possible, that is, at least up to the point at which by giving more (...) one would cause oneself and one's dependents as much suffering as one would prevent" (Singer 1972, 234). Die Freigiebigkeit sollte im Idealfall das nach dem Gesetz des Grenznutzens mögliche Maximum erreichen. Diese Überlegung ist rein mathematisch. Etwas stärker an der Wirklichkeit orientiert ist eine andere Antwort: Wohlhabende Personen sollen Notleidende bis zu dem Punkt unterstützen, von dem an sie ihr Potenzial für künftige Hilfeleistungen schädigen würden: Der Geschäftsmann, der mit seinem Engagement für die Nothilfe so weit geht, dass er sich keinen Wagen oder keine gute Kleidung mehr leisten kann, gefährdet seine berufliche Stellung. Verspielt er diese, so vernichtet er auch das Fundament für sein künftiges Engagement.

Singers Thesen sind strikt utilitaristisch und insofern radikal: Wer bedürftige Personen zu unterstützen in der Lage ist, dies aber nicht tut oder wer Bedürftige in geringerem Masse unterstützt, als er es könnte, macht sich einer Unterlassung schuldig, deren moralisches Gewicht vom Umfang des Hilfspotenzials abhängt, das er ungenutzt lässt. Noch radikaler ist Singers These, dass es zwischen unterlassener Hilfeleistung mit Todesfolge und Mord keinen wesentlichen Unterschied gibt.

Singer ist sich bewusst, dass seine Argumentation höchste Ansprüche an den menschlichen *good will* stellt. Deswegen beantwortet er die Frage nach dem Wieviel der gebotenen Hilfe mit Hilfe von ein paar weiteren, schwächeren Kriterien, die allerdings den Nachteil haben, entweder vage oder willkürlich zu sein. Eines dieser Kriterien besagt, unsere Unterstützungspflicht solle an dem Punkt enden, bei dessen Überschreitung wir etwas „moralisch Bedeutsames" verlieren würden. Dieses Kriterium ist nicht trennscharf. Man kann es so interpretieren, dass es den Verzicht auf eine Unterstützung von Notleidenden schon dann rechtfertigt, wenn diese Unterstützung *irgend ein* Opfer von moralischer Bedeutung mit sich bringt. Über die Größenordnung des Opfers wird nichts ausgesagt. Ist der Verzicht eines musikalisch begabten Kindes auf den Unterricht in einem Musikinstrument oder der Verzicht eines sportbegeisterten Kindes auf die Mitgliedschaft in einem Sportverein moralisch von Bedeutung? Hier öffnen sich weite Ermessens-Spielräume. Das spricht jedoch, wie Singer meint, nicht gegen seine Theorie, denn angesichts der Größenordnung des finanziellen Potenzials, das für die Nothilfe eingesetzt werden könnte, aber nicht eingesetzt wird, sind diese Ermessensspielräume vergleichsweise klein. Singer nennt schließlich ein ganz pragmatisches Kriterium: Die Reichen sollten 10 Prozent ihres Einkommens an Organisationen spenden, die Not- bzw. Entwicklungshilfe leisten. Die Idee, den Zehnten zur Armenpflege wegzugeben, hat zwar starken Rückhalt in der Bibel, bleibt aber aus philosophischer Sicht willkürlich.

Abgesehen davon, dass der Utilitarismus sich mit der Bewertung unterschiedlicher Bedürfnisse und Interessen schwer tut – es gibt keinen Maßstab zu ihrer Messung, und auch der Einzelne beurteilt seine Bedürfnisse und Interessen je nach Situation unterschiedlich – ist Singers Ansatz noch mit weiteren Problemen belastet: Die Verpflichtung zur Hilfe gilt ohne jegliche Abstufung nach Nähe und Ferne, nach dem Grad der Verwandtschaft oder nach der Dichte bestehender Kooperationsnetze. Was zählt, sind einzig Effizienzgesichtspunkte und das Gesetz des Grenznutzens. Die utilitaristische Sicht weicht also deutlich von unseren üblichen moralischen Intuitionen ab. Singer konzentriert sich in seiner Argumentation außerdem fast gänzlich auf die Frage nach dem Wie viel an Entwicklungs- oder Nothilfe. Die inhaltliche Frage, in welche Art von Programmen die gewonnenen Mittel investiert werden sollen, diskutiert er nicht. Diese Frage ist aber keineswegs nebensächlich. Zwischen Nothilfe und Entwicklungszusammenarbeit bestehen fließende Grenzen, und es fragt sich, ob wir nur in Fällen von Nothilfe zur Unterstützung verpflichtet sind oder ob sich diese auch auf die Entwicklungshilfe bzw. Entwicklungszusammenarbeit erstreckt. Aus praktischen Gründen liegt es nahe, die Beantwortung dieser Frage von den Zielsetzungen der Entwicklungszusammenarbeit abhängig zu machen.[1]

Welches sind diese Zielsetzungen?[2] Singers Stichworte V*erminderung von*

---

[1] Auch die Pannenanfälligkeit der herkömmlichen entwicklungspolitischen *Praktiken* spielt bei dieser Erwägung eine Rolle: Diese sind selten ganz frei von Korruption, sie schaffen unerwünschte Abhängigkeiten und wecken bei den Empfängern Begehrlichkeiten bezüglich eines Lebensstils, der nicht zukunftsfähig ist

[2] Ohne klare Zielformulierung gibt es keine Standards zur Evaluation konkreter Projekte. Besorgte Kritiker der Entwicklungspolitik schlagen vor, diese solle sich auf die Bemühung konzentrieren, die Finanzflüsse vom Süden in den Norden bzw. aus den ärmeren in die wohlhabenderen Regionen substantiell zu verringern: „Es kommt weniger darauf an, mehr zu geben, als weniger zu nehmen" lautet der Slogan der „Erklärung von Bern", einer entwicklungspolitischen Nichtregierungsorganisation in der Schweiz.

Leid und Elend geben lediglich eine Richtungsanzeige. Hilfe zur Selbsthilfe wäre wohl eine adäquatere Antwort. Doch die Idee der Hilfe ist für das, worum es in der Entwicklungszusammenarbeit geht, zu eng. Es ist eine Tatsache, dass zwischen den menschlichen Lebensformen Ungleichheiten bestehen, die zum Teil den Charakter von Ungerechtigkeiten annehmen, und jede Ungerechtigkeit signalisiert ein ethisches Problem. Vom Utilitarismus können wir lernen, dass mit dem Ausmaß der Ungleichheit bzw. Ungerechtigkeit auch das Gewicht zunimmt, das auf der moralischen Verpflichtung derjenigen lastet, die von dieser Ungerechtigkeit profitieren. Die Konturen der Gerechtigkeitsprobleme bleiben in Singers Theorie aber undeutlich. Wer diese Konturen erhellen möchte, wird in Rawls' Arbeiten eine nützliche Orientierungshilfe finden.

2 John Rawls über Gerechtigkeit im Rahmen eines Staates

In seiner *Theorie der Gerechtigkeit* (1975; Orig. 1971) erarbeitete Rawls Kriterien einer gerechten Gesellschaftsordnung. Diese Kriterien beziehen sich zunächst auf einen Einzelstaat. In den neunziger Jahren befasste sich Rawls aber auch mit Fragen internationaler Gerechtigkeit. Bevor ich auf diese Ausweitung seiner Fragestellung eingehe, will ich seine Gerechtigkeitskriterien aus der *Theorie der Gerechtigkeit* erläutern.

Rawls unterscheidet zwei Quellen von sozialer Ungleichheit. Die eine ist die Gesellschaft selbst (dazu gehören soziale und politische Institutionen, das Wirtschaftssystem usw.), das andere die Natur bzw. der Zufall. Menschen sind von Geburt an ungleich intelligent, manche Menschen sind Glückspilze, andere Pechvögel usw. Solche Ungleichheiten ergeben sich nicht aus der Art, wie Menschen miteinander verkehren. Trotzdem ist es sinnvoll, die soziale Ordnung so einzurichten, dass sich die Wirkungen naturbedingter Ungleichheiten eher abschwächen als verstärken.

Gestützt auf diese Überlegungen, formuliert Rawls drei Gerechtigkeitskriterien:

2.1 Erstes Gerechtigkeits-Kriterium: gleiche Freiheiten oder Grundrechte

Es lautet: „Jede Person hat den gleichen Anspruch auf ein völlig adäquates System gleicher Grundrechte und Freiheiten, das mit demselben System für alle vereinbar ist" (Rawls 1998, 69).

Erläuterung: Rawls ist kein Egalitarist. Er meint nicht, dass durch die Art, wie Menschen miteinander umgehen, keinerlei Ungleichheiten entstehen sollen. Diese Forderung wäre unrealistisch. Menschen sind ungleich, ihre Lebensformen sind ungleich, ihre Schicksale sind ungleich. Im gesellschaftlichen Leben können sich bestehende Ungleichheiten ebenso sehr verstärken wie abschwächen. Mit dem ersten Kriterium will Rawls lediglich die Dimensionen möglicher Ungleichheit limitieren. Konkret beschränkt er die Gleichheitsforderung auf den Aspekt der Freiheiten bzw. Grundfreiheiten.

Rawls hat dieses Kriterium allerdings unterschiedlich ausgelegt, je nachdem, ob er den Akzent auf die *Freiheiten* oder auf die *Grund*freiheiten setzte. Ursprünglich hat er, vom Utilitarismus inspiriert, die Position vertreten, eine Gesellschaftsordnung sei um so besser und gerechter, je umfangreicher die Freiheiten seien, über die die Bürger verfügten – vorausgesetzt, das System der Freiheiten sei *für alle dieselben* (1975, 282). Dieses „Prinzip der größtmöglichen gleichen Freiheit" (146) hat Rawls mit zwei Thesen ergänzt: Erstens ist Freiheit das höchste Gut, und deshalb darf sie um keiner anderen Güter willen eingeschränkt werden („Freiheit kann nur um der Freiheit willen eingeschränkt werden"; 1975, 283, 336). Zweitens soll Freiheit gleich verteilt sein, „so weit nicht eine ungleiche Verteilung jedermann zum Vorteil gereicht" (1971, 83). Wenn also die Ungleichverteilung von Freiheitsspielräumen dazu führt, dass alle Mitglieder der Gesellschaft dadurch mehr Freiheiten gewinnen, so ist diese Ungleichverteilung gerechtfertigt.

Ein Beispiel zur Konkretisierung: Innerhalb von segmentären Gesellschaften, die sich nur bei Jäger-, Sammler- und Hirtengesellschaften finden, besteht so gut wie kein Machtgefälle, die Freiheitsspielräume sind in etwa gleich verteilt, aber diese Freiheiten sind erheblich geringer als die Freiheiten, über die die Bürger eines Wohlfahrtsstaats verfügen: Hier sind die Freiheiten zwar ungleich verteilt, aber selbst die am meisten Benachteiligten haben mehr Freiheiten als die Mitglieder einer segmentären Gesellschaft.

Mit dieser Interpretation des ersten Gerechtigkeitskriteriums gerät Rawls aber, wie der Rechtsphilosoph Herbert L. A. Hart nachgewiesen hat, in unüberwindliche Schwierigkeiten. Man kann Freiheitsspielräume nicht quantifizieren und rechnerisch vergleichen, ohne dabei auf ähnliche Probleme zu stoßen wie der utilitaristische Versuch, Bedürfnisse oder Interessen kalkulierend zu vergleichen. Die Rede von mehr oder weniger Freiheit bleibt unklar. Die These, Freiheit dürfe nur um der Freiheit willen eingeschränkt werden, ist unplausibel und wird nicht einmal von Rawls' eigenen Beispielen gestützt. Rawls will beispielsweise die Eigentumsfreiheit auf das Eigentum an Konsum- und Gebrauchsgütern beschränken, das Recht auf Eigentum an Produktionsmitteln also ausschließen (1971, 83), und dies nicht etwa mit dem Ziel, diese Einschränkung gegen umfangreichere Freiheitsspielräume anderer Art einzutauschen, sondern um die Bedingungen des sozialen Friedens zu verbessern.

Durch Harts Kritik beeinflusst, hat Rawls in seinen späteren Werken dem ersten Gerechtigkeitsgrundsatz eine neue Interpretation gegeben: Nach dieser Interpretation geht es um die Garantie gleicher Grundrechte für alle. Grund- oder Menschenrechte sind zentrale Rechte, die sich alle Mitglieder einer Gesellschaft wechselseitig zugestehen (sollten). Die gegenseitige Anerkennung der Grundrechte mutet allen Gesellschaftsmitgliedern gewisse Freiheitseinschränkungen zu. Und nicht alle Grundrechte stehen für Freiheiten im engeren Sinn. Das Recht auf Leben z.B. greift tiefer: Tötung ist mehr als Freiheitsberaubung. Und hinter den Rechten auf Grundausbildung und Arbeit verbergen sich (zunächst) eher Pflichten als Freiheiten. Wir *müssen*, um in einer modernen Gesellschaften in Würde zu überleben, die Schule besuchen und arbeiten; doch haben wir gemäss der *Erklärung der Menschenrechte* das Recht, vom Staat bzw. von der Gesellschaft, in der wir leben, eine Politik zu erwarten, die gute Schulen und eine genügende Zahl von Arbeitsplätzen garantiert.

Rawls hat nie endgültig geklärt, auf welches Ensemble von Grundrechten sich das erste Gerechtigkeitskriterium bezieht. In seinen Schriften hat er unterschiedliche Grundrechtslisten zusammengestellt.[3] Immerhin hat er für die Zusammen-

---

[3] In der *Theorie der Gerechtigkeit* nennt Rawls die folgenden Grundrechte: politische Freiheit (aktives und passives Wahlrecht), Rede- und Versammlungsfreiheit, Gewissens- und Gedankenfreiheit, persönliche Freiheit (Schutz vor physischer und psychologischer Misshandlung und Verstümmelung), Schutz des Eigentums, Schutz vor willkürlicher Festnahme und Haft (1975, 82). Im Spätwerk sieht die Liste deutlich anders aus. Die dort genannten Rechte entsprechen dem Kriterium, zur Sicherung der Möglichkeit von Kooperation zu dienen, besser. Rawls nennt dort das Recht auf Leben (und auf die Mittel für Subsistenz und Sicherheit), Recht auf Freiheit (Freiheit von Sklaverei, Leibeigenschaft und erzwungener Beschäftigung, Gewissens-, Gedanken- und Religionsfreiheit, Recht auf persönliches Eigentum, Recht auf Rechtsgleichheit; 1999, 65). Andernorts fügt Rawls noch die Sicherheit vor ethnischen Aus-

stellung solcher Listen ein klares Kriterium formuliert: Menschenrechte sind in letzter Instanz Bedingungen der Möglichkeit für eine friedliche Kooperation. „What have come to be called human rights are recognized as necessary conditions of any system of social cooperation" (1999, 68).[4]

2.2 Zweites Gerechtigkeitskriterium: Chancengleichheit

Mit dem Schutz der elementaren Grundrechte für alle ist der erste und wichtigste Schritt in Richtung Gerechtigkeit vollzogen. An eine gerechte Gesellschaftsordnung sind aber weitergehende Anforderungen zu stellen. Denn in einer Wettbewerbsgesellschaft – Rawls nennt sie ein „System der natürlichen Freiheit" (1975, 92) – ist mit der Sicherung eines Kerns von Grundrechten noch nicht garantiert, dass alle Bürgerinnen und Bürger die gleichen Chancen haben, in der Konkurrenz um wirtschaftliche Vorteile und um attraktive soziale Positionen auf einen grünen Zweig zu kommen. Die Menschen fechten gleichsam mit ungleich langen Spießen. Diese Ungleichheit verweist auf eine Gerechtigkeitslücke. Zu ihrer Schließung bedarf es eines zusätzlichen Kriteriums. Eine gerechte soziale Ordnung muss „mit Ämtern und Positionen verbunden sein, die allen unter Bedingungen fairer Chancengleichheit offen stehen" (Rawls 1996, 69).

Erläuterung: „Chancengleichheit" bedeutet, dass *alle gleich fähigen und gleich tüchtigen Personen* die gleichen Ausbildungschancen haben. Diese Chancen dürfen durch die Zugehörigkeit zum einen oder anderen Geschlecht, zu einer bestimmten sozialen Schicht oder zu einer bestimmten Ethnie nicht negativ beeinflusst werden. Die Forderung gleicher Bildungschancen geht deutlich über die eines Rechts auf kostenlose Grundausbildung für alle hinaus. Gleich begabten und tüchtigen Personen soll das Bildungswesen gleich viel bieten und gleiche soziale Aufstiegschancen eröffnen. Rawls nennt dies die liberale Auffassung; etwas präziser könnte man sie als „wirtschaftsliberal" bezeichnen.[5] Doch diese Auffassung „erscheint immer noch als mangelhaft" (1975, 94). Denn auch

---

schreitungen, Massenmord usw. an (1999, 79). Diese Aufzählung ist wesentlich überzeugender als diejenige, die er in der *Theorie der Gerechtigkeit* (1975, 82) gibt.

[4] Ein Recht auf hygienische Wohnverhältnisse (ein Recht, das in der Menschenrechtserklärung nicht vorgesehen ist) wäre in diesem Zusammenhang sicher wichtiger als ein Recht auf bezahlten Urlaub, wie es die Erklärung der Menschenrechte vorsieht.

[5] In Abgrenzung zu Rawls eigenem Standpunkt, den *politischen* Liberalismus.

die Chancengleichheit soll lediglich Ungleichheiten korrigieren, die sich aus den politischen, wirtschaftlichen und sozialen Verhältnissen ergeben. Menschen, die von Natur aus tüchtiger, fähiger oder ausdauernder sind als andere, behalten im gesellschaftlichen Wettbewerb bessere Erfolgschancen. Unter die naturgegebenen Quellen sozialer Ungleichheit fallen etwa Begabungen, gesundheitliche Konstitution, Familienkonstellationen (auch Kinder der Oberschicht können in zerrütteten Familien aufwachsen) und Behinderungen.[6] All diese Faktoren können die berufliche und soziale Zukunft einer Person positiv oder negativ beeinflussen. Zum Ausgleich dieser Benachteiligungen sieht Rawls noch ein drittes Gerechtigkeitskriterium vor.

2.3 Drittes Gerechtigkeitskriterium: Optimierung der schlechtesten sozialen Position

„Soziale und wirtschaftliche Ungleichheiten sind so zu regeln, dass sie (...) den am wenigsten Begünstigten die bestmöglichen Aussichten bringen" (1975, 104).

Erläuterung: Das dritte Kriterium bezieht sich auf den Lebensstandard bzw. auf die materielle Ausstattung der Menschen. Wer in der „natürlichen Lotterie" schlecht weggekommen ist, hat verringerte Entfaltungsmöglichkeiten und ist insofern benachteiligt. Nicht diese Benachteiligungen sind es aber, die hier eine Ungerechtigkeit signalisieren (ihre Ursache ist naturbedingt und insofern der Gesellschaft nicht anzulasten), sondern – je nach Situation – die mangelhaften Vorkehrungen der Gesellschaft zu ihrer Milderung. Eine Gesellschaftsordnung ist insbesondere dann ungerecht, wenn die Privilegierten ihre Vorteile nicht dazu nutzen, *die Lebensverhältnisse der Benachteiligten, und zwar in erster Linie der am meisten Benachteiligten, verbessern zu helfen.*

Sind die gehobenen Positionen in der Gesellschaft mit besonders kompetenten und verantwortungsbewussten Personen besetzt, so haben alle Bürger, in der Regel auch die am meisten benachteiligten, einen höheren Lebensstandard, als wenn weniger begabte und weniger verantwortungsbewusste Personen in die Spitzenpositionen aufstiegen. Diese Überlegung hat zwei Aspekte: Sie macht deutlich, dass es unter bestimmten Bedingungen ethisch gerechtfertigt sein kann, den Wettbewerb um Stellungen, die von ihren Inhabern ein höchstes Maß an

---

[6] Auf Gerechtigkeitsfragen im Kontext von Behinderungen geht Rawls allerdings nicht näher ein.

Verantwortung verlangen, auf die besonders „Fähigen" zu begrenzen. Wichtiger ist der andere Aspekt: Ob eine politische (oder wirtschaftspolitische) Maßnahme geeignet ist, die gesellschaftliche Ordnung gerechter zu gestalten, ist eine Frage, über die nicht nur die soziale „Elite" zu entscheiden hat, sondern auch *und vor allem* die Gruppe der am meisten Benachteiligten. Sie ist das Zünglein an der Waage. Rawls bezeichnet das dritte Kriterium als *Differenzprinzip* oder *Unterschiedsprinzip*: Es nennt die Bedingungen, unter denen soziale Unterschiede und differente Chancen als *gerecht* zu qualifizieren sind.

Die drei Gerechtigkeitskriterien sind weder auswechselbar noch einander gleichrangig. Zwischen ihnen besteht ein klares Prioritätenverhältnis. Am wichtigsten ist das *erste Kriterium* – alle Mitglieder der Gesellschaft sollen in den Genuss der elementaren Grundrechte gelangen. Es folgt das *zweite Kriterium* – die Chancengleichheit. Gäbe es keine naturbedingten Ungleichheiten zwischen den Menschen, so reichten diese beiden Kriterien zur Kennzeichnung einer gerechten Gesellschaftsordnung aus. Auch wenn sich die naturgegebenen Ungleichheiten nicht der Gesellschaft als solcher anlasten lassen, ist es doch nicht gleichgültig, ob sie diese zu mildern versucht oder nicht. Obgleich den ersten beiden nachgeordnet, ist das dritte Kriterium dennoch wesentlich.

3 Rawls über Gerechtigkeit auf der internationalen Ebene

In den neunziger Jahren hat Rawls zwei Schriften zum Thema „The Law of Peoples" publiziert (1996, 1999). Obwohl in diesen Schriften die Frage nach der Gerechtigkeit nicht im Vordergrund steht, liefern sie wichtige Hinweise darauf, wie auf der Grundlage der drei Gerechtigkeitskriterien eine Theorie internationaler Gerechtigkeit aussehen könnte. Rawls geht von drei Voraussetzungen aus:

1. Gerechtigkeit auf der internationalen Ebene ist kein Selbstzweck. Das Völkerrecht dient in erster Linie der Wahrung des Weltfriedens. Die Bedingungen des Weltfriedens sind es auch, die Rawls, wie zweihundert Jahre vor ihm Kant in seiner Schrift *Zum ewigen Frieden*, klären möchte. Die Gerechtigkeit ist dabei nur so weit Thema, als sie sich auf den Weltfrieden auswirkt.

2. Rawls versteht das Staatensystem als ein System miteinander kooperierender Gesellschaften. Wirtschaftlicher Wettbewerb und politische Machtkämpfe blendet er aus. Dies lässt sich damit rechtfertigen, dass jede Bemühung um den

Weltfrieden zwingend Kooperation zwischen allen Betroffenen voraussetzt. Rawls scheint darüber hinaus jedoch anzunehmen, im Staatensystem dominiere echte Kooperation auch dort, wo es nicht speziell um Friedenssicherung geht. Angesichts dessen, dass die Staaten untereinander wirtschaftlich und politisch in einem Konkurrenzverhältnis stehen, erscheint diese Unterstellung vielleicht allzu optimistisch.

3. Rawls begreift die Völkergemeinschaft als ein gleichgeordnetes Nebeneinander von Staaten (die er der Einfachheit halber als Nationalstaaten bzw. Völker – „peoples" – interpretiert). Er teilt sie in zwei für die Sicherung des Weltfriedens unterschiedlich relevante Gruppen: die „wohlgeordneten" – die zumindest dem ersten Gerechtigkeitskriterium entsprechen – und die nicht „wohlgeordneten", deren interne Verhältnisse keinen Gerechtigkeitskriterien genügen. Beide Gruppen unterteilt er noch einmal, sodass sich vier Typen von Staaten ergeben.

Zu den wohlgeordneten Staaten zählt Rawls neben den politisch liberalen Staaten des Westens auch eine Reihe autokratischer Regimes, falls sie folgenden Bedingungen genügen: Die Bürger haben die Möglichkeit, sich – wenn auch nur indirekt – zu wichtigen politischen Fragen zu äußern, und die Richter betrachten die juristische Ordnung, die sie vertreten, als gerecht. Wohlgeordnete Staaten beiderlei Typs bilden für den Weltfrieden keine Gefahr. Von ihnen kann man im Prinzip erwarten, dass sie sich auf die Prinzipien des Völkerrechts einigen.[7]

---

[7] Rawls nennt die folgenden Prinzipien des Völkerrechts:
„1. Die Völker (in ihrer staatlichen Organisation) sind frei und unabhängig, ihre Freiheit und Unabhängigkeit ist von anderen Völkern zu achten.
2. Die Völker sind untereinander gleich und Herr der von ihnen getroffenen Vereinbarungen.
3. Die Völker haben das Recht auf Selbstverteidigung, nicht aber auf Krieg.
4. Die Völker haben den Grundsatz der Nichteinmischung zu beachten.
5. Die Völker haben Verträge und Abmachungen einzuhalten.
6. Die Völker haben bei der Führung von Kriegen (zur Selbstverteidigung) gewisse Beschränkungen zu beachten.
7. Die Völker haben die Menschenrechte zu achten" (Rawls 1996, 67).
In der späteren Schrift *The Law of Peoples* fügt Rawls als 8. ein *Prinzip der Hilfeleistung* hinzu (1999, 37).

3.1 Die Pflicht zur Unterstützung benachteiligter Gesellschaften

Wären alle Gesellschaften „wohlgeordnet", so herrschten ideale Verhältnisse. Weder wäre der Weltfriede bedroht noch gäbe es ernsthafte Probleme internationaler Gerechtigkeit. Zur realen Welt, in der wir leben, gehören aber auch die „nicht wohlgeordneten" Gesellschaften. Rawls unterscheidet zwei Typen: Die einen – die „outlaw peoples" – fordern den Weltfrieden heraus, und die anderen – die „societies burdened by unfavorable conditions" – stellen die Weltgemeinschaft vor Gerechtigkeitsprobleme. Erst dort, wo er diese vierte Ländergruppe behandelt, geht Rawls explizit auf Fragen der Entwicklungspolitik ein. Seine wichtigsten Aussagen dazu lauten: Privilegierte Gesellschaften *(peoples)* sind moralisch zur Unterstützung benachteiligter Gesellschaften verpflichtet – gemäss einem Prinzip der Hilfeleistung, das er als eine Regel des Völkerrechts versteht (1999, 37). Diese Verpflichtung resultiert aber nicht aus dem Differenzprinzip, sondern aus dem ersten Gerechtigkeitsprinzip, und sie beschränkt sich auf die Herstellung wohlgeordneter Verhältnisse, d.h. einer Gesellschaftsordnung, in der die elementaren Grundrechte für alle gesichert sind.

Das Differenzprinzip spielt also, Rawls zufolge, im internationalen Kontext keine Rolle. Um diese aus entwicklungspolitischer Sicht wichtige These besser einschätzen zu können, werde ich einen Schritt zurücktreten und die Frage prüfen, ob und in welcher Weise die drei Rawlsschen Gerechtigkeitskriterien auf die internationale Ebene übertragbar sind. Die Situation ist hier etwas komplexer als im Einzelstaat, denn zur Interaktion im jeweiligen nationalen Rahmen tritt nun die Interaktion im internationalen Rahmen hinzu. Für die vielfältigen Diskrepanzen, die hinsichtlich Lebensstandard, wirtschaftlicher Prosperität, gesellschaftlicher Ordnung, politischer Macht usw. zwischen den Gesellschaften *(peoples)* dieser Welt bestehen, gibt es also nicht nur zwei, sondern drei Typen von Ursachen:

(a) Ursachen, die ganz oder teilweise in der internationalen Interaktion und ihren Rahmenbedingungen liegen,

(b) Ursachen, die ganz oder teilweise bei den einzelnen Gesellschaften („peoples") liegen, in ihrer Tradition, ihren Bräuchen, ihrer Religion, ihrem politischen Regime, ihrer Wirtschaft usw.,

(c) Ursachen, die in äußeren, natürlichen Bedingungen liegen (geographische Größe und Lage, Klima, Ausstattung mit Ressourcen usw.).

Für die Herstellung von Gerechtigkeit auf der internationalen Ebene müssen in erster Linie die möglichen Ursachen von Ungerechtigkeit auf der Ebene der internationalen Interaktion (Ebene a) ausgeschaltet werden. Gerechtigkeitsrelevant sind neben den Prinzipien des Völkerrechts vor allem die Rahmenbedingungen der Weltwirtschaft, die Funktion internationaler Institutionen – der UNO, der Weltbank, des Internationalen Währungsfonds und der World Trade Organisation – das zwischenstaatliche Machtgefälle usw. Eine Analyse der auf dieser Ebene wesentlichen Verhältnisse kann allerdings von den übrigen Ebenen (b und c) nicht vollständig abstrahieren, denn zwischen allen drei Ebenen bestehen wechselseitige Abhängigkeiten und Einflüsse.

Als Beispiele für Einflüsse von (a) auf (b) lassen sich die kolonialen und postkolonialen Abhängigkeitsbeziehungen oder die Auswirkungen der weltwirtschaftlichen Rahmenbedingungen auf einzelne Länder (internationale Verschuldung, Strukturanpassungsprogramme durch den Währungsfonds, Boom- und Crash-Phasen an den Börsen usw.) nennen. Beispiele für den entgegengesetzten Einfluss von (b) auf (a) sind die Auswirkung lokaler oder nationaler Krisen auf umgebende Länder, auf den Welthandel, die Politik der UNO, die Börsenkurse usw. Beispiele des Einflusses von (c) auf (a) finden sich im Kontext von Fragen der Rohstoffsicherung. Bekanntlich ziehen ressourcenreiche Länder fremde Begehrlichkeiten auf sich, was leicht zu politischen Wirren und kriegerischen Auseinandersetzungen führen kann.

In Analogie dazu zeigt sich der Einfluss von (c) auf (b) an den Auswirkungen, die die Ausstattung mit wertvollen Rohstoffen auf die soziale und politische Ordnung der betroffenen Länder haben kann. Solche Staaten lassen sich in der Regel überdurchschnittlich schwer demokratisieren, und sie haben ein unterdurchschnittliches Wirtschaftswachstum.

Diverse Autoren (Beitz 1979, Pogge 1989, Singer 2002) haben Rawls für seine These kritisiert, das Differenzprinzip sei auf das internationale Staaten-Verhältnis nicht übertragbar. Diese Kritiker weisen darauf hin, dass viele Gesellschaften durch die internationale Ordnung benachteiligt werden – eine Tatsache, auf die Rawls nicht eingeht. In seinen Schriften erwähnt er die Rahmenbedingungen des wirtschaftlichen Austausches nicht näher, er sagt nichts darüber, dass viele Länder des Südens unter den Verschiebungen der „Terms of Trade" leiden, nichts über die Problematik der Verschuldung und des daraus erwachsenden Schuldendienstes, nichts über die Auslagerung von Arbeitsplätzen aus Hochlohn- in Billiglohnländer und nichts über die Tatsache, dass zwischen den Ländern eine Art Standortwettbewerb stattfindet.

Rawls und seine Kritiker stimmen aber bezüglich der folgenden These überein: Die internationalen Beziehungen verdienen das Prädikat „gerecht" nicht, falls sich zeigen sollte, dass sie in einzelnen Ländern den Aufbau und die Erhaltung „wohlgeordneter" Verhältnisse behindern; falls also eine Gesellschaft auf Grund der internationalen Ordnung so stark unter politischen oder wirtschaftlichen Druck gerät, dass sie ihren Bürgern die elementaren Menschenrechte nicht mehr zu garantieren vermag. Dieses Argument greift auf das erste Gerechtigkeitskriterium zurück. Rawls zufolge behält dieses in der internationalen Dimension seine volle Gültigkeit.

3.2 Chancengleichheiten auf der internationalen Ebene

Demgegenüber deutet Rawls nirgends an, dass eine Übertragung des Prinzips der Chancengleichheit auf die internationalen Verhältnisse sinnvoll sein könnte. Dabei stellt sich das Problem der Chancengleichheit in zwei Hinsichten: einmal im Hinblick auf die kollektiven Entwicklungschancen ganzer Völker (*peoples*), sodann im Hinblick auf die der einzelnen Menschen. Was die erste Hinsicht betrifft, so schafft schon die Aufteilung der irdischen Landmassen in Einzelstaaten ein gerechtigkeitsrelevantes Präjudiz. Manche Länder sind riesig, andere winzig, manche haben eine für den Welthandel günstige Lage, andere nicht usw. Rawls geht aber vom gegebenen Staatensystem mit den aktuellen Grenzziehungen wie von einer Naturgegebenheit aus, an der nicht zu rütteln ist.

Was die zweite Hinsicht betrifft, so hängen die Lebens- und Entwicklungschancen der einzelnen Menschen davon ab, in welchem Land jemand geboren worden und in welche gesellschaftlichen Traditionen sie oder er hineingewachsen ist. In den verschiedenen Ländern und oft sogar in verschiedenen Regionen bzw. ethnischen Gruppen eines und desselben Landes sind Lebenserwartung, Bildungschancen, das Niveau der wirtschaftlichen und wissenschaftlichen Entwicklung und der Zugang zu technologischen Errungenschaften reichlich different. Unter solch unterschiedlichen Lebensumständen unterscheiden sich natürlich auch die Chancen der Menschen, einen Lebensplan zu schmieden und zu verwirklichen, in grundlegender Weise.

Hat Rawls diese Tatsache übersehen? Hat er sie für ethisch irrelevant gehalten? Oder hat er sie nicht erwähnt, weil der Versuch, in der internationalen Dimension Chancengleichheit herzustellen, auf Schwierigkeiten grundsätzlicher Natur zu stoßen scheint? Das Prinzip der Chancengleichheit garantiert beispielsweise nicht, dass Menschen, die nicht oder nur schwach in die Geldwirtschaft eingebunden sind, von den internationalen Märkten profitieren können. Und es ändert nichts daran, dass die Mitglieder mancher afrikanischer und südasiatischer Gesellschaften auf kompetitiven Märkten schon deswegen benachteiligt sind, weil sie sich nie an ein rigides Wettbewerbssystem gewöhnt haben und ein solches auch gar *nicht mit ihrem Ethos vereinbaren können*.

3.3 Amartya Sens Beitrag

An dieser Stelle liegt es nahe, einen kurzen Blick auf das Werk des indischen Ökonomen und Nobelpreisträgers Amartya Sen zu werfen. Sen hat die vielfältigen Faktoren untersucht, die die Chancen eines Menschen, ein lebenswertes Leben bzw. ein Leben von einer gewissen Qualität zu führen, beeinflussen. Solche Faktoren nennt er *„capabilities"*. Dieser Begriff steht natürlich auch für die menschlichen Fähigkeiten – angeborene wie erlernte – aber keineswegs nur für diese. Zu den *capabilities* gehören auch der Zugang zu Ressourcen und Geld bzw. Kapital, der Zugang zu medizinischer Versorgung, zu Ausbildungsmöglichkeiten und zu einer beruflichen Stellung, die es einer Person erlaubt, ihren Lebensunterhalt zu verdienen. Ohne geeignete Infrastruktur – Verfügbarkeit von Trinkwasser, sanitären Anlagen, öffentlichem Verkehr, aber auch Rechtssicherheit usw. – wären die *capabilities* empfindlich eingeschränkt. Die Übersetzerin des Hauptwerks von Sen (2002) verdeutlicht *capabilities* denn auch mit „Verwirklichungschancen". Das erscheint treffend, denn die Chance, dass eine Person ihre Pläne zu verwirklichen vermag, wächst einerseits mit ihren Fähigkeiten und andererseits mit ihren finanziellen Mitteln und mit der Infrastruktur, zu der sie Zugang hat. Im weitesten Sinn zählt Sen auch die Grundrechte selbst zu den *capabilities*.

Für Sen gilt jede Art von *capability* als wertvoll. So wie Rawls in der *Theorie der Gerechtigkeit* die Bedeutung menschlicher Freiheit ursprünglich einseitig bewertet hat, so qualifiziert Sen die *capabilities* einseitig, ohne zu beachten, dass diese auch dazu genutzt werden können, andere zu schädigen. Um Missbräuchen vorzubeugen, müssen dem legitimen Gebrauch der *capabilities* Grenzen gesetzt werden. Diese Grenzen sind nahe liegender Weise über die Grundrechte festzulegen: Die Grenzen meiner Grundrechte liegen im System der gleichen Grundrechte für alle – und dieses System bestimmt zugleich die Spielräume für den legitimen Gebrauch der *capabilities*.

Diese Einsicht bildet die Grundlage der Kantischen Rechtslehre,[8] und Rawls hat sie in seine Neuinterpretation des ersten Gerechtigkeitsgrundsatzes integriert. Er räumt den Grundrechten den Vorrang vor dem Guten ein – ausdrücklich gegen Sen, der umgekehrt das Gute dem Rechten überordnet. Bei Sen stehen die Lebensqualität und die Möglichkeit, dass Menschen das Leben führen, das sie führen möchten, im Vordergrund, bei Rawls die gleichen elementaren Grundrechte für alle. Was die Idee der Chancengleichheit betrifft, so fordert Rawls, dass gleich Begabte gleiche Chancen (Bildungs- und soziale Aufstiegschancen) haben sollen. Sen, der – anders als Rawls – keine systematische Trennlinie zwischen gesellschaftlich bedingten und naturbedingten Faktoren zieht, verzichtet auch auf die explizite Forderung von Chancengleichheit. Und doch fordert er mehr als Rawls in seinem ersten Gerechtigkeitsgrundsatz, nämlich dass den Menschen nebst den elementaren Grundrechten auch das notwendige Minimum an *capabilities* zugestanden werden müsste, das erforderlich ist, damit sie ihre Grundrechte nutzen können.

3.4 Warum spielt das Differenzprinzip auf der internationalen Ebene keine Rolle?

Charles Beitz und Thomas Pogge haben gefordert, das Schicksal von Ländern, die besonderen Nachteilen ausgesetzt sind, sei durch wirtschaftliche Hilfe zu erleichtern. Rawls hat diese Vorschläge vehement zurückgewiesen – was aber angesichts des von ihm postulierten Prinzips internationaler Hilfe (Rawls 2000, 37) nicht so zu verstehen ist, dass er die Idee einer Unterstützungspflicht gegenüber benachteiligten Ländern generell ablehnte. Seine Einwände richten sich gegen die Auffassung, internationale Hilfe lasse sich über das Differenzprinzip begründen.

---

[8] „Das Recht ist (...) der Inbegriff der Bedingungen, unter denen die Willkür [= der Wille, die Ansprüche] einen mit der Willkür des andern nach einem allgemeinen Gesetze der Freiheit zusammen vereinigt werden kann." Kant 1978, BA 33.

Rawls hat in der *Theorie der Gerechtigkeit* folgendermaßen argumentiert: Mit dem Differenzprinzip sollen Ungleichheiten gemildert werden, die auf *natürliche* und nicht auf gesellschaftliche Ursachen zurückgehen. In seinen Texten über das Völkerrecht wiederholt er diese These zwar nicht explizit. Trotzdem ist es sinnvoll, sie auf die internationalen Verhältnissse zu übertragen. Selbstverständlich gehören im internationalen Rahmen andere Dinge zu den natürlichen Faktoren als Begabungen, charakterliche Eigenschaften und Familienverhältnisse, nämlich geographische Zufälligkeiten, wie die unterschiedliche Größe und Lage der Länder, ihre Ausstattung mit natürlichen Rohstoffen, einschließlich ihren Pflanzen und Tieren, Klimafaktoren und dergleichen. Ob sich solche Naturgegebenheiten vorteilhaft oder nachteilig auf die Entwicklung einer Gesellschaft auswirken, hängt zum einen davon ab, wie sich diese Gesellschaft organisiert, und zum anderen davon, wie sie in das System des internationalen Austauschs eingebettet ist. Rohstoffreichtum beispielsweise erscheint auf den ersten Blick als Vorteil. Viele der heutigen Wohlstandsländer – Dänemark, Finnland, Schweden, Schweiz, Frankreich, Japan, Südkorea – sind aber rohstoffarm, während umgekehrt manche der Länder mit den größten politischen und wirtschaftlichen Schwierigkeiten – Angola, Nigeria, Kongo, Sierra Leone, Jemen, Irak – reich an Rohstoffen sind. Aus der Perspektive der internationalen Interaktion muss es im übrigen auch als zufällig (quasi naturgegeben) gelten, ob eine Gesellschaft sich eher auf Agrarwirtschaft oder auf industrielle Produktion stützt, und wie rasch ihre Bevölkerung wächst oder schrumpft usw.

Rawls führt für seine skeptische Haltung bezüglich der Rolle des Differenzprinzips auf der internationalen Ebene mehrere Gründe an:

1) Die gravierendste Form einer Notsituation liegt vor, wenn es in einer Gesellschaft zu anhaltenden massiven Menschenrechtsverletzungen kommt. Materielle Hilfe kann in einem solchen Fall keine vorrangige Maßnahme sein. Denn Staaten, die wegen krasser Menschenrechtsverletzungen Schlagzeilen machen, sind in wirtschaftlicher Hinsicht oder im Hinblick auf ihre Ausstattung mit natürlichen Ressourcen oft keineswegs besonders arm, und umgekehrt gibt es wirtschaftlich benachteiligte Regionen, in denen die Menschenrechte kaum verletzt werden.

2) In vielen Fällen wäre die Anwendung des Differenzprinzips sinnlos und zudem ungerecht. Wenn z.B. eine Gesellschaft Industrien aufbaut und es zu Wohlstand bringt, während sich eine andere auf Agrar- und Viehwirtschaft be-

schränkt, mit der Folge, dass sie in materieller Armut verharrt, so wäre jene nach dem Differenzprinzip zu Unterstützungsleistungen verpflichtet. Dies gälte selbst dann, wenn die Menschenrechte in der Agrargesellschaft nicht auf dem Spiel stehen und keine Notlage vorliegt. Diese Unterstützung ließe die Ursachen des bescheidenen Lebensstandards in der Agrargesellschaft aber unverändert und schüfe womöglich ein Abhängigkeitsverhältnis.

Zwei weitere Gründe gegen das Differenzprinzip sind weniger wesentlich:

3) Die allgemeine Zustimmung, die für ein Prinzip erforderlich wäre, das die Verlagerung finanzieller Mittel von wohlhabenden in arme Länder vorsieht, würde internationale Solidarität in einem Ausmaß voraussetzen, hinter dem die Wirklichkeit weit zurückbleibt.

4) Das Differenzprinzip entspringt dem politischen Liberalismus; vielen Ländern ist dieser aber fremd, weshalb dieses Prinzip kaum die erforderliche internationale Zustimmung fände.

4 Ausblick

Trotz der angedeuteten Kontroversen um Rawls' Ausführungen über das Völkerrecht, erscheint zweierlei offensichtlich: 1. Der erste Gerechtigkeitsgrundsatz liefert für das Prinzip der internationalen Hilfeleistung die Grundlage: Es besteht eine Pflicht der Völkergemeinschaft, Gesellschaften, die in punkto Menschenrechte besonders benachteiligt sind, im Aufbau gerechterer Verhältnisse zu unterstützen. 2. Das internationale Staatensystem erfüllt das Kriterium der Gerechtigkeit umso besser, je höher der Standard im Hinblick auf die Realisierung der Menschenrechte ist – genauer: je besser es *in den am meisten benachteiligten Ländern* um die Menschenrechte steht.

Die Bedeutung, die diese Einsichten für die Entwicklungszusammenarbeit haben, rechtfertigt eine abschließende Reflexion zum zweiten Punkt. Es stellt sich nämlich die Frage nach der Liste der Menschenrechte, die es am dringlichsten zu schützen gilt. Naheliegende Antwort im Sinne von Rawls: Diejenigen, die die Bedingungen der Möglichkeit friedlicher Kooperation zwischen den Menschen sicherstellen (1999, 68).[9] Diesem Kriterium genügen keineswegs alle in der

---

[9] Genauer geht es um die Kooperation unter Voraussetzung der Geltung der Goldenen Regel: „Was du nicht willst, dass man dir tu', das füge auch keinem anderen zu!" Formen der Ko-

Menschenrechtserklärung angeführten Rechte. Rawls hat im Laufe der Jahre mehrere Versuche unternommen, eine Liste der elementaren Grundrechte zusammenzustellen (vgl. Anm. 3). Das Recht, sich gewerkschaftlich zu organisieren, und das Recht auf bezahlten Urlaub gehören zu keiner dieser Listen; sie sind an eine ganz bestimmte Periode der Industriegesellschaft gebunden. Das aktive und passive Wahlrecht hat Rawls auf seiner letzten Liste fallen gelassen – zu Recht, denn anders als ein Mitspracherecht in allen existenziellen Belangen, die die Person selbst betreffen, stellt das allgemeine Wahlrecht in aller Regel keine notwendige Bedingung für friedliche Kooperation dar.

Im Kontext der Zusammenstellung der Grundrechts-Liste erhebt sich noch eine zweite Frage: Soll die Entwicklungspolitik in erster Linie darauf hin arbeiten, dass benachteiligte Gesellschaften ihren Bürgern wenigstens den harten Kern der Menschenrechte zugestehen, oder soll das Ziel eher darin bestehen, dass auch die am meisten benachteiligten Gesellschaften ihren Mitgliedern so viele elementare Menschenrechte wie möglich konzedieren? Gegen den zweiten Vorschlag scheint die oben dargelegte Kritik von H.L.A. Hart an der ursprünglichen Fassung des ersten Gerechtigkeits-Grundsatzes von Rawls zu sprechen. Doch der Schein trügt. Denn wenn man die Erhaltung der Bedingungen friedlicher Kooperation zwischen den Menschen zum Auswahlkriterium der elementaren Grundrechte und Grundfreiheiten erklärt, dann können sich die von Hart aufgezeigten Konflikte zwischen menschlichen Freiheiten und materiellen Vorteilen nicht mehr ergeben. Das sei an den Beispielen gezeigt, die Hart gegen Rawls anführt:

a) Ob die Eigentumsfreiheit auf Konsumgüter eingeschränkt oder auf Produktionsmittel ausgedehnt werden soll, ist eine Frage, bei der es zwar nicht um die Maximierung der Freiheit als solcher geht, wohl aber um die Erhaltung der Bedeutung friedlicher Kooperation (Hart 1998, 126).

b) Ein Parlament wird mit eingeschränktem Rederecht besser fahren als mit unbeschränktem. Diese Freiheitseinschränkung wird zwar ebenfalls durch keinen Freiheitsgewinn anderer Natur kompensiert, ist aber unerlässlich, wenn die Debatten in friedliche und kooperative Bahnen gelenkt werden sollen.

c) Auch die Wehrpflicht bedeutet eine empfindliche Einschränkung der Bürgerfreiheit, dient aber dem Ziel, das Gemeinwesen gegen fremde Angriffe zu

---

operation, die auf Zwang oder Ausbeutung beruhen, sind hier also ausgeschlossen (vgl. Kesselring 2004).

verteidigen (Hart 1998, 130), und das heißt wiederum, die Bedingungen friedlicher Kooperation zu bewahren.

Die Bedingungen, die in einer Gesellschaft die Möglichkeit friedlicher Kooperation sichern, können von Fall zu Fall unterschiedlich sein. Je besser und je zuverlässiger diese Bedingungen insgesamt – und insbesondere in den Gesellschaften, die mit den größten Widrigkeiten zu kämpfen haben – gesichert sind, desto gerechter ist die internationale Ordnung. Desto mehr liegt es dann auch in der Selbstverantwortung der einzelnen Gesellschaften (*peoples*), wie sie ihre Entwicklungschancen managen und welche Chancen zur Verwirklichung ihrer Lebenspläne sie ihren Mitgliedern einräumen.

Literatur

Beitz, Ch. R. (1979): Political Theory and International Relations. Princeton.
Hart, H. L. A. (1998): Rawls über Freiheit und ihren Vorrang. In: Höffe, O. (Hg.): John Rawls, Eine Theorie der Gerechtigkeit. Berlin, S. 97-116.
Kant, I. (1978): Metaphysik der Sitten, in: Kant, Werke, hg. von W. Weischedel. Frankfurt/Main, Bd. 8.
Kesselring, T. (2004): Begründungsstrategien für die Menschenrechte: Transzendentaler Tausch (Höffe) oder Kooperation (Rawls)? In: Mastronardi, P. (Hg.): Das Recht im Spannungsfeld utilitaristischer und deontologischer Ethik. Archiv für Rechts- und Sozialphilosophie, Beiheft 94, 2004, S. 85-96.
Pogge, T. (1989): Realizing Rawls. Ithaca.
Rawls, J. (1975): Eine Theorie der Gerechtigkeit. Frankfurt/Main.
Rawls, J. (1998): Politischer Liberalismus. Frankfurt/Main.
Rawls, J. (1996): Das Völkerrecht. In: Shute, S./Hurley, S. (Hg.): Die Idee der Menschenrechte. Frankfurt, S. 53-103.
Rawls, J. (1999): The Law of Peoples (with 'The Idea of Public Reason Revisited'). Cambridge, Mass.
Sen, A. (2002): Ökonomie für den Menschen. Wege zu Gerechtigkeit und Solidarität in der Marktwirtschaft, München.
Singer, P. (1972): Famine, Affluence, and Morality. Philosophy & Public Affairs 1, pp. 229-243.
Singer, P. (1984): Praktische Ethik. Stuttgart.
Singer, P. (2002): One World. The Ethics of Globalization. New Haven.

Corinna Mieth
Sind wir zur Hilfe verpflichtet?
Zur Dialektik von Hilfe und Gerechtigkeit

"Wir dürfen nicht wünschen, es möge Unglückliche geben, damit wir die Werke der Barmherzigkeit üben können. Du gibst dem Hungrigen Brot, aber es wäre besser, niemand würde hungern. (...) Du kleidest den Nackten, aber es wäre besser, wenn alle genügend Kleidung hätten und keine Mangel litten (...) All diese Werke sind aus der Not geboren. Nimm die Not weg und die Werke der Barmherzigkeit hören auf."
(Augustinus, Tractatus in Epistulam Joannis ad Parthos 8;5 ;PL 35)

"Anstatt nur gütig zu sein, bemüht euch / Einen Zustand zu schaffen, der die Güte ermöglicht, und besser: / Sie überflüssig macht".
(Bertolt Brecht, Was nützt die Güte?)

Welche Rolle kommt Hilfspflichten in einer Theorie der globalen Gerechtigkeit zu? In einer ersten Annäherung kann man grob zwischen *Kantischen, Utilitaristischen* und *Rawlsianischen* Ansätzen unterscheiden. Alle drei Ansätze, mit denen ich mich hier beschäftigen will, gehören zur großen Familie der *liberalen* Theorien. *Kommunitaristische* Ansätze habe ich hier ausgeblendet, da sie Gerechtigkeit zumeist für ein innerstaatliches bzw. innergemeinschaftliches Phänomen halten, das heißt mit Michael Walzer gesprochen, dass soziale oder Verteilungsgerechtigkeit je nach historisch gewachsenen und von den jeweiligen Gemeinschaftsmitgliedern anerkannten Regeln verschiedene Gesichter haben kann. Die Frage, warum man verpflichtet sein sollte, etwas vom eigenen Reichtum an „Fremde" abzugeben, ist aus dieser Perspektive nicht leicht zu beantworten. Verpflichtungen, so würden viele Kommunitarier sagen, ergeben sich aus historisch gewachsenen Gemeinsamkeiten, die eine besondere Verbindlichkeit gegenüber Mitgliedern der eigenen Gemeinschaft oder des eigenen Kulturkreises erzeugen.

Allerdings zeigt sich bei genauem Hinsehen, dass die Hilfspflichten auch für liberale Theorien, die zumeist universalisierbare Gerechtigkeitsforderungen erheben, ein Problem darstellen können. Die Hilfspflichten treten nämlich tendenziell entweder als *„bloß verdienstliche Pflichten"* hinter die „strengen" Forderungen der Gerechtigkeit zurück oder sie erheben einen sehr *weit reichenden moralischen Anspruch*, der gar nicht nach der Gerechtigkeit von Institutionen als

Ziel für langfristig sinnvolle Hilfe fragt, oder aber sie werden mit den Forderungen der *Verteilungsgerechtigkeit* identifiziert. Diese drei Varianten sollen im Folgenden diskutiert werden.

Hilfspflichten als „verdienstliches Mehr"

Mein erstes Beispiel ist der Ansatz von Otfried Höffe. Höffe reserviert den Gerechtigkeitsbegriff für den Bereich dessen, was die Menschen einander schulden. Höffe erläutert den Bereich des Geschuldeten durch einen „transzendentalen Tausch". Jeder Mensch, so Höffe, hat höherrangige oder „transzendentale Interessen", deren Berücksichtigung durch Andere die Bedingung für seine Handlungsfähigkeit darstellt. Dies sind die Interessen an der Erhaltung von Leib und Leben (körperliche Unversehrtheit), von Denk- und Sprachfähigkeit und an der Möglichkeit, soziale Beziehungen zu knüpfen (vgl. Höffe 1998, 39). Die Annahme transzendentaler Interessen geht auf eine transzendentale Minimalanthropologie zurück. Was sind die Bedingungen der menschlichen Handlungsfähigkeit, so fragt Höffe und antwortet mit den allgemein notwendigen Interessen, die den Menschen als Leib- und Lebewesen, als Sprach- und Vernunftwesen sowie als Sozial- oder Kooperationswesen bedingen.

„Das Leben ist eine notwendige Bedingung für Handlungsfähigkeit" (ebd., 38), und der Mensch hat ein transzendentales Interesse daran, das allerdings nur durch Wechselseitigkeit realisiert werden kann. Dieser Sachverhalt konstituiert den transzendentalen Tausch. Die Leistung (der Verzicht, andere zu verletzen) wird nur unter der „Bedingung einer Gegenleistung" (ebd., 37) (dass der andere mich nicht verletzt) erbracht. Diese Wechselseitigkeit erzeugt eine strenge Symmetrie von Menschenrechten und Menschenpflichten: „Nun steht in der Menschenpflicht, wer die Leistungen, die lediglich unter Bedingung der Gegenleistung erfolgen, von den anderen tatsächlich in Anspruch nimmt; umgekehrt besitzt er das Menschenrecht, sofern er die Leistung, die nur unter der Voraussetzung der Gegenleistung erfolgt, wirklich erbringt" (ebd.).

Nur auf dieser Ebene der strengen Wechselseitigkeit, so Höffe, haben wir es mit der „Moral des Geschuldeten", der „Rechtsmoral oder Gerechtigkeit" zu tun. Davon zu unterscheiden sei die „Sozialmoral", die nicht auf die Gerechtigkeit beschränkt bleibe. „Die Moral der Menschenliebe gebietet vielmehr, der Gerechtigkeit das Salz der Liebe beizumischen und aus einem Mitleiden mit fremder Not heraus Wohltätigkeit, Hilfsbereitschaft, sogar Großzügigkeit zu üben. Wohltätigkeit ist allerdings nicht geschuldet. Als eine verdienstliche Mehrleistung gebührt ihr zwar ein Platz im Gemeinwesen, trägt sie doch als Gemeinsinn zu dessen Wohlergehen bei, als rein freiwillige Leistung darf sie aber nicht erzwungen werden" (Höffe 1999, 89). Man sieht hier deutlich, dass das „Mitleiden mit fremder Not" als irgendwie wünschenswerte Haltung beschrieben („verdienstliche Mehrleistung"), aber gleichzeitig deutlich von den geschuldeten Gerechtigkeitspflichten durch die Qualifikation als „rein freiwillige Leistung" unterschieden wird. Diese Kontur des Höffeschen Ansatzes hat Wurzeln bei Kant, von dem Höffe die Unterscheidung zwischen strengen oder unnachlässlichen Pflichten (bei Höffe: die geschuldeten Pflichten) und weiten oder verdienstlichen Pflichten (bei Kant: Tugendpflichten) übernimmt.

Die innerstaatliche Konsequenz, die sich gegenüber der Perspektive derer, die ein Interesse an Hilfe und weitreichender Umverteilung haben, lässt sich mit folgendem Zitat verdeutlichen: „Angesichts der Leichtfertigkeit, mit der man gelegentlich soziale Interessen zu sozialen Menschenrechten erklärt und aus ihnen großzügig Hilfs- und Betreuungspflichten ableitet, ist aber daran zu erinnern, dass selbst die Einsicht in die Unverzichtbarkeit eines Interesses nicht ausreicht, um Ansprüche zu reklamieren" (Höffe 1998, 39). Die Legitimation sozialer Menschenrechte muss diese erst als geschuldete ausweisen.

Der Vorteil der Argumentation liegt auf der Hand: diejenigen Rechte, deren allgemeiner Menschenrechtsstatus im obigen Sinn legitimiert werden kann, müssen auch jedem gewährt werden. Dies sind bei Höffe auch grundlegende Sozialrechte. Gegenüber fremder Not und Ungleichheit, die darüber hinausgeht, können jedoch *keine* Gerechtigkeitsansprüche geltend gemacht werden. Hier liegt also eine Asymmetrie vor. Es gibt kein allgemeines Recht auf Hilfe und Betreuung, aber doch den Bereich der „freiwilligen Moral", der es *verdienstlich* macht, anderen zu helfen.

Welche Konsequenzen hat dieser Ansatz für eine Theorie globaler Gerechtigkeit? Einerseits ergeben sich aus dem interkulturelle Gültigkeit beanspruchenden Konzept der Tauschgerechtigkeit allgemein gültige Menschenrechte, die Höffe unter dem Begriff der „Sozialstandards" fasst (Höffe 1999, 407). Trotzdem stellt sich für ihn die Frage, ob die „Tatsache, dass es reiche und arme Länder gibt", schon ein „zureichendes Argument" für Umverteilungsmaßnahmen darstellt.

Höffes erste Antwort ist, dass die jeweiligen Staaten für ihre Situation mitverantwortlich sind. Damit trifft er eine grundlegende Gerechtigkeitsintuition: wer mehr leistet, verdient auch mehr Lohn. Beziehungsweise andersherum: wer seine Talente nicht ausbildet oder seine Möglichkeiten nicht nutzt, muss sich auch mit weniger zufrieden geben. Nun sieht Höffe aber auch, dass der Versuch, die ärmeren Gemeinwesen selbst auf der Analogieebene für ihren Zustand verantwortlich zu machen, zu moralisch kontraintuitiven Konsequenzen führen kann. Unterscheidet man zwischen selbstverschuldeter und fremdverschuldeter Not, dann ergeben sich oft keine eindeutigen Zuordnungen. Doch gerade bei den Entwicklungsländern ist von einem hohen Anteil an Fremdverschulden auszugehen. Die Faktoren, die Höffe als Gründe für Entwicklungsrückständigkeit nennt („z.B. Bevorzugung der Großgrundbesitzer, Ausbeutung der Landbewohner zu Gunsten der Städter, geringe Einkommens- und Vermögenssteuern für die Reichen, Korruption und unkontrolliertes Bevölkerungswachstum") seien meistens *nicht der Bevölkerung*, sondern korrupten Eliten anzulasten. Zudem ergebe sich eine *Mitverantwortung der Weltgesellschaft*, die diese Eliten gewähren lasse.

Im Anschluss an Thomas Pogge schlägt Höffe hier die Verknüpfung des Rohstoff- und Kreditprivilegs an die Demokratisierung der Regierungsform vor (z.B. Pogge 2001, 47ff.) Ein Anwendungsfall für die korrektive Gerechtigkeit ist der Ausgleich für vergangenes Unrecht (Kolonialismus, Sklaverei, Vertreibung). Allerdings tut sich hier das empirische Problem auf, den Verursacher genau festzustellen, gefolgt von der Frage, wie weit zurück eine Kompensationsforderung gehen kann. Einen Anspruch im Sinne der korrektiven Gerechtigkeit haben ferner die „Globalisierungsverlierer", diejenigen „die das größere Risiko der Liberalisierung" tragen, haben „einen Anspruch auf Ausgleich des Sonderrisikos" (Höffe 1999, 413).

Schon die Erfüllung der Forderungen der *korrektiven Gerechtigkeit* hätte somit sehr weitreichende Konsequenzen. Allerdings muss man sich klar machen, dass die Forderung der korrektiven Gerechtigkeit nicht lautet, man solle gestohlene Güter (also ungerechter Weise angeeignete) zurückgeben oder unfaire Abmachungen korrigieren, weil die Übervorteilten arm sind. Vielmehr gelten die Forderungen der korrektiven Gerechtigkeit unabhängig davon, ob eine der Parteien bedürftig ist oder nicht. So muss z.B. gestohlenes Gut zurückgegeben werden, gleichgültig, ob der Bestohlene reich und der Dieb bedürftig war oder umgekehrt: der Dieb reich ist und der Bestohlene sehr arm. Es kann sich also zwar der Fall ergeben, indem ein Reicher einem Armen etwas stiehlt und es dann zurückerstatten muss, wobei diese Rückerstattung dem Armen in seiner Not „eine große Hilfe ist". Doch ist der Grund für die Rückerstattung hier nicht, dass die bestohlene Person arm ist. Denn auch die arme Person müsste der reichen Gestohlenes zurückgeben, selbst wenn sie dadurch in eine ruinöse Lage käme und der Reiche von der Rückgabe des Gestohlenen unabhängig ein luxuriöses Leben führen könnte.

Deswegen scheint mir der entscheidende Fall der zu sein, in dem ein Land oder eine Menschengruppe z.b. durch eine Naturkatastrophe in große Not gerät. Nehmen wir weiter an, dass diese Menschengruppe weder gegenüber der eigenen Regierung noch gegenüber einem anderen Staat einen Anspruch auf Hilfe unter dem Gesichtspunkt der korrektiven Gerechtigkeit geltend machen kann. Dann wäre die Hilfe von Seiten anderer Staaten oder Individuen zwar noch „moralisch geboten, die Unterlassung verletzt aber – sofern die Not nicht mitverschuldet ist – das Gebot der Menschenliebe und nicht eine Rechts- oder Gerechtigkeitspflicht" (Höffe 1999, 418). Und das heißt eben andersherum, dass die Hilfsbedürftigen hier *keinen Anspruch* geltend machen können, der gerechtigkeitsrelevant wäre: sie können um Hilfe bitten und sich diese wünschen, doch diese nicht einklagen oder einfordern. Im Sinne des obigen Beispiels hieße das aber, dass dem Menschenrecht auf Leben keine grenzüberschreitende, strenge Pflicht von Seiten aller entspräche, den von der Naturkatastrophe betroffenen zu helfen.

So viel zum ersten Modell. Dessen Vorzüge dürften deutlich geworden sein: strenge Gerechtigkeitspflichten, denen Rechte korrespondieren, werden von einem bloß verdienstlichen Mehr unterschieden. Nur auf die Einhaltung der strengen Pflichten besteht ein rechtlicher Anspruch und auch nur deren Befolgung kann erzwungen werden. Gegenüber denen, deren Not man nicht verschuldet hat, besteht demnach auch keine strenge Verpflichtung zu helfen – selbst wenn sie arm sind oder Hunger leiden und z.B. als Opfer von Naturkatastrophen für diese Lage selbst nicht verantwortlich sind. Es besteht aber nach Kant immer noch eine moralische Verpflichtung zur Hilfe. Von außen betrachtet stellt eine Hilfeleistung, die nicht erzwingbar ist, ein Verdienst dar, aus der Perspektive des Handelnden ist sie bei Kant jedoch verpflichtend und sollte auch „aus Pflicht" und nicht bloß aus dem Streben nach Anerkennung erfolgen. In diesem Zusammenhang beschreibt die Rede von der „rein freiwillige[n] Leistung" den Charakter einer Hilfs*pflicht* nur ungenau, da sie es nahe legt, nicht nur das Ausmaß der Hilfe, sondern auch die Beantwortung der Frage, ob man denn lieber helfen solle oder nicht, ins Belieben des Einzelnen zu stellen (dazu: O'Neill 1996, 186ff.).

Die individuelle Hilfspflicht als Mittel zur Armutsbekämpfung

Dieser Vorstellung von der Hilfe als „rein freiwilliger Leistung" steht eine moralische Intuition entgegen, die – im zweiten Modell – am deutlichsten von dem *Utilitaristen* Peter Singer zum Ausdruck gebracht wird: „Wenn es in unserer Macht steht, etwas Schreckliches zu verhindern, ohne dass dabei etwas von vergleichbarer moralischer Bedeutung geopfert wird, dann sollten wir es tun" (Singer 1984, 229). Singer führt hier das sofort einleuchtende Beispiel von einem Kind an, das aus einem Brunnen zu retten ist, in dem es zu ertrinken droht („etwas Schreckliches verhindern") und schließt alle dilemmatischen Fälle, in denen die Rettung andere Menschenleben kosten oder den Retter in große Gefahr bringen würde, aus („ohne dass dabei etwas von vergleichbarer moralischer Bedeutung geopfert wird"). Durch die letztere Klausel scheint er zunächst dem üblichen Einwand gegen den Utilitarismus, dass der Zweck die Mittel heilige und das Wohl einiger unter Umständen zu Gunsten des Wohls mehrerer geopfert werden müsse, zu entgehen. Ferner ist die Annahme grundlegend, dass „es in unserer Macht steht", das Übel zu verhindern, gemäß dem Grundsatz: „sollen setzt können voraus". Nun geht Singer schnell dazu über, den plausiblen Fall der Rettung des Kindes aus dem Brunnen auf unsere Pflicht zu übertragen, den Menschen, die in absoluter Armut leben (Hunger, Obdachlosigkeit, mangelnde medizinische Versorgung), zu helfen.

Das Argument sieht wie folgt aus: „Erste Prämisse: Wenn wir etwas Schlechtes verhüten können, ohne irgendetwas von vergleichbarer moralischer Bedeutsamkeit zu opfern, sollten wir es tun. Zweite Prämisse: Absolute Armut ist schlecht. Dritte Prämisse: Es gibt ein bestimmtes Maß von absoluter Armut, das wir verhüten können, ohne irgendetwas von vergleichbarer moralischer Bedeutsamkeit zu opfern. Schlussfolgerung: Wir sollten ein bestimmtes Maß von absoluter Armut verhindern" (ebd., 231).

Dieses Argument ist der Auffassung der Hilfe als „verdienstlicher Mehrleistung" explizit entgegengesetzt: „Helfen ist nicht, wie man üblicherweise denkt, eine wohltätige Handlung, die lobenswert ist, wenn man sie tut, aber nicht falsch, wenn man sie unterlässt, es ist etwas, das jedermann tun soll" (ebd.) Daran wird erstens deutlich, dass Singer eine universale Hilfspflicht für jedes Individuum annimmt, die bloß zwei einschränkenden Bedingungen unterworfen ist, die wir oben schon gesehen haben: *Sollen* setzt *Können* voraus und es darf kein vergleichbares Gut geopfert werden. Zweitens macht diese Hilfspflicht vor Landesgrenzen nicht halt, sondern sie bemisst sich sachgemäß daran, wer besonders bedürftig ist und wer in der Lage ist, zu helfen.

Nun muss man sich klar vor Augen führen, wie weit reichend die Konsequenzen einerseits sind und wie unbestimmt die Forderung andererseits bleibt. Erstens ist diese Pflicht nicht, wie im Vergleichsfall mit dem zu rettenden Kind, durch eine einzige Handlung abgetan. Angesichts der Weltlage müsste hier permanent etwas geleistet werden. Die Grenze läge erst dort, wo etwas Vergleichbares auf dem Spiel stünde, z.B. dass man selbst oder die eigenen Verwandten durch Vernachlässigung in vergleichbar krasser Form hilfsbedürftig würden. Doch werden hier nicht verschiedene Standards einfach vermischt? „Es ist schlimmer, jemanden verhungern zu lassen, als jemandem den Zugang zu einer höheren Ausbildung zu verweigern. Folgt daraus, dass man die Mittel, die man für Erziehung und Ausbildung seiner Kinder vorgesehen hat, umlagern und in die Bekämpfung des Welthungers stecken soll?" (Kesselring 2003, 33). Eine Bekämpfung der Armut bis zu der Schwelle, an der alle gleich wenig haben, müsste zudem dem Ziel von Singers Anliegen widersprechen. Außerdem entgeht Singer, so Thomas Kesselring, der strukturelle Zusammenhang zwischen dem Reichtum der einen und der Armut der anderen. Warum sollen, so könnte man polemisch fragen, die moralisch gesinnten Bürger der reichen Staaten Defizite ausgleichen, die durch eine Politik entstehen, die sie nicht zu verantworten haben – und von denen manche von ihnen vielleicht selbst nicht einmal besonders profitieren? Und wie sieht es mit den Empfängern von Spenden aus, trifft hier nicht die Erwartung zu, dass Hilfe *Hilfe zur Selbsthilfe* sein sollte und auch die Strukturen, die ein großes Gefälle zwischen Arm und Reich erzeugen verbessert werden müssen?

Kurz: ein Problem mit Singers Position liegt darin, dass er gerechtere Strukturen und Institutionen als Bedingung für den sinnvollen Einsatz von Hilfe gar nicht in den Blick nimmt. Vielmehr ist es sogar in manchen Fällen möglich, dass die Hilfe diejenigen Strukturen, die das Armutsproblem erzeugen, noch weiter zementiert. Auf Singers eigenes Beispiel angewendet könnte man dann fragen: was ist, wenn die Eltern das Kind ständig unbeaufsichtigt lassen, so dass es täglich Gefahr läuft, in den Brunnen zu fallen, auf die Straße zu laufen usf.? Wäre hier nicht ein Gespräch mit den Eltern angebracht, um langfristig, durch eine bessere Wahrnehmung der Aufsichtspflicht und später durch die Vorsicht des Kindes selbst, zu bewirken, dass in der Regel keine gefährlichen Situationen für das Kind mehr entstehen?

Die Singersche Forderung, dass man immer helfen solle, wo man kann, scheint im Hinblick auf die Armutsbekämpfung auf eine permanente *moralische Überforderung* des Einzelnen hinauszulaufen. Man müsste sich, würde man ihr konsequent genügen wollen, so lange für alles Elend in der Welt moralisch verantwortlich fühlen, bis man selbst nicht mehr in der Lage wäre, noch etwas abzugeben. Die Tatsache, dass Singer nur eine Abgabe von 10 Prozent verlangt, hilft hier nicht weiter, weil es kein klares Kriterium dafür gibt, wer wie viel spenden sollte. Zudem besteht die Pflicht zu helfen, um Übel zu verhindern, ja nicht nur gegenüber den Ärmsten, sondern auch gegenüber allen anderen Mitmenschen, die sich in Situationen befinden, in denen (vergleichsweise geringere) Übel drohen mögen, die man verhindern könnte.

Hier scheint der Vergleich mit dem Kind, das in den Brunnen gefallen ist, zu hinken. Denn beim Beispiel mit dem Kind, das von einer bestimmten Person aus dem Brunnen gerettet werden kann, weil diese gerade dort ist, liegt der Fall klar auf der Hand. Die Person war in dem Moment die einzige, die helfen konnte und sie wäre auch der unterlassenen Hilfeleistung (zumindest in unserem Rechtssystem) anzuklagen, wenn sie durch die Verweigerung der Hilfe den Tod des Kindes in Kauf nähme. Diese Verantwortung ist aber im Falle mangelnder Spenden zur Armutsbekämpfung nur schwer individuell fest zu machen. Ferner scheint die Einschränkung der universellen Hilfspflicht gegenüber den Armen durch die Klausel, dass nichts Vergleichbares auf dem Spiel stehen dürfe, in extremen Fällen doch wieder den generellen Einwänden gegen den Utilitarismus ausgesetzt: Wer bemisst, welcher Wert im Zweifelsfall einem anderen vorzuziehen ist? Darf man einen Diktator installieren, der die Ölvorräte eines Landes zu günstigen Konditionen an den Westen verkauft, weil dadurch die Bevölkerung materiell etwas besser gestellt wird, als wenn man das Land boykottieren würde?

Was von Singer gar nicht bedacht wird, ist der Zusammenhang von *Armutsbekämpfung* und *Demokratie*, den Amartya Sen besonders verdeutlicht hat. Sens empirische Untersuchungen belegen die These, „dass Hungersnöte in Demokratien nicht vorkommen" (Sen 2002, 68). „Das hat seinen Grund darin, dass, sofern der politische Wille dazu vorhanden ist, Hungersnöte leicht abzuwenden sind und die Regierungen in einer Mehrparteien-Demokratie mit freien Wahlen und unzensierten Medien starken politischen Anreizen folgen, um eine Hungersnot zu verhindern. Das demonstriert, dass politische Freiheit in Gestalt demokratischer Einrichtungen die wirtschaftliche Freiheit (besonders die Freiheit, nicht zu hungern) und die Freiheit zu überleben (kein Opfer einer Hungersnot zu werden) absichert" (ebd., 68f.). Der Utilitarismus, für den Rechte nur eine instrumentelle Bedeutung haben, sei hier zu undifferenziert. Denn Grundrechte, vor allem aber das politische Mitwirkungsrecht, haben darüber hinaus einen intrinsischen Wert, der sich nicht einfach gegen größeren Wohlstand aufrechnen lasse. Kurz: die Singerschen Kriterien sind zu unbestimmt, um den Rang der Hilfspflichten innerhalb einer Theorie globaler Gerechtigkeit genau bestimmen zu können.

Rawlssche Ansätze: Globale Anwendung des Differenzprinzips oder Unterstützungspflicht gegenüber „belasteten Gesellschaften"?

Das nächste Modell, das ich zur Bestimmung der Rolle von Hilfspflichten anführen möchte, ist das kosmopolitische des Rawlsianers Charles Beitz. Ausgangspunkt ist Rawls' „Theorie der Gerechtigkeit" von 1971. Der Grundgedanke ist, Gerechtigkeit als „Tugend sozialer Institutionen" (Rawls 1979, 19) zu betrachten. Diese müssen „abgeändert oder abgeschafft werden" (ebd.), wenn sie einem bestimmten Gerechtigkeitsmaßstab nicht genügen. Dieser Maßstab ergibt sich aus einem Gedankenexperiment: rationale Personen sollen unter der kontrafaktischen Bedingung der Gleichheit diejenigen Gerechtigkeitsprinzipien wählen, die für alle weiteren Zeiten die Grundstruktur ihrer Gesellschaft bestimmen.

Hier sind zwei Dinge wichtig: erstens geht Rawls unter Rückgriff auf die Vertragstheorie davon aus, dass das Kriterium für die Legitimität politischer Institutionen in der allseitigen freiwilligen Zustimmung unter idealen Bedingungen besteht. Ideal sind die Bedingungen, um die Zufälligkeiten unterschiedlicher Begabungen und ungleicher Machtverhältnisse bei der Wahl grundlegender moralischer Prinzipien auszuschließen. Zweitens sollen diese Prinzipien die Grundstruktur der Gesellschaft bestimmen, das heißt die Struktur derjenigen Institutionen, die unsere Lebensaussichten grundlegend beeinflussen. Rawls zeigt, dass unter solchen Bedingungen ein erster Grundsatz gewählt würde, der unsere Freiheitsrechte absichert: „Jedermann soll gleiches Recht auf das umfangreichste System gleicher Grundfreiheiten haben, das mit dem selben System für alle anderen verträglich ist" (ebd., 81). Dieser Grundsatz der gleichen Rechte – und das ist Rawls' Pointe gegen den Utilitarismus – muss allen Maximierungsversuchen des Wohlergehens vorangestellt werden. Erst der zweite Grundsatz enthält ein Prinzip der Verteilungsgerechtigkeit. Sein erster Teil verlangt faire Chancengleichheit: Ämter und Positionen sollen allen offen stehen. Der zweite Teil des zweiten Grundsatzes lässt sozioökonomische Ungleichheiten unter der Bedingung zu, dass sie sich zum Vorteil des Schlechtestgestellten auswirken. Man kann das auch so ausdrücken: die Aussichten der Schlechtestgestellten sollen durch Ungleichheiten maximiert werden, sonst sind diese unzulässig.

Dieser Gerechtigkeitsgrundsatz, auch Unterschiedsprinzip oder Differenzprinzip genannt, wird nun von Charles Beitz (1979) auf den globalen Maßstab übertragen, um so weltweit die Positionen der Schlechtestgestellten zu verbessern. Es sei, so Beitz' erstes Argument zu Gunsten der Übertragung, nicht einzusehen, warum Rawls seine Überlegungen auf eine abgeschlossene Gesellschaft beschränke. Beitz hat demgegenüber die kosmopolitische Idee, das Gedankenexperiment des Urzustandes auf die *gesamte Weltbevölkerung* zu übertragen. Nun ist die Ausgangsidee von Rawls die, dass eine Gesellschaft ein Kooperationssystem darstellt. Gerechtigkeitsprobleme treten dort auf, wo die Vorteile und Lasten der Kooperation aufgeteilt werden.

Einen Einwand gegen den Übertragungsversuch von Beitz könnte also die These darstellen, dass es im globalen Maßstab gar kein Kooperationssystem gebe und damit auch keine Anwendungsbedingungen für die Verteilungsgerechtigkeit. Dagegen führt Beitz ein empirisches Argument ins Feld: kein Staat sei selbstgenügsam, die inter-, intra- und transnationalen Verflechtungen seien so groß (Beitz 1979, 144ff.), dass man von einer globalen Grundstruktur sprechen könne, die tatsächlich die Lebensbedingungen der Individuen überall auf der Welt fundamental mitbestimme (ebd., 201f.). Damit sei allerdings auch die

Notwendigkeit gegeben, diese globale Grundstruktur so einzurichten, dass sie dem Maßstab der Verteilungsgerechtigkeit entspreche. Dies bedeutet dann, dass Gerechtigkeitsforderungen der Umverteilung weder vor staatlichen Grenzen halt machen noch auf bloße Hilfspflichten reduziert werden können: „Persons of diverse citizenship have distributive obligations to one another analogous to those of citizens of the same state. International distributive obligations are founded on justice and not merely on mutual aid" (Beitz 1979, 128). Analog zur „domestic justice" soll nun global, im Sinne des „international difference principle" (ebd., 152) die Position der schlechtestgestellten Personen oder Personengruppen maximiert werden. Verpflichtungen bestehen hier von Personen gegenüber Personen und insofern sind staatliche Grenzen bei der Umverteilung nicht relevant.

Der Grundgedanke ist folgender: genauso wenig, wie man nach Rawls seine Fähigkeiten und Begabungen moralisch verdient hat, hat man es moralisch verdient, in einem Staat geboren worden zu sein, der einem gute Aufstiegs- und Bildungschancen und materiellen Wohlstand ermöglicht. Diejenigen, die bei den Ausgangsbedingungen das „schlechtere Los" gezogen haben und in einem armen Land mit wenig Bodenschätzen und schlechter Infrastruktur aufwachsen müssen, haben das nicht verdient. Die natürlichen Ungleichheiten, die sich mit der Zufälligkeit der Geburt ergeben, müssen in Form von globalen Gerechtigkeitsstandards ausgeglichen werden.

Die Vorteile dieses Modells liegen auf der Hand: wie Singers Armutsbekämpfungsforderung macht der moralische Kosmopolitismus vor staatlichen Grenzen nicht halt. Gegenüber der überfordernden Singerschen Individualverpflichtung ist jedoch hier die Idee, *globale Strukturen* zu etablieren, die einen Ausgleich für unverdiente Nachteile schaffen und eine faire Kooperation ermöglichen – oder zumindest bestehende Institutionen an diesen Gerechtigkeitsmaßstab annähern zu können. Dabei geht es dann nicht mehr um *Hilfe*, sondern um *Verteilungsgerechtigkeit*. Die in ärmeren Regionen Geborenen haben einen Anspruch darauf, dass sich Ungleichheiten zu ihren Gunsten auswirken müssen. Gleichwohl scheint das Modell einigen Einwänden ausgesetzt: Bedarf es zu seiner Realisierung nicht eines „weltstaatlichen Verteilungsmonopolisten" (Kersting 1998, 546), was unter den gegebenen empirischen Bedingungen nicht nur ziemlich utopisch, sondern auch in sich despotieverdächtig wäre, wie Kant in „Zum ewigen Frieden" vermutet? Welche Kosten würden für die Implementierung einer solchen Verteilungskonzeption anfallen? Nun sind dies empirische Fragen nach der Umsetzbarkeit oder nach deren Konsequenzen. Es gibt auch prinzipiellere Anfragen: Durch die Universalisierung der Verteilungsgerechtigkeit scheint sich die Frage nach den Hilfspflichten aufzuheben.

Doch dies ist schon auf der innerstaatlichen Ebene der Rawlsschen Theorie problematisch, wie Wilfried Hinsch (2002) am Beispiel der bedarfsbezogenen moralischen Ansprüche zeigen konnte. Hinsch diskutiert das Problem bedarfsbezogener moralischer Ansprüche vor der Legitimation von Ungleichverteilungen durch das Differenzprinzip. Er fragt sich mit Amartya Sen: kann nicht das Güterbündel, dessen eine Person bedarf, um ein vollwertiges Mitglied der Gemeinschaft zu sein, von Person zu Person variieren? Er fragt sich also: kann es nicht schon auf der Ebene des ersten Gerechtigkeitsgrundsatzes, der Gleichheit der Grundrechte, Gründe geben, Güter nach der Maßgabe öffentlich anerkannter Notlagen ungleich zu verteilen? „Ungleichverteilungen von Gütern" sind Hinsch zufolge schon dann gerechtfertigt, „wenn sie notwendig sind, um Gesellschaftsmitglieder, die dazu nicht selbst in der Lage sind, mit dem für ein selbstbestimmtes Leben notwendigen Minimum an Gütern und Handlungsmöglichkeiten zu versorgen" (ebd., XVI). Es geht also auf dieser Ebene darum, zu zeigen, dass die Berücksichtigung eines moralischen Minimums für alle schon eine Ungleichverteilung von Ressourcen implizieren kann, die noch nicht Bestandteil der Forderung der Maximierung der Schlechtestgestellten durch das Differenzprinzips sein kann.

Hinsch geht, wie Ernst Tugendhat, von der Gleichverteilung von Gütern als der Default-Option aus: Wenn „keine allgemein anzuerkennenden Rechtfertigungsgründe für Ungleichverteilungen namhaft gemacht werden können" (Hinsch 2002, 169), ist eine Gleichverteilung zu wählen. Nun sieht Hinsch jedoch bei der Hilfe in Notlagen Gründe für eine bedarfsbezogene Ungleichverteilung. „Es wird weithin anerkannt, dass Personen, die sich in bestimmten Arten von Notlagen befinden, einen moralischen Anspruch auf materielle und persönliche Unterstützung haben. Dies gilt für die Oper von Naturkatastrophen ebenso wie für Arbeitslose, Kranke und Behinderte. In allen diesen Fällen entstehen begründete bedarfsorientierte Ansprüche, unabhängig davon, ob die von der Notlage Betroffenen jetzt oder später zu Gegenleistungen in der Lage sind oder nicht" (ebd., 174f.).

Wichtig ist hier, dass Hinsch den Begriff der Hilfe in all seiner Asymmetrie auf den Punkt bringt: er hängt nicht von der Erwartung einer Gegenleistung ab. Der Einfachheit halber diskutiert er bei der Frage, wann wir „Ansprüche auf soziale Unterstützung" geltend machen können, nur Fälle von unverschuldeter Not. Die Situationen, auf die dies zutrifft, qualifiziert er wie folgt: „Notlagen entstehen durch das Zusammentreffen verschiedener Faktoren. Allgemein lassen sie sich allenfalls dadurch beschreiben, dass sie die Lebens- und Handlungsfähigkeit eines Menschen in mehr oder weniger gravierender Weise einschränken und den Betroffenen daran hindern, Dinge zu realisieren, von denen allgemein anerkannt wird, dass sie wichtig und für das Leben eines Menschen von Bedeutung sind" (ebd., 176).

Nun soll der Begriff der „Notlage" dadurch genauer bestimmt werden, dass er „öffentliche Anerkennung" erfährt, „wenn eine Person auf Grund besonderer Umstände ohne fremde Hilfe Dinge nicht realisieren kann, die erstens für sie selbst vor dem Hintergrund ihrer Bedürfnisse und Präferenzen wichtig sind, und deren Wert für die betroffene Person zweitens von keinem Beteiligten unangesehen seiner persönlichen Bedürfnisse und Präferenzen vernünftigerweise bestritten wird" (ebd., 176). Hinsch macht deutlich, dass es erstens nur einen moralischen Anspruch auf Hilfe gibt, wenn es „den zur Hilfe aufgeforderten Personen" tatsächlich möglich ist, zu helfen (ebd., 177). Zweitens darf die Hilfe die Helfenden nicht selbst in eine „vergleichbare Notlage" bringen. Drittens muss geklärt werden, ob die Hilfsbedürftigen eine universalisierbare Forderung ausweisen können, d.h. „dass dieselbe Forderung in allen Fällen, die sich durch dieselben allgemeinen Merkmale auszeichnen, ebenfalls anerkannt werden muss" (ebd., 178).

Warum empfand Hinsch schon auf der innerstaatlichen Ebene eine Notwendigkeit, Rawls zu modifizieren? Weil die Rawlssche Grundidee, so gut ausgearbeitet und zustimmungswürdig sie im Allgemeinen sein mag, auf moralisch kontraintuitive Konsequenzen im Speziellen trifft. Denn der klassisch liberale *Vorrang der Grundrechte* im Sinne von Grundfreiheiten wird dann problematisch, wenn Personen sich in einer Lage befinden, in der sie diese Rechte und Freiheiten gar nicht wahrnehmen können, z.B. weil ihnen auf Grund besonderer Bedürftigkeit die materielle Grundlage fehlt. Die *bedarfsbezogene Hilfe* soll diese Lücke beheben, indem es darum geht, die Güter bereit zu stellen, die zur „Lebens- und Handlungsfähigkeit" eines Menschen von grundlegender Bedeutung sind.

Nun ist es so, dass die Übertragung dieser Rawls-Modifikation auf das Beitz-Modell, das ja bei der Übertragbarkeit des Ausgleichs moralisch unverdienter Startpositionen durch das Differenzprinzip auf den globalen Bereich eins zu eins übersetzt, zu weiteren Komplikationen führt. Diese sind aber m.E. notwendig, wenn man eine Übertragung des Differenzprinzips auf globale Verhältnisse vornehmen möchte. Gerade die Diskussion der Notlage bei Hinsch zeigt, dass eine Identifizierung derselben von deren öffentlicher Anerkennung abhängig ist. Aber zeigt das nicht genau ein Problem von Beitz? Damit meine ich den Konflikt zwischen berechtigten Ansprüchen, die die Bürger einer Gemeinschaft aneinander stellen können: z.B. lasst uns Zuckerkranken (Notlage, bedarfsbezogener Anspruch) mehr Güter geben, als anderen, weil sie derer bedürfen und der Beitzschen Forderung: lasst uns alle als Mitglieder eines globalen Kooperationssystems begreifen, das nun innerhalb einer globalen Öffentlichkeit zwischen dem Anspruch des Zuckerkranken und den Verhungernden Prioritäten festlegen müsste bzw. die Lage des Schlechtestgestellten notfalls auf Kosten des bloß relativ schlecht Gestellten zu verbessern geböte.

Nun gibt es zwei Lösungen dieses Problems: die eine ist, daran festzuhalten, dass eine Verbindlichkeit und ein Kooperationskontext primär zwischen denen bestehen, die eine *politische Gemeinschaft* bilden. Oder man versucht, eine *globale Öffentlichkeit* zu antizipieren oder zu mobilisieren, um damit erweiterte Inhalte der öffentlich rechtfertigbaren Hilfspflichten zu erhalten. Dann wird es der Hilfe jedoch vermutlich zunächst darum gehen, ein Minimum für alle zu etablieren, was nicht direkt mit der Verteilungsgerechtigkeit nach der Maxime, die schlechtestgestellte Position zu verbessern, identisch sein muss. Denn Hinsch sagt ja explizit, dass (der wohl universalisierbare) Anspruch auf ein Minimum vor der Anwendung des Differenzprinzips erfüllt sein muss – und dass er den Charakter einer institutionell verankerten Hilfspflicht annimmt.

Wichtig ist hier auch, dass es um ein Gut geht, das ja wohl gerade darum öffentlich anerkannt werden kann, weil es zentral ist, wie zum Beispiel die Bedingungen der Handlungsfähigkeit. Will man jedoch wie Beitz die Hilfe völlig auf die Maximierung der schlechtestgestellten Position reduzieren, so scheint sich ein Problem hinsichtlich des Verhältnisses von Differenzprinzip und anderen Forderungen, wie z.B. dem Grundsatz der Chancengleichheit, zu ergeben, der immerhin verlangt, dass ein Zugang zu Bildung allen in gleicher Weise gewährt wird und, was die effiziente Anwendung des Differenzprinzips betrifft, mit diesem kollidieren kann. Genauer gefragt: wie viel darf die Maximierung der schlechtestgestellten Positionen „kosten"? Kann es darüber hinaus nicht sogar sein, dass die interne Akzeptanz des Differenzprinzips der externen zuwider läuft? D.h. kann es nicht sein, dass ein Staat, wenn er nach dem Differenzprinzip die schlechtestgestellte Position intern maximierte, gerade die global schlechteste Position noch verschlechterte? Dann scheint es umgekehrt geboten, die Schlechtestgestellten weltweit zu fördern, unabhängig davon, ob sich die Position der Schlechtestgestellten im eigenen Land dadurch verschlechtert. Hier scheint sich ein ähnliches Problem aufzutun wie bei Singer: wie weit müssen die Bedürfnisse der Nächsten hinter die der Entfernteren aber noch Bedürftigeren zurücktreten? Wäre es nicht plausibler, bestimmte Grunderfordernisse weltweit abdecken zu wollen als die Güter unabhängig von inhaltlichen Vorgaben einfach so zu verteilen, dass die Position der Schlechtestgestellten verbessert wird?

Rawls selbst hat sich gegen das Modell der globalen Verteilungsgerechtigkeit entschieden und in seinem Entwurf zu einem „Recht der Völker" die moderatere Position vertreten, dass zwar bestimmte Menschenrechte universale Anerkennung verdienen, Verteilungsgerechtigkeit im umfassenden Sinn des Differenzprinzips jedoch eine *innerstaatliche* Angelegenheit sei, die sich auf liberale Demokratien mit einem bestimmten Hintergrund beschränke. Dennoch nimmt er eine Hilfspflicht gegenüber Gesellschaften an, die aus eigener Kraft nicht in der Lage sind, die Menschenrechte zu implementieren. Hier befinden wir uns, was die Hilfspflichten betrifft, allerdings nicht in der Nähe von Höffe, der die Hilfe entweder innerhalb der Kompensation für vergangenes Unrecht (korrektive Gerechtigkeit) oder außerhalb der Gerechtigkeit, beim „verdienstlichen Mehr" ansiedelt, sondern Rawls geht davon aus, dass Hilfe eine Art *Ermöglichungsbedingung* für schlecht entwickelte Staaten darstellt, wohlgeordnete Gesellschaften zu werden.

Dieser Gedanke ist auf den ersten Blick dem vergleichbar, was Hinsch für die innerstaatliche Hilfe ausgeführt hat: sie ist die Bedingung für eine vollständige Handlungsfähigkeit, für individuelle bzw. kollektive Autonomie. Die Hilfe lässt sich weder auf Verteilungsgerechtigkeit reduzieren, wie bei Beitz, noch ist sie im strengen Sinn geschuldet. Die Hilfs- oder Unterstützungspflicht (*„duty of assistance"*) geht in Rawls' Theorie des Völkerrechts auf die Überlegung zurück, dass „das langfristige Ziel (vergleichsweise) wohlgeordneter Gesellschaften" darin bestehen sollte, die nicht wohlgeordneten Staaten auf dieses Niveau zu bringen (Rawls 2002, 131f.). Das Prädikat „wohlgeordnet" trifft auf eine Gesellschaft dann zu, wenn sie ein System fairer Kooperation etabliert hat, d.h. Vorteile und Lasten unter ihren Mitgliedern gerecht aufteilt. „Belastete Gesellschaften" sind – meistens auf Grund ihrer politischen Struktur - dazu aus eigener Kraft nicht in der Lage und darum „auf Hilfe angewiesen". Diese Hilfe hat – und das ist der Gedanke, durch den sich Rawls von Beitz unterscheidet – ein klar „definiertes Ziel und einen Abbruchpunkt, nach dessen Erreichen keine weitere Unterstützung mehr stattfinden" muss.

Ziel ist, dass die belasteten Gesellschaften ihre Probleme am Ende selbst regeln können, und dies in wohlgeordneter Form tun. Ferner könne man bei einer wohlgeordneten Gesellschaft davon ausgehen, dass sie den Anforderungen interner Wirtschaftsgerechtigkeit genügt (vgl. Pogge 2001, 43). Daher sei zu erwarten, dass in einer solchen Gesellschaft keine Hungersnöte oder Menschenrechtsverletzungen durch Regierungsversagen mehr stattfänden (vgl. Rawls 2002, 135). Trotzdem ist nicht jede wohlgeordnete Gesellschaft notwendig wohlhabend und es folgt bei Rawls aus dem Bestehen von wirtschaftlichen Ungleichheiten zwischen verschiedenen Gesellschaften noch keine Forderung nach Umverteilung.

Entscheidend für diese Auffassung ist, dass Rawls auch für die heimische Gesellschaft explizit zulassen kann, dass zwar ein gewisses soziales Minimum von allen erreicht werden muss, d.h. auch die am wenigsten Begünstigten müssen „über ausreichend allgemein dienliche Mittel verfügen, um einen vernünftigen und wirksamen Gebrauch ihrer Freiheiten zu machen und um ein vernünftiges lebenswertes Leben zu leben. Sobald diese Situation gegeben ist, besteht keine weitere Notwendigkeit, den Abstand zu verringern" (ebd., 141).

„Der *Abbruchpunkt*" der Hilfe wäre also dann erreicht, wenn die betreffende Person (innerstaatlich) oder die betreffende Gesellschaft über die notwendigen Mittel und Organisationsformen verfügt, um ohne fremde Hilfe zurechtzukommen. Rawls ist der Meinung, dass das Ziel der Verringerung der Armut, das die Kosmopoliten Beitz und Pogge durch die globale Anwendung des Differenzprinzips erreichen wollen, durch die Unterstützungspflicht ebenfalls erreicht würde.

Entscheidend ist die These, dass die Frage, ob ein Land arm oder reich ist, nicht auf den Umfang der Ressourcen, sondern auf seine *politische Kultur* zurückgeht. Wären alle Gesellschaften wohlgeordnet, so gäbe es zwar noch Unterschiede in ihrem jeweiligen Wohlstand, doch ein soziales Minimum wäre für jeden Menschen innerhalb seiner Gesellschaft gewährleistet. Ist bei Rawls die Gerechtigkeit der Gesellschaft eine Voraussetzung für individuelles Wohlergehen, so kommt es bei Beitz direkt auf das individuelle Wohlergehen an. Der Vorteil der Position von Rawls ist sicher, dass er ein klares Ziel der Hilfe und auch eine Schwelle benennt, nach der sie nicht mehr gefordert werden kann. Die asymmetrische Struktur der Hilfe wird von Rawls dadurch betont, dass er sie als Unterstützungspflicht charakterisiert. Er spricht nicht von einer „bloß verdienstlichen Leistung", sondern von einer Hilfspflicht, die sich aus der eigenen Zielsetzung der wohlgeordneten Gesellschaften: der Etablierung eines Systems wohlgeordneter Staaten ergibt. Gleichwohl bleibt die Frage, ob ein solches „*Container-Modell*" (Hinsch) von in sich relativ abgeschlossenen Gesellschaften der Lage des Weltwirtschaftssystems gerecht wird.

Obwohl er die zentrale These von Rawls, dass die Armut eines Landes weniger von seinen Ressourcen als von seiner Regierungsform abhängt, für richtig hält, ist Thomas Pogge der Meinung, dass sie zu kurz greift (vgl. Pogge 2001, 44f.). Pogge zufolge sind für den Zusammenhang von „Unterdrückung, Korruption und Armut in den Entwicklungsländern" sowohl lokale als auch globale Faktoren verantwortlich. Die globalen Faktoren sind vor allem darin zu sehen, dass es „Aspekte der bestehenden wirtschaftlichen und politischen Weltordnung" gibt, „die den Fortbestand von Armut und Korruption aktiv begünstigen" (ebd., 47). Und hierbei geht es um den schon erwähnten Fall, dass das Rohstoff- und Kreditprivileg nicht an eine demokratische Regierungsform gebunden wird. Während Rawls von Hilfspflichten ausgeht, nimmt Pogge die Situation der Weltwirtschaft global in den Blick und zeigt, dass es nicht nur so viel Armut gibt, weil nicht genügend geholfen wird, sondern auch, weil die reichen Länder aktiv daran beteiligt sind, eine globale Wirtschaftssituation zu schaffen, die massiv ungerecht ist. Es wäre also nicht nur vieles zu tun, sondern auch einiges zu unterlassen, um die globale Armut zu bekämpfen.

Außerdem kann die Verpflichtung, anderen Gesellschaften bei der Demokratisierung zu helfen, nicht nur sehr kostspielig, sondern selbst moralisch fragwürdig sein. Liegt nicht, so könnte man fragen, in der von Rawls konzipierten Unterstützungspflicht, die an die Etablierung der Wohlgeordnetheit gebunden ist, ein *paternalistisches* Element? Denn – und das ist der grundlegende Unterschied zu Hinschs Argumentation im Sinne der innerstaatlichen öffentlichen Anerkennung von Notlagen: bei Hinsch wird diese Notlage von allen Mitgliedern des Kollektivs anerkannt und die Hilfe verpflichtet kollektiv. Bei Rawls gehört die Hilfe jedoch zunächst bloß zu den Zielen der wohlgeordneten Gesellschaften. Hier klafft eine Lücke in der Argumentation, denn es wäre ja zumindest zu zeigen, dass die Individuen, denen die Hilfe durch die Veränderung ihrer Institutionen zugute kommen soll, dieser Form von Hilfe auch zustimmen würden. Ferner fragt sich, ob es auf Seiten der Hilfsbedürftigen eigentlich auch ein Recht auf Unterstützung gibt. Wenn sich die Hilfspflicht allein aus dem Ziel bestimmter Gesellschaften ergibt, eine Gemeinschaft der wohlgeordneten Völker zu etablieren, auf deren Weg die Schaffung weiterer wohlgeordneter Gesellschaften liegt, so ist diese Konstruktion in ihrer Einseitigkeit zumindest fragwürdig.

Die Dialektik von Hilfe und Gerechtigkeit

Die drei Positionen, die ich vorgestellt habe, betrachten das Problem der Hilfe vor allem aus der Perspektive derer, die aufgefordert sein könnten, etwas abzugeben oder aktiv etwas zur Unterstützung anderer beizutragen. Bei Singer sind es vor allem *Individuen*, die Hilfsbereitschaft angesichts von Armut und Not zeigen sollten. Dagegen gehen im Höffeschen Modell die Forderungen der Gerechtigkeit schon relativ weit, andere sind zumindest aktiv nicht zu schädigen und wenn dies doch geschieht, so ist diese Ungerechtigkeit zu korrigieren. Dieses Schädigungsverbot gilt, wie die Kantianerin Onora O'Neill (1996) ausführt, sowohl für Individuen als auch für *Staaten* und *Institutionen*. Würde es konsequent angewendet, so wäre auch im Sinne von Thomas Pogge schon viel gewonnen: Geschäfte mit korrupten Eliten müssten unterlassen werden und die unfairen Wettbewerbsverzerrungen, die der Weltmarkt produziert, müssten korrigiert und an Grundsätze der fairen Kooperation angepasst werden.

An dieser Stelle wäre zusätzlich zu diskutieren, ob es nicht Sinn machen könnte, das Differenzprinzip zwar global anzuwenden, doch in seiner bescheideneren negativen Form: *Handlungen und Verträge zu unterlassen, wenn Konsequenzen aus ihnen zu erwarten sind, die die Lage der Schlechtestgestellten noch weiter verschlechtern würden.* Damit würden jedenfalls auf institutioneller Ebene individuelle Leistungen wie Spenden sinnvoll flankiert. Und es darf nicht vergessen werden, dass die Kantische Ethik die Hilfe immer noch als eine Pflicht, wenn auch als eine *Tugendpflicht,* beschreibt. Hier liegt das Ausmaß der Hilfe im Ermessen des Einzelnen, was er wann zu geben bereit ist, muss er selbst überprüfen. Darin, dass den Hilfspflichten bei Kant keine korrespondierenden Rechte entsprechen, Hilfe also nicht geschuldet oder erzwingbar ist, ist nicht nur ein Nachteil, sondern auch ein Vorteil zu sehen: hier wird die individuelle moralische Verantwortung angesprochen. Die Rawlsianer betonen dagegen vor allem die zentrale Relevanz gerechter Institutionen, deren Struktur die Lebensaussichten der Menschen in einer Gesellschaft grundlegend mitbestimmt. Hilfe bzw. Unterstützung macht für Rawls und Hinsch dort Sinn, wo ein gewisses Minimum nicht aus eigener Kraft erreicht werden kann, über das zu verfügen jedoch für die Handlungsfähigkeit von Individuen und Staaten von zentraler Relevanz ist. Besonders plausibel ist hier sicher der Gedanke, dass institutionelle Hilfe nur eine vorübergehende Angelegenheit sein sollte, die dort endet, wo eine Person oder eine Gesellschaft ihre eigenen Ziele wieder selbst in Angriff nehmen kann.

Problematisch ist jedoch die Begründung, die Rawls für die Unterstützungspflicht gibt: dass es zu den Zielen der wohlgeordneten Gesellschaften gehöre, die „Belasteten" wohlgeordnet zu machen. Außerdem ist nicht ganz klar, wie mit den bedürftigen Individuen aus anderen Gesellschaften in der „Interimszeit" vor der allgemeinen Wohlgeordnetheit durch Demokratisierung verfahren werden soll. Hier wird immer wohl noch lange individuelle und institutionelle Hilfe gefordert sein, wenn die Not besonders groß ist – auch wenn auf die Wohlgeordnetheit der betreffenden Gesellschaften durch die Hilfe in der Not nicht direkt Einfluss genommen werden kann oder korrupte Eliten sich auf Grund der Hilfe durch andere aus der Verantwortung stehlen.

Insgesamt zeichnet sich ein dialektisches Verhältnis von *Hilfe* und *Gerechtigkeit* ab: es kann immer Situationen geben, in denen die Gerechtigkeit nicht greift und dann ist die Hilfe notwendig, um dieses Defizit auszugleichen. Die Frage, die sich hier stellt, und die einer eigenen umfassenden Untersuchung bedarf, ist, welche Menschenrechte die Armen und Notleidenden hier geltend machen können. Das würde eine Verschiebung von der Perspektive der Pflichten auf die Perspektive der Rechte bedeuten. Denn nur, wenn man von Rechten oder begründeten Ansprüchen ausgeht, ergibt sich ein sinnvolles Argument dafür, durch strukturelle Gründe verursachte Notlagen langfristig durch geeignete Institutionen zu beseitigen. Wäre in diesem Fall Hilfe bloß *supererogatorisch* und an individuelle Tugend gebunden, gäbe es kein Argument für die Pflicht, gerechte Institutionen zu schaffen.

Hier zeigt sich eine strukturelle Schwäche des Kantischen Ansatzes, der die Pflicht zur Institutionalisierung der Hilfe auf dieser grundsätzlichen Ebene ausblendet. Henry Shue (1980) und Ernst Tugendhat haben gezeigt, dass ein solcher Ansatz zu kurz greift, indem er die Menschenrechte im Sinne der klassisch liberalen Freiheitsrechte als bloß negative Rechte versteht, denen Unterlassungen auf Seiten des Staates korrespondieren. Doch, so Shue, sei diese Unterscheidung schon in Bezug auf das Recht auf Leben nicht aufrecht zu erhalten. Um einen wirksamen Rechtsschutz zu gewährleisten, sind immer schon Institutionen gefragt, die etwas leisten müssen, nämlich potentielle Übeltäter abzuschrecken oder zu bestrafen bzw. den Schaden des Opfers zu kompensieren, wenn die Übeltäter nicht gefasst werden können. Der Staat muss also aktiv „für den Schutz der Bürger etwas tun" (Tugendhat 1997, 353). „Ist das aber einmal zugestanden, so ist nicht zu sehen, wieso der Staat nicht darüber hinaus auf Grund der Anerkennung derselben Rechte, erneut aushilfsweise dazu verpflichtet sein soll, denjenigen, die er nicht schützen konnte, auch positiv zu helfen" (ebd.). Und dies gelte nicht nur für die Kompensationspflicht auf Seiten des Staates, wenn ein Bürger von einem anderen verletzt wurde, sondern darüber hinaus auch, wenn ein Bürger Opfer einer Naturkatastrophe geworden sei.

Am Beispiel eines Rechts auf Unterstützung zeigt sich, dass Hilfe hier der Institutionalisierung bedarf und wir es nicht mit irgendeiner *supererogatorischen Forderung*, sondern mit einer *echten Pflicht*, die sich auf ein grundlegendes Menschenrecht bezieht, zu tun haben. Und wenn einzelne nicht in der Lage sind, die Menschenrechte durch Hilfe im Einzelfall zu gewährleisten, sind *Institutionen* gefragt, die in diesem Fall verpflichtet sind, die Unterstützung zu übernehmen. Umgekehrt ist es wohl so, dass dort, wo Institutionen ihren Pflichten nicht nachkommen, die davon betroffenen Menschen Ansprüche auf Unterstützung an uns richten können, wenn wir an dieser Stelle helfen könnten. Und dies betrifft im globalen Maßstab die Bürger der Staaten, die ihrer Hilfspflicht gegenüber diesen Personen nicht nachkommen. Sind wir schon auf der grundlegenden Ebene der Menschenrechte gegenüber anderen verpflichtet, ihr Recht auf Leben nicht nur durch Unterlassungen nicht anzutasten, sondern auch dafür zu sorgen, dass dies kein anderer tut oder ihnen zu helfen, wenn sie verletzt wurden, und dies am besten durch die institutionelle Verankerung von Rechten gewährleistet wird, so bedeutet dies im globalen Maßstab, dass auch hier Institutionen geschaffen werden müssen, die diese Rechte absichern bzw. die bestehenden Institutionen nicht so beschaffen sein dürfen, dass sie diese Ansprüche verletzen. Insofern es diese Institutionen noch nicht gibt, ist die hier geforderte Nothilfe subsidiär zur mangelnden Gerechtigkeit.

Trotzdem wird es auch gerechten Institutionen wohl nie gelingen, die Notwendigkeit von Hilfe im Einzelfall überflüssig zu machen, indem sie alle relevanten Fälle abdecken. Ist die Hilfe in diesem Fall subsidiär zur Gerechtigkeit, weil die Gerechtigkeit nicht alle menschlichen Probleme lösen kann, so besteht in dem anderen Fall, dass grundlegende Rechte verletzt werden, eine Gerechtigkeitspflicht, die Strukturen so zu verändern, dass diese Rechte verwirklicht werden können. Gerechtigkeit ist also hier subsidiär zu der Hilfe, die man unter nichtidealen Bedingungen in Extremsituationen individuell leisten muss. Weil die Individuen als Einzelne schon bei der Gewährleistung grundlegender Menschenrechte überfordert sind, müssen Institutionen geschaffen oder die bestehenden reformiert werden, um Menschenechte institutionell durchsetzen zu können.

In diesem Sinne formuliert es auch § 28 der Allgemeinen Erklärung der Menschenrechte: „Jeder Mensch hat Anspruch auf eine soziale und internationale Ordnung, in welcher die in der vorliegenden Erklärung aufgeführten Rechte und Freiheiten voll verwirklicht werden können." Und dies impliziert, was die internationale Ordnung betrifft, zweierlei: Das Unterlassen von Handlungen, die diesen Anspruch verletzen und den aktiven Einsatz dafür, die internationale Ordnung so zu verändern, dass dem Anspruch genügt wird.

Literatur

Beitz, C. R. (1979): Political Theory and International Relations, Princeton.
Hinsch, W. (2002): Gerechtfertigte Ungleichheiten. Grundsätze sozialer Gerechtigkeit, Berlin.
Höffe, O. (1998): Transzendentaler Tausch. Eine Legitimationsfigur für Menschenrechte? In: Gosepath, S. /Lohmann, G. (Hrsg.): Philosophie der Menschenrechte, Frankfurt/Main, S. 29-47.
Höffe, O. (1999): Demokratie im Zeitalter der Globalisierung, München.

Kersting, W. (1998): Philosophische Friedenstheorie und internationale Friedensordnung. In: ders./Chwaszcza, C. (Hrsg.): Politische Philosophie der internationalen Beziehungen, Frankfurt/Main.

Kesselring, T. (2003): Ethik der Entwicklungspolitik. Gerechtigkeit im Zeitalter der Globalisierung. München.

O'Neill, O. (1996): Tugend und Gerechtigkeit. Eine konstruktive Darstellung des praktischen Denkens. Berlin.

Pogge, T. (2001): Internationale Gerechtigkeit: Ein universalistischer Ansatz. In: Karl Graf Ballestrem (Hrsg.): Internationale Gerechtigkeit. Opladen.

Rawls, J. (1979): Eine Theorie der Gerechtigkeit, Frankfurt/Main.

Rawls, J. (2002): Das Recht der Völker, Berlin.

Sen, A. (2002): Ökonomie für den Menschen. Wege zu Gerechtigkeit und Solidarität in der Marktwirtschaft, München.

Shue, H. (1980): Basic Rights: Subsistence, Affluence and US Foreign Policy, Princeton.

Singer, P. (1984): Praktische Ethik, Stuttgart.

Tugendhat, E. (1997): Menschenrechte. In: ders.: Vorlesungen über Ethik, Frankfurt/Main, S. 336-363.

Christoph Stückelberger
Grundwerte und Prioritäten globaler Entwicklung
Ethische Herausforderungen der Entwicklungspolitik aus Sicht eines christlichen Hilfswerkes

1 Herausforderungen: Politik, Zahlen, Motivationen

1.1 Geopolitik und Nationalpolitik

Die Reflexion der ethischen Herausforderungen der Entwicklungspolitik hat dieses Politikfeld zunächst vor dem Hintergrund von allgemeinen geo- und nationalpolitischen Tendenzen zu sehen. Ich gehe dabei heute, im Jahr 2004, von folgenden Beobachtungen und Annahmen aus:
Die Hegemonie der USA („G1") setzt sich noch eine Weile fort und blockiert bzw. beeinflusst massiv mit der faktischen Vetomacht viele multilaterale Prozesse. Die Europäische Union wie die Staatengruppe der G8 schwankt zwischen Eigenständigkeit gegenüber der G1 und dem Bemühen um Einheit und Freundschaft. Eine ernstzunehmende Alternativmacht entsteht dann, wenn China, Indien und Brasilien (G3) als die drei Elefanten unten den Entwicklungsländern sich auf gemeinsame Positionen zum Beispiel in der Handelspolitik einigen können. Gleichzeitig vertieft sich damit der Graben und die Spannung zwischen diesen großen und den zahlreichen kleinen Entwicklungsländern (LDCs), insbesondere in Subsahara Afrika, indem diese großen Entwicklungsländer die Märkte der kleinen mit Gütern überschwemmen.

Auf nationaler Ebene gewinnen rechtsbürgerliche, national orientierte Parteien weiter an Boden, was den Stand weltoffener Entwicklungspolitik weiter erschwert. Weitere Terroranschläge oder sichtbare (nicht nur die schleichenden) Umweltkatastrophen können hier allerdings das Bewusstsein der Notwendigkeit internationaler Solidarität auch wieder stärken. Die Spitze der Liberalisierungs- und Deregulierungspolitik ist überschritten und Re-Regulierungslösungen und partielle Protektionismen gewinnen wieder an Boden.

1.2 Entwicklungsziele, Zahlen und Motivation

Die ambitiösen acht Millennium Development Goals (MDGs) der Vereinten Nationen aus dem Jahr 2000 für das Jahr 2015 gelten als Referenzziele für staatliche Entwicklungszusammenarbeit und -politik. Ihre Verabschiedung ist insofern ein Erfolg, als sich die Staatengemeinschaft auf gemeinsame, quantifizierbare Entwicklungsziele mit konkretem Zeitrahmen einigen konnte, wie zum Beispiel die Halbierung der Zahl der Armen, die mit weniger als einem US-Dollar pro Tag leben müssen. Insofern sollen die MDGs auch für die private Entwicklungszusammenarbeit einen Referenzrahmen bilden. Andererseits sind es weitgehend nur quantifizierbare Ziele mit einer Untergewichtung qualitativer Aspekte und all den bekannten statistischen Unschärfen, da in vielen Entwicklungsländern die statistischen Erhebungen noch äußerst mangelhaft sind. Zudem glaubt kaum jemand an die Erreichung der Ziele in der relativ kurzen Zeit bis zum Jahr 2015. Damit ergeben sich mit solch globalen Entwicklungspolitiken – nicht zum ersten Mal – ernsthafte Glaubwürdigkeits- und Motivationsprobleme: Einerseits können sie für die multilaterale wie nationale Entwicklungspolitik einen Anreiz für zielgerichtete Politik und Prioritätensetzung bilden, andererseits lösen sie nun zahlreiche nutzlose und widerliche Statistik-, Rechnungs- und Legitimierungsübungen aus, mit denen die Staaten glaubhaft machen wollen, was sie an zusätzlichen Beiträgen zur Erreichung der MDGs leisten – obwohl sie faktisch weniger tun.

Die Ausweitung und damit Aufweichung der Kriterien dessen, was vom DAC, dem Entwicklungskomitee der OECD, als Entwicklungshilfe angerechnet werden kann, ist nur ein Beispiel dafür. Zudem können Ziele wie die MDGs die Motivation zur Entwicklungszusammenarbeit in der Bevölkerung weiter schwächen, indem immer wieder vom Nichterreichen von Zielen und damit von Misserfolgen berichtet wird, obwohl es zahlreiche und eindrückliche Entwicklungserfolge zu verzeichnen gibt[1]. Zudem ist zu fragen, ob solchen Zielen nicht letztlich ein lineares Entwicklungs- und Fortschrittsparadigma zu Grunde liegt, das davon ausgeht, dass die Übel der Menschheit ausgerottet und ein leidfreies Leben auf der Erde herstellbar ist.

---

[1] Wie sie z.B. von den jährlichen UNDP-„Berichten zur menschlichen Entwicklung" wiederholt dargestellt wurden.

So besteht das ethische Dilemma solcher Ziele darin, dass sie einerseits ebenso nötig sind wie Regierungsprogramme und quantifizierbare Mehrjahresstrategien von Hilfswerken, dass sie aber andererseits zumeist auf Quantifizierbares reduziert bleiben. Das christliche Bild von Heilsgeschichte geht nicht von einem linearen Fortschritt aus, sondern von einem ständigen Kampf zwischen lebensfördernden und lebensfeindlichen Kräften und der damit verbundenen Daueraufgabe, das Lebensfördernde zu stützen, mit oder ohne statistischem Erfolg.

1.3 Moto, Mariana, Eko und Fitriana

Deshalb ist neben quantifizierbaren globalen Zielen und dem Streit um Statistiken gerade aus Sicht christlicher Entwicklungspolitik der Blick auf das Einzelschicksal wichtig. Vor kurzem besuchte ich Reisbauern in Indonesien. Vater Moto, Mutter Mariana, die beiden Kleinkinder Eko und Fitriana leben außerhalb des Dorfes Sei Kayu auf der Insel Kalimantan in Indonesien. Wenn sie sich auf ihren nur 1,5 ha großen Reisfeldern selbst versorgen können, nicht hungern müssen und die Hälfte ihrer 1000 kg Jahres-Reisernte verkaufen können, dann ist das ein kleiner Entwicklungserfolg. Er macht Sinn – unabhängig von statistischen Erhebungen. Jede Träne, die einem Kind abgewischt werden kann, ist ein Stück „Fortschritt", ist theologisch gesprochen Anwesenheit Gottes. Damit ist keineswegs einer individualethischen Verengung der Entwicklungspolitik das Wort geredet. Vielmehr soll der Demotivierung von Statistiken die Motivationskraft von Kinderaugen entgegengesetzt werden (vgl. Stückelberger 2004).

2 Menschenbilder: Steward und Careholder

Für eine ethisch fundierte Entwicklungspolitik ist entscheidend, von welchem Menschenbild sie ausgeht: Was ist die Rolle, Aufgabe und Verantwortung von uns Menschen im Ganzen der Schöpfung? Wie wir die Ansprüche, Rechte und Pflichten von uns und anderen sehen, hängt entscheidend vom Menschenbild ab. Das christliche Menschenbild des 21. Jahrhunderts kann nicht mehr von – in ihrer Zeit richtigen – biblischen Bildern wie denen vom Menschen als „Krone der Schöpfung", als „König", als „Kind Gottes" ausgehen, da all diese Bilder primär von Über- und Unterordnung ausgehen. Aber auch die säkularen Bilder des

Menschen als eines autonomes, alles selbst bestimmenden Subjektes, oder des „Global Players" oder des „Kunden als König" reichen nicht für ein verantwortungsvolles Handeln. Partnerschaftlicher ist das Bild Jesu, der seine Jünger „Freunde, nicht mehr Knechte" nennt (Johannes 15,15). Neu zu entdecken und für die christliche Ethik allgemein wie die Entwicklungs- und Umweltethik im speziellen fruchtbar zu machen ist das Bild vom Menschen als Steward und Careholder.

2.1 Steward statt global player

Der oder die Steward (vgl. Asante 1999) ist verantwortlich für die ihm oder ihr anvertraute Haushaltung. Stewardship heißt also, das Eigentum von jemand anderem verantwortlich und kreativ zu managen, zu verwalten und zu gestalten. Der Haushalter oder die Haushälterin – deutsch sind die Begriffe kaum noch brauchbar und durch „Managerin" oder „Manager" zu ersetzen – sind eben nicht Besitzer, sondern gegenüber dem Besitzer verantwortlich. Das gilt für den Menschen gegenüber Gott im Umgang mit dem Schöpfer und dem ganzen „Haus Erde". Stewardship ist eng mit dem Modewort „Accountability" verbunden, der transparenten Rechenschaftspflicht gegenüber den Besitzern und übrigen „Stakeholders". Damit kommt ein anderes Menschenbild in Blick als jenes vom „Global Player", wie es vor allem für Transnationale Unternehmen gebraucht wird. Beim „Global Player" ist weniger die Verantwortung, als der Kampf mit den wenigen globalen Konkurrenten einer Branche um die Vorherrschaft auf dem Weltmarkt handlungsleitend.

2.2 Careholder statt shareholder

Dieselbe Grundhaltung wie beim Steward kommt im Begriff des Careholders zum Ausdruck. Während der Shareholder Besitzer von Shares, von Anteilen an etwas ist und damit primär seine Interessen an diesem Besitz verteidigt, ist der Careholder einer, der sich um das Wohl des ihm Anvertrauten sorgt und kümmert. Er ist wie der Steward Gärtner, gestaltender Verwalter, Mitinhaber, Chefbeamter, Hausverwalter, Hotelier, Fürsorger im besten Sinne des Wortes.[2]

3 Grundwerte mit Werte-Balance

Auf der Suche nach einer werteorientierten Antwort auf die entwicklungsethischen Herausforderungen der Globalisierung stellt sich die Frage, welche Grundwerte einer Beurteilung zu Grunde gelegt werden, die in verschiedenen Kulturen, Religionen und wirtschaftlichen wie politischen Systemen ganz oder teilweise angenommen werden können.

Diese Grundwerte können wie die Äste eines Baumes gesehen werden. Die Wurzeln des Baumes sind die Fundamentalprämissen, die jedem Wertesystem zu Grunde liegen (vorwissenschaftliche Axiome) wie z.b. „ich will leben" oder „ich kann nicht allein, sondern nur in Gemeinschaft überleben". Jeder dieser Äste hat verschiedene Blätter, d.h. verschiedene Dimensionen der entsprechenden Werte. Ich schlage für die ethische Grundlegung der Entwicklungspolitik acht Grundwerte vor, die insbesondere für das internationale Wirtschaftsgeschehen eine gemeinsame Basis bilden (vgl. Stückelberger 2001, 51-81):

3.1 Lebenserhaltung

Leben als solches ist ein Wert. Seine Erhaltung ist Grundvoraussetzung für alle anderen Werte. Die Grundbedürfnisse wie Nahrung, Kleidung, Wohnung und Bildung sind Voraussetzungen, damit Freiheit, Gerechtigkeit usw. verwirklicht werden können.

3.2 Gerechtigkeit

Hauptaufgabe der Wirtschaft ist Produktion, Verteilung und Entsorgung von Gütern und Dienstleistungen mit dem Ziel der Steigerung von Wohlfahrt. Die Gerechtigkeitsfrage wird oft nicht als Kernaufgabe der Ökonomie betrachtet. Gerechtigkeit in der jüdisch-christlichen wie in der islamischen Tradition ist a-

---

[2] Ein anderes Menschenbild verantwortlichen Umgangs mit dem uns Anvertrauten ist dasjenige des Gastes, der ein Gast-Haus benutzen darf, es aber für kommende Gäste in Ordnung wieder verlassen soll (vgl. Stückelberger 1997).

ber ein zentraler Grundwert, der gerade auch im Wirtschaftsgeschehen hohe Bedeutung haben soll. Dabei sind verschiedene Dimensionen von Gerechtigkeit zu unterscheiden, wie z.b.:

Die *Leistungsgerechtigkeit* bedeutet, dass jeder Person das ihr auf Grund der erbrachten Leistung Zustehende als Entschädigung gegeben wird.

Die *Bedürfnisgerechtigkeit* heißt, dass der Bedarf eines Menschen (Existenzminimum, respektive Leben in Würde) für einen gerechten Austausch von Gütern zu berücksichtigen ist, denn auch Alte, Kinder oder Behinderte haben ein Recht auf Leben, auch wenn sie nicht dieselbe Leistung wie andere erbringen können.

Die *Verteilungsgerechtigkeit* sorgt für eine gerechte Verteilung der Güter unter maßvoller Berücksichtigung von Leistung und Bedarf mit dem Ziel des sozialen Ausgleichs.[3]

3.3 Freiheit

Freiheit in der volkstümlichen Auffassung bedeutet, tun zu können was man will und die Möglichkeit zur Wahl zwischen verschiedenen Optionen zu haben. Im Wirtschaftsgeschehen ist Voraussetzung dazu Kaufkraft, um das eine oder andere Gut kaufen zu können. Arme Menschen haben keine Freiheit, weil sie keine Wahlmöglichkeit haben. Die christliche Vision von Freiheit legt den Akzent allerdings anders. Hier bedeutet Freiheit frei sein von Sünde, d.h. frei das Gute zu tun und das Böse zu meiden sowie der Gemeinschaft und anderen zu dienen und nicht nur sich selbst.

3.4 Nachhaltigkeit

Nachhaltige Entwicklung ermöglicht ein Leben in Würde für die gegenwärtigen Generationen, ohne ein Leben in Würde für die kommenden Generationen oder die nichtmenschliche Mitwelt zu gefährden. Dabei umfasst Nachhaltigkeit die bereits klassisch gewordenen drei Dimensionen der ökonomischen, ökologischen und sozialen Nachhaltigkeit, die aber zu ergänzen sind durch die kulturelle und die religiöse Dimension.

---

[3] Weitere sieben Dimensionen der Gerechtigkeit in Stückelberger 2001, 57-59.

3.5 Solidarität

Solidarität bedeutet Einsatz für das Gemeinwohl vor den Einzelinteressen und damit für den partiellen Verzicht auf Eigeninteressen, für die Gemeinschaft der Starken mit den Schwachen, für die Respektierung der Menschenrechte aller Menschen und in der ökologischen Dimension für den Einbezug aller Lebewesen. Solidarität ist dabei nicht ein dem Markt oder wirtschaftlichen Zielen zuwiderlaufendes humanitäres Geschwafel, sondern ein rationales, Fremd- und Eigeninteressen einbeziehendes und damit langfristig tragfähiges Verhalten. Sie verbindet wie im Doppelgebot der Liebe Eigeninteresse und Fremdinteresse.

3.6 Friede

Friede im engeren Sinn umfasst Abwesenheit von Krieg, im weiteren Sinn aber auch gewaltfreie Konfliktlösung, faire wirtschaftliche und politische Spielregeln, Teilen der natürlichen Ressourcen, sozialer Ausgleich, menschliche Sicherheit, Friede mit der nichtmenschlichen Mitwelt und – im christlichen Begriff von Friede – Versöhnung als der Fähigkeit der Umwandlung erlittenen oder verursachten Unrechts in Recht und Liebe.

3.7 Vertrauen

Vertrauen als Grundwert zu bezeichnen mag überraschen. Doch Vertrauen ist eine fundamentale Voraussetzung und Basis für direkte wie strukturell vermittelte menschliche Beziehungen. Keine Handelsbeziehung, kein Vertrag, kein Entwicklungsprojekt kann entstehen und dauern, wenn nicht ein gewisses Maß an Vertrauen entsteht durch Berechenbarkeit, Transparenz als Wahrhaftigkeit sowie klar definierter Kontrolle. Daraus entsteht Glaubwürdigkeit und Vertrauen.

3.8 Verantwortliche Machtausübung

Der Umgang mit Macht ist wie für jede Ethik so auch für die Entwicklungsethik fundamental. Macht und Verantwortung müssen ethisch gesehen untrennbar verbunden sein. Verantwortung kann nicht wahrgenommen werden ohne Macht, sei sie klein oder groß, um in die Praxis umzusetzen, was man als seine Verantwortung erkennt. Auf der anderen Seite ist Macht ohne Verantwortung kein Wert, sondern bedeutet destruktive Macht. Dabei sind unterschiedliche Formen von Macht zu unterscheiden: die Macht der Kompetenz, die Kapitalmacht, die Innovationsmacht, die argumentative Macht usw. Jedes Lebewesen hat eine kleinere oder größere Macht, sei es als Eltern, als Arbeitnehmer, als Arbeitgeber, Politiker oder auch als Kind. Macht verantwortlich ausüben zu können ist so fundamental wie sich für Freiheit oder Gerechtigkeit einzusetzen.

3.9 Wertebalance und Wertebeziehung

Für Entwicklungs- und speziell Wirtschaftsethik in einer globalisierten Welt ist die zentrale Frage das Verhältnis von Freiheit und Gerechtigkeit. Absolute Freiheit ohne Gerechtigkeit bedeutet „Manchester Kapitalismus": jene mit Kapital zerstören letztlich jene ohne Kapital. Auf der anderen Seite führt Gerechtigkeit ohne Freiheit zu einem diktatorischen Zentralismus oder Kommunismus. Eine politische Zentralgewalt zwingt alle, gleich viel zu haben. Die ethische Herausforderung besteht darin, Freiheit und Gerechtigkeit in das richtige Gleichgewicht zu bringen. In der Wirtschaftsethik wie in der Wirtschaftspraxis ist es möglich, die zwei Grundwerte Freiheit und Gerechtigkeit zu versöhnen.

Der erste Schritt zu einer werteorientierten globalen Entwicklung besteht darin, alle Entwicklungsaktivitäten an obigen Grundwerten zu messen und zu orientieren. Es gibt keine wertfreie Entwicklung. Die einzige Frage ist, an welchen Werten sich Entwicklung orientiert und welche Prioritäten sie dabei setzt. Liberalisierung bedeutet, dass der Wert Freiheit in der Wertehierarchie an die Spitze gesetzt wird und alle anderen Werte untergeordnet sind. In meinem Wertesystem sind die acht genannten Grundwerte miteinander verbunden, grundsätzlich gleichwertig und müssen in die richtige Balance und Beziehung (Relationalität) zueinander gesetzt werden.

4 Konkretionen: Entwicklungsethische Herausforderungen

Viele der folgenden Spannungsfelder verschärfen sich angesichts knapper gewordener staatlicher und privater Mittel der Entwicklungszusammenarbeit. Entsprechende Interessenkonflikte und Verteilungskämpfe erfordern Prioritätensetzungen. Diese sind letztlich Wertentscheide. Eine Ethik der Entwicklungspolitik hat die Aufgabe, Vorzugsregeln bei solchen Wertkonflikten zu formulieren und damit Entscheidungshilfen für Prioritätensetzungen anzubieten. Im folgenden sei dies – in aller Kürze – an 14 Themen angedeutet. Jedes Thema müsste natürlich einzeln weiter entfaltet werden. Die Antworten sind besonders im Hinblick auf entwicklungspolitische Prioritäten privater Entwicklungsorganisationen formuliert, sind aber auch für staatliche Entwicklungszusammenarbeit aktuell.

4.1 Menschenrechte oder Menschenpflichten? „Rights approach" erfordert korruptionsfreie Rechtssprechung

Die UN-Menschenrechtserklärung von 1948 wie die Internationalen Pakte über bürgerliche und politische sowie wirtschaftliche, soziale und kulturelle Rechte von 1966 und spätere Menschenrechtskonventionen beruhen in starkem Maße auf den oben erwähnten Grundwerten. Dass heutige Entwicklungskonzepte verstärkt auf einem Rechtsansatz („rights approach") und nicht nur auf gut gemeinter Hilfe aus dem Norden beruhen, ist vor diesem Hintergrund zu begrüßen. Damit verbunden ist die Verpflichtung, diese Menschenrechte umsetzen zu helfen. Dazu gehört wesentlich ein funktionsfähiges Rechtssystem. Und hier besteht großer Handlungsbedarf. In vielen Ländern erlebe ich, dass Rechtssysteme durch Korruption praktisch zum Erliegen kommen, dass von Landfragen über die Baubewilligung für ein Gemeinschaftszentrum bis zum Schutz von Journalisten, die Unrecht aufdecken, nichts geht. Nicht nur die staatliche, sondern auch die private Entwicklungszusammenarbeit muss sich noch intensiver für Überwindung von Korruption in Rechtssystemen einsetzen. Sonst bleibt ein „rights approach" philosophisches Wunschdenken.

4.2 Bekämpfung von Aids oder von Hunger? Menschenrechtsprioritäten überprüfen

Der Menschenrechtsbezug schafft einen wichtigen Referenzrahmen, hilft aber noch nicht zur Prioritätensetzung zwischen verschiedenen Rechten und Pflichten. Zurzeit (endlich!) fließen große Geldmittel in die Aidsprävention und Bekämpfung; der Kampf gegen Aids erfährt große mediale Aufmerksamkeit. Dem Recht auf Gesundheit (Pakt über wirtschaftliche, soziale und kulturelle Rechte, Art. 12) wird damit weit mehr Beachtung und politischer Wille zuteil als dem

„Recht auf ausreichende Ernährung" (Pakt über wirtschaftliche, soziale und kulturelle Rechte, Art. 11), das für das nackte Überleben das grundlegendste aller Rechte ist. Der Befreiungstheologe Frei Betto, Berater des brasilianischen Präsidenten Lula für das Null-Hungerprogramm Brasiliens, zeigte anlässlich einer Vortragstournee in der Schweiz die Schwierigkeiten, für dieses Programm genügend Entwicklungsgeld und internationale Beachtung zu erhalten[4]. Dem Recht auf Nahrung muss vom Grundwert der Lebenserhaltung her nach wie vor größte Priorität unter den Menschenrechten eingeräumt werden.

4.3 Globalisieren oder entglobalisieren? Selektive Globalisierung entwickeln

Die Haltung zur Globalisierung ist zentrales Thema heutiger Entwicklungsethik. Der Kampf zwischen so genannten Globalisierungsbefürwortern und -kritikern hält an, obwohl der Begriff „Globalisierung" in seiner Unschärfe bald unbrauchbar wird und verbraucht ist. Ohne auf die Ursachen und Folgen der Globalisierung hier eingehen zu können, sei sie wie folgt definiert und charakterisiert: Globalisierung ist eine Intensivierung der Verflechtung von Menschen, Kapital, Waren, Dienstleistungen, Institutionen, Staaten und Organisationen in einem räumlich und zeitlich entgrenzten Raum; diese Verflechtung orientiert sich nicht mehr an nationalstaatlichen Grenzen.

Folgende Faktoren haben diese Globalisierung (wie sie sich seit langem vorbereitet hat, aber sich besonders seit dem Fall der globalen Bi-Polarität 1989 und dem Auseinanderbrechen der Sowjetunion 1991 ausbreitet) geprägt: 1. Die Entwicklung der Transporttechnologien, 2. die Entwicklung der Kommunikationstechnologien, 3. die Entwicklung der Finanzmärkte und Finanzierungsinstrumente, 4. die Liberalisierung und Deregulierung der politischen (besonders handelspolitischen) Rahmenbedingungen und die Bildung der Freihandelsregionen, 5. die Vermischung und Internationalisierung der Kulturen, Wahrnehmungen und Wertsysteme. Die Frage ist nun, ob diese globalisierte Verflechtung weiter voranzutreiben oder durch Entglobalisierung[5] abzubauen ist. Aus meinem

---

[4] Vgl. Zeitschrift Entwicklungspolitik 10/2004, S. 44f.
[5] Für eine Entglobalisierung durch Kompetenzabbau multilateraler Institutionen setzt sich z.B. ein Bello 2002.

grundwerteorientierten Ansatz komme ich zur Antwort einer *selektiven Globalisierung:*

Globalisierung als internationale Vernetzung ist dann und dort *zu unterstützen,* wenn damit die Welt als EINE Menschheit und EIN Ökosystem in ihrer Interdependenz verstanden und gestärkt werden, ein Leben in Würde für alle, gerechter Zugang zu und Verteilung der Ressourcen und Güter, die Freiheit zur Partizipation an Entscheidungen, international friedliches und vertrauensvolles Zusammenleben und die verantwortliche Ausübung von Macht gestärkt werden.

Globalisierung als internationale Vernetzung ist aber dann und dort *zu bekämpfen,* wenn damit die Welt in ihrer Vielfalt auf ein einheitliches Wirtschafts-, Kultur- und Politikmodell reduziert, die Macht weniger Akteure gestärkt und weniger kontrolliert, der Vorrang der Ökonomie vor allen anderen Lebens- und Handlungsbereichen fortgesetzt, das freie Selbstbestimmungsrecht von Völkern und Nationen wesentlich eingeschränkt und der Friede gefährdet wird.[6]

Als Beispiel sei die Handelspolitik als Symbol der Globalisierung genannt. UNDP, die Entwicklungsorganisation der UN, veröffentlichte die aufschlussreiche Studie „Making Global Trade Work for People" (UNDP 2003), in der sie als Schlüsselbotschaft über Handelsliberalisierung und alternative Globalisierung folgendes schreibt: „Der einzige systematische Zusammenhang zwischen tarifären und non-tarifären Handelsrestriktionen und Wirtschaftswachstum besteht darin, dass Länder dann Handelsrestriktionen abbauen, wenn sie reicher werden. (...) Wirtschaftliche Integration in die Weltwirtschaft ist deshalb eine Folge des Wachstums und der Entwicklung und nicht eine Voraussetzung. (...) Institutionelle Innovationen sind für erfolgreiche Entwicklungsstrategien und entsprechende Ergebnisse entscheidend. (...) Ein Welthandelsregime, das für menschliche Entwicklung förderlich ist, wird Raum für örtliche Politikentscheide belassen und Entwicklungsländern die Flexibilität für institutionelle und andere Innovationen ermöglichen" (zit. n. Stückelberger 2001, 41). UNDP setzt sich damit für eine selektive Globalisierung ein: Handelsliberalisierung ist kein Garant für Verbesserung der Wirtschaftslage und Armutsbekämpfung. Selektiver Protektionismus kann mit selektiver Globalisierung und Liberalisierung verbunden wer-

---

[6] Das Konzept einer neuen, multilateralen, gemeinschaftsbezogenen und nicht imperial von der einzigen Supermacht dominierten Ordnung internationaler Beziehungen entwickelt neulich der amerikanische Soziologe Etzioni (2004).

den. Globalisierung wird dann zur Ketzerei und Ideologie, wenn sie beansprucht, die Lösung für alle Probleme und das Heil für die Menschheit zu sein. Wenn sie aber nüchtern als Instrument gesehen wird, um partiell Wohlstand, Frieden und Nachhaltigkeit zu fördern, kann sie hilfreich sein. Selektive Globalisierung kann ethisch unterstützt werden unter der Bedingung, dass dabei alternative Wege wie zum Beispiel selektiver Protektionismus Platz haben. Selektive Globalisierung muss mit selektiver Entglobalisierung verbunden werden. Das Problem mit dem heutigen Welthandelssystem besteht darin, dass die Lage in den unterschiedlichen Ländern so verschieden ist, dass es nicht möglich ist, dieselben Regeln für alle Handelspartner gleichzeitig anzuwenden. Wenn wir es mit einem Fußballspiel vergleichen, ist es heute so, dass behinderte Spieler und Spielerinnen mit Bergschuhen gegen topausgerüstete junge Sportler und Sportlerinnen spielen. Das Resultat steht schon vor Spielbeginn fest. Obwohl die Welthandelsorganisation (WTO) zum Beispiel den Mechanismus des „Special and Differential Treatment" (SDT) zur Berücksichtigung der speziellen Startposition der Entwicklungsländer kennt, ist dieses Instrument für faire Spielregeln völlig ungenügend. Selektive Globalisierung, verbunden mit selektiver Deglobalisierung und auf der Basis einer werteorientierten Wirtschaft, führt zu einer Entwicklung mit menschlichem Gesicht. Sie ist möglich.

4.4 Sozialstaaten abbauen, umbauen, aufbauen?
Sozialversicherungsstrukturen im Süden fördern

Die Zukunft sozialstaatlicher Strukturen in Industrieländern ist höchst brisant, umstritten und für eine Umsetzung der Grundwerte und Armutsbekämpfung im Norden sehr bedeutsam. Ein Umbau unter Wahrung menschenrechtlicher Standards und Schutzmöglichkeiten ist nötig. Ebenso wichtig ist aber der Aufbau sozialstaatlicher Strukturen in Entwicklungs- und besonders Schwellenländern, besonders in den von Migration gezeichneten Städten mit den zerbrochenen ländlichen Sozialstrukturen, die durch sozialstaatliche Maßnahmen ersetzt werden müssen, sowie durch die Zunahme der Zahl alter Menschen auch in diesen Ländern. Allein China wird bis im Jahr 2020 mehr als 400 Millionen pensionierte Chinesinnen und Chinesen zu betreuen haben. Eine gewaltige sozialstaatliche wie auch diakonische Herausforderung für Staat, Entwicklungsprogramme und Kirchen. Die privaten Hilfswerke werden sich noch stärker in diesen Diskurs um den Aufbau sozialstaatlicher Strukturen im Süden einschalten müssen (vgl. Caritas 2003).

4.5 Wie Wohlstandsgefälle abbauen? Armutsbekämpfung durch Reichtumsbegrenzung

Der sich immer noch vergrößernde Graben zwischen Arm und Reich ist weiterhin eines der größten Ärgernisse einer an Gerechtigkeit orientierten Entwicklungspolitik. Dabei besteht weltweit ein großer Konsens zwischen staatlichen, privatwirtschaftlichen und zivilgesellschaftlichen Akteuren, dass Armutsbekämpfung Priorität haben müsse – nur darf dabei die Reichtumsfrage nicht gestellt werden. Die Trickle-Down-Theorie, wonach allgemeines Wachstum schon irgendwann allen, auch den Ärmsten nützt und zu ihnen „herabtröpfelt", ist immer noch verbreitet. Demgegenüber ist von einer werteorientierten Entwicklungspolitik auf die Fakten zu verweisen, dass dieser Effekt nur vereinzelt passiert und die Menschenrechte wie das Recht auf Nahrung nicht erst für zukünftige Arme, die einst vielleicht von Wachstumseffekten profitieren, sondern für heutige Leidende gilt. Armutsbekämpfung durch Reichtumsbegrenzung ist ein heißes Eisen, das Hilfswerke vermehrt aufnehmen müssten.[7] Internationale Koordination von Steuersystemen sowie Bekämpfung von Steuerflucht sind Schritte dazu, wie sie die Arbeitsgemeinschaft der Hilfswerke in der Schweiz zurzeit thematisiert.

4.6 Partnerschaft oder Konfrontation mit Unternehmen? Doppelstrategie gegenüber dem Privatsektor

Über 70 Prozent der Finanzflüsse zwischen Nord und Süd sind privatwirtschaftlich, nur 7 Prozent macht die öffentliche und private Entwicklungszusammenarbeit aus, ebenso viel die privaten Überweisungen von Migrant(inn)en im Norden an ihre Familien im Süden. Dass Armutsbekämpfung auch den entschiedenen Einbezug des Privatsektors braucht, ist kaum noch umstritten, die Frage ist nur wie. Die Public-Private-Partnerships (PPP) sind teilweise erfolgreich, stoßen

---

[7] Ansatzweise, schon im Titel, in dem von APRODEV (dem Zusammenschluss protestantischer Hilfswerke in Europa) in Auftrag gegebenen Studienprojekt „Project 21": „Christianity, Poverty and Wealth. The Findings of Project 21", ed. by Michael Taylor, Geneva 2003.

aber auf Grund erster Erfahrungen immer wieder auf Skepsis, beim Privatsektor wegen komplizierter staatlicher Mechanismen, bei Regierungen wegen privatwirtschaftlicher Bedingungen und bei Hilfswerken aus Angst, der Privatsektor profitiere auf Kosten des öffentlichen Sektors. Aus entwicklungsethischer Sicht sind Kooperationen mit dem Privatsektor anzustreben, sofern damit die genannten Grundwerte gestärkt werden können. Gleichzeitig – als Doppelstrategie – gehört es zur Aufgabe privater Werke, durch öffentlichen Druck erzeugende Kampagnen die Respektierung dieser Werte und der Menschenrechte einzufordern.

4.7 Welche Technologien bekämpfen oder fördern? Prioritäten in Gen-, Kommunikations- und Energietechnologien ändern

Die private Entwicklungszusammenarbeit kümmert sich insgesamt relativ wenig um großtechnologische Entwicklungen. Ihr Schwerpunkt liegt auf angepassten Kleintechnologien, worin sie viel Know-how aufgebaut hat. Großtechnologisch läuft die Auseinandersetzung insbesondere um die Bio- und Gentechnologie. Diese Diskussion ist für die Entwicklungsländer wichtig, doch diese Technologie wird in seiner Bedeutung von den Befürwortern wie Gegnern immer noch überschätzt[8], währenddem andere, für die Entwicklung ebenso bedeutende Technologien wie die Kommunikations-, die Energie- und die Nanotechnologien entwicklungsethisch wenig reflektiert werden. So waren z.B. am Weltgipfel für die Informationsgesellschaft im Dezember 2003 in Genf nur zwei der 15 in Aprodev zusammengeschlossenen protestantischen Hilfswerke Europas engagiert, während fast alle am Weltsozialgipfel in Mumbai Präsenz markierten.

4.8 Produktion steigern oder Konsum verändern? Konsum der neuen Mittelschichten im Süden thematisieren

Konsum und Lebensstil im Norden waren zentrale Entwicklungsthemen der siebziger und achtziger Jahre (vgl. Stückelberger 1982). Seither ist die Verzichtethik eher in Verruf geraten, der Konsum wird aber weiterhin in Form des fairen

---

[8] Der Autor ist Mitglied der Eidgenössischen Ethikkommission für die Biotechnologie im Außerhumanbereich. Diese Kommission veröffentlicht im Herbst 2004 eine Studie zu „Gentechnik und Entwicklungsländer aus ethischer Perspektive" (siehe www.ekah.ch).

Handels entwicklungsrelevant thematisiert und mit Erfolg wenigstens in einzelnen Produkten mehrheitsfähig gemacht. Ein neues, in Hilfswerken vermehrt zu beachtendes Thema sind die neuen Mittelschichten im Süden. Allein in Indien ist die Mittelschicht mit rund 250 Millionen Menschen größer als jene der USA. Damit gewinnen der faire Handel wie Umweltschutz und andere Konsumfragen im Süden und auch bei Projektpartnern an Bedeutung.

4.9 Theologie vergessen oder fördern? Mehr investieren in ökumenische Theologie und Ethik

Kirchliche Entwicklungszusammenarbeit hat in den letzten beiden Jahrzehnten der Theologie tendenziell sinkende Entwicklungsrelevanz attestiert und entsprechend weniger Aufmerksamkeit geschenkt. Viele der in den sechziger und siebziger Jahren aufgebauten theologischen, ökumenisch ausgerichteten Ausbildungsstätten, Laienzentren und kontinentalen Einrichtungen sind finanziell und von der Qualität her heute in einer Krise. Daneben schießen aber konfessionelle oder freikirchliche theologische Seminare wie Pilze aus dem Boden. Im Ethikbereich besteht in vielen Entwicklungsländern ein hoher Bedarf an Ethikkompetenz, z.B. im Bereich der Unternehmensethik, der politischen Ethik oder der Bio- und Medizinethik, es fehlen aber entsprechende ethische Kompetenzzentren. Hier ist Handlungsbedarf. Gut fundierte, ökumenisch offene Theologie ist sehr entwicklungsrelevant und sollte von den kirchlichen Hilfswerken wieder stärker unterstützt werden, ebenso der Aufbau von Ethikzentren im Süden.[9]

Kirchliche Hilfswerke sind ja nicht einfach „Oxfam with Hymns", wie der frühere Direktor von Christian Aid in England lachend feststellte (Taylor 1995, 101ff.) Mit Theologie und Ethik können sie einen deutlichen Mehrwert erzeugen, den auch staatliche Akteure heute immer mehr anerkennen.[10]

---

[9] Der Autor tut dies mit einem Programm von Brot für alle und einem Globalen Ethiknetz.

[10] So hat das Schweizer Ministerium für Entwicklung (die Direktion für Entwicklung und Zusammenarbeit DEZA) 2002-2004 mit den Hilfswerken eine Policy über die Rolle von Religion und Spiritualität für die Entwicklung erarbeitet.

4.10 Solidarität mit allen oder mit Gleichgläubigen? Universale Solidarität beibehalten

Zu den zentralen Merkmalen christlich motivierter Solidarität und Diakonie gehört, dass sie allen Menschen unabhängig von Religion, Rasse, Nation und Geschlecht gelten soll. Entsprechend ist die Mehrzahl der kirchlichen Entwicklungsprojekte offen für alle „beneficiaries". Wie aber ist damit umzugehen, wenn z. B. islamische Hilfsorganisationen oder christliche fundamentalistische Werke ausschließlich Gläubige der eigenen Religionsgemeinschaft unterstützen? Es braucht zusätzliche Anstrengung und theologisch-ethische Begründung, an universaler Solidarität festzuhalten.

4.11 Genderpolitik wie weiter? Genderpolitik mit mehr Männerprogrammen

Die Geschlechterdimension in den Entwicklungskriterien und -programmen hat in den letzten zwei Jahrzehnten insofern große Fortschritte gemacht, als sie zumeist integrierter Bestandteil von Planung, Umsetzung und Evaluation ist. Der Einbezug von Frauen in den Projekten ist stark gefördert, in den Leitungsgremien von Werken und Kirchen aber immer noch mangelhaft. Eine zentrale Herausforderung scheint mir aber, die Geschlechterdimension, die ja eben gerade nicht mehr „Frauendimension" heißt, verstärkt durch Männerprogramme aufzunehmen, in denen Männer sich mit ihrer Rolle, der Gewalt, den Besitzfragen, ihrem Beitrag zu Bevölkerungsstabilisierung, zur Aidsprävention etc. auseinander setzen.

4.12 Entwicklungsprojekte mit oder ohne Kirchen? Kirchenpartnerschaften erneuern und Strukturen zusammenlegen

Während in den sechziger Jahren die neu selbständig gewordenen Kirchen des Südens wie die ökumenische Bewegung oft zu den Vorreitern von Entwicklungsprojekten und -konzepten gehörten, sind es zunehmend neu entstandene säkulare Nichtregierungsorganisationen (oft ohne Mitgliederbasis), die diese Rolle wahrnehmen. Auch die kirchlichen Hilfswerke des Nordens haben die Unterstützung über kirchliche Partner tendenziell reduziert. Heute sind diese oft in einer kritischen Krise und es stellt sich die Frage, ob nicht Kirchenpartnerschaften wieder verstärkt und erneuert werden sollten. Eine Neustrukturierung und Zusammenlegung mancher kirchlicher Strukturen wie Nationaler Kirchenräte, Kontinentaler Kirchenbünde oder Transnationaler Kirchengemeinschaften ist dabei nötig.

4.13 Wie Vertrauen herstellen? Korruptionsbekämpfung durch Kirchen, Schulen, Hilfswerke

Eine zentrale Voraussetzung für Partnerschaften generell und für Kirchenpartnerschaften im speziellen ist Vertrauen. Dieses hat oft gelitten, unter anderem auch, weil Kirchen des Südens manchmal ebenso korrupte Strukturen haben wie staatliche Einrichtungen und Partner des Nordens nichts dagegen unternommen haben. Seit wenigen Jahren, ermutigt durch die staatlichen Korruptionsbekämpfungsprogramme und die internationale Diskussion, beginnen nun aber Kirchen, Missionen, Hilfswerke, Schulen und kirchliche Medien verstärkt gegen Korruption anzukämpfen (vgl. Stückelberger 2003). Doch noch viel ist zu tun, bis Aktionspläne der afrikanischen oder indischen Kirchen, an deren Ausarbeitung der Autor beteiligt war, in der Praxis Früchte tragen. Dazu braucht es auch die entschiedene Unterstützung kirchlicher Entwicklungszusammenarbeit. Projekte wie dasjenige für korruptionsfreie Schulen in Westafrika, unterstützt von Brot für alle in der Schweiz und dem Evangelischen Entwicklungsdienst in Deutschland, sind ermutigende Beispiele.

4.14 Projektkoordination oder Projektdiversität? Risikominderung durch Projekt- und Geberdiversität

Alle privaten Hilfswerke reduzieren wie die staatlichen Agenturen in ihren Strategien die Zahl der Partnerländer und Themenschwerpunkte. Dieser Trend dient der Effizienzsteigerung und dem Profil in der Mittelschaffung. Es vermindert den Partnern den Verwaltungsaufwand durch kleinere Zahl von „Donors". Umgekehrt erhöht es für diese die Abhängigkeit und Verletzlichkeit, wenn ein großer Geber aussteigt. Es reduziert auch die Vielfalt von Entwicklungsimpulsen, die multilaterale Beziehungen mit sich bringen. So ist in Zukunft sorgfältig abzuwägen, welches Maß an Konzentration entwicklungsfördernd ist und wo weiterhin eine Projekt- und Geberdiversität zur Risikominderung und Qualitätssteigerung sinnvoll ist.

4.15 Mikrokredite oder Makro-Finanzmärkte? Mikrokredite fördern, Makro-Finanzmärkte regulieren

Die Mikrokredite haben Hochkonjunktur, nicht erst seitdem sie in ihrer Bedeutung für die Armutsbekämpfung von der Weltbank entdeckt worden sind und mit dem UN-Jahr der Mikrokredite 2005 salonfähig geworden sind. Die Entwicklung ist sehr zu begrüßen, auch dass kommerzielle Banken sich darin vermehrt engagieren. Die Gefahr einer privatwirtschaftlichen Okkupation oder Verwässerung ist dabei sorgfältig zu beobachten, so wie dies im Fairen Handel zu geschehen hat, wenn man ihn zum Mainstream machen will.

Daneben ist eine der großen entwicklungsethischen Herausforderungen weiterhin die Re-regulierung und damit Stabilisierung der internationalen Kapital- und besonders der Devisenmärkte. Diese makroökonomischen Entwicklungen übersteigen oft die Handlungsmöglichkeiten einzelner Hilfswerke, sind aber von höchster finanzpolitischer Relevanz, wie Krisen wie die Asienkrise oder jene in Argentinien gezeigt haben (vgl. Mercier 2003). Die Besteuerung von Devisentransaktionen ist ebenso relevant wie die weitere Bearbeitung der Schuldenberge.

Literatur

Asante, E. (1999): Stewardship. Essays on Ethics of Stewardship. Accra.
Bello, W. (2002): Deglobalization. Ideas for a New Economy. London.
Caritas Schweiz (2003): Weltinnenpolitik. Entwicklungspolitische Herausforderungen an das 21. Jahrhundert. Luzern.
Etzioni, A. (2004): From Empire to Community. A New Approach to International Relations. New York.
Mercier, F. (2003): Explosive Internationale Finanzkrisen. Analysen und Lösungen im Dienst der Armutsbekämpfung, Impulse 6/03. Brot für alle, Bern.
Stückelberger, Ch. (1982): Aufbruch zu einem menschengerechten Wachstum. Sozialethische Ansätze für einen neuen Lebensstil. Zürich (3. Auflage).
Stückelberger, Ch. (1997): Umwelt und Entwicklung. Eine sozialethische Orientierung. Stuttgart.
Stückelberger, Ch. (2001): Ethischer Welthandel. Bern.
Stückelberger, Ch. (2003): Continue Fighting Corruption. Experiences and Tasks of Churches and Development Agencies 1999-2003. Bread for all, Berne.

Stückelberger, Ch. (2004): Kraft aus dem Süden. Wegzehrung für vierzig Wüstentage. Zürich.
Taylor, M. (1995): Not Angels, but Agencies. WCC Publications Geneva.
UNDP (2003): Making Global Trade work for People. London/New York.

III.

Entwicklungszusammenarbeit zwischen Interesse und Moral

Klaus Seitz
Die Sicherheitsfalle
Weshalb sicherheitspolitische Argumente eine ethische Begründung der Entwicklungspolitik nicht ersetzen können

Für die Entwicklungspolitik gehört das Ringen um die eigene Legitimation schon immer mit zum Kerngeschäft. In schöner Regelmäßigkeit sieht sie sich Anfeindungen ausgesetzt und der Irrelevanz bezichtigt, werden Nutzen und Stellenwert eines mit Nord-Süd-Kooperation betrauten Politikfeldes in Frage gestellt oder der Bedarf für eigenständige entwicklungspolitische Institutionen angezweifelt. Die Entwicklungsetats der wohlhabenden Länder verharren auf einem kläglichen Stand, der Einfluss der Entwicklungspolitiker in den nationalen Regierungen wie auch auf der Ebene der Europäischen Union schwindet und die öffentliche Anerkennung der Entwicklungszusammenarbeit bleibt prekär. Ist die entwicklungspolitische Community in dieser Situation nicht gut beraten, sich die Konjunktur sicherheitspolitischer Kalküle zu Nutze zu machen?

Entwicklungspolitik als Beitrag zur Bekämpfung des internationalen Terrorismus und als Baustein einer globalen Sicherheitsarchitektur – gewichtigere Argumente, um der Entwicklungszusammenarbeit in Öffentlichkeit und Politik neue Geltung zu verschaffen, scheinen derzeit nicht in Sicht. So hat auch Toralf Staud in der ZEIT vom 17. Juli 2003 für die deutsche Entwicklungsministerin nachträglich den guten Rat parat: „Heidemarie Wieczorek-Zeul hätte sich nach dem 11. September als Sicherheitspolitikerin profilieren müssen". Während es in den USA gelungen sei, durch den Verweis auf die internationalen Sicherheitsgefahren die Entwicklungspolitik deutlich aufzuwerten, sei Wieczorek-Zeul mit ihrem Vorhaben, eine deutliche Steigerung des deutschen Entwicklungsbeitrags durchzusetzen, bislang gescheitert, – denn „ihre Hauptargumente sind nach wie vor moralisch".

Eine *„moralische"* Begründung der Entwicklungspolitik, so wird hier unterstellt, führt im harten realpolitischen Geschäft, im Wettstreit um knappe Haushaltsmittel, politischen Einfluss und öffentliche Akzeptanz, unweigerlich auf die Verliererstraße. Der Appell an die internationale Verantwortung der Wohlhabenden scheint ebenso unzeitgemäß wie die Bezugnahme auf Solidaritäts- und Beistandspflichten gegenüber den Armen, die im Namen der Gerechtigkeit, christlicher Werte oder der Menschenrechte geboten sind. Moral, das ist das verstaubte Sprachspiel der ewig Gestrigen, ein Fall für die Besenkammer der Geschichte? Mit moralischen oder ethischen Argumenten den Steuerungsproblemen der Politik beikommen zu wollen, scheint im Zeitalter der Globalisierung ohnehin verfehlt. *Ethik* kann, wie Ulrich Beck vor einigen Jahren in Anbetracht des unbeirrten wissenschaftlich-technischen Fortschritts der internationalen Genforschung spottete, bestenfalls noch als hilflos warnende „Fahrradklingel am Interkontinentalflugzeug des humangenetischen Fortflugs" fungieren (Beck 1999).

Doch nicht nur der moralische Jargon ist heute der Lächerlichkeit preisgegeben, auch das gesellschaftspolitische Anliegen, für das sozialethische Argumente stehen, droht unter die Räder des Zeitgeistes zu geraten. Die *Diskreditierung* von Gerechtigkeitsdiskursen geht nicht zufällig einher mit dem Siegeszug neoliberaler Ideologien, dem Abbau sozialer Sicherungssysteme und der Krise wohlfahrtsstaatlicher Modelle, die einst auf sozialen Ausgleich bedacht waren.

Terrordividende für Entwicklung?

In diesem veränderten gesellschaftspolitischen Umfeld liegt es nahe, auch die Entwicklungszusammenarbeit in einen neuen Begründungszusammenhang zu stellen. Aller überflüssigen und utopischen Weltverbesserungsattitüden entledigt, verspricht das Sicherheitskalkül heute mehr Akzeptanz als die überkommene Gerechtigkeitsagenda. Tatsächlich haben sicherheitspolitische Erwägungen vor allem in den USA in jüngster Zeit dazu beigetragen, der weiteren Erosion des Entwicklungsetats Einhalt zu gebieten. Als Antwort auf die Terroranschläge vom 11. September 2001 hat die Regierung Bush zusätzliche Mittel für die Entwicklungszusammenarbeit bereitgestellt und die öffentlichen Entwicklungsleistungen (ODA) im Jahr 2002 gegenüber dem Vorjahr um insgesamt 11,6 Prozent und für 2003 um weitere 16,9 Prozent erhöht[1] – was freilich nichts daran ändert, dass die USA unter den Mitgliedern des Development Assistance Committees (DAC) mit einem relativen Entwicklungsbeitrag in Höhe von nur 0,14 Prozent (2003) ihres Bruttonationaleinkommens nach wie vor das Schluss-

---

[1] Der Hauptteil der Steigerung in 2003 geht allerdings auf das Konto der „Wiederaufbauhilfe" für den Irak.

licht bilden. Erstmals seit dem dramatischen Einbruch der öffentlichen Entwicklungszusammenarbeit im Verlaufe der neunziger Jahre konnte der Club der Geberländer für das Jahr 2002 wieder eine durchschnittliche Steigerung der absoluten Entwicklungsleistungen um 7 Prozent und für 2003 immerhin um weitere 3,9 Prozent vermelden. Diese Trendumkehr ist nicht zuletzt der Aufwertung zu danken, die die Entwicklungspolitik als mögliche Präventionsstrategie gegen den internationalen Terrorismus erfahren hat (vgl. OECD 2003).

Die mit dem Ende des Kalten Krieges verbundenen Hoffnungen auf eine „Friedensdividende" zu Gunsten der Entwicklungszusammenarbeit hatten sich bekanntlich nicht erfüllt – ganz im Gegenteil: Der durchschnittliche Anteil der ODA am Bruttonationaleinkommen der OECD-Länder sank von 0,33 Prozent im Jahr 1992 auf den historischen Tiefstand von 0,22 Prozent am Ende des Jahrzehnts und ist inzwischen wieder bei gerade einmal 0,25 Prozent (2003) angelangt. Sollte die Entwicklungspolitik nun unversehens von einer *„Terrordividende"* profitieren?

Risikokommunikation am Beispiel Aids

Im Anschluss an die neue *Nationale Sicherheitsstrategie* der USA vom September 2002, in der Krankheit, Krieg und Armut insbesondere in Afrika ausdrücklich als Bedrohung der strategischen Interessen der USA im Kampf gegen den globalen Terrorismus gewertet werden, hat US-Präsident Bush weitere Milliardenprogramme in Aussicht gestellt, die vor allem der Eindämmung der Aids-Pandemie zugute kommen sollen (vgl. Schröder 2003). Gerade am Beispiel des internationalen Kampfs gegen Aids lässt sich deutlich ablesen, wie sehr sicherheitspolitische Szenarien einem Entwicklungsproblem, das lange Zeit verkannt worden ist, zu wachsender Aufmerksamkeit verholfen haben und politische Tatkraft zu mobilisieren vermochten.

Über das unermessliche Leid, das diese Seuche insbesondere in den ärmsten Ländern Afrikas mit sich brachte, wusste man schon frühzeitig Bescheid. Dennoch waren in den ersten beiden Jahrzehnten seit Ausbruch dieser neuen Geißel der Menschheit nur zögerliche Reaktionen der Staatengemeinschaft zu vermelden. Je deutlicher jedoch die Aids-Pandemie als globales Sicherheitsrisiko thematisiert und erkennbar wird, desto mehr zeichnet sich ein entschlosseneres

Handeln auf der Ebene der G-8 wie auch der Vereinten Nationen und anderer internationaler Institutionen ab. Auf einer Sondersitzung des Weltsicherheitsrates im Januar 2000 referierte u.a. auch Weltbankpräsident Wolfensohn über die Auswirkungen von Aids auf Frieden und Sicherheit in Afrika. Nachdem sich 2001 eine Sonder-Generalversammlung der Vereinten Nationen und Komitees des US-Kongresses sowie des britischen Parlaments mit den Gefahren befasst hatten, die von Aids ausgehen, konnte auf Initiative von Kofi Annan der *Globale Fonds zur Bekämpfung von Aids, Malaria und Tuberkulose* eingerichtet werden (vgl. Singer 2002).

Besonderes Aufsehen erregen die bezeichnenderweise von der wichtigsten Beratungsagentur der US-amerikanischen Geheimdienste, dem *National Intelligence Council* NIC, in Auftrag gegebenen Szenarien über die Bedrohung, die die grassierende Aids-Seuche in Entwicklungs- und Schwellenländern gerade auch für die Sicherheit der westlichen Welt darstellt. Studien, die nach dem 11. September 2001 vorgelegt wurden, wie die eindringliche Warnung des NIC vor der nächsten Aids-Infektionswelle, die inzwischen die bevölkerungsreichsten Länder Afrikas und Asien erfasst hat (NIC 2002), oder die Analysen P.W. Singers (2002) von der Washingtoner Brookings Institution, stellen das *Sicherheitsrisiko* Aids dann auch deutlich in den neuen Zusammenhang der eskalierten Bedrohung durch den internationalen Terrorismus. Aids sei nicht nur eine menschliche Tragödie, sondern vor allem ein gravierendes Sicherheitsproblem, argumentiert Singer. Die Seuche trage zur Destabilisierung und zum Zerfall der Ordnung in vielen armen Staaten bei, die dann als willkommene Rückzugs- und Operationsräume von extremistischen Gruppen fungierten. Eindringlich warnt Singer vor der „verlorenen Generation" der Aids-Waisen: er prognostiziert, dass die tödliche Immunschwächekrankheit bis 2010 gut 40 Millionen Kinder zu Waisen gemacht haben wird, Kinder, die in ihrer Verzweiflung und Aussichtslosigkeit ein leichtes Opfer für die Rekrutierungsbemühungen von Terror- und Guerillatruppen darstellten. Und schließlich drohten dem Norden infolge der „*AIDS-Warfare-Dynamic*" neue Flüchtlingswellen von gewaltigen Ausmaßen.

Das Szenario ist in der Tat beängstigend und sollte zu massiven Gegenmaßnahmen Anlass geben, wie sie für Sicherheitsprobleme dieser Tragweite geboten scheinen: „Militaries will crumble, states will fall, wars will be more deadly, more frequent, and harder to contain... Aids is indeed a security threat and should be treated as such, with the incumbent high level attention and resources necessary to defend against it" (Singer 2002, 23). Im Anschluss an Singers Argumentation plädieren auch Vennemann/Benn (2003) dafür, Aids und andere globale Gesundheitsgefahren im Kontext einer erweiterten Sicherheitsagenda zu diskutieren. Dann, so ihre Hoffnung, werde die verheerende Gesundheitssituation in den armen Ländern endlich auch als „Sache der Realpolitik" erkannt.

Sicherheitspolitik in neuen Dimensionen

Längst sind es nicht nur Gesundheitsgefahren, deren Bedrohungspotenziale im Lichte sicherheitspolitischer Erwägungen neu gedeutet werden und damit offenbar auch hartgesottenen Realpolitikern zu Herzen gehen. Seit einigen Jahren beleuchten u.a. die US-Geheimdienste und der NIC in umfassenden Szenarien und Projektionen das gesamte Spektrum nicht-militärischer Problemlagen, darunter humanitäre Katastrophen, Epidemien, Umweltdesaster oder Naturkatastrophen im Blick auf deren mögliche Auswirkungen auf die internationale Sicherheitslage und vorzugsweise die Sicherheit der USA (vgl. NIC 2001, Tenet 2003). Auch der im Mai 2003 vorgelegte Abschlussbericht der *Kommission für menschliche Sicherheit* erörtert Armut, Wirtschaftskrisen, Bürgerkriege, Terrorismus, schlechte Gesundheitsversorgung oder unzureichende Bildung gleichermaßen als Bedrohungen für die menschliche Sicherheit (vgl. Commission 2003) – wobei freilich den Experten um Amartya Sen und Sadako Ogata vor allem daran gelegen ist, den Sicherheitsbegriff von jeder militärischen und realpolitischen Engführung zu entkoppeln und dahingehend zu erweitern, dass er den Schutz vor allen Gefahren, die Menschen in Angst und Not versetzen, umfasst. Ein solches weitreichendes und personenbezogenes Verständnis von *„menschlicher Sicherheit"*, wie es das Entwicklungsprogramm der Vereinten Nationen UNDP erstmals 1994 zur Diskussion stellte, hat zwischenzeitlich auch in die außenpolitischen Konzeptionen Kanadas[2] oder Japans[3] Eingang gefunden.

Ein *„erweiterter Sicherheitsbegriff"* findet auch in den deutschen entwicklungspolitischen Debatten wachsenden Zuspruch: so definiert die parlamentarische Staatssekretärin im BMZ, Uschi Eid, Entwicklungspolitik als „vorsorgende Sicherheitspolitik" und erklärt (in einem Vortrag vor der Bundesakademie für

---

[2] Vgl. www.dfait-maeci.gc.ca/foreignp/humansecurity.
[3] Vgl. www.mofa.go.jp/policy/other/bluebook.

Sicherheitspolitik im Mai 2002) den Ansatz, Sicherheit mit nachhaltiger Entwicklung zu verbinden, zum „programmatischen Anliegen des rot-grünen Reformprogramms". Aber auch die Ministerin selbst, obgleich von der ZEIT für ihre Vorliebe für „moralischen" Argumente gescholten, rekurriert auf das Sicherheitsthema, wenn sie beispielsweise, wie anlässlich eines Treffens der EU-Entwicklungsminister im Mai 2003 in Brüssel, für verstärkte entwicklungspolitische Anstrengungen mit der plakativen These wirbt, Armutsbekämpfung sei heute die „kostengünstigste Sicherheitspolitik".

Dieser *„Versicherheitlichung"* des Entwicklungsdiskurses (vgl. Brock 2002) korrespondiert das Bemühen von Militär- und Sicherheitsstrategen, die zukünftigen Aufgaben der Sicherheitspolitik in einen neuen, erweiterten Horizont zu stellen, der die Kontrolle und Bearbeitung nicht-traditioneller, d.h. nicht-militärischer Bedrohungen einschließt (vgl. Bundesakademie für Sicherheitspolitik 2001). *Die sicherheitspolitische Legitimation der Entwicklungspolitik und die humanitäre Legitimation der Sicherheitspolitik gehen Hand in Hand*, die Schnittmengen von Entwicklungs- und Sicherheitspolitik werden größer – eine Tendenz, die schon deutlich vor den Anschlägen des 11. September einsetzte, sich jedoch seitdem erheblich beschleunigt hat.

Auch die Tatsache, dass sich humanitäre Helfer und Fachkräfte der Entwicklungszusammenarbeit in zunehmendem Maße Bedrohungen für Leib und Leben ausgesetzt sehen, hat Entwicklungs- und Sicherheitsfragen in einen engeren Zusammenhang rücken lassen (vgl. Kreidler/Runge 2003). Und schließlich sind Aufbau und Reform des Sicherheitssektors in den Partnerländern ins Blickfeld der deutschen Entwicklungszusammenarbeit gerückt, wovon u.a. das jüngst aufgelegte Sektorvorhaben „Sicherheitssektor-Reform" (SSR) der Deutschen Gesellschaft für technische Zusammenarbeit und Entwicklung (GTZ) Zeugnis ablegt.

Außer Frage steht, dass die Eindämmung von Gewaltkonflikten, die Sicherung des Friedens, der Aufbau rechtsstaatlicher Strukturen und legitimer staatlicher Gewaltmonopole zentrale Herausforderungen für die Entwicklungszusammenarbeit markieren. Zu Recht sind Krisenprävention und friedliche Konfliktbearbeitung in den neunziger Jahren, unter dem Eindruck der „neuen Kriege", als neue elementare Aufgabenfelder der Entwicklungspolitik erkannt und aufgewertet worden. Weiterhin ist auch das von der Bundesregierung kurz nach dem 11. September 2001 bekundete Anliegen, „die Vernetzungsfähigkeit von Diplomatie, Sicherheitskräften und Entwicklungspolitik" zu verbessern, angesichts der vielfach beklagten Inkohärenz von Entwicklungs-, Sicherheits- und Außenpolitik grundsätzlich zu begrüßen. Widerspruch ist jedoch angezeigt, wenn eine so verstandene kohärente Gesamtpolitik unter das Leitmotiv der Sicherheit gestellt wird. Die Entwicklungspolitik gerät unversehens zum Anhängsel der Sicherheitsagenda, indem den nationalen (sowie den europäischen oder „transatlantischen") Sicherheitsinteressen Vorrang gegenüber den Entwicklungsinteressen des Südens zugesprochen wird.

Militarisierung von Entwicklungszusammenarbeit und humanitärer Hilfe

In den USA, wie auch in der EU und in Deutschland geht die Erweiterung des Sicherheitsbegriffs mit der Ausdehnung der herkömmlichen sicherheitspolitischen und militärischen Mandate einher. Die Art und Weise, wie dabei nichtmilitärische Bedrohungen als sicherheitsrelevante Risiken definiert und der Sicherheitsbegriff aller geografischen und sachlichen Bindungen entledigt wird, öffnet Tür und Tor für die politische Legitimation aller Experimente, in humanitäre Krisen jeglicher Art gerade auch mit militärischen Mitteln zu intervenieren. Umgekehrt dürfte aber auch das Bemühen mancher Entwicklungspolitiker, die Entwicklungspolitik gewissermaßen als zivile Variante eines kooperativen zivilmilitärischen Risikomanagements zu verkaufen, einer Militarisierung von Außenpolitik und Entwicklungszusammenarbeit Vorschub leisten.

Mit den neuen *Verteidigungspolitischen Richtlinien*, die im Mai 2003 erlassen worden sind, wird der Umbau der deutschen Bundeswehr zu einer global einsatzfähigen Interventionsarmee vollzogen. Die Reaktion auf internationale Konflikte, asymmetrische Bedrohungen und Terrorismus wird in den Mittelpunkt der deutschen Sicherheitspolitik gerückt. Zum neuen Aufgabenspektrum der deutschen Bundeswehr zählen dabei ausdrücklich auch humanitäre Einsätze (vgl. Lieser/Runge 2003) – gemäß einem Bonmot des Verteidigungsministers am Hindukusch und überall sonst, wo Deutschlands Sicherheit neuerdings verteidigt werden muss.

Die rot-grüne Bundesregierung bekundet in dem der gegenwärtigen Regierungspolitik zu Grunde liegenden Koalitionsvertrag die Absicht, sich „im Rahmen eines erweiterten Sicherheitsverständnisses für eine ausgewogene Entwicklung von zivilen und militärischen Fähigkeiten" einzusetzen und erprobt neue Formen der *zivil-militärischen Kooperation* in Krisenregionen. Dabei drohen, wie vor allem die US-amerikanischen Erfahrungen zeigen, Entwicklungszusammenarbeit und humanitäre Hilfe ihre Autonomie und Glaubwürdigkeit einzubüßen. Vertreter US-amerikanischer Nichtregierungsorganisationen beklagen eine Militarisierung der humanitären Hilfe in einem Ausmaß „not seen since the founding of the UN" (Charny 2003). Ironischerweise, so Tom Barry, Co-Direktor von „Foreign Policy in Focus", sei im Zeichen der neuen Sicherheitsdebatte der Einfluss des Pentagon seit Ende des Kalten Krieges gewachsen, wohingegen der Einfluss des State Departement auf die US-amerikanische Außen- und Entwicklungspolitik kontinuierlich geschwunden sei: „While the State Department and its Agency for International Development were being downsized, the power and responsibilities of the regional commands of the Pentagon deepened as training programs, joint military exercises, and U.S. military presence expanded around the globe – particularly in Africa, Latin America and Eurasia" (Barry 2002).

Im Zuge der Annäherung der entwicklungspolitischen und militärischen Akteure, die Klingebiel/Roehder (2004) in ihrer detaillierten Studie zu *entwicklungspolitisch-militärischen Schnittstellen* konstatieren, erweisen sich in erster Linie die Unterordnung der Entwicklungspolitik unter eine militärstrategische Steuerung (wie dies z.b. bei den US-amerikanischen Wiederaufbauteams in Afghanistan der Fall ist) wie auch die Finanzierung von militärischen Aktionen aus Entwicklungsetats (wie z.b. die Finanzierung der Peace Facility for Africa aus Mitteln des Europäischen Entwicklungsfonds) als besonders problematische Trends, die den zivilen Charakter der Entwicklungspolitik unterhöhlen. Dieser Befund schließt freilich nicht aus, dass es durchaus angezeigt sein kann, entwicklungspolitische und militärische Instrumente im Rahmen komplementärer und kohärenter Handlungskonzepte aufeinander abzustimmen, ohne dass damit die Grenzen zwischen entwicklungspolitischer und militärischer Handlungslogik zwangsläufig verschwimmen (vgl. Klingebiel/Roehder 2004).

Auch das DAC hat vorerst der von einzelnen Mitgliedern erwünschten Einbeziehung militärischer Instrumente der Terrorbekämpfung in das, was im OECD-Kontext als staatliche Entwicklungszusammenarbeit gelten soll, eine Absage erteilt. Gleichwohl werden zukünftig zahlreiche neue Maßnahmen, die der Verbesserung der Sicherheitslage in Entwicklungsländern dienen, auf die ODA-

Quote anrechenbar sein. Und vor allem legitimatorisch ist den Entwicklungsministern des Nordens sehr daran gelegen, den Beitrag der Entwicklungspolitik zur Terrorismusprävention ausdrücklich auszuweisen (vgl. OECD 2003). Wenngleich die DAC-Kriterien eine Einbeziehung militärischer Leistungen nicht vorsehen, beklagen die Nichtregierungsorganisationen in den OECD-Staaten in ihrem jüngsten *„Reality of Aid"*-Report (2004), dass Entwicklungspolitik in vielen Ländern, vor allem in Australien, Japan, Großbritannien, Dänemark und in den USA, zunehmend unter den Vorzeichen der Terrorismusbekämpfung betrieben werde. Australien habe keine Skrupel, Anti-Terror-Programme z.b. mit Indonesien oder den Philippinen als „Entwicklungshilfe" zu werten. Die Herausgeber des „Reality of Aid"-Reports warnen davor, dass der Krieg gegen den Terrorismus dem Kampf gegen die Armut weitere Mittel entzieht.

Festung Europa

Wie sehr Sicherheitsinteressen auf der einen, humanitäre Anliegen und Menschenrechte auf der anderen Seite miteinander in Konflikt geraten können, zeigt sich besonders krass in der deutschen und europäischen Migrationspolitik. Die weltweiten Flüchtlingsströme werden sowohl in den neuen Verteidigungspolitischen Richtlinien Deutschlands (VPR, Ziffer 25) als auch bei den Diskussionen über eine gemeinsame europäische Sicherheitsstrategie im Europäischen Rat in Thessaloniki im Juni 2003 ausdrücklich zu den *neuen Gefahren* nichtmilitärischer Natur gezählt, die die Sicherheit Deutschlands bzw. Europas bedrohten und denen nicht nur, aber eben auch, mit militärischen Mitteln begegnet werden muss. Die *Kontrolle von Migrationsbewegungen* dient neben der Bekämpfung des internationalen Terrorismus und der organisierten Kriminalität als weitere Rechtfertigung für die Erweiterung des Mandats deutscher bzw. europäischer Interventionsstreitkräfte (vgl. Weber 2003). Während im Rahmen „humanitärer Interventionen" Menschenrechte geschützt und potenziellen Fluchtursachen begegnet werden sollen, zimmern die EU-Mitgliedsstaaten entsprechend dem einhelligen Votum von Thessaloniki zugleich an einem „wirksameren Grenzschutz an den Außengrenzen der EU".

Der ursprünglich von Großbritannien eingebrachte Vorschlag, Auffanglager für Flüchtlinge an den Außengrenzen der EU aufzubauen, hatte zwar in Thessaloniki zunächst keine Mehrheit gefunden, jedoch will die EU „gemeinsam mit dem UNHCR Möglichkeiten für einen verbesserten Schutz der Flüchtlinge in ihrer Herkunftsregion untersuchen" (Europäischer Rat vom 19./20. Juni 2003). Weiterhin soll ein Evaluierungsmechanismus entwickelt werden, „mit dem die Beziehungen zu Drittländern, die bei der Bekämpfung der illegalen Zuwanderung nicht mit der EU zusammenarbeiten, überwacht werden" (ebd.). Nach den jüngsten Flüchtlingsdramen vor der italienischen Küste im Sommer 2004 und dem Streit um die medienwirksame Hilfsaktion der Cap Anamur findet der britische Plan, Flüchtlingslager in Nordafrika einzurichten, auch hier zu Lande wachsenden Zuspruch. Wie viele Menschen aus Afrika alljährlich die Flucht übers Mittelmeer versuchen, ist nicht bekannt. Die Zahl derer, die in den letzten zehn Jahren dabei vor den Küsten Europas ums Leben kamen, wird von Pro Asyl sehr vorsichtig auf mindestens 5000 geschätzt – und viele Tausende dürften schon zuvor beim Versuch, die Sahara zu durchqueren, verdurstet sein.

Wenige Tage, bevor die Osterweiterung der Europäischen Union am 1. Mai 2004 in Kraft trat, hatte die Europäische Union ein neues europäisches Asylrecht beschlossen, das die Abschottung Europas vor unerwünschten Flüchtlingen auf die Spitze treibt. Die neue EU-Gesetzgebung lehnt sich an die deutsche „*Drittstaatenregelung*" an, nach der nun in allen 25 EU-Staaten Flüchtlinge ohne nähere Prüfung ihres Falles abgewiesen werden können, wenn sie aus einem so genannten „sicheren Drittstaat" kommen. Ab 2005 soll zudem eine neue Europäische Grenzagentur für den Schutz der Außengrenzen der erweiterten EU sorgen. In die Mitte von Schengenland kann ein Flüchtling auf legalem Wege jedenfalls nicht mehr vorstoßen.

Gewiss wäre auch mit starken ethischen Argumenten und unter Berufung auf ein Weltbürgerrecht, das allen Menschen grenzenlose Bewegungsfreiheit garantierte, kaum plausibel zu machen, dass Europa seine Grenzen für alle Flüchtlinge dieser Welt öffnen und seinen Wohlstand mit ihnen teilen muss. Indes demonstriert die Intensität, mit der an der Festung Europa gezimmert wird, dass in der Logik des Sicherheitskalküls die Verteidigung „unserer" Errungenschaften notfalls mit Stacheldraht, Mauern und militärischer Gewalt allemal Vorrang vor den Ansprüchen Dritter auf Schutz und Teilhabe hat. Das Sicherheitsproblem bleibt kontrollierbar, solange es gelingt, das Heer der Armen, Verfolgten, Kranken und Unzufriedenen außen vor zu halten. Die Verbesserung der Lebensverhältnisse der Ausgeschlossenen bleibt von nachgeordnetem Interesse, ja im

Zweifel verzichtbar. Javier Solanas Entwurf für eine europäische Sicherheitsstrategie kokettiert so gesehen mit einem reichlich euphemistischen Titel: „Ein sicheres Europa in einer besseren Welt".

Dass die neuen Sicherheitskonzepte gleichwohl unter dem Deckmantel „humanitärer" Anliegen daherkommen, erweist sich gerade im Umgang mit Flüchtlingen als ausgesprochen doppelbödig: Während die Beteiligung der Bundeswehr an einer multinationalen Friedenstruppe in Ost-Kongo aus humanitären Gründen vom Deutschen Bundestag in der Debatte vom 14. Juni 2003 mehrheitlich befürwortet wurde, waren Parlament und Bundesregierung demgegenüber keinesfalls gewillt, die Abschiebung von Flüchtlingen in das von Krisen und Kriegen geschüttelte Land wenigstens vorübergehend auszusetzen (vgl. Weber 2003).

Sicherheit durch Ausgrenzung?

Auch die Realpolitiker bedienen sich, wenn's Not tut, moralischer Schützenhilfe, wenngleich die doppelten Standards, die sie hierbei zu Grunde legen, nur der weiteren Diskreditierung moralisch-ethischer Argumentation Vorschub leisten. Der von Toralf Staud ins Spiel gebrachte Gegensatz von „moralischem" versus sicherheitspolitischem Standpunkt hinkt ohnehin: schon deshalb, weil es sich bei der Voraussetzung, dass Sicherheit – einerlei, ob es nun um die Sicherheit von Staaten und Grenzen oder von Personen geht – ein schützenswertes Gut sei, genau betrachtet ebenfalls um eine moralische Prämisse handelt. Dazu hin artikuliert sich gerade die gegenwärtige Sicherheitshysterie in den USA, die uns als Vorbild für realpolitischen Pragmatismus vorgeführt werden, paradoxerweise auf dem Bodensatz eines „moralisch" aufgeladenen, manichäischen Weltbildes vom überzeitlichen Kampf zwischen den Kräften des Guten und des Bösen.

Das dem Sicherheitsdenken zu Grunde liegende Ethos entscheidet sich letztlich an der Frage, um *wessen Sicherheit* es dabei eigentlich geht. Eine Erweiterung des Sicherheitsbegriffs nicht nur in sachlichen Dimensionen im Blick auf die Freiheit vor nicht-militärischen Bedrohungen, sondern zudem in sozialer Hinsicht, im Sinne der Einbeziehung der Sicherheitsinteressen der anderen, hätte vor dem kritischen Kriterium ethischer Universalisierbarkeit durchaus Bestand. Doch im Kern zielt der neue Sicherheitsdiskurs auf den *Vorrang des Selbstinte-*

resses gegenüber möglichen *Rechten und Ansprüchen Dritter*. Wenn aus entwicklungspolitischer Sicht sicherheitspolitische Prioritäten ins Feld geführt werden, um die Notwendigkeit des Kampfes gegen Armut oder Krankheit zu begründen, so wird damit spekuliert, dass der Bezug auf den Eigennutz eher Zustimmung und Handlungsmotivation mobilisieren kann, als dies der Appell an Mitmenschlichkeit und Verantwortung vermag. „It is not a matter of altruism, but simple cold self-interest" resümiert Peter W. Singer (2002) zum Abschluss seiner Studie über die Sicherheitsgefahren, die von der Aidskatastrophe in den armen Ländern für den reichen Norden ausgehen. In Anbetracht der Aufstockung der US-amerikanischen Aids-Hilfen scheint dergleichen argumentativen Strategien durchaus Erfolg beschieden. Über die Ansprache des menschlichen Eigeninteresses hinaus, so lehrt uns auch die Soziobiologie (vgl. Voland 2000), gebe es ohnehin keine anthropologische Grundlage für kooperatives und solidarisches Verhalten: altruistisches Handeln habe kein motivationales Fundament.

Doch es geht bei einer ethischen Begründung von Entwicklungszusammenarbeit ja auch nicht um *Altruismus* im Sinne einer aufopfernden Selbstlosigkeit. Ethische Begründung zielt auf den Nachweis der *Universalisierbarkeit* von normativen Grundsätzen, die dem guten und gerechten sozialen Handeln als Maßstab dienen sollen. Universalität ist dabei in doppelter Hinsicht vorausgesetzt: als gerecht und gerechtfertigt können nur solche Grundsätze gelten, die für alle Menschen gleichermaßen gültig sein können und die zugleich für alle Menschen zustimmungsfähig sind. Das *„aufgeklärte Eigeninteresse"* steht nicht in Gegensatz so einem so verstandenen ethischen Standpunkt, ist vielmehr darin aufgehoben.

Eine pragmatistische Position jedoch, die dem Eigennutz den normativen Vorrang einräumt, katapultiert zwangsläufig alle Erdenbürger, die für das eigene Nutzenkalkül vernachlässigbar sind, aus dem Horizont der eigenen Verantwortung. Dabei erweist sich gerade die massenhafte Ausgrenzung, die soziale Exklusion jener Armen, denen für den Fortgang der weltgesellschaftlichen Integrationsprozesse keine Bedeutung mehr beigemessen wird, als die zentrale soziale Frage im Zeitalter der Globalisierung. Für diejenigen, die in den rasch sich ausbreitenden neuen „weißen Flecken" auf der globalen Landkarte ihr Dasein fristen, für diejenigen, die überflüssig geworden sind, weil sie für die Weltwirtschaft auf absehbare Zeit weder als Arbeitskraft noch als zukünftige Konsumenten von Interesse scheinen, gilt nicht einmal mehr jene dialektische Zwangssolidarität, die einst Kolonisierte und Kolonialherren, Herr und Knecht, Kapital und Arbeit miteinander verband. Die Ausgegrenzten kommen allenfalls noch als *Bedrohungspotenzial* in den Blick. Doch das Leid, das anderen angetan wird oder das sie erleiden, wird aus der Sicht einer solchen vom Sicherheitsdenken bestimmten Nützlichkeitsethik nicht als Unrecht begriffen, das unser solidarisches Handeln herausfordert.

Entwicklungsethik als Desiderat

Gibt es eine ethische Verpflichtung zur Entwicklungszusammenarbeit? Politik und politische Ethik antworten hier eher zurückhaltend. So hält auch der Ökonom Hermann Sautter eine ökonomische Begründung der Entwicklungspolitik, soweit sie im wohlverstandenen Eigeninteresse sowohl der Geber wie der Empfänger liegt, für ausreichend (vgl. Balz 1999). Einer über dergleichen Gegenseitigkeit hinausgehende moralische Mehrbegründung bedürfe es nicht. Der Philosoph Otfried Höffe (1999) wertet Entwicklungszusammenarbeit und Nothilfe als „supererogatorische Leistungen", d.h. als verdienstliches Mehr, das über das strikt Gebotene und Geschuldete hinausgeht, und wofür er daher auch in erster Linie nicht staatliche Instanzen, sondern private Träger in die Pflicht nehmen möchte. John Rawls wiederum tritt sehr wohl für eine Pflicht zum Beistand für „burdened societies" ein, erachtet es indes nicht für gerechtigkeitsgeboten, über Entwicklungszusammenarbeit auch zum sozialen Ausgleich zwischen Staaten beitragen zu müssen, wogegen kosmopolitisch orientierte Ethiker wie Charles Beitz, Thomas Pogge oder Onora O'Neill die Notwendigkeit betonen, die weltgesellschaftlichen Verhältnisse zu Gunsten der Benachteiligten so neu zu ordnen, dass den Prinzipien der sozialen Gerechtigkeit Rechnung getragen ist.

In der Geschichte der deutschen Entwicklungspolitik spielte, wenngleich die moralische Rhetorik immer wieder zum Zuge kommt, der Bezug auf das *nationale Eigeninteresse* stets eine zentrale Rolle. Wurde Entwicklungspolitik zunächst als Instrument zur Wahrung der deutschen außenpolitischen Interessen begriffen – und so gesehen in den Fesseln der Hallstein-Doktrin bereits sicherheitspolitisch legitimiert – rückte später der Nutzen für die deutsche Wirtschaft in den Vordergrund. Und neuerdings markiert ein erweitertes Verständnis von „Sicherheit" offenbar das stärkste Argument für den Bedarf an Entwicklungszusammenarbeit. Eine wie auch immer geartete Verpflichtung zur Entwicklungszusammenarbeit wurde von den verschiedenen Bundesregierungen stets abgelehnt: „Wir leisten Entwicklungshilfe aus moralischer und wirtschaftlicher Weitsicht, nicht aus Tributpflicht. Entwicklungspolitik ist keine Politik des schlechten Gewissens" hieß es im Jahresbericht des BMZ aus dem Jahr 1985.

Das bei der Wiener Menschenrechtskonferenz 1993 bekräftigte „Recht auf Entwicklung" wird zwar von der rot-grünen Bundesregierung ausdrücklich unterstützt, jedoch sieht die Bundesregierung darin kein Recht der armen Länder auf finanzielle Transferleistungen, sondern „ein Menschenrecht, das weitestgehende Beteiligung am wirtschaftlichen und sozialen Entwicklungsprozess ermöglichen soll. Jeder Staat ist für sich aufgerufen, seinen Bürgern die besten Entwicklungsmöglichkeiten zu schaffen. Diese Eigenanstrengungen sollen durch eine partnerschaftliche Entwicklungszusammenarbeit der Industrie- und Schwellenländer nach Kräften unterstützt werden" (Auswärtiges Amt 1998).

Dergleichen zurückhaltende Positionen sind sowohl aus menschenrechtlicher, wie aus entwicklungsethischer Sicht zu *schwach*, um den Auftrag der Entwicklungszusammenarbeit im Kontext einer Weltinnenpolitik hinreichend zu verankern. Wenn die Bundesregierung „die gerechte Gestaltung der Globalisierung" (Koalitionsvertrag 2002) zum bestimmenden Motiv ihrer Außenpolitik erklärt, ist es an der Zeit, zu präzisieren, was Gerechtigkeit in diesem Zusammenhang konkret bedeutet und welchen Beitrag die einzelnen Politikfelder leisten müssen, um Gerechtigkeit in der globalen Gesellschaft zu befördern. Die fortgeschrittene sozialethische Debatte über die Grundsätze internationaler sozialer Gerechtigkeit (vgl. Beitz 1979, Pogge 1998, O'Neill 2000) kann hier wichtige Erkenntnisse und Differenzierungen bereitstellen, sie wird indes bedauerlicherweise – ebenso wie der im deutschen Sprachraum noch kaum entfaltete entwicklungsethische Diskurs – im Kreise der staatlichen wie der nichtstaatlichen Entwicklungsakteure kaum zur Kenntnis genommen.

Soziale Gerechtigkeit gründet auf der Anerkennung der Gleichberechtigung aller fundamentalen Lebensansprüche, auf der Anerkennung des Anspruchs aller Menschen auf das grundsätzlich gleiche Maß an für alle mögliche Freiheit, soziale Sicherheit und Partizipation (vgl. Balz 1992). Internationale Gerechtigkeit beinhaltet die Verpflichtung, die internationalen Kooperationsbeziehungen so zu regeln, dass sie allen daran Beteiligten, insbesondere aber den Benachteiligten, zugute kommen. Es geht dabei nicht, legt man den (freilich von ihm selbst nur für nationale Gesellschaften entfalteten) Gerechtigkeitsbegriff von John Rawls (1975) zu Grunde, um eine Gleichverteilung aller ökonomischen Ressourcen und Erträge, sondern darum, gesellschaftliche Ungleichheiten in einer Weise zu regulieren, dass den am wenigsten Begünstigten daraus der größtmögliche Vorteil erwächst.

Der Gerechtigkeitsdiskurs legt das Augenmerk daher zunächst auf die beschnittenen Rechte und abgewiesenen Interessen der *Benachteiligten*. Im Widerstand der Unterdrückten, im Hilfeschrei der Gefolterten, im Elend der Notleidenden kommt zum Ausdruck, dass Gerechtigkeit noch nicht eingelöst ist. Die Sicherheitsagenda stellte diese, den Bedürftigen zugewandte Perspektive sozialethischen Denkens radikal auf den Kopf, wenn sie die Sicherung der Interessen der Wohlhabenden als ihr politisches Ausgangsproblem definiert.

Aus Angst wird nichts gelernt

Die Erwartung, dass gerade der Appell an das gefährdete Selbstinteresse dazu beitragen könnte, Entwicklungspolitik in Öffentlichkeit und Politik besser zu verankern, führt in die Irre. Mag sein, dass damit hier oder da zusätzliche Mittel locker gemacht oder mit Blick auf unsere langfristige Sicherheitsinteressen die notwendige Akzeptanz für unpopuläre Maßnahmen beschafft werden kann. Die Beschwörung von Risiken und Gefahren wird jedoch Individuen und Gesellschaften gerade nicht auf die Spur der Suche nach produktiven Alternativen setzen. *Die Angst ist ein schlechter Lehrmeister.* Der Behauptung von Georg Picht, dass Kollektive nicht durch Einsicht, sondern letztlich nur unter dem Zwang der Not lernten, setzte Marianne Gronemeyer vor 25 Jahren nachdrücklich anderslautende Erkenntnisse der historischen Revolutionsforschung entgegen. Krisen, so ihr Resümee, bringen in der Regel keine innovative Phantasie in Gang, sondern führen dazu, „dass klaglos und ziellos aggressiv die Grenzmarkierungen des eigenen Lebensspielraums noch ein Stück weiter zurückgeholt werden" (Gronemeyer 1977, 130).

Jüngere international vergleichende Erhebungen zur öffentlichen Akzeptanz der Entwicklungszusammenarbeit bekräftigen die Einschätzung, dass die Bereitschaft und Fähigkeit zu internationaler Solidarität in einem gesellschaftlichen Klima der Angst, des Sozialneids und der Konkurrenz nicht gedeihen können.

Die gesellschaftliche Verankerung der Entwicklungspolitik ist in jenen Gesellschaften am stärksten ausgeprägt, die auch in ihrem Inneren eine hohe soziale Sensibilität, ein hohes Maß an „compassion" im Sinne eines „widespread concern for the welfare of the poor and disadvantaged in all segments of society" (Stern 1998, 27) aufweisen: „The most important determinants of support for aid are the level of social compassion in a society, and the public perception of aid effectiveness" (ebd., 21).

So gesehen droht auch die Entwicklungspolitik in dem Maße, in dem hier zu Lande die sozialen Solidaritätssysteme abgebrochen werden und sich der herrschende Diskurs des Begriffs der sozialen Gerechtigkeit entledigt, ihren noch verbliebenen gesellschaftlichen Rückhalt weiter zu verlieren. Mit dem Argument, Entwicklungspolitik diene unserer Sicherheit, ist dieser Verfall ihres legitimatorischen Fundaments gerade nicht aufzuhalten.

Literatur

Auswärtiges Amt (1998): Vierter Bericht der Bundesregierung über ihre Menschenrechtspolitik in den auswärtigen Beziehungen. Bonn.

Balz, H.-P. (1992): Die entwicklungspolitische Zusammenarbeit – ein ethisches Problem?, in: Heidhues, F. (Hg.): Die Bundesrepublik Deutschland und die Dritte Welt. Kiel, S. 133-177.

Balz, H.-P. (Hg.) (1999): Globalisierung, Ethik und Entwicklung. Bern.

Barry, T. (2002): The U.S. Power Complex: What's new? Foreign Policy Focus, Special Report No. 20.

Beck, U. (1999): Die Warum-nicht-Gesellschaft, in: Die Zeit Nr. 48 vom 25.11.99.

Beitz, C. (1979): Political Theory and International Relations. Princeton.

Brock, L. (2002): Neue Impulse für die kirchliche Zusammenarbeit? In: epd-Entwicklungspolitik 13/14/2002, S. 38-42.

Bundesakademie für Sicherheitspolitik (2001): Sicherheitspolitik in neuen Dimensionen. Kompendium zum erweiterten Sicherheitsbegriff, Hamburg.

Charny, J. R. (2003): U.S. Unilateral Humanitarian Aid is Failing, in: Foreign Policy Focus, June 27, 2003 (www.fpif.org).

Commission for Human Security (2003): Human Security Now. New York.

Gronemeyer, M. (1977): Lebenlernen unter dem Zwang der Krise?, in: Bahr, H.E./Gronemeyer, R. (Hg.): Anders leben – überleben, Frankfurt a. M., S. 113-148.

Höffe, O. (1999): Demokratie im Zeitalter der Globalisierung. München.

Klingebiel, S./Roehder, K. (2004): Entwicklungspolitisch-militärische Schnittstellen. Neue Herausforderungen in Krisen und Post-Konflikt-Situationen. DIE, Berichte und Gutachten 3/2004, Bonn.

Kreidler, C./Runge, P. (2003): Bedrohte Helfer. In: epd-Entwicklungspolitik 8/9/2003, S. 30-33.

Lieser, J./Runge P. (2003): Streitkräfte als humanitäre Helfer? In: epd-Entwicklungspolitik 16/17/2003, S. 24-27.

National Intelligence Council NIC (2001): Global Humanitarian Emergencies, Trends and Projections. Washington.

National Intelligence Council NIC (2002): The Next Wave of HIV/AIDS. Washington.

O'Neill, O. (2000): Bounds of Justice. New York.

OECD (2003): A Development Co-operation Lens on Terrorism Prevention. DAC Guidelines and Reference Series. Paris.

Pogge, T. (1998): Menschenrechte als moralische Ansprüche an globale Institutionen, in: Gosepath, S./Lohmann G. (Hg.): Philosophie der Menschenrechte, Frankfurt a. M., S. 378- 400.

Rawls, J. (1975): Eine Theorie der Gerechtigkeit. Frankfurt a. Main.

Schröder, H.-J. (2003): Aus alten werden neue Abhängigkeiten. George W. Bush und Afrika. In: epd-Entwicklungspolitik 14/15/2003, S. 24-27

Singer, P. W. (2000): Aids and International Security, in: Survival Vol 44, No.1, 2000, pp. 145-158.

Staud, T. (2003): Die Leiden der Heidi W., in: Die Zeit Nr. 30. vom 17. Juli 2003.

Stern, M. (1998): Development Aid: What the public thinks. New York.

Tenet, G. T. (2003): The Worldwide Threats in 2003. Evolving Dangers in a Complex World, 11 February 2003 (www.cia.gov).

The Reality of Aid 2004. (2004): Manila/London (vgl. www.realityofaid.org).

Vennemann, M./Benn, C. (2003): Die Gesundheit der Armen und die globale Sicherheit. In: epd-Entwicklungspolitik 12/2003, S. 24-29.

Voland, E. (2000): Grundriss der Soziobiologie. Heidelberg und Berlin.

Weber, K. (2003): Denen werden wir helfen. In: Ossietzky, Heft 14/2003.

Alexander Lohner
Option für die Armen oder Strategie der Sicherheitspolitik?
Ein Beitrag zur Ethik der Entwicklungszusammenarbeit aus der Sicht theologischer Sozialethik

Die Problemlage

In Erinnerung an Willy Brandts Feststellung, dass Entwicklungspolitik die Friedenspolitik des 21. Jahrhunderts sei, oder des Wortes von Papst Paul VI., Entwicklung sei das neue Wort für Friede, könnte man meinen, Entwicklungsorganisationen begrüßten es, wenn ihre Arbeit im Kontext der Friedenssicherung zunehmende Akzeptanz, Würdigung und Unterstützung fände.

Tatsächlich beurteilen kirchliche Hilfsorganisationen und viele Nichtregierungsorganisationen es aber als äußerst problematisch, wenn die Entwicklungszusammenarbeit gewissermaßen in sicherheitspolitische Überlegungen eingebettet und die Begründung der Armutsbekämpfung in unmittelbaren Zusammenhang mit Sicherheitsaspekten des Nordens gebracht wird. Es ist nämlich nicht zu übersehen, dass die Humanitäre Hilfe der Vereinten Nationen beispielsweise in den letzten Jahren immer stärker in die Gefahr geraten ist, die soziale Komponente für die Beschlüsse des Sicherheitsrates zu werden.

„Nach den Terroranschlägen vom 11. September 2001 hat sich die Tendenz, die im globalen Rahmen auf eine Neuformulierung bisher getrennter Politikfelder (Innen, Außen, Sicherheit, Militär, Entwicklung) abzielt, noch verstärkt", analysiert Thomas Zittelmann die politische Diskussion zutreffend. „Der eigenständige definitorische Spielraum für ‚zivile' Krisenvorbeugung im Rahmen ‚zivil-militärischer' Gemeinschaftsaufgaben wird dabei vermutlich zunehmend enger werden" (Zittelmann 2001, 21).

Angesichts einer solchen Einschätzung müssen sich Nichtregierungsorganisationen entsprechend ihres Selbstverständnisses klar positionieren. Das ist von kirchlicher Seite beispielsweise in einer Erklärung geschehen, die am 31. Juli 2003 von Brot für die Welt, dem Evangelischen Entwicklungsdienst und dem Bischöflichen Hilfswerk Misereor herausgegeben wurde und die den Titel

„Entwicklungspolitik im Windschatten militärischer Interventionen?"[1] trägt. Der folgende Beitrag möchte zu der Problematik des spannungsreichen Verhältnisses von Sicherheitspolitik und Entwicklungshilfe einige sozialethische Gesichtspunkte und Hinweise aus theologischer Sicht beisteuern.

Es ist dabei vollkommen unstrittig, dass Sicherheit, Frieden und nachhaltige Entwicklung unter den Bedingungen extremer Ungerechtigkeit und Ungleichheit nicht gedeihen können. Insofern hat der frühere Bundespräsident Johannes Rau nach den Terroranschlägen vom 11. September zu Recht gesagt: „Der beste Schutz gegen Terror, Gewalt und Krieg ist eine gerechte internationale Ordnung."[2] Gewaltsamen Auseinandersetzungen und Kriegen[3] kann der Nährboden tatsächlich nur entzogen werden, wenn Hoffnungs- und Perspektivlosigkeit, Marginalisierung und Ungerechtigkeit weltweit reduziert werden – und die Entwicklungspolitik kann dazu auch ohne Zweifel einen substantiellen Beitrag leisten. Kollektive Gewalt und Krieg sind – nicht nur, aber auch – die Folge und Konsequenz von Elend und Armut eines großen Teils der Menschheit – des krassen Unterschieds von Wohlstand und Macht zwischen den Staaten und Ländern einerseits und innerhalb vieler Staaten und Länder andererseits.

Das gilt in einem gewissen Sinne auch für den Terrorismus: Zwar ist es richtig, dass es sich beispielsweise bei den meisten Terroristen, die an den Angriffen auf die USA im September 2001 beteiligt waren, um mittelständische Bürger eines relativ wohlhabenden Landes handelte – ganz abgesehen von deren sehr wohlhabendem Anführer Osama Bin Laden. Freilich rekrutieren er und andere Terroristen ihre Anhänger auch dadurch, dass sie auf die bestehenden Ungerechtigkeiten in der Welt hinweisen. Die Entwicklungshilfe der reichen Länder des Nordens kann insofern auch dazu beitragen, dieses Argument zu entkräften, indem sie demonstriert, dass ihre Programme die langfristigen Bedürfnisse der Armen berücksichtigen.

---

[1] Siehe epd-Entwicklungspolitik 16/17/2003 und www.misereor.de/allgemein_4459.php
[2] www.bundespraesident.de/dokumente/Rede/ix_56139.htm
[3] Grundsätzlich kann man, von der heutigen Situation ausgehend, drei Typen von gewaltsamen Konflikten unterscheiden: erstens zwischenstaatliche Konflikte im Sinne klassischer militärischer Konflikte; zweitens traditionelle innerstaatliche Konflikte und Kriege, das heißt Proteste, Revolutionen und Bürgerkriege, sowie drittens neue Konflikte und Kriege, die man in Anlehnung an Holsti als „wars of the third kind" charakterisieren kann (vgl. Holsti 1996).

Ursachen zumal für innerstaatliche Kriege und gewaltsame Auseinandersetzungen beziehungsweise „Low Intensity Conflicts" (LICs) sind neben Armut und Ungerechtigkeit vor allem auch die Unfähigkeit der Staaten, ihren Bürgern ein Minimum an sozialer Sicherheit und politischer Freiheit zu garantieren. Dieser Missstand kann zu sozialer Fragmentierung, Politisierung ethnischer Zugehörigkeit und übersteigerter Suche nach Gruppenidentität führen, was schließlich nicht selten in einem pathologischen Prozess von Gewalt und Destruktion endet.

So oder so gilt: Will man den Nährboden von Terrorismus, Krieg und Gewalt austrocknen, ist eine umfassende Veränderung der internationalen Hierarchie der Staatengemeinschaft vermittels verschiedener Ansätze, voran die Entwicklungshilfe und -zusammenarbeit, notwendig.

Über 90 Prozent der Kriege seit 1945 wurden in Ländern der so genannten Dritten Welt ausgetragen.[4] Es muss daher im Interesse der internationalen Gemeinschaft liegen, die Entwicklungszusammenarbeit zum Beispiel durch die Regulierung und Eindämmung des Waffenhandels, durch Investitionen in Entminungsprojekte, durch eine menschenwürdige Behandlung von Flüchtlingen und durch den Einsatz eines permanenten Internationalen Strafgerichtshofes zu ergänzen. Die oben skizzierte Begründung von Entwicklungshilfe als Mittel der Gefahrenabwehr allerdings ist politisch und ethisch fragwürdig.

Die ethischen Grundlagen der Entwicklungszusammenarbeit aus theologischer Sicht

Der Mangel an weltweiter Gerechtigkeit muss uns unabhängig von terroristischer und kriegerischer Gewaltbedrohung herausfordern und ein Anliegen sein: Über 1,2 Milliarden Menschen leben in extremer Armut, müssen also mit weniger als einem Dollar pro Tag auskommen. Über 800 Millionen Menschen hungern. Mehr als 24.000 verhungern täglich. Das allein ist Grund und Anlass genug, zu helfen, Armut zu überwinden, soziale und kulturelle Ausgrenzung zu beenden und die natürlichen Lebensgrundlagen aller Menschen zu schützen. Aus

---

[4] Bundesministerium für wirtschaftliche Zusammenarbeit und Entwicklung (BMZ): Deutsche Entwicklungspolitik. Memorandum der Bundesregierung zur DAC-Jahresprüfung. Bonn, den 18. März 1996. S. 2.

theologischer Sicht ist zu betonen, dass Christen hierbei nicht Furcht, sondern Nächstenliebe – die Überzeugung, dass eine andere Welt notwendig und möglich ist – antreiben sollte. „Der Anspruch des Not Leidenden auf Hilfe ist in seiner Geschöpflichkeit begründet – und die kann nicht zur Verhandlungsmasse der Politik werden" (Wingert 2000, 21).

Das Recht auf Nahrung, das Recht auf Gesundheit usw. sind Menschenrechte – unveräußerliche Rechte, die jedem Menschen allein auf Grund seiner Natur zukommen. Es besteht die Gefahr, dass diese Notwendigkeiten nicht mehr als unveräußerliche Grundrechte gesehen und verstanden werden, wenn sie nur noch im Kontext tatsächlicher oder vermeintlicher Bedrohungsszenarien als utilitaristische und strategische Zielpunkte interpretiert werden. Mit einer militärisch geprägten Sichtweise wächst zudem die Fixierung auf schnell erreichbare Ergebnisse. Die Option für die Armen verpflichtet uns jedoch gerade auf eine langfristige und nachhaltige Entwicklung.

Aus theologischer Sicht ist zu unterstreichen, dass die Grundlage des Selbstverständnisses kirchlicher Hilfswerke die Option für die Armen als unsere Brüder und Schwestern und Ebenbilder Gottes zu sein hat. Entwicklungszusammenarbeit unter dem Vorzeichen der Angst vor terroristischen oder kriegerischen Gewalttaten hingegen birgt die Gefahr in sich, dass die Armen im Süden zunehmend nur noch als Bedrohung oder als Opfer, nicht aber als Menschen mit eigenem Potenzial und eigener Würde wahrgenommen werden.[5] Entwicklungshilfe darf die Menschenwürde nicht beschädigen. Sie muss so geleistet werden, dass die Menschen, denen die Unterstützung gilt, nicht in ihrer Würde verletzt werden. Elementare Voraussetzung dafür aber ist, Menschen nicht auf ihr Elend und ihre Not zu reduzieren, sie nicht nur noch als Hungernde, Flüchtlinge oder sonst wie marginalisierte Gruppen zu betrachten.

---

[5] Das von Brot für die Welt, dem Evangelischen Entwicklungsdienst und Misereor herausgegebene Positionspapier „Entwicklungspolitik im Windschatten militärischer Interventionen?" formuliert es so: „Sicherheit ist unteilbar: Weder Nord noch Süd noch einzelne Staaten können sie für sich allein gewinnen und bewahren, ohne sie der Mehrheit der Bevölkerung und der Völker zuzugestehen. Sie ist umfassend und beinhaltet zwingend auch wirtschaftliche und soziale Sicherheit als ein wichtiges Gut für alle Menschen." (Vgl. Fußnote 2).

Ethnische und religiöse Zuschreibungen als Erklärungsmuster für gewaltsame Konflikte

Außerdem werden zunehmend ethnische und/oder religiöse Zuschreibungen – etwa der fundamentalistische Islamismus – als Erklärungsmuster für gewaltförmige Konflikte und als Begründung für die Notwendigkeit einer Intervention von außen herangezogen, obwohl nach Erfahrung nicht nur kirchlicher Hilfswerke unter der Oberfläche vermeintlicher ethnischer und religiöser Konflikte nicht selten soziale Spannungen – die in Strukturen der Ungerechtigkeit wurzeln – wirken (vgl. Wissing 1995). Die Sichtweise, Gewaltkonflikte zumal in Entwicklungsländern simplifizierend auf ethnische Zugehörigkeiten oder religiöse Auseinandersetzungen zurückzuführen, verkennt – allgemein formuliert – die Vielschichtigkeit ethno-nationaler Krisenursachen, ist aber auf Grund vorhandener Stereotypen (nicht zuletzt der Medien, vgl. Ignatieff 2000) und dem Wunsch nach einfachen Erklärungsmustern weit verbreitet. Nicht nur die Erfahrungen von Nichtregierungsorganisationen, sondern auch zahlreiche wissenschaftliche Untersuchungen demonstrieren, dass ethnische und religiöse Unterschiede gewaltsame Konflikte alleine nicht erklären können. „Nicht die behauptete oder wahrgenommene ethnisch-kulturelle Andersartigkeit als solche ist der wesentliche Grund für gewaltsames Gruppenhandeln, sondern deren Verbindung mit politischen, ökonomischen und sozialen Faktoren der Benachteiligung, Ausgrenzung und existentiellen Bedrohung. Allerdings kommt in solchen Situationen ethnischen, religiösen und kulturellen Faktoren eine wichtige expressive und instrumentelle Funktion zu. Durch sie werden die Gegensätze zum Ausdruck gebracht und die Erscheinungsformen der aus diesen erwachsenen kriegerischen Konflikten geprägt" (Matthies 1994, 27f.).

Zwischen der religiösen Zusammensetzung einer Gesellschaft und ihrer Bürgerkriegsanfälligkeit besteht kein signifikanter Zusammenhang. Religiös homogene Nationen wie Algerien, Burundi, Kambodscha, Somalia und Ruanda werden nicht seltener von brutaler Gewalt heimgesucht als multireligiöse (Hasenclever 2003).

Diese Erfahrungswerte fordern zu einer genaueren Analyse der tatsächlichen ethnischen oder religiösen Dimensionen von Konflikten sowie zu subtilem und sensiblem Umgang mit ihrem vorschnellen Einbezug und zur Zurückweisung ihrer möglichen Instrumentalisierung für ökonomische oder politische Interessen heraus, so wirkungsvoll kirchliche Hilfswerke sich auch unbestritten für den versöhnenden Brückenschlag zwischen den Konfessionen, Religionen und Kulturen einsetzen. Denn ohne Zweifel kann auf der anderen Seite nicht behauptet werden, dass ethnische und religiöse Differenzen vernachlässigt werden könnten. Denn nicht nur benutzen – wie beispielsweise Dieter Senghaas (1998) in „Zivilisierung wider Willen" gezeigt hat – gewaltbereite Eliten religiöse Überzeugungen, um Unterstützung zu mobilisieren. Darüber hinaus bergen beispielsweise Identitätskrisen nach dem Zusammenbruch totalitärer Regime in sich die Gefahr der Überbetonung ethnischer oder religiöser Unterschiede zur Stärkung des Selbstwertgefühls und damit der ethnozentrischen Abgrenzung entlang historischer, territorialer und sprachlicher Grenzen, wobei die zuvor von den Diktaturen ausgeübten „Mechanismen der Herrschaftssicherung nicht unwesentlich zur Verschärfung der Konflikte bei(getragen)" haben (Ferdowski 1993, 38).

Der konfliktive Gehalt von Entwicklungszusammenarbeit und der Beitrag der Nichtregierungsorganisationen zur konstruktiven Konfliktbearbeitung

Die große Not des Südens erfordert einen globalen Interessenausgleich, der in Zukunft vom Norden erhebliche Zugeständnisse und Veränderungen verlangen wird. Entwicklungszusammenarbeit, die auf armutsmindernde Strukturveränderungen abzielt, bringt – das hat die Erfahrung von über vierzig Jahren Entwicklungszusammenarbeit gelehrt – auch Interessenkonflikte mit sich: Interessenkonflikte zwischen Nord und Süd und in den Ländern des Südens, beispielsweise zwischen den privilegierten Bevölkerungsschichten, die etwa an der Globalisierung gewinnen, und der Masse der Armen.[6] Eine vorrangige Legitimierung von Entwicklungshilfe durch den Verweis auf ihren sicherheitsfördernden und Konflikt beschwichtigenden Charakter blendet hingegen die sozialen und politischen Konsequenzen aus und bereitet etwa die Menschen im Norden nicht auf den notwendigen Wandel vor.

---

[6] Hier ist nicht an missbräuchlich verwendete und instrumentalisierte humanitäre Hilfe gedacht, wie die im Jahre 1992 in Somalia gewährte „Hilfe", die vor allem den dortigen Kriegsfürsten, kaum aber dem notleidenden Volk, nützte.

Da Konflikte integrales Element und Ausdruck gesellschaftlicher Spannungen und Prozesse sind, ist es notwendig, die Fähigkeit der Gesellschaften und Gemeinwesen zu stärken, mit diesen Konflikten in gewaltfreier Form umzugehen. Bemühungen um eine wirkungsvolle Krisenprävention müssen daher – wo immer möglich – Unterstützung finden. Auf Grund ihrer Nähe zu den Menschen sind Nichtregierungsorganisationen und kirchliche Hilfswerke häufig besonders prädestiniert, gewissermaßen unterhalb der staatlichen Ebene Konflikte konstruktiv zu begleiten und zu bearbeiten.

Norbert Ropers (2000, 83) hat vier Punkte herausgearbeitet, warum Nichtregierungsorganisationen im Kontext von Zivilgesellschaften ein hohes Potenzial zur konstruktiven Konfliktbearbeitung zukommt:

„– Sie bieten einen Schutz vor Übergriffen staatlicher Willkür und begünstigen eine nachhaltige wirksame Rechtsstaatlichkeit;

– sie begünstigen einen offenen, diskursiven Umgang mit Konflikten, da die BürgerInnen durch eine entsprechende politische Sozialisation im Umgang mit Unterschieden geübt sind;

– sie bieten über ihre Foren und Kanäle einen Rahmen für die Artikulation sonst unterdrückter oder benachteiligter Interessen und begünstigen die Entstehung gemeinsamer Werte;

– sie fördern die Entfaltung von ‚erworbenen' anstelle von ‚zugeschriebenen' sozialen Zugehörigkeiten sowie von überlappenden Mitgliedschaften und bilden so ein Gegengewicht gegen die Aufspaltung der Gesellschaft entlang ethnischer Merkmale."

Nichtregierungsorganisationen leisten diese Friedensarbeit durch Früherkennung von Konflikten, Krisenanalyse sowie durch die Organisation von Dialogforen für frühzeitiges Handeln; durch Menschenrechtsarbeit, Unterstützung von Demokratisierungsprozessen und Tatsachenermittlung; durch Mobilisierung der Öffentlichkeit für friedliche Lösungen und Schutz gefährdeter Personen; durch Unterstützung von Akteuren in Krisengebieten im Hinblick auf Konfliktfähigkeit und Konfliktbearbeitung; durch direkte und indirekte Vermittlungsdienste von außen sowie die Identifizierung, Stärkung und Qualifizierung von internen „Dritten Parteien"; durch Gemeinwesenarbeit, Förderung multiethnischer Strukturen und kultureller Milieus sowie die Schaffung von Institutionen zur Konfliktbearbeitung; durch die Unterstützung der Multiplikatorenarbeit im Bildungswesen, in der Jugendarbeit und in den Medien; und nicht zuletzt durch

Trauma-Arbeit, Reintegrationsmaßnahmen und Versöhnungsprojekte in Nachkriegsgesellschaften.

Der Weg aus Konflikten, aus der Schuld nach gewalttätigen Konflikten, in eine gemeinsame und versöhnte Zukunft, ist ein Weg, der ermöglicht wird durch Sprache, den Dialog, das Übersetzen. Die Auseinandersetzung mit eigener und fremder Schuld und das gegenseitige Vergebenkönnen – vielleicht aber auch die Erkenntnis, dass es zu Verbrechen gekommen ist, die den Opfern ein Verzeihen legitimer- und verständlicherweise nicht möglich machen – alles das setzt – wie der Theologe Peter Hünermann einmal formuliert hat – einen „Gedächtnisaustausch" voraus (vgl. Hünermann 2000, 11). Nichtregierungsorganisationen und kirchliche Hilfswerke können hier, auf Grund ihrer Nähe zu den betroffenen Menschen, eine kaum zu überschätzende Friedensarbeit leisten (vgl. GSI 1998).

Die vielen tausend Nichtregierungsorganisationen mit ihrer großen Erfahrung in der Friedensarbeit – und der Entwicklungszusammenarbeit überhaupt – müssten daher bei den Vereinten Nationen in viel stärkeren Maße Gehör finden und erweiterte Einflussmöglichkeiten haben (vgl. Childers/Urquhart 1994). Eine militärische Befriedungsstrategie von außen ist immer zum Scheitern verurteilt, wenn die Grundvoraussetzungen fehlen, also kein Minimum an Verhandlungsbereitschaft bei den Konfliktpartnern vorhanden ist.

Militärische Interventionen und der schwierige Weg zum Frieden

Obgleich aus ethischer Sicht am Vorrang der Prävention vor militärischen Interventionen festzuhalten ist, ist zuzugestehen, dass in der Vergangenheit die Zahl der Gewaltsituationen zugenommen hat, in denen anscheinend nur durch multilaterale – so ist zu betonen – militärische Interventionen Menschenleben gerettet werden konnten.[7] Freilich müssen zivile Mittel stets den Vorrang haben und ist militärisches Eingreifen immer nur als *ultima ratio* zu rechtfertigen.[8] Bischof

---

[7] Das Positionspapier „Entwicklungspolitik im Windschatten militärischer Interventionen?" formuliert es etwas vorsichtiger so: „Wir (...) sehen aber zugleich, dass nach Auffassung vieler, auch in den eigenen Reihen, die Zahl der Gewaltsituationen zunimmt, in denen nur durch multilaterale (!) militärische Interventionen Menschenleben gerettet werden können" (Vgl. Fußnote 2).

[8] Siehe zur theologischen Begründung dieser Position: Falcke 1993.

Franz Kamphaus formulierte es 1993 im Hinblick auf die Lage in Bosnien so: „Krieg löst keine Konflikte, sondern schafft neue. Aber es ist dringend notwendig, dass eine übergeordnete internationale Instanz in einem solchen Krieg sozusagen Stoppschilder aufrichtet, die dem Aggressor signalisieren, dass Gewalteinsatz nicht zum Ziel führt. Solche Stoppschilder müssen zunächst nichtmilitärischen Charakter haben, in der Form von Sanktionen (Embargos, internationale Ächtung, Flugverbot u.ä.). Es ist ein verhängnisvoller Fehler der internationalen Politik gewesen, solche Stoppschilder nicht frühzeitig und wirksam aufgerichtet zu haben. Wenn sie aber jetzt permanent missachtet werden, wie zum Beispiel das Flugverbot für die serbische Luftwaffe über Bosnien, muss eine Polizeigewalt im Namen der Menschenrechte ihre Achtung erzwingen können. Sonst hätte man sich die Mühe sparen können, und der, der die Schilder aufgestellt hat, macht sich unglaubwürdig. Es geht aber nicht allein um die Glaubwürdigkeit der UNO, sondern überhaupt um die Glaubwürdigkeit des Willens der internationalen Staatengemeinschaft, den Menschenrechten auch unabhängig von nationalen Interessen Geltung zu verschaffen" (Kamphaus 1993, 38).

Bischof Kamphaus warnte mit diesen Worten zu Recht davor, militärische Interventionen als normales Mittel der Politik zu akzeptieren. Militärische Interventionen können niemals von sich aus Frieden herstellen. Durch Waffenstillstand allein ist noch kein wirklicher Frieden geschaffen. „Ohne Aussöhnung, ohne Vergangenheitsbewältigung und ohne Engagement der Bevölkerung", schreibt Hans Dembowski (2004, 135) treffend, „ist an einen echten Neuanfang nicht zu denken." In dem von Mir A. Ferdowski und Volker Matthies (2003) herausgegebenen Buch „Den Frieden gewinnen. Zur Konsolidierung von Friedensprozessen in Nachkriegsgesellschaften" wird anhand diverser Beispiele – unter anderem Bosnien-Herzegovina, Vietnam und Kambodscha, Somalia, Angola und Mosambik, Nicaragua und El Salvador – anschaulich demonstriert, dass es vielfach wesentlich einfacher war, den Krieg zu beenden – so schwierig der Weg zur Waffenruhe auch gewesen sein mag –, als den Frieden sozioökonomisch, gesellschaftlich und institutionell zu festigen. Wenngleich durch die Waffenruhe auch die Voraussetzungen dafür geschaffen worden sind, dass die gesellschaftliche und soziale Befriedung angegangen werden konnten, haben die ernüchternden Ergebnisse der Fallstudien doch luzide gezeigt, wie komplex und problembeladen die Konsolidierung des Friedens in ihrer politisch-praktischen Umsetzung ist.

Für den Erfolg externer Bemühungen war es unabdingbar, den Friedenskonsolidierungsprozess als ein eminent politisches Projekt zu begreifen und anzulegen, und nicht allein oder überwiegend des materiellen Wiederaufbaus – so wichtig dieser auch ist. Es war notwendig, einen eigenständigen, lokal angepassten, legitimierten politischen Prozess anzustoßen oder zu befördern, wobei die hierzu verwendeten Konzepte, Regeln, Normen und Institutionen der Akzeptanz der betroffenen Gesellschaften bedurften und daher mit deren kulturellen Werten und historischen Traditionen kompatibel sein mussten. Mit größten Schwierigkeiten war dann zu rechnen, wenn es um den Aufbau von Institutionen und die Anwendung von Prinzipien ging, deren Akzeptanz auf einer Veränderung von Verhaltensweisen beruhte, die einer längerfristigen Zeitperspektive bedurft hätten. „(Es) bleibt eine der wesentlichen Lehren aus den untersuchten Fallstudien", schreiben Mir A. Ferdowski und Volker Matthies in ihrem „Fazit", „dass der Frieden nicht von außen gebracht oder erzwungen werden kann, sondern letztlich von den Akteuren selbst, ihrer Bereitschaft und ihrem Willen abhängt, die errungenen Spielräume zu nutzen und Bemühungen um eine breitenwirksame Stabilisierung des Friedens aufzunehmen. Sie müssen, nachdem der Krieg vielfach nicht zu gewinnen war, die Chance ergreifen und ‚den Frieden gewinnen'" (ebd. 355f.).

Der *neue Interventionismus* aber verkennt die Komplexität der notwendigen Bemühungen um die Konsolidierung von Friedensprozessen. Entwicklung freilich braucht ohnehin mehr, nämlich Frieden, Zusammenarbeit und Partizipation. Der neue Interventionismus leistet zudem dem Irrtum Vorschub, dass damit auf eine Veränderung der internationalen Macht- und Besitzungleichgewichte verzichtet werden könne. Die mühsame Aufgabe des gerechten Interessenausgleichs, der Versöhnung und der Schaffung friedensfähiger politischer und gesellschaftlicher Strukturen ist nur politisch zu lösen. Wirksame Entwicklungsprojekte allein können global nachhaltige Entwicklung nicht gewährleisten. Neben der Verbesserung nationaler makroökonomischer Strukturen sind auch Reformen bei den weltwirtschaftlichen Rahmenbedingungen, das heißt eine Re-Regulierung der Handels-, Währungs-, Verschuldungs- und Finanzhilferegime der Weltwirtschaft nötig (vgl. z. B. Jakobeit 1998).

Wo militärische Intervention unumgänglich scheint, ist in jedem Fall sicherzustellen, dass die militärischen Maßnahmen in ein politisches Gesamtkonzept eingebunden sind, das Gebot der Verhältnismäßigkeit nicht verletzt wird und der

Schutz und die Sicherheit unbeteiligter Zivilisten unbedingt gewährleistet ist.[9] Außerdem müssen Methoden oder Mittel der Kriegsführung verhindert werden, die dazu führen können, weiträumige, langanhaltende und schwere Schädigungen der natürlichen Umwelt zu verursachen.[10]

Entwicklungspolitik darf dabei allerdings nicht strategisch für die Aufarbeitung von Interventionsfolgen und zur indirekten Kriegskostenfinanzierung eingeplant werden. Sie darf auch nicht dazu herhalten müssen, durch den Krieg zerstörte Infrastruktur wieder aufzubauen. Sie geriete so unter militärpolitische Konditionierungen und Kontrollen, die nicht im Sinne einer nachhaltigen Entwicklung sind.

Auf gar keinen Fall sollte Entwicklungspolitik militärische Einsätze mitfinanzieren, wie das der Europäische Entwicklungsfonds im Fall Liberia getan hat. Das wäre eine ungute Aufgabenvermischung. *Entwicklungshilfe darf nur zivile Aufgaben finanzieren.*

Militärische Interventionen und humanitäre Hilfe

Wer die Verantwortung für eine militärische Intervention übernimmt, hat die Pflicht, für die Wiederherstellung von Ordnung und Sicherheit und für langfristige Zukunftssicherung (beispielsweise in Afghanistan oder im Irak) zu sorgen. Das bedeutet freilich nicht, dass es – trotz der oben skizzierten Vorbehalte gegenüber militärischen Interventionen – nicht zu Kooperationen mit Nichtregierungsorganisationen und kirchlichen Hilfswerken in den Bereichen Ernährungssicherung, Not- und Flüchtlingshilfe sowie medizinische Versorgung usw. kommen könnte. Tatsächlich hat diese Form der humanitären Hilfe inzwischen bereits solche Ausmaße angenommen, dass, wenn heute über humanitäre Hilfe und damit über humanitäre Katastrophen gesprochen wird, man zumeist an kriegerische Auseinandersetzungen wie in Somalia, Ruanda, Bosnien, Kosovo, Ost-Timor oder Tschetschenien denkt, obgleich es sich bei diesen Katastrophen „nicht primär um humanistische Katastrophen, sondern um politische Katastro-

---

[9] Das ergibt sich letztlich bereits – von gewissen zeitbedingten Unzulänglichkeiten abgesehen – aus der klassischen theologischen Friedensethik, wie sie beispielsweise von Thomas von Aquin entwickelt wurde. Vgl. etwa: Beestermöller 1990, auch: Justenhoven 1991.

[10] Siehe etwa: Höchner 1997, auch: Kimminich 1979.

phen mit humanitären Folgen (handelt), weil derartige Konflikte auf Kosten der Zivilbevölkerung gewaltsam gelöst werden" (Eberwein et al. 1999, 32). Tatsächlich absorbiert diese Form von Konflikten seit längerem den größten Teil der humanitären Hilfe – gegenüber der humanitären Hilfe bei Naturkatastrophen, seien es kurzfristige Katastrophen, wie Erdbeben oder Hurrikane, oder langfristige Katastrophen, wie Dürreperioden oder Hungersnöte. Gemeinhin wird zwischen der „Entwicklungshilfe" bzw. „*Entwicklungszusammenarbeit*", die langfristig auf Strukturbildung angelegt ist, und der „*humanitären Hilfe*", die eher durch Kurzfristigkeit und den Ad-hoc-Charakter ihrer Aktivitäten gekennzeichnet ist, unterschieden. Freilich sind die Grenzen hier oft fließend. Denn auch die humanitäre Hilfe muss Ursachen bekämpfen und Zukunft gestalten: Sie steht in der Verantwortung, in Katastrophen nicht nur kurzfristig das Überleben zu sichern, sondern auch die Lebensumstände insgesamt zu verbessern, damit die Opfer auch für die Zukunft weniger vulnerabel sind. Katastrophenhilfe auf die kurzfristige Intervention zu reduzieren, höhlt das humanitäre Anliegen aus und gibt auf die realen Notlagen der Menschen keine adäquate Antwort.

So oder so muss aber betont werden, dass als humanitäre Hilfe im Kriegsfall oder in anderen Fällen gewaltsamer Konflikte nur solche Leistungen und Maßnahmen anzusehen sind, die aus einer strikt humanitären Motivation heraus auf die direkte Unterstützung der Opfer abzielen. Darüber hinaus muss sie unparteiisch vorgehen in dem Sinne, dass sie sich an alle Bedürftigen und Kriegsopfer, unabhängig von deren Zugehörigkeit zu bestimmten ethnischen, politischen und sonstigen Gruppierungen, wendet (vgl. Henn/Klingebiel 1993, 105 ff.). Mit anderen Worten muss sie sehr wohl insofern parteiisch sein, als sie Partei ergreift für die Opfer von Gewalt, Unterdrückung und Ausgrenzung. Wie die Entwicklungshilfe darf auch die humanitäre Hilfe nicht instrumentalisiert werden. Humanitäre Hilfe muss den Anspruch vertreten, einzelstaatliche und militärische Interessen auszuklammern, um opfer-orientiert wirksam werden zu können.

Freilich bedeutet diese Neutralität nicht, dass es den Organisationen, welche humanitäre Hilfe leisten, verwehrt sein dürfte, Verletzungen des humanitären Völkerrechts öffentlich zu machen. Humanitäre Hilfe beinhaltet vielmehr zwingend die Verpflichtung, den Bestimmungen zum Schutz von Flüchtlingen, den Menschenrechten und elementaren Prinzipien humanitärer Arbeit mit geeigneten Mitteln Respekt zu verschaffen. Das Prinzip einer recht verstandenen Neutralität bei der Katastrophenhilfe ist dabei nicht immer leicht zu verdeutlichen. So half beispielsweise die evangelische Diakonie im Jahre 2000 uneingeschränkt bei der Hungersnot in Äthiopien – obwohl die Dürre dort nicht die katastrophalen Folgen und Auswirkungen gehabt hätte, wenn die Regierung in Addis Abeba keinen kostspieligen Krieg gegen den Nachbarn Eritrea geführt hätte. Das monierte die Diakonie zwar politisch – verknüpfte aber die politische Kritik nicht mit der humanitären Hilfe. Aus diesem Grund sind bei der Diakonie – ähnlich wie bei Caritas international – die Abteilungen Katastrophenhilfe und „Advocacy" deutlich getrennt.

Schlussfolgerungen

Obgleich der Arbeit der vielen Nichtregierungsorganisationen und der kirchlichen Hilfswerke eine kaum zu überschätzende Bedeutung bei der konstruktiven Konfliktbearbeitung und auf dem Weg zu einem wirklichen Frieden zwischen verfeindeten Staaten, Völkern, Kulturen und Volksgruppen zukommt, ist es aus entwicklungspolitischer Sicht abzulehnen, wenn die Entwicklungszusammenarbeit in *sicherheitspolitische* Überlegungen eingebettet und die Begründung der Notwendigkeit einer Armutsreduktion in direkten Zusammenhang mit Sicherheitsaspekten der Industriestaaten beziehungsweise des Nordens gebracht wird.

Statt die Nichtregierungsorganisationen funktionalisierend und instrumentalisierend in ihre sicherheitspolitischen Kalkulationen einzubeziehen, sollten die Regierungen des Nordens ihre eigenen Bemühungen und Anstrengungen um das ihnen Mögliche und Zukommende verstärken, um den Frieden zu fördern. Humanitäre Hilfe darf kein Alibi sein für verfehlte staatliche Machtpolitik oder politische Unfähigkeit zur Lösung von Konflikten. Nichtregierungsorganisationen und kirchliche Hilfswerke werden diejenigen nicht aus ihrer Verantwortung entlassen, die im Falle gewalttätiger Konflikte wirklich etwas bewirken können: Politiker, Staatsmänner, Diplomaten, Parlamentarier, vor allem aber auch die für die Gewalt Verantwortlichen. Dabei sind in erster Linie Initiativen der internationalen Gemeinschaft, festgefahrene Konflikte politisch zu lösen, zu fördern, wobei auch an Konflikte zu denken ist, die derzeit weniger im Zentrum der

Aufmerksamkeit der Welt liegen: Sudan, Angola, Guatemala, Kaschmir, Kolumbien, Sri Lanka usw.[11] Unverzichtbare Maßnahmen hierfür sind etwa die Ratifizierung der von der UN-Vollversammlung vor knapp fünf Jahren verabschiedeten Internationalen Konvention zur Bekämpfung des Terrorismus, die Erhöhung der politischen Akzeptanz und der finanziellen Ausstattung des Internationalen Strafgerichtshofes, die Verstärkung der Bemühungen um Kontrolle des Handels mit und der Weitergabe von Waffen aller Art.[12] Vor allem aber auch die entschiedene und konsequente Durchführung dessen, was sich die 189 Staats- und Regierungschefs auf dem Jahrtausend(Millennium)Gipfel der Vereinten Nationen im September 2000 in New York verpflichtend vorgenommen haben: die extreme Armut bis zum Jahre 2015 zu halbieren.

Doch selbst die 1969 von den Mitgliedstaaten der Vereinten Nationen festgelegte Erhöhung der Entwicklungshilfe auf 0,7 Prozent des Bruttosozialprodukts ist nach über drei Jahrzehnten immer noch in weiter Ferne.

Literatur

Beestermöller, G. (1990): Thomas von Aquin und der gerechte Krieg. Friedensethik im theologischen Kontext der Summa Theologiae. Köln.
Bundesministerium für wirtschaftliche Zusammenarbeit und Entwicklung (BMZ) (1996): Deutsche Entwicklungspolitik. Memorandum der Bundesregierung zur DAC-Jahresprüfung. Bonn, den 18. März 1996.
Cairns, E./Pommerening, D. (1998): Frieden in Sicht? Schritte in eine konfliktärmere Welt. Idstein.
Childers, E./Urquhart, B. (1994): Für eine Erneuerung der Vereinten Nationen. In: Entwicklungspolitik. 23/24/1994, S. 14-47.
Dembowski, H. (2004): Wenn Soldaten Waffenstillstand schaffen. In: E + Z. Entwicklung und Zusammenarbeit. 4/2004, S. 135.

---

[11] Siehe zu diesem Themenkomplex die Ausgabe der Zeitschrift FriedensForum. Zeitschrift der Friedensbewegung 3/2003, die sich explizit mit den „Vergessenen Kriegen" befasst hat.
[12] Vgl. die VENRO-Stellungnahme „Die Terroranschläge und die Folgen: Handlungsbedarf aus Sicht der entwicklungspolitischen Nichtregierungsorganisationen" (vom 12. Oktober 2001); (www.venro.org/publikationen/archiv/terror1109_venrostellungnahme.pdf), zu diesem Themenkomplex auch: Cairns/Pommerening 1998.

Eberwein, W.-D./Chojnacki, S./ Götze, C./Topçu, Y. (1999): Humanitäre Hilfe in globalen Konflikten. In: Aus Politik und Zeitgeschichte. B 52-53/99, S. 31-38.

Falcke, H. (1993): „Verlasst Euch nicht auf Gewalt". Eine biblisch-ethische Orientierung. In: Pax Christi – Deutsches Sekretariat Komitee für Grundrechte und Demokratie Versöhnungsbund e.V. (Hrsg.): Eingreifen! Gewaltfreiheit versus Militärintervention. Idstein, S. 11-36.

Ferdowski, M. A. (1993): Kriege der Gegenwart – Nachholprozesse nationalstaatlicher Konsolidierung? In: Matthies, V.(Hrsg.): Frieden durch Einmischung? Bonn, S. 27-42.

Ferdowski, M. A./Matthies, V. (2003): Den Frieden gewinnen. Fazit. In: Dies. (Hrsg.): Den Frieden gewinnen. Zur Konsolidierung von Friedensprozessen in Nachkriegsgesellschaften. Bonn, S. 322-357.

Gustav-Stresemann-Institut (GSI) (Hrsg.) (1998): Den Krieg aus der Seele befreien. Über die Wege zur Wahrheit, zur Versöhnung, zum Frieden. Dokumentation der Tagungen des Gustav-Stresemann-Instituts 5. bis 7. Dezember 1997. Bonn.

Hasenclever, A. (2003): Kriegstreiber und Friedensengel. Die Rolle von Religionen und Glaubensgemeinschaften in bewaffneten Kriegen. In: epd-Entwicklungspolitik. 14/15/2003, S. 60-64

Henn, H./Klingebiel, S. (1993): Helfer im Kreuzfeuer. Humanitäre Hilfe in Kriegssituationen. In: Matthies, V. (Hrsg.): Frieden durch Einmischung? Bonn, S. 105-121.

Höchner, K. M.(1977): Schutz der Umwelt im Kriegsrecht. Zürich

Holsti, K. J. (1996): The State, War, and the State of War. Cambridge.

Hünermann, P. (2000): Konflikte und gemeinsame Zukunft: Zur Frage von Schuld und Versöhnung in unserer Zeit. In: Weber, H. (Hrsg.): Konflikte und gemeinsame Zukunft: Zur Frage von Schuld und Versöhnung in unserer Zeit. Bonn, S. 8-11.

Ignatieff, M. (2000): Die Zivilisierung des Krieges. Ethnische Konflikte, Menschenrechte, Medien. Hamburg.

Jakobeit, C. (1998): Internationale Institutionen in den ökonomischen und ökologischen Nord-Süd-Beziehungen. Hamburg.

Justenhoven, H.-G. (1991): Francisco de Vitoria zu Krieg und Frieden. Köln.

Kamphaus, F. (1993): Verständnis für die begrenzte Anwendung militärischer Gewalt. In: Pax Christi – Deutsches Sekretariat Komitee für Grundrechte und Demokratie Versöhnungsbund e.V. (Hrsg.), a.a.O., S. 37-39.

Kimminich, O. (1997): Schutz der Menschen in bewaffneten Konflikten. Zur Fortentwicklung des humanitären Völkerrechts. Mainz.

Matthies, V. (1994): Immer wieder Krieg? Wie Eindämmen? Beenden? Verhüten? Schutz und Hilfe für die Menschen? Opladen.

Ropers, N. (2000): Konfliktbearbeitung in der WeltbürgerInnengesellschaft. Friedensförderung durch Nichtregierungsorganisationen. In: Menzel, U. (Hrsg.): Vom Ewigen Frieden und vom Wohlstand der Nationen. Frankfurt/Main, S. 70-101.

Senghaas, D. (1998): Zivilisierung wider Willen. Der Konflikt der Kulturen mit sich selbst. Frankfurt/Main.

Verbeek, B.(2004): Die Wurzeln der Kriege. Zur Evolution ethnischer und religiöser Konflikte. Stuttgart.
Wingert, P. (2000): Wie humanitär ist die humanitäre Hilfe? Sind die Hilfswerke abhängig von Regierungen und Militärs? Beobachtungen vor Ort. In: Publik-Forum. Zeitung kritischer Christen. 16/2000. S. 20-21.
Wissing, T. (1995): Mögliche Beiträge der Entwicklungszusammenarbeit zur Krisenprävention. Eine Literaturauswertung. Berlin, S. 9ff.
Zittelmann, T. (2001): Krisenprävention und Entwicklungspolitik – Denkstil und Diskursgeschichten. In: Peripherie. Zeitschrift für Politik und Ökonomie in der Dritten Welt. 84/2001, 10-21.

Joachim Lindau
Zwischen Sicherheitskalkül, Eigeninteresse und Barmherzigkeit
Legitimationsdefizite der Entwicklungspolitik am Beispiel der Europäischen Union

Dieser Beitrag schlägt eine Brücke von der eher theoretischen Auseinandersetzung mit den ethischen Grundlagen der Entwicklungspolitik hin zu aktuellen Ausschnitten aus dem entwicklungspolitischen Diskurs. Hierbei sollen vor allem die drohende sicherheitspolitische Instrumentalisierung der Entwicklungspolitik und die damit einhergehenden Legitimationsdefizite dieses Politikfeldes im Rahmen der Europäischen Union beleuchtet werden.

Die Abschiedsvorlesung des Frankfurter Politikwissenschaftlers Lothar Brock über „Frieden als Fortschritt" wurde von der Frankfurter Rundschau (01.03.2004) unter einem prägnanten Titel veröffentlicht: *„Ein Ordnungsruf gegen Depression"*. Darin geht es viel um Recht und Verrechtlichung und nicht so sehr um entwicklungspolitische Befindlichkeiten – auf den ersten Blick jedenfalls. Jedoch werden die Grundlagen rekapituliert, auf denen die entwicklungspolitische Debatte um einen „rights based approach" versus einen „needs based approach" ausgefochten wird. Aber auch zur Befindlichkeit der Entwicklungspolitik selbst ist Bedenkenswertes ausgeführt: „Sie (die Entwicklungspolitik, d. Verf.) glaubt, dass sie sich heute als Sicherheitspolitik verkaufen muss, um ernst genommen zu werden. Diese Art von Vermarktungsstrategie ist in der gegenwärtigen Stimmungslage offenbar naheliegend. Aber die Entwicklungspolitik läuft Gefahr, ins Schlepptau der militärischen Selbstverteidigung am Hindukusch oder sonst wo zu geraten, statt Alternativen zur militärgestützten Politik zu praktizieren. Die Entwicklungspolitik droht hier in eine Sicherheitsfalle zu tappen, in der sie eher Ressourcen und Spielraum für eine eigenständige Politik verliert als hinzugewinnt. Um Gertrude Stein zu zitieren: Entwicklungspolitik ist Entwicklungspolitik ist Entwicklungspolitik. Im Übrigen sollte die Entwicklungspolitik daran Anstoß nehmen, dass man über Gerechtigkeit heute nur noch in Verbindung mit dem gerechten Krieg zu sprechen scheint, statt diesem Trend durch die eigene Versicherheitlichung noch Auftrieb zu geben" (Brock in FR 01.03.2004).

Damit sind wir mitten drin in den diversen Dilemmata der gegenwärtigen Entwicklungspolitik, die eine Neuorientierung oder die Bekräftigung gewonnener Einsichten erfordern. Es geht um die Verteidigung und Neugewinnung ihrer Legitimation. Letztere sehe ich nicht prinzipiell als gefährdet an – es sei denn durch die praktische Politik ihrer Akteure selbst. Die durch die Globalisierung gegebenen Veränderungen – Chancen wie Risiken – verleiten zivilgesellschaftliche Träger der Entwicklungsförderung zu Anpassungsstrategien an „die Politik" und unter Umständen sogar zu einer Sorte von *Pragmatismus*, die dem Opportunismus verdächtig nahe kommt.

Schleichender Bedeutungsverlust

Unter ethischen Gesichtspunkten kommt es in der nächsten Zeit für christliche Hilfswerke verstärkt darauf an, Grenzen zu erkennen und zu analysieren, die ohne Verlust an Kohärenz mit den eigenen Fundamentalprämissen (Axiomen) und Grundwerten (Kriterien) – und damit letztlich ihrer Glaubwürdigkeit – nicht überschritten werden dürfen[1].

Schon lange vor dem 11. September 2001 war ein schleichender Bedeutungsverlust der Entwicklungspolitik zu verzeichnen. Die Ursache dafür ist hauptsächlich darin zu sehen, dass die staatlich-bilaterale und multilaterale Entwicklungspolitik, aber auch die private Entwicklungsförderung einerseits Kinder einer naiven Modernisierungstheorie und andererseits des Kalten Krieges sind.

In der ökumenischen Bewegung hat es immer Bemühungen gegeben, die Notwendigkeit der Entwicklungsförderung wie die der zwischenkirchlichen Hilfe gegenüber den jeweils dominanten politischen Strömungen abzusetzen und als genuin christliches, biblisch begründetes ethisches Prinzip zu etablieren. Der *relative Bedeutungsverlust* konnte in den westlichen Gesellschaften dadurch nicht gebremst werden – auch nicht in den Kirchen unseres Landes. Dies ist festzustellen trotz weitgehend konstanter Spendenbereitschaft.

Hier kann nur daran erinnert werden, dass zu diesem Bedeutungsverlust gewiss auch Faktoren beitragen wie der grassierende Sozialabbau in unserem Land, die Beseitigung etablierter Formen der privat/öffentlichen Subsidiarität zu Gunsten einer fragwürdigen Privatisierung sozialer Dienste, oder die rückläufi-

---

[1] Vgl. hierzu den Beitrag von Christoph Stückelberger in diesem Band.

gen Kirchensteueraufkommen mit der Folge der „Provinzialisierung des politischen Diskurses" in den Landeskirchen und ihrer Diakonie.

Die Verbrechen des 11. September 2001 haben diesen schon vorher zu beobachtenden Bedeutungsverlust nur beschleunigt und zugleich die Option des Präventivschlages in weiten Teilen der politischen Klassen wieder salonfähig gemacht. Parallel dazu wurden in Deutschland durchaus lobenswerte Anstrengungen unternommen, den Zusammenhang zwischen Armut, verletztem Selbstwertgefühl, Fundamentalismus und Terrorismus in einem speziellen Programm zur Terrorvorbeugung in die praktische Entwicklungspolitik einzuführen. Ein Sicherheitskalkül „ex eventu", leider! Man hätte sich gewünscht, dass diese Sonderanstrengungen nicht in einer derart aktionistischen und zudem kurzatmigen Art, unter Herstellung eines platten und deshalb falschen Zusammenhangs zwischen Entwicklungsförderung und Terrorabwehr, „vermarktet" worden wären.

Zwischen der allseits wohlfeilen Einsicht, dass Armut langfristig den Frieden aller gefährdet und der Bereitstellung der erforderlichen Mittel zur Armutsbekämpfung klafft traditionell eine Lücke. Jahr für Jahr haben die Träger der privaten deutschen Entwicklungsförderung seit 1970 (Beschluss der UN-Vollversammlung) darauf hingewiesen, dass das – inzwischen fast nur noch symbolisch zu verstehende – 0,7 Prozent-Ziel der Investitionen für Entwicklung und Armutsbekämpfung das Minimum dessen darstellt, was erforderlich ist, um jenen Grad an Chancengleichheit für alle Menschen zu erreichen, der den Frieden sichert. Wir haben die Zusage der Bundesregierung von 0,33 Prozent für 2006. Erscheint diese Forderung angesichts einer Globalisierung unter neoliberalen, sozialdarwinistischen Vorzeichen nicht hoffnungslos naiv?

Ethisches Vakuum

Seit dem Ende des Kalten Krieges ist – vielleicht zwangsläufig – eine schrittweise Regression des Begründungszusammenhangs staatlicher Entwicklungspolitik der reichen Länder des Nordens zu beobachten. Jetzt kann wieder fröhlich auf das ideologische Konstrukt der Partnerschaft (jetzt Konditionalitäten wie „good governance") verzichtet und *„containment"* (im Sinne der Zurückdrängung des Kommunismus durch „Wohltaten" für Gefolgsleute) als zentrales „Movens" der früheren Phasen der Entwicklungspolitik zugegeben werden.

An dieser Stelle gibt es – fast 15 Jahre nach dem Fall der Mauer – entweder immer noch oder schon wieder ein *„ethisches Vakuum"*. Oder aber, wofür einiges spricht: es gibt für die Kirchen keinen Grund ihre Maßstäbe zu revidieren.

Instrumentalisierung der Zivilgesellschaft

Noch nicht in Deutschland, den Niederlanden, Großbritannien, Schweden und den anderen nordischen Ländern (mit Ausnahme Dänemarks mit seinem entwicklungsfeindlichen, populistischen Regime), krass aber in allen anderen Ländern der 15 EU-Staaten, ist der Grundkonsens zwischen Staat und Nichtregierungsorganisationen aufgekündigt, der letzteren eine staatlich unabhängige, aber aus den staatlichen Haushalten unterstützte Förderpolitik ermöglichte. Von den Regierungen wird den zivilgesellschaftlichen Organisationen mehr und mehr Wohlverhalten gegenüber der jeweiligen nationalen Entwicklungspolitik abverlangt. Subsidiarität verliert das konstitutive Merkmal der „gleichen Augenhöhe". In den Beitrittsländern – mit Ausnahme von Malta – ist erst in vagen Umrissen erkennbar, wie sich das Verhältnis zwischen Staat und Zivilgesellschaft entwickeln wird.

Der bedauernswerte Trend ist noch deutlicher erkennbar auf der Ebene der Europäischen Union. Mehr und mehr werden die entwicklungspolitischen Entscheidungen auf die Ebene der EU übertragen. Inzwischen ist ein Gutteil der wichtigen Entscheidungen (im Rahmen des Cotonou–Vertrages z.B.) auf die EU-Kommission verlagert worden; sie sind von den nationalen Parlamenten nur noch zu ratifizieren.

In langen Jahren der Zusammenarbeit hat die EU-Kommission erkannt, dass die Nichtregierungsorganisationen (NRO) im Zusammenwirken mit ihren Partnern wesentlich effektiver und effizienter arbeiten als dies mittels parastaatlicher Organisationen funktioniert. Andererseits haben sich viele Nichtregierungsorganisationen während der entwicklungspolitischen „Schönwetterperiode" des Kalten Krieges und danach zu stark auf die Finanzierung durch die EU eingelassen, um jetzt ohne existenzielle Risiken der Gefahr entrinnen zu können, durch diese instrumentalisiert zu werden.

Auf aktuelle Auseinandersetzungen im Zusammenhang des Vertrages von Cotonou kann nicht eingegangen werden. Notwendig ist jedoch der Hinweis darauf, dass all das, was sich als zivilgesellschaftliche Form der Entwicklungsförderung bisher etabliert hat, begrifflich von der EU-Kommission vereinnahmt und zugleich ausgehöhlt wird. Mittlerweile besteht der Eindruck, dass sich die EU „ihre" Nichtregierungsorganisationen „zureitet". Ein konzentrierter Protest der europäischen Kirchen ist überfällig!

Die künftige Stellung einer europäischen Entwicklungspolitik, angesichts ihrer Nachrangigkeit gegenüber der europäischen Außen- und Sicherheitspolitik in der kommenden Verfassung ist von nicht zu unterschätzender Bedeutung. Sie markiert die *„eigentliche entwicklungspolitische Regression"*.

Neue Risiken für die Entwicklungspolitik

Das Vorhaben, eine gemeinsame Verfassung für 25 EU-Staaten als rechtliche Klammer zu schaffen, ist gewiss ein notwendiges Unterfangen, um einer „Balkanisierung" auf Grund unterschiedlicher Rechtstraditionen und wegen des enormen wirtschaftlichen Gefälles insbesondere zwischen dem Europa der 15 und den Beitrittsstaaten vorzubeugen.

Allerdings wurde im Zusammenhang der europäischen Verfassungsdiskussion – um es einigermaßen neutral zu formulieren – ein schon länger anhaltender Trend zur Instrumentalisierung der Entwicklungspolitik manifest. Die Abkehr vom Ziel der Armutsbekämpfung könnte sich durch die Integration sicherheitspolitischen Kalküls über die Belohnung und Bestrafung von Wohlverhalten bzw. Fehlverhalten von Regierungen in den Empfängerländern europäischer Fördermaßnahmen vollziehen. Die Verfassung schiebt dem keinen Riegel vor. Sie nimmt das Kohärenzgebot des Maastricht Vertrages, nach dem sich alle europäischen Politiken am Ziel der Armutsminderung messen lassen müssen, nicht in der dort formulierten Konsequenz auf.

„Kohärenz", wie im Verfassungsentwurf verankert, kann jetzt auch als Widerspruchsfreiheit der „Politiken" untereinander verstanden werden. Der Einschätzung von maßgeblichen Kommissionsmitgliedern kommt diese Lesart sicher entgegen, waren sie doch schon länger der Auffassung, die Maastricht-Kriterien seien zu „ambitioniert". Möglich erscheint, dass die Verfassung in eine Verfassungswirklichkeit hinein in Kraft tritt (2009), in der die Maastricht Kriterien politisch endgültig erledigt sind.

Die ethisch problematische, teilweise extrem fragwürdige politische Veränderung hin zu einem System von Belohnung/Bestrafung vollzog sich unter den Augen der europäischen Öffentlichkeit, ohne in nennenswertem Umfang wahrgenommen zu werden. Es ist nicht zu erwarten, dass im laufenden Verfahren der Ratifizierung die, unter entwicklungspolitischen Gesichtspunkten, unverkennbaren Schwächen des Verfassungsentwurfs ausgeglichen werden. Bis zum Jahr 2009 wird es daher darauf ankommen, auf die Gesetzgebung des Europäischen Parlaments und die Politik der Kommission und des Ministerrats Einfluss zu nehmen, damit das Ziel der Armutsbekämpfung ohne Bindung an sicherheitspolitische Auflagen nicht völlig aus dem Blick gerät.

Szenarien für eine europäische Entwicklungspolitik

Vor uns stehen vier verschiedene Szenarien, wobei die Reihenfolge abnehmende Wahrscheinlichkeit einer kohärenten Entwicklungspolitik signalisiert (vgl. Grimm 2004):

- Progressionsszenario
- Kompressionsszenario
- Regressionsszenario
- Sezessionsszenario.

Es kommt nun entscheidend darauf an, inwieweit die aktuell 25 (ab 2007 vielleicht 27) kollektiven Akteure/Staaten sich zu ihrer ethischen Verpflichtung zur Armutsbekämpfung weltweit bekennen und ihr nachzukommen bereit sind. Die thematischen Schwerpunkte im Wahlkampf um die Sitze im europäischen Parlament könnten jedenfalls Anlass zu tiefer Depression bieten.

Das *Progressionsszenario* würde u.a. voraussetzen:

- Europa entwickelt eine kohärente Stimme in außen- und sicherheitspolitischer Hinsicht.
- Die institutionelle Kapazität wird geschaffen, dies zu erreichen.
- Ein größerer Anteil der Entwicklungsbudgets wird über die EU-Institutionen geleitet.

- Größere Komplementarität der internationalen Entwicklungsprogramme zwischen den EU-Institutionen und den Mitgliedsstaaten wird erreicht.
- Hilfe wird gezielt und ausdrücklich auf ärmere Länder und Regionen – ohne primäre Berücksichtigung sicherheitspolitischer Gesichtspunkte – fokussiert.

Das *Kompressionsszenario* würde u.a. folgende Elemente aufweisen:
- Die Bewegung in Richtung einer gemeinsamen Außen-, Sicherheits- und Entwicklungspolitik kommt langsam voran.
- Es besteht geringer Enthusiasmus bezüglich der Kanalisierung von (zusätzlichen) Mitteln über die Brüsseler Institutionen.
- Was an Entwicklungsförderung unternommen wird, erhält jedoch einen stärkeren Fokus auf Armutsbekämpfung.
- Die Mittel werden überall in der EU besser verwaltet.
- Die Verhandlungen zu den Handelsbeziehungen im Rahmen des Cotonou–Abkommens werden stärker armutsorientiert gestaltet, wobei allerdings die Bemühungen um Kohärenz weiter auf der Stelle treten.

Das *Regressionsszenario*, auf das m.E. die Zeichen der Zeit hindeuten, würde u.a. durch nachstehende Elemente gekennzeichnet:
- Ein Konsens über eine generelle „Europäisierung" wird hergestellt, einschließlich eines akzentuierteren Bekenntnisses zu einer gemeinsamen Außen- und Sicherheitspolitik, jedoch führen nationale außenpolitische Interessen dazu, dass Hilfe zum großen Teil in nahe gelegene Länder oder Länder mittleren Einkommens fließt.
- Regionale Abkommen werden gestärkt, die sich überwiegend von außen- und sicherheitspolitischen Absichten leiten lassen.
- Die Fördermaßnahmen bleiben diversifiziert (weniger freundlich: verzettelt), Einvernehmen über die Mittelallokation besteht nicht.
- Die Handelsgespräche scheitern. Die Bereitschaft zur radikalen Marktöffnung erfährt nur geringe Unterstützung und hat somit kaum Realisierungschancen.

Das *Sezessionsszenario* erscheint zugleich als „worst case scenario", entbehrt aber nicht eines guten Stücks Realitätsbezugs. Viele seiner Elemente werden in den europäischen entwicklungspolitischen Debatten immer wieder bemüht, u.a.:
- Es bleibt bei einem Lippenbekenntnis zu Europa, faktisch aber beim „status quo".

- Die finanziellen Perspektivpläne sehen keine Verstärkung der Finanzausstattung für europäische Entwicklungsförderung vor.
- Die Mitgliedsstaaten stellen mehr und mehr die Entscheidungen und Orientierungsmarken der Europäischen Kommission in Frage.
- Die Diskussion um die „Renationalisierung der Entwicklungspolitik" wird verstärkt fortgesetzt.
- Multilaterale Handelsabkommen werden aufgegeben, während parallel die bilateralen Handelsabkommen an Bedeutung gewinnen.

Mithin stehen wir als private Akteure der Entwicklungspolitik vor einer paradoxen Situation, wenn nicht vor einem Dilemma: trotz erheblicher Risiken, die sich auch im Verfassungsentwurf niedergeschlagen haben, der hinter die – nicht annäherungsweise verwirklichten – Maastricht Kriterien zurückfällt, die im Progressionsszenario skizzierten Absichten zu unterstützen. Denn gelingt es nicht mit der Einigung Europas voranzukommen – und diese läuft nun einmal über die gemeinsame Außen- und Sicherheitspolitik –, dann fehlen weiterhin die Voraussetzungen für eine eigenständige und nachhaltige Entwicklungspolitik.

Pflicht, Eigeninteresse oder Barmherzigkeit?

Thesenartig lässt sich im Blick auf die bisher präsentierten Überlegungen an ethischen „Korsettstangen" folgendes einziehen:
- Wer die Axiome der Bergpredigt (Mt. 5) anerkennt, für den/die ist Entwicklungspolitik als eine Form der Friedenspolitik *Pflicht*, gleichgültig unter welchen Voraussetzungen oder Rahmenbedingungen. Zu dieser Pflicht gehört untrennbar die verbindliche ethische Fundamentalprämisse in sich wandelnden Rahmenbedingungen „durchzuhalten", bzw. diese als Maßstab auch im Wandel anzulegen. In anderen Religionen finden sich ähnliche Verpflichtungen. Abweichend von den gesetzestreuen Juden seiner Zeit sagt Jesus übrigens nicht nur, dass Töten verwerflich sei, sondern sehr radikal auch: „Wer seinem Bruder zürnt, der ist des Gerichts schuldig" (Mt. 5, 21f.).
- *Eigeninteresse*. „Du sollst Deinen Nächsten lieben wie dich selbst", heißt nichts anderes, als dass man eigene Interessen verfolgen darf, jedoch ohne

anderen zu schaden. Betriebswirtschaftlich: Christen müssen "Win-Win Situationen" anstreben[2].

- Das „oder" zwischen „Eigeninteresse" und „Barmherzigkeit" im vorgegebenen Thema ist ethisch falsch, zumindest dann, wenn von christlichen Axiomen ausgegangen wird. Barmherzigkeit ist in christlichem Verständnis der „Urgrund" des Handelns in Nächstenliebe – der *Diakonie*. Von diesem leitet sich alles das ab, was an einfachen Handlungsanweisungen besteht. Wir haben auch in der heutigen Zeit nicht den geringsten Grund, uns in unseren Anforderungen an die Gesellschaft zurückzunehmen – im Gegenteil. Je mehr (in Regression) die Entwicklungspolitik zum Instrument der europäischen Außen- und Sicherheitspolitik zu verkommen droht, umso mehr sind die kirchlichen Positionen voranzutreiben. Welches Eigeninteresse (z.B. bezüglich des Erhalts von Hilfsorganisationen) besteht, ist dabei nachrangig.

- Im übrigen ist die Frage des Verhältnisses von Liebe und Barmherzigkeit (Caritas) und Entwicklungspolitik schon seit langer Zeit in der *Entwicklungsdenkschrift der EKD* wie folgt formuliert, ohne dass ein Grund erkennbar wäre, die dort bezogene Position zu revidieren: „Die ökumenische Diskussion hat gezeigt, dass das Eintreten für soziale Gerechtigkeit im Weltmaßstab in christlicher Verantwortung gründet und zu neuen Formen gesellschaftlicher Diakonie herausfordert. Christliche Liebe ist nicht nur dem notleidenden Einzelnen zugewandt. Es genügt auch nicht, Schaden und Mängel, die sich aus ungerechten Verhältnissen ergeben, nachträglich aus Gründen christlicher Barmherzigkeit zu lindern. Vielmehr gehören Barmherzigkeit und Gerechtigkeit, Dienst am Einzelnen und an der Gesellschaft, die Beseitigung der Ursachen sozialer Ungerechtigkeit sowie die Fürsorge für dessen Opfer gleichermaßen unter die Botschaft des kommenden Gottesreiches" (Rat der EKD 1973, 19).

Der barmherzige Samariter

So schwierig es im konkreten Fall sein mag, mir hilft es immer wieder, vor schwierigen Entscheidungen die Geschichte in Lukas 10, 25ff heranzuziehen, in

---

[2] Zu ethisch tolerierbaren Formen des Kompromisses vgl. Stückelberger 2001, 42ff.

der von einem Opfer die Rede ist, ohne dass gesagt wird, ob das Opfer eine Mitschuld trägt: „Ein Mensch ging hinab von Jerusalem nach Jericho...und fiel unter die Räuber....".

Kritisiert werden die, die einfach vorbeigehen, der Samariter hingegen hilft in der akuten Notsituation ohne Fragen zu stellen, ohne Ansehen der Person und der Umstände. Dies ist ohne weitere Umschweife der Begründungszusammenhang der Humanitären Hilfe. *Humanitäre Hilfe ist eindeutig Pflicht.* Barmherzigkeit ist durchgängiges Motiv.

Entwicklungspolitik und Erörterungen zu deren Eignung setzt dort ein, wo mit dem „Opfer" versucht wird, die Umstände zu klären, die es in die Opferrolle gebracht haben. Dies hat zweifellos auch die Einbeziehung der „Räuber" zur Konsequenz, über die man in der Parabel nichts weiter erfährt. Auch deren Umfeld ist einzubeziehen. Wie kommen sie dazu, jemanden zu berauben? Hat der Beraubte und Geschlagene den Überfall provoziert? Wer hat die Räuber zu Räubern gemacht, sie sind vermutlich nicht als Räuber geboren. Die Spekulationen könnten phantasiereich fortgesetzt werden!

Leider wird die Geschichte im Neuen Testament nicht zu Ende erzählt, es fehlen uns die „backward and forward linkages" und es werden auch keine weiteren Handlungsanweisungen gegeben, wie der Gesamtsituation der Gewalt strukturell zu begegnen sei. Es geht somit kein Weg daran vorbei, die zentrale Stelle des Neuen Testaments für diakonisches Handeln auf konkrete Sachverhalte ethisch immer neu zu beziehen – und seien diese scheinbar so weit vom Weg nach Jericho entfernt wie die heutige europäische Entwicklungspolitik.

Eigeninteresse besteht sicherlich darin, dass eine friedliche Welt ohne Beseitigung der Armut nicht zu schaffen ist. Darauf hin hat sich kirchliche Entwicklungspolitik zu orientieren – trotz eschatologischen Vorbehalts.

Literatur

Brock, L. (2004): Ein Ordnungsruf gegen Depression. In: Frankfurter Rundschau 01.03.2003.
Grimm, S. (2004): What Scenario for the Future? In: Overseas Development Institute ODI (ed.): European Development Cooperation to 2010. London (www.odi.org.uk).
Rat der EKD (Hg.) (1973): Der Entwicklungsdienst der Kirche – ein Beitrag für Frieden und Gerechtigkeit in der Welt. Gütersloh.
Stückelberger, Ch. (2001): Ethischer Welthandel. Bern.

Lothar Brock
Die Eigeninteressen der Entwicklungsagenturen:
Schranke oder Grundlage einer effektiven Hilfe zur Selbsthilfe?

Die Entwicklungszusammenarbeit ist nie in einem anderen Zustand als dem der Krise gewesen. Sie hat sich davon nicht beirren lassen, sondern auf die Einsicht in neue Unzulänglichkeiten mit dem Bekenntnis zu immer neuen Lernprozessen reagiert. Umso schockierender war die Kritik Brigitte Erlers (vgl. Erler 1985), die von ihrer letzten Dienstreise für das Bundesministerium für wirtschaftliche Zusammenarbeit und Entwicklung (BMZ) die Erkenntnis mitbrachte, dass man in der Entwicklungszusammenarbeit desto mehr falsch macht, je mehr man richtig machen möchte. Die Nichtregierungsorganisationen haben lange geglaubt, Fehler der staatlichen Politik vermeiden zu können. Inzwischen sieht man auch hier triftige Gründe dafür, aus Fehlern zu lernen. Aber die Effektivität entwicklungspolitischer Lernprozesse ist beschränkt.[3] Liegt das daran, dass die Lernprozesse der Entwicklungsagenturen letztlich darauf gerichtet sind, diese zu erhalten, obwohl ihr eigentlicher Zweck doch sein sollte, sich selbst durch eine wirkungsvolle Hilfe zur Selbsthilfe überflüssig zu machen?

Im Folgenden soll erörtert werden, inwieweit sachdienliche Lernprozesse durch die Eigeninteressen der Entwicklungsagenturen blockiert und die Widersprüche der Entwicklungszusammenarbeit (EZ) als Hilfe zur Selbsthilfe verstärkt werden. Zu diesem Zweck ist zunächst kurz auf die konzeptionelle Entwicklung der EZ und die ihr immanenten Widersprüche einzugehen. Anschließend soll dann die Frage behandelt werden, inwiefern die Eigeninteressen der Entwicklungsagenturen mit ihrer Aufgabenstellung in Einklang gebracht werden können.

Die Entwicklung der Entwicklungszusammenarbeit

Was wir heute als Entwicklungspolitik bezeichnen, begann in den fünfziger und sechziger Jahren konkrete Gestalt anzunehmen. In dieser Zeit entstanden auf der einzelstaatlichen Ebene spezielle Einrichtungen für Entwicklungspolitik entwe-

---

[3] Zu Lernprozessen in der Entwicklungspolitik grundlegend Seitz 2002.

der als eigene Ministerien (wie in der Bundesrepublik Deutschland) oder als Agenturen unterhalb der ministeriellen Ebene (wie in den USA). Gleichzeitig wurden die ersten regionalen Entwicklungsbanken eingerichtet. Neben den staatlichen Entwicklungsagenturen wurden Einrichtungen geschaffen, die darauf abzielten, ein breiteres gesellschaftliches Engagement in der Entwicklungspolitik zu erreichen. In den USA wurde zu diesem Zweck das Peace Corps erfunden, in Deutschland der *Deutsche Entwicklungsdienst* (DED). Damit war eine Brücke zwischen dem neuen Politikressort und der Gesellschaft der „Geberländer" geschlagen, die dadurch ausgebaut wurde, dass sich auch die Kirchen auf dem Gebiet der EZ engagierten und sich zahlreiche nicht-staatliche Organisationen und Solidaritätsgruppen im Rahmen neuer sozialer Bewegungen bildeten, die sich die Sache der Dritten Welt zu Eigen machten.

Das zeigt schon, dass der Institutionalisierung der EZ ganz unterschiedliche Motive zu Grunde lagen:
- die Abwehr von Gefahren, die sich aus Fehlentwicklungen im Süden für den Westen hätten ergeben können,
- die Integration der Entwicklungsländer in den Weltmarkt,
- und das christlich-humanitär oder politisch begründete Engagement nichtstaatlicher Organisationen und sozialer Bewegungen.

Im Zeichen der in den sechziger Jahren vorherrschenden Modernisierungstheorie wurde die EZ von Seiten der „Geberländer" als Teil der Aufgabe gesehen, durch den Transfer von Know-how und Kapital eine sich selbst tragende Entwicklung in Gang zu setzen, wobei man davon ausging, dass dies in kurzer Zeit möglich sein werde. Als Indikator des Erfolgs galten möglichst hohe Wachstumsraten. Letztere wurden in der später so genannten Ersten Entwicklungsdekade (sechziger Jahre) tatsächlich erreicht. Es zeigte sich aber, dass damit die grundlegenden Probleme der Entwicklungsländer nicht gelöst waren. Die Gruppe der 77 (Entwicklungsländer) reagierte darauf mit der Forderung nach einer Neuordnung der Weltwirtschaft. Die Industrieländer boten demgegenüber eine Neuausrichtung der EZ auf die Befriedigung der Grundbedürfnisse. In den siebziger Jahren wurde über das eine (die Neuordnung der Weltwirtschaft) geredet und das andere (Neuausrichtung der EZ auf Grundbedürfnisse) ansatzweise praktiziert. Die Zuspitzung der Entwicklungsproblematik in der Verschuldungskrise der frühen achtziger Jahre brachte dann eine Neuordnung der Weltwirtschaft, die den Vorstellungen der Entwicklungsländer diametral entgegengesetzt war: die weltmarktorientierte Strukturanpassung. Der EZ kam dabei die Aufgabe zu, in „Politikdialogen" die Entwicklungsländer auf eine entsprechende Strategie einzuschwören und gleichzeitig zur sozialen Abfederung der Strukturanpassung beizutragen. Im Gefolge der Strukturanpassung sahen sich die Entwicklungsagenturen mehr und mehr mit der Aufgabe der Armutsbekämpfung konfrontiert. Diese wurde im Verlaufe der neunziger Jahre durch die Einbeziehung von Maßnahmen zur Krisenprävention ergänzt.

Knapp zusammengefasst: der Weg führte von der *Modernisierung* über die *Grundbedürfnisbefriedigung* und die *Armutsbekämpfung* zur *Krisenprävention*. Das zeigt deutlich, dass die EZ mit den ihr gestellten Aufgaben offensichtlich nicht in der Weise fertig geworden ist, wie dies bei der Einführung der EZ erwartet worden war. Hierfür lassen sich verschiedene Gründe nennen: die Komplexität der Materie, die Unterausstattung der EZ und ihre geringe Durchsetzungsfähigkeit gegenüber anderen Ressorts im Kampf um knappe Ressourcen, aber auch die Selbstwidersprüchlichkeit der EZ als Hilfe zur Selbsthilfe.

Diese Selbstwidersprüchlichkeit ist im Verlaufe der neunziger Jahre in zweifacher Hinsicht deutlich geworden:

- Zum einen kam man zunehmend zu der Einsicht, dass ein Großteil der EZ nicht zur Stärkung der Selbsthilfekapazitäten der Partnerländer beigetragen hatte, sondern lediglich zur Stärkung der Kompetenz der Partner bei der Einwerbung externer Hilfe, die wiederum in nicht unerheblichem Umfang keineswegs gesamtgesellschaftlichen Anliegen, sondern partikularen Interessen diente. Die Weltbank erklärt dementsprechend heute die fortgesetzte Abhängigkeit Afrikas von der Entwicklungshilfe zu einem der Hauptprobleme des Kontinents (vgl. World Bank 2000).
- Zum andern wurde deutlich, dass mit der humanitären Hilfe in den neuen Kriegen und Konflikten der neunziger Jahre externe Ressourcen in die betroffenen Gebiete geschleust wurden, die nicht nur dazu beitragen, akute Not zu lindern, sondern auch dazu, die Kriegsparteien zu alimentieren und damit den Krieg als Lebensform und Profitquelle zu stabilisieren.

Die sich daraus ergebende Kritik sprengte die alten Formen der Auseinandersetzung über die EZ. Während zur Zeit des Ost-West-Konflikts von den entwicklungspolitisch engagierten Nichtregierungsorganisationen und den Solidaritätsgruppen immer wieder die politische Instrumentalisierung der EZ und ihre

Dienstbarkeit gegenüber den westlichen Kapitalinteressen angeprangert wurde, sahen sich die Solidaritätsbewegungen nach dem Ende des Ost-West-Konflikts mit Formen der Gewaltanwendung in der Dritten Welt konfrontiert, die nicht mehr als Gegengewalt oder revolutionäre Gewalt ideologisch akzeptabel gemacht werden konnten. Und die Hilfsorganisationen machten die Erfahrung, dass sie selbst trotz bestem Willen, Gutes zu tun, zur Verschärfung jener Probleme beitragen konnten, deren Lösung ihre Aufgabe war und ist. Die Solidaritätsbewegung hat ihr Debakel weitgehend durch Selbstauflösung behoben.

Die nicht-staatlichen Entwicklungsorganisationen aber machen im Bündnis mit den staatlichen Agenturen weiter, ja beanspruchen eine ungeschmälerte, wenn schon nicht erweiterte Unterstützung ihrer Arbeit durch Staat und Gesellschaft. Werden die Entwicklungsagenturen mehr und mehr zu Selbsthilfegruppen, die in erster Linie *sich selbst* helfen?

Hilfe zur Selbsthilfe: Wer hilft wem?

Es besteht innerhalb und zwischen den Geberländern ein breiter Konsens darüber, dass Entwicklungspolitik *Hilfe zur Selbsthilfe* leisten soll. Sie soll helfen, bestehende Abhängigkeiten zu überwinden und die wirtschaftliche Eigenständigkeit der Entwicklungsländer zu fördern. Zu diesem Zweck soll deren technologische Kompetenz ausgebaut und die politische Modernisierung beschleunigt werden. Inzwischen kann kaum noch geleugnet werden, dass die Schwierigkeiten des Versuchs, dies flächendeckend zu bewerkstelligen, maßlos unterschätzt worden sind. Die Prozesse des sozialen Wandels, die die EZ mit vorantreiben soll, erweisen sich als sehr viel konflikträchtiger als angenommen. Was im Kontext des Ost-West-Konflikts immer wieder als Stellvertreterkonflikt verharmlost wurde, hat sich in der Zwischenzeit als ein dem Wandel selbst immanentes Konfliktpotenzial herausgestellt. Dieses Konfliktpotenzial ist durch EZ offensichtlich nicht abgebaut worden. Wenn die EZ sich heute verstärkt darum bemüht, es durch Krisenprävention zumindest zu mildern, so reagiert sie damit auch auf eigene Fehler.

Dazu gehört, dass die EZ immer wieder selbst zur Alimentierung jener Eliten beigetragen hat, die heute notfalls mit Gewalt versuchen, bestehende klientelistische Strukturen aufrecht zu erhalten. Man kann dieses Argument noch einen

Schritt weiter führen und die These aufstellen, dass die nicht-intendierte Wirkung der Hilfe zur Selbsthilfe, nämlich die Verstetigung eines auf die Einbeziehung von externen Ressourcen bedachten *Klientelismus*, dazu beiträgt, die Existenz der Entwicklungsagenturen selbst zu stabilisieren. Die Entwicklungsagenturen und Hilfsorganisationen konkurrieren in bestimmten Ländern um Klienten und Hilfsmärkte. Sie schränken damit ihren Handlungsspielraum gegenüber der Klientel in den Entwicklungsländern ein. Es entsteht ein wechselseitiger oder transnationaler Klientelismus, in dem es nicht nur um die Interessen der „topdogs" in den Entwicklungsländern geht, sondern auch um die der Entwicklungsagenturen und Hilfsorganisationen. So gesehen stützten sich die Partner der EZ gegenseitig, aber nicht im Sinne einer immer besseren Abarbeitung eines bestimmten Bedarfs an Hilfe, sondern im Sinne einer Perpetuierung dieses Bedarfs. Bei der Krisenprävention, so könnte man argumentieren, geht es ähnlich zu. Auch hier entsteht ein transnationales Klientelsystem, das nicht nur das Produkt eines Dilemmas ist, nämlich der Unmöglichkeit, Hilfe in Konfliktsituationen so zu leisten, dass sie nur den Bedürftigen zugute kommt, sondern auch der strategischen Eigeninteressen der Hilfsorganisationen, die durch ihr Interesse, ihre Anteile an den Hilfsmärkten zu halten, ihre Entscheidungsspielräume in fataler Weise begrenzen.

Die Kirchen in den Fallstricken der Entwicklungszusammenarbeit

Die kirchlichen Organisationen sind von dieser Problematik nicht ausgenommen. Sie spielen von Anfang an in der EZ eine bedeutende Rolle. Dafür gibt es zumindest vier Gründe: die weltumspannenden *Kommunikationsnetzwerke* der Kirchen mit ihrer in vielen Ländern flächendeckenden Präsenz von Partnerkirchen und -gemeinden; die Zentralität der *Werte*, auf die sich die Gründer der EZ beriefen (Frieden, Gerechtigkeit, Solidarität), für das Selbstverständnis der Kirchen in ihren jeweiligen Gesellschaften; die damit verbundene *Bereitschaft* von Kirchenmitgliedern, sich auch für den Entwicklungsdienst zu engagieren, und last not least, die Erfahrung der Kirchen auf dem Gebiet der *Diakonie* und der *Mission*.

Trotzdem sind auch die Kirchen (wie andere Nichtregierungsorganisationen) den Fallstricken der EZ in zweierlei Hinsicht nicht entgangen:

1. Die kirchliche EZ beansprucht, sich von einer unzweideutigen *Option für die Armen* leiten zu lassen. Dieser Anspruch ist Teil des kirchlichen Selbstverständnisses und der Selbstdarstellung der Kirchen in der Öffentlichkeit. Dessen ungeachtet haben die Kirchen keinen Kontrapunkt zu der im weltlichen Bereich vorherrschenden Tendenz gesetzt, die Verknappung finanzieller Ressourcen voll und zum Teil sogar überproportional auf die EZ durchschlagen zu lassen. Dem rückläufigen Kirchensteueraufkommen entsprechen rückläufige Aufwendungen für die EZ, wobei die Eigenaufwendung der evangelischen Kirche proportional rascher gefallen sind als die Mittelzuweisungen von staatlicher Seite.

2. Bei der Neuorganisation des evangelischen Entwicklungsdienstes (EED) haben *finanzielle* Erwägungen eine ebenso große Rolle gespielt wie Überlegungen zu einer effektiveren Umsetzung der Option für die Armen. Analog kann man argumentieren, dass die Position der einzelnen kirchlichen Entwicklungswerke ebenso durch strategische Eigeninteressen wie durch Erwägungen zur Sachproblematik bestimmt waren und sind. Man fragt sich nicht nur: „Was wird aus den Armen?" Man fragt sich auch: „Was wird aus uns?" Diese Problematik ist beispielsweise im Streit um die Zuordnung von Brot für die Welt zum EED klar zutage getreten. Aber gerade dieser Streit bietet Anlass, der kritischen Lesart der strategischen Eigeninteressen von Hilfsorganisationen eine *positive* Lesart entgegenzustellen.

Nicht-beabsichtigte Folgewirkungen der Hilfe

Entwicklungszusammenarbeit greift in gesellschaftliche Entwicklungsprozesse ein. Ihr Problem ist, dass sie möglicherweise ausreicht, um bestehende Destabilisierungstendenzen zu verstärken, aber in der Regel nicht dazu, diese in eine konstruktive Richtung zu lenken. Letzteres ist wahrscheinlich von außen ohnehin nicht möglich. Sollte man unter diesem Gesichtspunkt in gesellschaftlich prekären Situationen auf EZ und Nothilfe verzichten? In der Entwicklungspolitik wird diese Frage heute damit beantwortet, dass durch stärkeren Einbau von Vermittlungskomponenten und die Ausrichtung der EZ auf Krisenprävention gewaltträchtige Auseinandersetzungen entschärft werden sollen bzw. ihnen vorgebeugt werden soll[4]. Zusätzlich soll durch die Ausarbeitung von Verhaltenskatalogen für einschlägige kollektive Akteure (Organisationen) erreicht werden, dass unbeabsichtigte Folgen der eigenen Aktivitäten (also Kollateralschäden) auf ein Minimum reduziert werden[5]. Ob damit der Nutzen der EZ für einen friedlichen Wandel tatsächlich erhöht werden kann, lässt sich generell nicht sagen. Hier dürfte es auf den Einzelfall ankommen. Die Alternative wäre ein genereller Rückzug aus Krisensituationen. Dessen Folgen für die betroffene Bevölkerung wären aber ebenfalls ungewiss.

Daraus folgt für Entwicklungsorganisationen, die in Krisensituationen arbeiten oder vor der Entscheidung stehen, sich in Krisensituationen zu engagieren, zumindest dreierlei: *Erstens*, sie müssen sich in genauer Kenntnis des jeweiligen Falles entscheiden. Das setzt aufwendige aber unvermeidbare Analysen voraus, die durch Konsultationen und Gesprächskreise unter Beteiligung von Fachpersonen unterschiedlicher Provenienz zu ergänzen sind. *Zweitens*, die Entwicklungs- und Hilfsorganisationen müssen immer wieder versuchen, den Einsatz von finanziellen Ressourcen strikt an die Anforderungen vor Ort anzupassen, statt ihn am Interesse der Geberorganisationen an einem zügigen Mittelabfluss auszurichten. Aufgabe der Hilfsorganisationen ist es hier, neben ihrer Arbeit vor Ort eine Inlandsarbeit zu betreiben, die sich nicht nur an die Öffentlichkeit, sondern auch an die Bürokratie wendet. Der Umgang mit der bürokratischen Politik im Geberland dürfte dabei in der Regel schwieriger sein als der Umgang mit dem bürokratischen Klientelismus vor Ort. *Drittens*, die Entwicklungs- und Hilfsorganisationen müssen sich selbst als Akteure so weit zurücknehmen wie es irgend möglich ist. Minimierung, nicht Maximierung von Präsenz muss die Devise jeglichen Engagements sein. Die Crux ist, dass dies dem Interesse daran, die eigenen Anteile am Entwicklungs- und Hilfsmarkt zu halten, zuwiderlaufen kann. Dieses Problem kann zwar nicht gelöst aber dadurch abgemildert werden, dass die Inlandsarbeit sich nicht nur auf die Mobilisierung von Ressourcen (Erhöhung des Spendenaufkommens) bezieht, sondern auch in stärkerem Maße versucht, die Modalitäten zu vermitteln, unter denen vor Ort gearbeitet wird.

---

[4] Zum Zusammenhang von EZ und Krisenbearbeitung und zur Kritik der „Versicherheitlichung" der Entwicklungspolitik vgl. u.a. Brock 2002 und Brock 2004.

[5] Vgl. Anderson 1999. Als Publikation mit Handbuch-Charakter vgl. Paffenholz/Reychler 2001.

Dies ist auch unter dem Gesichtspunkt geboten, dass Hilfe stets darauf abzielen muss, sich so schnell wie möglich überflüssig zu machen. Angesichts der Konkurrenz zwischen den Organisationen, die sich in Entwicklungsregionen tummeln, erscheint dies fast illusorisch. Eine Lösung bestünde in einer besseren Koordination der Organisationen und ihrer Geldgeber untereinander. Aber das erscheint nicht minder illusorisch, so lange es keine Instanz gibt, die in der Lage ist, das kollektive Gut *„Koordination"* bereitzustellen. Hier wäre eine Supra-Struktur auf regionaler Ebene denkbar, die sich auf die Koordination von Hilfe spezialisieren würde und mit der nötigen Autorität ausgestattet wäre, Koordinationsentscheidungen auch durchzusetzen. Solange eine solche Struktur nicht entsteht, bleibt nur der frustrierende Versuch einer dezentralen Selbstkoordination oder aber das nicht minder frustrierende Handeln im Bewusstsein unzureichender Koordination. Diesem Bewusstsein kann immerhin dadurch Rechnung getragen werden, dass die Organisationen auch lernen, sich aus Konflikten zurückzuziehen, statt für die Aufrechterhaltung ihrer Präsenz alle möglichen Konzessionen an die Konfliktparteien zu machen. Die Schwierigkeiten eines solchen Lernprozesses sollen nicht unterschätzt werden. Sie haben sich z.B. im Grenzkrieg zwischen Eritrea und Äthiopien (2000) erneut gezeigt. Allen beteiligten Hilfsorganisationen war klar, dass die Hilfe staatlicherseits genutzt wurde, um mehr eigene Ressourcen für die Kriegführung verwenden zu können bzw. sogar noch durch die Vermietung von staatlichen Transportfahrzeugen zusätzliche Einnahmen für die Finanzierung der Kriegführung zu erzielen. Trotz dieses offenkundigen Zusammenhanges kam es zu keinem konzertierten Rückzug der Hilfsorganisationen.

Die Bedeutung strategischer Eigeninteressen

Es kann nicht darum gehen, dass die Hilfsagenturen ihre Eigeninteressen hintanstellen, sondern darum, dass sie diese Interessen konsequenter auf die von ihnen vertretenen Sachinteressen beziehen. Entwicklungszusammenarbeit ist kollektives Handeln. Kollektives Handelns setzt Organisation voraus. Das bedeutet, dass Entwicklungspolitik nie nur auf die Sache selbst zielen kann, sondern immer auch die Reproduktion der Organisation im Auge behalten muss, die überhaupt erst die Transformation spontaner Anwandlungen in Politik ermöglicht.

Dies gilt auch für solche Entwicklungsorganisationen, die für sich in Anspruch nehmen, in erster Linie nicht im Interesse der eigenen Gesellschaft, sondern in dem anderer Gesellschaften (nämlich der Entwicklungsgesellschaften) zu handeln. Auch sie müssen darauf bedacht sein, ihre eigene Handlungsfähigkeit aufrechtzuerhalten, also strategische Interessen bei der Verfolgung von Sachinteressen im Auge zu behalten. Die strategischen Eigeninteressen der Entwicklungsagenturen stellen insofern für sich genommen *keine* Perversion des Zwecks dar, dem sie dienen sollen, sondern sind eine Bedingung zweckorientierten, sachdienlichen Handelns. *Das Spannungsverhältnis zwischen strategischen Eigeninteressen kollektiver Akteure und ihrer Funktion als Problemlöser (d.h. als Sachwalter von Fremdinteressen) ist unaufhebbar.* Es sollte als solches in Rechnung gestellt und nicht verdrängt werden.

Diese Überlegungen sind umgekehrt aber auch auf die Partner der EZ anwendbar. Für sie stellt die EZ einerseits eine Ausweitung bestehender klientelistischer Strukturen über die Landesgrenzen hinweg dar. Zugleich bringt die EZ aber auch ein irritierendes Element in diese Strukturen, da sie ihre Partner immer wieder mit Verhaltenserwartungen konfrontiert, die auf eine Überwindung dieser Strukturen gerichtet sind. Bisher ist man davon ausgegangen, dass die Vertreter klientelistischer Strukturen auf diese Weise allmählich in „moderne" Verhaltensweisen (verantwortliche Regierungsführung) hineinsozialisiert werden. Heute wissen wir, dass dabei der Stabilisierungseffekt der EZ für klientelistische Strukturen übersehen oder unterschätzt wurde. Das schließt jedoch positive Wirkungen der EZ zu Gunsten einer Stärkung von Prinzipien der verantwortlichen Regierungsführung nicht generell aus (vgl. Klingebiel 1999). Auch die Partner der EZ können ihre Eigeninteressen in der Tendenz nur sichern, wenn sie gewisse öffentliche Leistungen erbringen. Daraus ergibt sich kein Automatismus der politischen Modernisierung, aber eine Bruchstelle in den bestehenden Interessenstrukturen, an der Bemühungen um Good Governance und Demokratisierung ansetzen können.

Wenn dies alles zu Gunsten der EZ in Rechnung gestellt wird, bleibt freilich immer noch die Frage nach dem Stellenwert der EZ im Vergleich zu anderen öffentlichen Anliegen (Schaffung von Arbeitsplätzen, soziale Sicherheit, Umweltschutz, Kultur, Bildung, Gesundheit, Verkehr etc.). Dies ist nicht zuletzt eine Frage der Begründungsstrategien für EZ. Hier werden nicht mehr nur die Eigeninteressen der Entwicklungsagenturen angesprochen, sondern auch die Eigeninteressen einer Gesellschaft im Vergleich zu den Interessen anderer Gesellschaften.

Wie Ulrich Willems in seiner Studie über den evangelischen Entwicklungsdienst festgestellt hat, „geht es im Politikfeld Entwicklung grundsätzlich um die Frage, ob bzw. in welchem Ausmaß hier ‚Eigeninteressen' d.h. die Interessen bestimmter Klientelen in der Bundesrepublik, oder ‚fremde Interessen', nämlich diejenigen der Entwicklungsländer bzw. spezifischer Gruppen in diesen Ländern (...) realisiert werden sollen" (Willems 1998, 214). Die Entscheidung hierüber kann als Frage der Moral interpretiert werden, wobei, wie Willems bemerkt, die „sozialwissenschaftliche Reflexion über die Moral in modernen Gesellschaften ihr (also der Moral, L.B.) im Vergleich zu Interessen nur geringe Chance und Möglichkeiten ein(räumt, L.B.), auf individueller oder kollektiver Ebene handlungswirksam zu werden" (ebd., 38). Allerdings stellt sich hier die Frage, wie denn die Interessen des Einzelnen oder eines Kollektivs bestimmt werden. Die unter dem „Label" des sozialen Konstruktivismus arbeitende Sozialwissenschaft denkt hierüber in jüngster Zeit wieder verstärkt nach. Dabei wird weitgehend akzeptiert, dass Ideen nicht einfach als Überbau materieller Interessen zu verstehen sind, sondern ihrerseits auf die Definition von Interessen einwirken. Zu solchen Ideen gehören auch moralische Vorstellungen z.B. über Solidarität mit den Armen oder über die Notwendigkeit, sich für die Menschenrechte einzusetzen. Allerdings besteht eine starke Tendenz, moralische Vorstellungen ihrerseits als Interessen zu definieren, nämlich als *„wohlverstandene Eigeninteressen"*.

In der Geschichte der staatlichen wie der kirchlichen EZ überwiegt bei der Formulierung von Begründungsstrategien der Versuch, EZ als die Schnittmenge zwischen den Interessen der eigenen Gesellschaft und denen der anderen Gesellschaften darzustellen. Dies geschah und geschieht in positiver Form (Entwicklungspolitik schafft Arbeitsplätze) oder in negativer Form (entwicklungspolitische Abstinenz führt zur Destabilisierung des Weltsystems mit unabsehbaren Folgen für die OECD-Länder). Die Kirchen unterscheiden sich hier nicht grundlegend von den staatlichen Agenturen. So hat Helmut Gollwitzer die erste Aktion von Brot für die Welt im Jahre 1959 nicht nur mit der Notwendigkeit des sich Erbarmens begründet. Er betonte vielmehr auch die Gefahr, die sich aus der Erbarmungslosigkeit für die Erbarmungslosen ergibt. Ähnlich hat Erhard Eppler als Entwicklungsminister darauf insistiert, dass es bei der EZ nicht nur um Moral, sondern um wohlverstandene Eigeninteressen gehe. Gegen den Vorwurf, deutsche Interessen zu vernachlässigen, setzte er das Argument, ein besseres Verständnis der deutschen Interessen in Sachen EZ zu haben als seine Kritiker. Bei den Kirchen werden aber stärker als bei den staatlichen Organisationen Solidarität und Gerechtigkeit angemahnt. Die Option für die Armen soll eben nicht nur eine Option für die Entwicklung von brachliegendem Humankapital sein. Dass beide Begründungsstrategien gegenüber der Öffentlichkeit nicht besonders erfolgreich waren, liegt nicht zuletzt daran, dass sie auch innerhalb der staatlichen Bürokratie und innerhalb der Kirchen nicht durchschlagend waren, wie sich in der gegenwärtigen Tendenz zeigt, die Aufwendungen eher zu kürzen als zu steigern. Offenbar muss die Inlandsarbeit sich in verstärktem Maße nicht nur um die Öffentlichkeit, sondern um die Mutterorganisationen kümmern, in die die EZ eingebunden ist (Bund und Länder, EKD und Landeskirchen).

Die Kirchen selbst sehen die EZ offenbar nicht mehr als so dringlich an wie vor dreißig oder vierzig Jahren. Sie reflektieren damit einen Trend in der Gesellschaft, statt ihm entgegenzuwirken. Schärfer ausgedrückt: Da der gesellschaftliche Druck, sich entwicklungspolitisch zu engagieren, nachgelassen hat, erscheint die EZ für die schwieriger werdende Selbstverortung der Kirchen in der hiesigen Gesellschaft offenbar nicht mehr so wichtig wie früher.

Entwicklungszusammenarbeit zwischen Interesse und Moral

Es ist die große Herausforderung der Entwicklungspolitik, mit Hilfe der Utopie einer friedensfähigen Welt in der Realität etwas zu bewegen. Gefordert ist also nicht ein neuer Realismus, der das utopische Denken überwindet, sondern das Bemühen um eine politikfähige und insofern *realistische Utopie*. Man sollte sich in diesem Bemühen hüten, die Verbesserungsfähigkeit der menschlichen Verhältnisse an die Verbesserung des Menschen zu knüpfen. Denn die hierauf gerichteten Projekte haben in der Geschichte stets mehr Unheil als Heil angerichtet. Auf dem Programm steht vielmehr eine EZ, die sich der ungeselligen Geselligkeit des Menschen bewusst ist und deren Wirken auch in der EZ selbst zu erkennen vermag. Das ist eine Voraussetzung dafür, mit den Borniertheiten des eigenen Handelns in halbwegs konstruktiver Weise umzugehen. Da die Eigeninteressen der kirchlichen Entwicklungsagenturen kein Makel, sondern eine Voraussetzung ihrer Arbeit sind, brauchen sie den Selbstzweifel nicht bis zur

Selbstaufgabe zu treiben. Die Option für die Armen kann weiterhin als Versuch gelten, sich der eigenen Handlungsmotivation zu versichern. Dies sollte aber unter Verzicht auf jegliches Pathos und mit wachem Bewusstsein für die Nähe des substantiellen (nicht-strategischen) zum instrumentellen (strategischen) Denken, also von Moral und Interesse, geschehen.

Die gegenwärtige Bundesregierung weist die Entwicklungspolitik als globale Strukturpolitik, als Friedenspolitik, als Politik der globalen Zukunftssicherung sowie als Krisen- und Katastrophenhilfe aus. Sie hat damit einen entscheidenden Schritt nach vorn getan und dies durch die Aufnahme des BMZ in den Bundessicherheitsrat dokumentiert, gleichzeitig aber bei der Mittelzuweisung die bestehenden Restriktionen noch verschärft. Das verweist darauf, dass die Sachfragen, mit denen es die Entwicklungspolitik zu tun hat, an Bedeutung gewinnen, die klassischen Antworten in Gestalt einer über das Entwicklungsressort gesteuerten Projektarbeit aber tendenziell an Bedeutung verlieren. Damit könnte es zum einen schwieriger werden, die Entwicklungspolitik überhaupt noch als Ressort abzugrenzen, zum andern ist zu erwarten, dass auch der kirchliche Entwicklungsdienst sich stärker mit Fragen der Entwicklungspolitik im weiteren Sinne (als Strukturpolitik) auf Kosten der bisherigen EZ in Projekten wird einlassen müssen. In letzter Konsequenz könnte die Entwicklungspolitik als Querschnittaufgabe von der Gesamtpolitik absorbiert werden. Das wäre im Sinne der immer wieder geforderten Kohärenz zwar sinnvoll. Damit würde aber auch die Herausforderung verloren gehen, die in der Entwicklungspolitik institutionalisiert ist – die bewusste Positionierung der Politik in dem unauflösbaren Spannungsverhältnis zwischen den eigenen Interessen und denen des Anderen.

Im Zeichen einer zunehmenden globalen Verflechtung aller Lebensverhältnisse könnte die EZ ihr Proprium darin zu finden versuchen, dass sie eine globale Perspektive auf eben diese Verhältnisse entwickelt. Das Spannungsverhältnis zwischen den eigenen Interessen und denen des Anderen würde damit in den Versuch übersetzt, einen Diskurs über Partikularismus und Universalismus zu führen, also über die Notwendigkeit einer auf universelle Werte gestützten Entwicklungspolitik, die stets auch als hegemoniale Politik kritisch überprüft werden muss. In einem solchen Diskurs haben die nicht-staatlichen Akteure der Entwicklungspolitik ein gewichtiges Wort mitzureden. Dabei wäre es allerdings vermessen anzunehmen, die nicht-staatlichen Organisationen stünden allein schon deshalb für das Universale, weil sie keine staatlichen Interessen vertreten.

Auch für die nicht-staatlichen Organisationen gilt, dass globale Perspektiven stets lokal verwurzelt sind und dass es demzufolge so viele globale Perspektiven wie Entwicklungsagenturen gibt. Auch die kirchlichen Organisationen können nach dem bisher Gesagten nicht für sich beanspruchen, universalistische Positionen von einem wahrhaft universalistischen Standpunkt aus zu vertreten. Gewiss, glauben kann man nur unbedingt. Aber im Glauben zu handeln ist unzähligen Kontingenzen unterworfen. Auch die kirchlichen Entwicklungsorganisationen sind eingebunden in je spezifische Verhältnisse und belastet von den daraus erwachsenden Selbstbezüglichkeiten ihrer Politik. Kirchturmspolitik betreiben nicht nur die, die die Kirche von außen betrachten. Auch der Kirche selbst ist sie geläufig.

Literatur

Anderson, M. (1999): Do no Harm. How Aid Can Support Peace – or War, London.
Brock, L. (2002): Neue Impulse für die kirchliche Entwicklungszusammenarbeit? Gefahren der „Versicherheitlichung" der Entwicklungspolitik nach dem 11. September, in: epd-Entwicklungspolitik 13/14 2002, S. 38-42.
Brock, L. (2004): Frieden durch Recht. Zur Verteidigung einer Idee gegen „die harten Tatsachen" der internationalen Politik, HSFK-Standpunkte, Nr. 3, 2004
Erler, B. (1985): Tödliche Hilfe. Bericht von meiner Dienstreise in Sachen Entwicklungshilfe. Freiburg.
Klingebiel, S. (1999): Wirkungen der Entwicklungszusammenarbeit in Konfliktsituationen. Querschnittsbericht zu Evaluierungen der deutschen Entwicklungszusammenarbeit in sechs Ländern, Berlin.
Paffenholz, T./Reychler, L. (eds.) (2001): Peacebuilding. A Field Guide, Boulder.
Seitz, K. (2002): Bildung in der Weltgesellschaft. Gesellschaftstheoretische Grundlagen Globalen Lernens. Frankfurt/Main.
Willems, U. (1998): Entwicklung, Interesse und Moral. Die Entwicklungspolitik der Evangelischen Kirche in Deutschland. Opladen.
World Bank (2000): Can Africa Claim the 21st Century? Washington, D.C.

Gerhard Kruip
Wechselseitige Verpflichtungen
Partnerschaft in der Entwicklungszusammenarbeit

Von „Partnerschaft" wird in der entwicklungspolitischen Zusammenarbeit viel gesprochen – sowohl auf der Ebene von „Projektpartnerschaften" als auch im globalen Zusammenhang, wenn etwa die „Millennium Development Goals" den „Aufbau einer globalen Entwicklungspartnerschaft" fordern. Schon der Begriffswechsel von „Entwicklungshilfe" zu „Entwicklungszusammenarbeit" versucht, Ungleichgewichte und Einseitigkeiten zu überwinden und von einem paternalistischen Verständnis dieser Hilfe loszukommen. Doch jede Form von *Entwicklungszusammenarbeit ist mit Einflussnahme verbunden.*

Wer von „Partnerschaft" spricht, möchte vor dem Hintergrund kolonialer Vergangenheit betonen, dass Beziehungen zwischen armen und reichen Ländern „auf gleicher Augenhöhe" möglich sein müssen. Die Empfänger von Hilfe müssen als gleichberechtigte Menschen, Gruppen oder Staaten anerkannt werden, die selbst Subjekte ihrer eigenen Entwicklung sind und sein können sollten. Manchmal jedoch beschleicht einen ein leichtes Unbehagen, denn die verbreitete Partnerschaftsrhetorik kann auch Probleme verdecken. Auch ist unklar, was „Partnerschaft" in der konkreten Zusammenarbeit bedeutet.

Partnerschaftsmythen

So verwundert es nicht, dass der Partnerschaftsgedanke zwar nicht grundsätzlich in Frage gestellt, aber doch zunehmend problematisiert wird. So gab es beispielsweise zwischen Oktober 1999 und April 2000 auf den Internet-Seiten der Weltbank ein Diskussionsforum zum Thema „Partnering with Civil Society" (www2.worldbank.org/hm/participate/date.html). Hier wurde darauf aufmerksam gemacht, dass erfolgreiche Entwicklungszusammenarbeit auf Vertrauen angewiesen ist, das nur in partnerschaftlichen Kooperationsbeziehungen entstehen kann, die allerdings angesichts der Asymmetrien dieser Beziehungen nicht immer einfach, manchmal eher *„Pseudo-Partnerschaften"* seien. Die Rede von „Partnerschaft" diene allzu oft der Mystifizierung und Verschleierung der Machtungleichgewichte. Auch der *Reality of Aid Report 2002* (www.devinit.org/realityofaid) verschiedener Nicht-Regierungsorganisationen klagte die zunehmende Diskrepanz zwischen der Hilfe- und Partnerschaftsrhetorik der reichen Länder und der zunehmenden Interessen- und Machtbezogenheit von deren tatsächlicher Politik an. Manchmal kann die Partnerschaftsrhetorik auch umgekehrt der einseitigen Ausnutzung des gutwilligen reicheren durch den ärmeren „Partner" dienen.

Die Studie „Partnerschaft zwischen Wunschdenken und Wirklichkeit" des Schweizerischen Verbandes für personelle Entwicklungszusammenarbeit Unité (2002) stellte fest, dass es im Rahmen personeller Zusammenarbeit eine starke Korrelation zwischen der Partnerschaftsqualität und der Einsatzqualität gebe. Um beides zu verbessern, sei darauf zu achten, dass bei der Zieldefinition bestehende Divergenzen nicht überspielt werden, dass es ein intensives Monitoring gibt und Kommunikationsschwierigkeiten durch intensive Dialoge überwunden werden. Besonders wichtig sei es, die Verantwortlichkeiten beider Partner möglichst klar festzulegen.

Unzweifelhaft bedeutet jede Form von Hilfe auch Einflussnahme in einer Beziehung, die faktisch von Machtungleichgewichten und von verschiedenen Ausstattungen mit Ressourcen gekennzeichnet ist. Schon allein durch die Formulierung bestimmter Ziele, durch die Auswahl der Partner und durch indirekte Signale werden Vorgaben gemacht, an denen sich die Partner orientieren, wenn sie auf Hilfe angewiesen sind. Das ist auch dann der Fall, wenn von den Geldgebern – häufig mit dem besten Willen – Einflussnahmen abgelehnt werden und möglichst die gesamte Entscheidungsbefugnis den Partnern überlassen bleiben soll. Diese Einstellung begegnet einem manchmal bei kirchlichen Trägern, die gerne davon sprechen, sich ganz in den Dienst ihrer Partner zu stellen, die ja sehr viel besser wüssten, wie in ihren Ländern Fortschritte erzielt werden könnten.

Es stellt sich aber die grundsätzliche Frage, ob nicht auch „partnerschaftliche" Zusammenarbeit Verantwortung dafür übernehmen muss, welche Folgen sie hat und ob die angestrebten Ziele tatsächlich erreicht werden. Darf die Vergabe von Hilfe an *Bedingungen* geknüpft werden? Gerade viele kirchliche Gruppen und Partnerschaftsbeziehungen auf privater Basis werden lernen müssen, dass Transparenz, Kontrolle und Evaluierung dem Partnerschaftsgedanken nicht widersprechen müssen. Aber kommen sie dadurch nicht in die Nähe der vielfach kritisierten Politik, etwa des Internationalen Währungsfonds, der die Gewährung von Krediten von der Erfüllung von Bedingungen abhängig machte, die die Situation in den betreffenden Ländern häufig noch verschlechterten? Und wie steht es um die Kriterien der deutschen Entwicklungszusammenarbeit und deren transparente und konsequente Anwendung?

Partnerschaft und Konditionalität

Um den Zusammenhang von Partnerschaft und Konditionalität grundsätzlich zu reflektieren, hat die *„Sachverständigengruppe Weltwirtschaft und Sozialethik"* – eine Expertenrunde, die überwiegend aus Ökonomen und Sozialethikern besteht und der Wissenschaftlichen Arbeitsgruppe der Kommission „Weltkirche" der Deutschen Bischofskonferenz zuarbeitet – eine Studie unter dem Titel „Partnerschaft mit den Armen – Wechselseitige Verpflichtungen in der entwicklungspolitischen Zusammenarbeit" (2004) vorgelegt. In ihrem ersten Teil wird verdeutlicht, dass Entwicklungszusammenarbeit immer mit Einflussnahmen verbunden ist, die von der Geberseite mitverantwortet werden müssen. Deshalb ist es legitim, die Vergabe von Hilfe an Bedingungen zu knüpfen, die sicherstellen, dass die Hilfe bei denen ankommt, für die sie bestimmt ist, und dass Projekte die angestrebten Wirkungen tatsächlich erreichen können. Aus der Wirkungsforschung kann man freilich lernen, dass eine der wichtigsten dieser Bedingungen die *„ownership"* ist. Beide Partner der Zusammenarbeit müssen sich die Projektziele wirklich zu eigen machen. Insbesondere dürfen sie nicht dem schwächeren Partner aufgezwungen werden, sonst besteht dessen Reaktion darin, die Bedingungen zu unterlaufen.

Auf der Grundlage einer ethischen Reflexion der Entwicklungszusammenarbeit im zweiten Teil der Studie werden dann im dritten Teil zehn Grundregeln für Partnerschaft und Konditionalität formuliert:
1) Die Grundlage für jede Form der Entwicklungszusammenarbeit bildet die Achtung der *Menschenwürde* aller Beteiligten.
2) Wichtig ist die Einigung auf gemeinsame *Ziele* als Basis der Partnerschaft, was in internationalen und interkulturellen Zusammenhängen durchaus sehr aufwändig sein kann. In der Routine der Vergabe von Projektgeldern wird auf diesen Aspekt häufig zu wenig Gewicht gelegt.

3) Sowohl Geber- wie Nehmerseite sollten sich genau überlegen, mit wem sie zusammenarbeiten wollen und können. In der fachlichen Debatte um Konditionalität ist nämlich durchaus umstritten, ob Konditionalitäten die erhofften Wirkungen haben. Offensichtlich lässt sich „ownership" nicht kaufen und nicht durch äußeren Druck erzwingen.[1] Im Gegenteil können von außen auferlegte Bedingungen auch kontraproduktive Wirkungen entfalten, indem sie etwa demokratische Prozesse in den Empfängerländern behindern oder außer Kraft setzen. Sogar Nicht-Regierungsorganisationen können dadurch in den Verdacht geraten, Agenten externer Interessen zu sein.[2] Deshalb dürften die Transparenz und Regelhaftigkeit in der Mittelvergabe sowie die transparente Auswahl der richtigen Partner der Zusammenarbeit für den angestrebten Erfolg oft wichtiger sein als die vertragliche Festlegung von Konditionalitäten, vor allem wenn deren Einhaltung schwer zu kontrollieren ist oder schon die Kriterien für eine solche Kontrolle unklar bleiben.

4) Es muss schließlich klar sein, dass *Konditionalität wechselseitig* sein muss. Auch die Hilfegeber müssen sich verpflichten, sich an Vereinbarungen zu halten, zugesagte Hilfe rechtzeitig zur Verfügung zu stellen und vor allem durch eine konsistente Politik zu vermeiden, dass die Wirksamkeit von Hilfe durch gegenläufige Aktivitäten in anderen Politikfeldern beeinträchtigt wird. Auch gehört es zu den Pflichten einer partnerschaftlichen Zusammenarbeit, dass sich die Geber untereinander verständigen und ein möglichst hohes Maß an Koordination ihrer Politiken anstreben. So ist es beispielsweise alles andere als sinnvoll, wenn die Industrieländer eine exportorientierte Landwirtschaft in Dritte-Welt-Ländern fördern, die eigenen Agrarmärkte dann aber durch protektionistische Maßnahmen gegen Importe abschotten.

5) Die Hilfe muss die *Eigenständigkeit* der Partner akzeptieren.

6) Die Hilfe sollte in dem Bewusstsein geschehen, dass auch die Geberseite *von der Nehmerseite lernen* kann. Dies trifft vor allem für die Zusammen-

---

[1] So z.B. William Branson und Nagy Hanna in einem Working Paper über „Ownership and Conditionality" des World Bank Operations Evaluation Department. www.worldbank.org /html/oed.

[2] So Devendra Raj Panday in seinem Beitrag „Can Aid Conditionality Help Governance Reform in Needy Countries?",www.worldbank.org/devforum/speaker_panday.html.

arbeit von Partnern zu, bei denen nicht die ökonomischen, sondern soziale, kulturelle oder religiöse Ziele im Vordergrund stehen.
7) Partnerschaftliche Zusammenarbeit ist auf *Langfristigkeit* und Verlässlichkeit angelegt. Erst dadurch kann das notwendige wechselseitige Vertrauen entstehen, das für eine fruchtbringende Zusammenarbeit notwendig ist. Auch für die Partner im Norden gilt das Kriterium der Nachhaltigkeit, wobei diese nicht wiederum in einen Automatismus einer Mittelvergabe ohne genaue Prüfung und Kontrolle umschlagen darf.
8) Selbstverständlich sind die Forderungen nach *Rechenschaftspflicht* und Transparenz.
9) Schließlich müssen faire Regeln für den Fall von *Konflikten* vereinbart werden.
10) Wenn Entwicklungsprojekte scheitern, muss auch der Hilfegeber Mitverantwortung übernehmen; die *Kosten des Scheiterns* dürfen nicht einseitig der Nehmerseite aufgebürdet werden. Verfahrensregeln für den Fall eines solchen Scheiterns sollten Bestandteil der Kooperationsverträge sein.

Diese Maximen implizieren konkretere Perspektiven der Umsetzung, und zwar sowohl für den Bereich der bilateralen und multilateralen öffentlichen wie auch für die nichtstaatliche Entwicklungszusammenarbeit zivilgesellschaftlicher Organisationen und der Kirchen. Gerade im Bereich der letzteren führen weltanschauliche Gemeinsamkeiten und das größere wechselseitige Vertrauen leicht dazu, dass Kontrollen und Transparenz für weniger notwendig gehalten oder aus einer ideologischen Überhöhung des Partnerschaftsgedankens sogar abgelehnt werden. Hier gibt es Nachholbedarf, wie dies z.B. Georg Cremer (2000) gezeigt hat. Eine überlegte und verantwortete Wahl der Partner für die Zusammenarbeit, klare Zielvereinbarungen und Absprachen, professionelle und unabhängige Kontrollen, detaillierte Rechenschaftsberichte und sorgfältige Evaluationen sind auch hier notwendig und widersprechen nicht der Grundforderung nach einer partnerschaftlichen Gestaltung der Zusammenarbeit.

Die Studie der Sachverständigengruppe möchte zu mehr Partnerschaft in der entwicklungspolitischen Zusammenarbeit ermutigen, gleichzeitig aber einer ideologisch überhöhten Partnerschaftsrhetorik widersprechen, die eine gerechtfertigte Konditionalität ablehnt. Es gibt durchaus Bedingungen für die Wirksamkeit von Entwicklungshilfe, so dass die Hilfe auch sinnvoller Weise von der

Erfüllung dieser Bedingungen abhängig gemacht werden kann. Diese Bedingungen müssen freilich sachgemäß sein, im beiderseitigen Interesse liegen und beide Seiten verpflichten. Nur auf der Grundlage eines solchen Partnerschaftsverständnisses kann die Bereitschaft zu partnerschaftlicher Solidarität mit den armen Ländern der „Einen Welt" wachsen – und das ist dringend notwendig, auch in Zeiten ökonomischer Krisen.

Literatur

Cremer, G. (2000): Korruption begrenzen - Praxisfeld Entwicklungspolitik. Freiburg.
Unité (Hg.) (2002): Partnerschaft zwischen Wunschdenken und Wirklichkeit. Basel.
Wissenschaftlichen Arbeitsgruppe für weltkirchliche Aufgaben der Deutschen Bischofskonferenz (Hg.) (2004): Partnerschaft mit den Armen. Wechselseitige Verpflichtungen in der entwicklungspolitischen Zusammenarbeit. Bonn.

IV.

Weltordnungspolitik für das 21. Jahrhundert

Wolfgang Benedek
Rechtlich-institutionelle Grundlagen einer gerechten Weltordnung

Die Anforderungen einer internationalen Verantwortungsethik an die globale Governance wirft die Frage nach den Bedingungen der Verwirklichung rechtlich-ethischer Normen auf der Ebene globaler Organisationen auf. Worin liegen die Möglichkeiten und Grenzen dieser Organisationen in der Unterstützung einer internationalen Ethik? Wie kann eine internationale Kultur der Zusammenarbeit auf Grundlage globaler Rechtsstaatlichkeit verwirklicht werden? Diesen Fragen soll vor allem am Beispiel der internationalen Wirtschaftsorganisationen nachgegangen werden, die in den letzten 15 Jahren massiver Kritik ausgesetzt waren.

Die Kritik an der bestehenden internationalen Wirtschaftsordnung

Die bestehende internationale Ordnung, insbesondere im Bereich der Wirtschaftsbeziehungen, wird oft als ungerecht empfunden, da sie vor allem die Interessen der Stärkeren schützt. Traditionell handelt es sich dabei um eine von den Staaten geprägte internationale Ordnung, welche eine Gewichtung zu Gunsten der wichtigsten westlichen Staaten enthält. Dies zeigt sich schon im Sicherheitsrat, dessen ständige Mitglieder USA, England, Frankreich, Russland und China für die Staatengemeinschaft nicht mehr als repräsentativ angesehen werden können. Dies würde durch eine ständige Mitgliedschaft Deutschlands jedoch nur verstärkt, wenn nicht gleichzeitig auch andere Länder des Südens diesen Status erhalten würden. Innerhalb dieser Gruppe besteht eine Dominanz der USA, welche sich besonders in den zentralen Wirtschaftsorganisationen manifestiert. So kommt den USA in der so genannten *„Quadriga"*, den vier wichtigsten Wirtschaftsmächten in der Welthandelsorganisation (USA, EU, Japan und Kanada) seit jeher eine besondere Stellung zu und im Internationalen Währungsfonds (IWF), dessen Mitgliedschaft Voraussetzung für den Zugang zu Beistandskrediten und zur Mitgliedschaft in der Weltbank mit den damit verbundenen Möglichkeiten langfristiger Darlehen ist, haben die USA bei allen wichtigen Entscheidungen eine Sperrminorität. Im Zusammenhang mit einem verstärkten Unilateralismus der USA, stellt dies eine bedenkliche Herausforderung des kooperativ angelegten internationalen Systems im Rahmen der Vereinten Nationen dar. Dementsprechend gibt es eine langjährige Kritik der Entwicklungsländer an der internationalen Wirtschaftsordnung, dass diese zuwenig ihre Interessen widerspiegle, zu welcher noch die Kritik der internationalen Sozialbewegung tritt, die den internationalen Wirtschaftsorganisationen sehr kritisch gegenüber steht und sie für bestehende Ungerechtigkeiten und Ausbeutung verantwortlich macht. (vgl. Khor 2000).

Seit dem Ende der Systemkonkurrenz zwischen Ost und West mit dem Fall der Berliner Mauer von 1989 scheint die Globalisierung des liberalen marktwirtschaftlichen Modells der internationalen Wirtschaft keine Grenzen mehr zu kennen. Diese über Handel und Investitionen sowie die Finanzinstitutionen vorangetragene Verbreitung des westlichen Wirtschaftsmusters und deren negative Folgen in Form von Marginalisierung und Exklusion von Ländern und Bevölkerungen, die dem internationalen Konkurrenzdruck nicht standhalten konnten, hat die bekannte Globalisierungskritik hervorgerufen, welche insbesondere die internationalen Wirtschaftsorganisationen für die zu beobachtenden Fehlentwicklungen verantwortlich macht. Dabei geht es nicht nur um die Auswirkungen auf Entwicklungsländer, sondern auch die Folgen in den entwickelten Ländern selbst, was die Globalisierungsgegner zu einer breiten Bewegung gemacht hat (vgl. Martin/Schumann 1996). Aus der Gegenbewegung entwickelt sich zunehmend eine *neue internationale Sozialbewegung*, die in ihren in Porto Alegre und Mumbai abgehaltenen Treffen auch positive Visionen für eine neue Internationale Wirtschafts- und Sozialordnung entwickelt.

Das Konzept der *„Neuen Internationalen Wirtschaftsordnung"* war bereits in den siebziger Jahren ein Versuch der Entwicklungsländer, ihren Stellenwert im System der internationalen Wirtschaftsbeziehungen zu verbessern, was ihnen mit Hilfe der Gruppe der 77 und der UNCTAD nur vorübergehend gelang.[1] Schon 1964 hatte das *Allgemeine Zoll- und Handelsabkommen (GATT)* einen Teil IV über „Handel und Entwicklung" verabschiedet, der jedoch weitgehend toter Buchstabe blieb. Dennoch gelang es den Entwicklungsländern in den siebziger Jahren eine Veränderung der Rahmenbedingungen zu ihren Gunsten in

---

[1] Vgl. Erklärung und Aktionsprogramm der Vereinten Nationen über eine Neue Internationale Wirtschaftsordnung von 1974, UN GV-Res. 3201 (1974).

Form der Nicht-Reziprozität bei Zollverhandlungen und der Allgemeinen Handelspräferenzsysteme zu erreichen. Daraus wurde in der 1979 abgeschlossenen Tokioter Runde des GATT ein allgemeiner Grundsatz der differenziellen Vorzugsbehandlung, welcher jedoch in der Uruguay Runde von 1986 bis 1994 teilweise wieder zurück genommen wurde (vgl. Benedek 2000). Dies hat die Kritik von Nichtregierungsorganisationen wie ATTAC verschärft (vgl. Grefe et al. 2002), aber auch die Entwicklungsländer und die Organisationen des Südens in ihrer Skepsis bestätigt. Den Entwicklungsländern wurde zwar die im Jahr 2001 gestartete Doha-Runde von Handelsverhandlungen als „Entwicklungsrunde" präsentiert, doch blieb die Ministerkonferenz von Cancún 2003, welche die konkreten Verhandlungen einleiten sollte, mangels Fortschritten bei den Anliegen der Entwicklungsländer, wie etwa der westafrikanischen Baumwollproduzentenländer, erfolglos (vgl. CUTS 2003).

Die Nichtverwirklichung der ursprünglichen Ordnungsansätze

Ein Teil der Probleme geht in ihrem Ursprung auf die Nichtverwirklichung der 1945 vereinbarten Regeln und Institutionen für die Nachkriegsordnung zurück. Die UNO-Charta hat einen hohen ethischen Anspruch und eine klare Vision, wonach der soziale Fortschritt und ein besserer Lebensstandard in größerer Freiheit unter Bedingungen der Gerechtigkeit und der Achtung vor dem Völkerrecht verwirklicht werden sollte.[2] Dies geht unter anderem auf die Vision der vier Freiheiten zurück, die der amerikanische Präsident Roosevelt in seiner Kongressbotschaft Anfang 1941 für die Nachkriegsordnung verkündete und welche neben der Religions- und der Meinungsäußerungsfreiheit vor allem die Freiheit von Furcht und die Freiheit von Not bzw., positiv ausgedrückt, internationale Sicherheit und wirtschaftliches Wohlergehen als gemeinsame Ziele zum Ausdruck brachte.

Die zentrale Betonung der Menschenwürde am Beginn der *Charta der Vereinten Nationen* wird in der *Allgemeinen Erklärung der Menschenrechte* fortgeführt, die sowohl bürgerliche und politische als auch wirtschaftliche, soziale und kulturelle Rechte enthält und in Art. 28 insbesondere festhält, dass jeder Mensch „Anspruch auf eine soziale und internationale Ordnung, in welcher die in der

---

[2] Vgl. Präambel der Charta der Vereinten Nationen von 1945.

vorliegenden Erklärung angeführten Rechte und Freiheiten voll verwirklicht werden können" hat. Der in der Allgemeinen Erklärung der Menschenrechte enthaltene Ansatz wurde in der Folge durch die unterschiedliche Gewichtung der beiden Menschenrechtspakte zu Lasten des „Sozialpaktes" verändert, was zu einer Vernachlässigung der wirtschaftlichen, sozialen und kulturellen Rechte führte, die erst seit Mitte der achtziger Jahre mit der Errichtung des Ausschusses für wirtschaftliche und soziale Rechte für den Sozialpakt schrittweise rückgängig gemacht wurde. Für die Entwicklungsländer standen die wirtschaftlichen, sozialen und kulturellen Rechte zwar immer im Vordergrund, was auch in der Vorreihung des „Sozialpaktes" vor den Internationalen Pakt für Bürgerliche und Politische Rechte zum Ausdruck kam, welche in der Praxis jedoch weitgehend ohne Bedeutung blieb. Die Entwicklungsländer haben auch durch ihre Forderung nach einem „Recht auf Entwicklung" ihren Präferenzen Ausdruck zu geben versucht. Dieses wurde seit den siebziger Jahren diskutiert und fand letztlich in der „Deklaration über das Recht auf Entwicklung" von 1986 durch die Generalversammlung der Vereinten Nationen mehrheitliche Anerkennung.[3]

Auch im Bereich der internationalen Wirtschaftsorganisationen, die als Sonderorganisationen der Vereinten Nationen gemäß Art. 57 bzw. Art. 63 der UNO-Charta mit dieser in Beziehung gebracht werden sollten, ergab sich in der Praxis eine andere Entwicklung als vorgesehen. Der Internationale Währungsfonds und die Weltbank wurden zwar Sonderorganisationen der Vereinten Nationen, verfolgten jedoch eine Politik weitest gehender Autonomie. Die für die Regelung des internationalen Handels vorgesehene *„Internationale Handelsorganisation" (ITO)*, deren Statut in der „Konferenz der Vereinten Nationen für Handel und Beschäftigung" ausgearbeitet worden war, und in der „Charta von Havanna" von 1948 angenommen wurde, kam nie zustande, da der US-amerikanische Kongress nach politischen Veränderungen eine Ratifikation ablehnte. So blieb es beim Allgemeinen Zoll- und Handelsabkommen (GATT), welches als „liberales Bruchstück" der Havanna Charta bezeichnet werden kann, da es nur einen begrenzten Teil des ursprünglichen Ansatzes, der etwa auch Rohstoffabkommen und die besondere Lage der Entwicklungsländer berücksichtigte, darstellte (vgl. Benedek 1990, 27ff.). Das GATT nahm über den Vorbereitungsausschuss für

---

[3] Vgl. Deklaration über das Recht auf Entwicklung, UN GV-Res. 41/128 vom 4.12.1986. Acht Industriestaaten enthielten sich der Stimme und die USA stimmte als einzige dagegen. Vgl. dazu auch Auprich 2000.

die ITO zwar an den Privilegien und Immunitäten als auch dem Pensionsfonds der Vereinten Nationen teil, beteiligte sich jedoch als De-facto-Sonderorganisation der Vereinten Nationen kaum an deren Tätigkeit.

Entsprechend der Charta der Vereinten Nationen hat der *Wirtschafts- und Sozialrat (ECOSOC)* gemäß Art. 62 die Zuständigkeit, Empfehlungen an die Vereinten Nationen als auch an die Sonderorganisationen zu richten, bzw. gemäß Art. 63 Abs. 2 die Tätigkeit der Sonderorganisationen im Wege von Konsultationen und Empfehlungen zu koordinieren. Diese haben wiederum regelmäßig Berichte an den Wirtschafts- und Sozialrat zu liefern, der diese mit seinen Bemerkungen an die Generalversammlung weiterleitet. In der Praxis war der E-COSOC jedoch kaum in der Lage, seine Koordinationskompetenz wahrzunehmen. Seine Zusammensetzung ist im Gegensatz zum Sicherheitsrat geographisch ausgewogen, es gibt keine Vorrechte irgendwelcher Mitglieder. Vielleicht hat er gerade deshalb keine wirkliche Bedeutung erlangt. Zwischen den einzelnen Sonderorganisationen besteht eine besondere Beziehung zwischen Internationalem Währungsfonds und Weltbank bzw. zwischen diesen und dem GATT bzw. seit 1995 der Welthandelsorganisation (WTO), die auch in verschiedenen Erklärungen der Minister zur Uruguay Runde zum Ausdruck kam.[4]

Hingegen ist keinerlei besondere Beziehung zur *Internationalen Arbeitsorganisation (ILO)* vorgesehen und hat sich in der Praxis auch nicht entwickelt, obwohl die ursprünglichen Intentionen auf „Handel und Beschäftigung" gerichtet waren. Versuche der USA und der Europäischen Union u.a., internationale Sozialstandards zum Gegenstand des GATT bzw. der WTO zu machen, wurden vor allem von den Entwicklungsländern seit jeher rundweg abgelehnt. Die Motivation der Betreiberländer dieses Vorhabens war freilich weniger menschenrechtlicher als wettbewerbspolitischer Natur. Die niedrigen Arbeitskosten in den Ländern des Südens, die zum Teil auf mangelnde Sozialstandards bzw. Gewährleistung von Arbeiterrechten zurückgehen, ist den Gewerkschaften in den Industrieländern ein Dorn im Auge. Anlässlich des ersten Ministertreffens der WTO in Singapur im Dezember 1996 wurde die Verpflichtung zur Beachtung international anerkannter grundlegender Arbeitnehmerschutzrechte erneuert, zugleich je-

---

[4] Vgl. z.B. die Erklärung zum Beitrag der Welthandelsorganisation zur Stärkung der globalen Kohärenz wirtschaftspolitischer Entscheidungen bzw. die Erklärung zu den Beziehungen der Welthandelsorganisation zum Internationalen Währungsfonds, in: Benedek 1998, 535ff.

doch festgehalten, dass die Internationale Arbeitsorganisation das zuständige Gremium zur Festsetzung und Behandlung dieser Standards sei.[5]

Überlegungen im Rahmen der ILO, ähnlich wie im Fall der Handelsbezogenen Geistigen Eigentumsrechte (TRIPS), die eigentlich von der Weltorganisation für Geistiges Eigentum (WIPO) verwaltet werden, auch Sozialstandards in die WTO einzubringen, um einen verstärkten Schutz dieser Rechte zu erreichen, wurden von der Entwicklungsländermehrheit in der WTO zurückgewiesen. Das rechtsverbindliche Streitbeilegungssystem der WTO hätte bewirkt, dass diese Rechte durchsetzbar geworden wären. In der Zwischenzeit hat der Widerstand der Entwicklungsländer dazu geführt, dass dieses Thema von der Tagesordnung der Doha-Runde genommen werden musste und das Verhältnis zwischen WTO und ILO beschränkt sich auf ein Minimum an Kontakten. So hat die ILO in der WTO nicht einmal einen Beobachterstatus.

Während der Uruguay Runde gelang es, die Verzögerungen beim Abschluss der Runde dafür zu nutzen, dass das ursprüngliche Projekt einer ITO zumindest in Teilen verwirklicht werden konnte, in dem für die handelspolitische Zusammenarbeit im Bereich des GATT und nunmehr auch des GATS und TRIPS eine Organisationsstruktur in Form der *Welthandelsorganisation (WTO)* vereinbart wurde. Die Erwartungen der Vereinten Nationen, dass die seit Anfang 1995 bestehende neue Organisation sich den Vereinten Nationen als Sonderorganisation anschließen möge, wurden jedoch enttäuscht. Die WTO, die durch Vertreter der Handels- und Wirtschaftsministerien beschickt wird, beschloss als erste bedeutendere Organisation sich *außerhalb* des Systems der Vereinten Nationen zu stellen. Damit sollte vor allem eine größtmögliche Autonomie der Organisation gesichert und diese von Einflüssen der Vereinten Nationen mit ihrer breiten Agenda abgeschottet werden (vgl. Benedek 1995). Tatsächlich legte die WTO damit den Grundstein für eine in der Folge zu beobachtende immer stärkere Isolierung vom internationalen Diskurs. Die Abnabelung von den Vereinten Nationen, die bis in den Bereich des Pensionsfonds reichte, hatte unter anderem zur Folge, dass die WTO auf ihr enges Mandat beschränkt blieb und sich hauptsächlich am Internationalen Währungsfonds und der Weltbank orientierte (vgl. Leuprecht 1999). Damit wurde die ursprüngliche Vision der institutionellen Grundlagen der internationalen Wirtschafts- und Sozialordnung in Form von

---

[5] Vgl. Abschlusserklärung des Ministertreffens der Welthandelsorganisation (WTO) in Singapur vom 13. Dezember 1996), in: Benedek 1998, 572.

kooperierenden Sonderorganisationen unter der Koordination des Wirtschafts- und Sozialrates endgültig zu Grabe getragen.

Stattdessen entwickelte sich die in den siebziger Jahren auf Initiative Frankreichs gegründete *Gruppe der 7* (bzw. unter Einbezug Russlands der G8) zum eigentlichen Koordinationsforum der internationalen Wirtschaftsbeziehungen, ja darüber hinaus auch für politische Fragen allgemeiner Art. Aus dem informellen Konsultationsgremium wurde inzwischen das bedeutendste Gremium globaler Governance. Seine Mitgliedschaft ist mit den Ländern USA, Kanada, Großbritannien, Frankreich, Deutschland, Italien und Japan sowie Russland wahrlich „exklusiv", insofern als die größten Länder dieser Welt wie China und Indien ebenso ausgeschlossen sind wie ganze Kontinente, wie etwa Afrika. Ihre Legitimation bezieht die Gruppe aus dem Grundsatz der Effektivität, d.h. der Fähigkeit der beteiligten Länder, ihre gemeinsam getroffenen Entscheidungen danach in den entsprechenden Gremien internationaler Organisationen umzusetzen, nicht jedoch aus einer demokratischen oder repräsentativen Legitimität. Es handelt sich somit um eine oligarchische Steuerung, welche über die halbjährlich veranstalteten Weltwirtschaftsgipfel hinaus auch in einer Vielzahl anderer Treffen in gleicher Zusammensetzung auf Ministerebene oder auch darunter stattfindet (vgl. Benedek 2004b). Die große Anzahl der anwesenden Journalisten wird nur noch durch die Zahl der Sicherheitskräfte übertroffen, welche die in immer abgelegeneren Orten stattfindenden Treffen bewachen. Damit wird das bestehende System im Rahmen der Vereinten Nationen vollends unterlaufen. Auch die Tatsache, dass immer wieder sozial relevante Themen wie Armuts- oder Aids-Bekämpfung auf der Tagesordnung stehen und zum abschließenden „Familienfoto" farbenprächtig gekleidete Staatschefs aus dem Süden eingeladen werden, kann an der Exklusivität und mangelnden Legitimität dieses Gremiums, das völlig außerhalb der Vereinten Nationen steht, nichts ändern.

Rechtlich-institutionelle Reformansätze internationaler Wirtschaftsorganisationen

Die Kritik an den internationalen Wirtschaftsorganisationen, die sich dem neoliberalen Globalisierungsparadigma verpflichtet fühlen, ist vor allem von einer Vielfalt von Nichtregierungsorganisationen, Gewerkschaften und kirchlichen

Vereinigungen getragen, die insgesamt als „internationale Zivilgesellschaft" bezeichnet werden können. Diese nicht-staatlichen Akteure (vgl. Hofmann 1999) haben vor allem die demokratische Legitimation internationaler Wirtschaftsorganisationen in Frage gestellt und mehr Transparenz und Partizipation sowie Verantwortlichkeit bzw. Rechenschaftspflicht gefordert (vgl. Benedek 1999). In Reaktion auf diese Kritik haben manche Organisationen Anpassungen vorgenommen, wie etwa die Weltbank mit der Einrichtung des so genannten „Inspection Panels", welches von Weltbankprojekten Betroffenen die Möglichkeit gibt, Entscheidungen der Weltbank im Lichte der Weltbankkriterien überprüfen zu lassen (vgl. Schlemmer-Schule 1998).

Im Bereich des Internationalen Währungsfonds und der WTO kam es vor allem zu einer Verbesserung der Transparenz. So sind heute auf der Website der WTO eine Vielzahl von Informationen zu finden, die früher noch der Geheimhaltung unterlagen. Hingegen hat die WTO nicht von der nach ihrer eigenen Satzung in Art. V vorhandenen Möglichkeit Gebrauch gemacht, einen Konsultativstatus für nicht-staatliche Organisationen, „die sich mit Angelegenheiten befassen, die mit denen der WTO im Zusammenhang stehen", einzurichten. Als Grund wurden die politisch sensiblen Handelsverhandlungen und die Schwierigkeit angegeben, unter der Vielzahl an interessierten *Nichtregierungsorganisationen* (NGOs) eine entsprechende Auswahl zu treffen. Im Bereich der Vereinten Nationen besteht eine entsprechende Regelung des Wirtschafts- und Sozialrates, auf Grund welcher Nicht-Regierungsorganisationen bestimmte Teilnahmerechte etwa im Bereich der Menschenrechtskommission der Vereinten Nationen haben.[6]

Es ist jedoch wichtig darauf hinzuweisen, dass die Zurückhaltung der WTO in ihrer Beziehung zu den nicht-staatlichen Organisationen vor allem auf die ablehnende Haltung der Entwicklungsländermitglieder zurückzuführen ist, welche eine offenere Haltung des WTO-Sekretariats bisher verhindert haben. Während somit die NGOs, die häufig auch zu den wichtigsten Fürsprechern einer stärkeren Rolle der Entwicklungsländer zählen, beim WTO-Sekretariat protestieren, sind es gerade die Entwicklungsländer-Regierungen, die ihre Souveränität verteidigen und gegen eine stärkere Beteiligung von NGOs auftreten. Dies hat auch

---

[6] Vgl. ECOSOC-Res. 1996/31 sowie Diana Otto: Non-governmental Organizations in the United Nations System: The Emerging Role of the International Civil Society. In: Human Rights Quarterly, Vol. 18 (1996) 1, 107-114.

damit zu tun, dass die oft autoritär agierenden Entwicklungsländer-Regierungen die NGOs in ihren Ländern als eine kritische Macht, wenn nicht sogar als Opposition empfinden. Sie treten daher für eine Stärkung der internen Partizipation in der WTO im Sinne einer vergrößerten Mitsprache der Entwicklungsländer ein, welche einer allfälligen Verbesserung der externen Partizipation durch nichtstaatliche Akteure vorauszugehen habe. Zudem wird den NGO-Vertretern bedeutet, dass sie die Möglichkeit zur Partizipation auf nationaler Ebene nützen sollten, die jedoch in vielen Ländern nur sehr beschränkt gegeben ist.

Auf der Ebene des Sekretariates, welches in der WTO eine wesentlich schwächere Stellung hat, als etwa im Internationalen Währungsfonds und der Weltbank, wurden zwar Versuche unternommen, die demokratische Legitimation der Organisation durch eine verstärkte Einbindung nationaler Parlamente zu verbessern. So bemühte sich der ehemaligen Generaldirektor der WTO, Mike Moore, neben einer Verbesserung der Transparenz unter Anerkennung der Rechenschaftspflicht gegenüber der Zivilgesellschaft, einen verstärkten Einbezug von Parlamentariern in die Arbeit der WTO zu fördern. Als ein Partner diente die Inter-Parlamentarische Union (IPU) mit Sitz in Genf, wo unter anderem auch die Möglichkeit der Einrichtung einer „Parlamentarischen Versammlung" der WTO diskutiert wurde (vgl. Benedek 2004a, 232 f.), nachdem seit 1999 am Rande von Ministertreffen der WTO auch Parlamentariertreffen abgehalten worden waren. Zugleich kam es auch zu einer Initiative im Europäischen Parlament. In einem Bericht zu „Demokratie und Transparenz im Welthandel" des Europäischen Parlaments von Oktober 2001 wurde der Wunsch nach einer „Beratenden Parlamentarischen Versammlung" bei der WTO artikuliert. Dabei bestand die Überlegung, dass die Parlamentarierversammlung regelmäßig vor den WTO-Ministerkonferenzen Beschlussempfehlungen formulieren und mehr soziale, umweltpolitische und entwicklungspolitische Anliegen in die Welthandelspolitik einbringen könnten (vgl. Bender 2002).

Anlässlich der Ministertreffen in Doha und in Cancún wurde dieses Projekt vorangetrieben, stieß jedoch auch auf Widerstand, insbesondere, nachdem die Parlamentarier begonnen hatten, WTO-Vorgänge kritisch zu diskutieren. So fand ein Vorschlag für einen Zusatz zur Ministererklärung von Doha, wonach die Transparenz der WTO durch eine engere Assoziierung der Parlamentarier gestärkt werden könnte, keine Annahme. Daraus lässt sich ersehen, dass die Möglichkeiten einer „Demokratisierung" der WTO begrenzt sind, obwohl gewisse Fortschritte erzielt werden konnten. Auch bestehen Vorschläge hinsichtlich eines breiter angelegten, repräsentativen Beratungsgremiums der WTO, das auch Vertreter der Zivilgesellschaft und der Wissenschaft umfassen könnte (vgl. Benedek 2004a, 235).

Weniger Probleme wirft offensichtlich die Frage der Transparenz und Partizipation für nationale und transnationale Unternehmen auf, die zwar ebenfalls in die formalen Entscheidungsprozesse der WTO nicht eingebunden sind, jedoch meist über nationale Regierungen oder die Europäische Kommission ihre Interessen einbringen können.

Im Hinblick auf die Vereinten Nationen selbst wird seit Jahren über eine Stärkung der globalen Strukturen, wie des Wirtschafts- und Sozialrates diskutiert. Das Anliegen zur Verbesserung der Global Governance im Lichte der zunehmenden wirtschaftlichen Zwischenabhängigkeit stand etwa im Mittelpunkt des Berichtes der *Commission on Global Governance (1995)* über „Our global Neighbourhood". Unter den verschiedenen Vorschlägen der Commission on Global Governance findet sich auch der Vorschlag der Einrichtung eines „wirtschaftlichen Sicherheitsrates" (ebd. 303 ff.). Ein Schwerpunkt der Empfehlungen liegt auf einer Stärkung der internationalen Rechtsstaatlichkeit. In ähnlicher Weise trat auch die Internationale Juristenkommission für eine Stärkung der „Rule of Law" im Rahmen der Globalisierung ein (vgl. Clapham 1999).

Der Weltentwicklungsbericht des Entwicklungsprogramms der Vereinten Nationen (UNDP) von 2002 setzt einen Schwerpunkt im Bereich der Demokratisierung internationaler Wirtschaftsbeziehungen in Form von verstärkter Partizipation und Rechenschaftspflicht im Bereich globaler Entscheidungen (vgl. UNDP 2002, 17). Hinsichtlich der NGOs wird die Schaffung von Möglichkeiten verstärkter Partizipation vorgeschlagen, die naturgemäß kein Stimmrecht einschließen müssen. Die Rechenschaftspflicht internationaler Organisationen soll nach dem Vorbild der Justiz durch die Einrichtung von Überprüfungsprozessen, wie Tribunale, Ombudspersonen oder andere Überprüfungsgremien verbessert werden.

Auch die Europäische Kommission tritt in ihrer Mitteilung „Auf dem Weg zu einer globalen Partnerschaft für nachhaltige Entwicklung" für eine bessere Governance auf internationaler Ebene auf Grundlage einer Stärkung der Kohärenz, der Wirksamkeit und der Legitimität ein.[7] Freilich sind bisher kaum konkrete institutionelle Ergebnisse aus diesem Diskussionsprozess entstanden, doch das Problembewusstsein und die Berücksichtigung von Positionen nicht-staatlicher Akteure haben sich wesentlich geändert.

Elemente einer Kultur der Zusammenarbeit auf Grund globaler Rechtsstaatlichkeit

Lässt sich aus der bisherigen Analyse ableiten, dass die bestehenden Wirtschaftsorganisationen nicht reformfähig sind und daher abgeschafft werden sollen? In der Zeit eines verstärkten Unilateralismus der amerikanischen Administration ist manchen der von der Anti-Globalisierungsbewegung zu hörenden Forderungen, wie etwa die nach einer Abschaffung der WTO, mit Skepsis zu begegnen, würde es doch bedeuten, „das Kind mit dem Bade" auszuschütten. Die WTO, die keine Stimmgewichtung kennt, verkörpert das Prinzip des Multilateralismus in den internationalen Handelsbeziehungen, welches selbst einen wesentlichen Wert für die internationale Rechtsstaatlichkeit darstellt, jedoch immer wieder gefährdet ist. Die WTO ist die einzige Rechtsordnung, die ein Streitbeilegungsverfahren aufweist, dem sich die USA im Vorhinein und unbeschränkt unterworfen haben. Immer wieder gelingt es Entwicklungsländern, dieses Verfahren auch gegen die Interessen der Großen, etwa der USA oder der EU zu nützen.[8] Ein tragender Grundsatz der WTO-Rechtsordnung ist das Prinzip der „Rule of Law" bzw. der Rechtsstaatlichkeit. Die Entwicklungsländer und andere wirtschaftlich weniger bedeutende Länder erhalten dadurch einen rechtlichen Schutz ihrer Interessen gegen die wirtschaftliche Übermacht, auch wenn handelspolitische Machtunterschiede damit nicht ausgeschaltet werden können.

Zwar ist die Realverfassung der internationalen Ordnung hinter der Verfassung der Charta der Vereinten Nationen zurückgeblieben, doch ist eine bessere Alternative in Form eines Neuanfanges auch nicht in Sicht. Zwar ist das internationale Ungleichgewicht zwischen der Ausgestaltung der wirtschaftlichen und

---

[7] Europäische Kommission, Mitteilung: Auf dem Weg zu einer globalen Partnerschaft für nachhaltige Entwicklung, KOM (2002) 82 endg., 17.
[8] Siehe etwa Ecuador im Bananenfall gegen die EU, WTO-Doc. WT/DS 27 oder Brasilien im Fall von Zwangslizenzen für Aids-Medikamente gegen USA, WTO-Doc. WT/DS 199.

der sozialen Dimension der Weltwirtschaftsordnung weiterhin gegeben, doch sind durchaus Verschiebungen hinsichtlich einer verstärkten Berücksichtigung der sozialen Dimension sichtbar. Dies gilt auch für transnationale Unternehmen, wie sich etwa am Beispiel des Global Compact und der Diskussion um die „Corporate Social Responsibility" zeigt. Ein weiteres Beispiel guter Praxis ist eine Fokussierung praktisch aller internationaler Organisationen auf die Armutsbekämpfung und die Verwirklichung der anderen Millenniumsziele von 2000.[9]

Die Erweiterung der internationalen Interdependenz durch die Globalisierung wirft zwangsläufig die Frage einer stärkeren *Verrechtlichung der internationalen Beziehungen* auf, um die gerade im Wirtschaftsbereich, aber auch in anderen Bereichen so wichtige Rechtssicherheit zu gewährleisten. Das in Art. 1 Abs. 3 der Charta der Vereinten Nationen enthaltene Ziel einer internationalen Zusammenarbeit, um internationale Probleme wirtschaftlicher, sozialer, kultureller und humanitärer Art zu lösen und die Achtung der Menschenrechte zu fördern, das in Kap. IX der Satzung über „Internationale Zusammenarbeit auf Wirtschaftlichem und Sozialen Gebiet" konkretisiert wird, enthält als Grundsatz der internationalen Zusammenarbeit neue Aktualität.

Tatsächlich sind einige wesentliche Forderungen der Commission on Global Governance von 1995 inzwischen verwirklicht, wie etwa die Stärkung der Rolle des *Internationalen Gerichtshofes* oder die Schaffung eines *Internationalen Strafgerichtshofes*. Dazu kommt die Einrichtung eines Hochkommissars der Vereinten Nationen für Menschenrechte im Gefolge der Wiener Weltkonferenz für Menschenrechte im Jahr 1993 und die quasi-universelle Geltung der wichtigsten Menschenrechtskonventionen durch eine starke Zunahme der Ratifikationen.

Wesentliche soziale und humanitäre Anliegen, wie Menschenrechtsbildung und humanitäres Völkerrecht, insbesondere den Schutz von Kindern in bewaffneten Konflikten, werden unter anderem durch das so genannte „Netzwerk für menschliche Sicherheit" von derzeit 13 Staaten aus allen Teilen der Welt betrieben (vgl. Axworthy 2001). Dieses hat sich aus der erfolgreichen Kampagne für eine Konvention gegen Antipersonenminen, der sog. Ottawa-Konvention von 1997 entwickelt und ist durch eine Fokussierung auf die Sicherheitsbedürfnisse

---

[9] Vgl. UNDP: Bericht über die menschliche Entwicklung 2003, Bonn 2003, der einen Schwerpunkt im Bereich der Verwirklichung der Millenniumsziele aufweist.

des Menschen gekennzeichnet, die auch Bedrohungen dessen wirtschaftlicher und sozialer Rechte umfassen (vgl. Oberleitner 2002). Der Ansatz zielt auf die gemeinsame Verwirklichung der Freiheiten von Furcht und Not, wie sie von Präsident Roosevelt schon 1941 verkündet wurden und vom Generalsekretär der Vereinten Nationen, Kofi Annan, auch für die Struktur seines Millenniumsberichts im Jahr 2000 verwendet worden sind.[10] Im Jahr 2003 veröffentlichte die 2000 eingerichtete „Commission on Human Security" ihren Bericht, in welchem dieselbe Dualität zu Grunde gelegt wurde (vgl. Commission 2003, Ogata/Cels 2003).

Neue Ansätze bestehen in der Diskussion einer Konstitutionalisierung der Internationalen Wirtschaftsordnung durch den verstärkten Einbezug von Gemeinwohlüberlegungen, welche ebenfalls in die Richtung der ursprünglichen Intentionen der Internationalen Wirtschaftsordnung weist (vgl. Benedek 2003a; Allott 2001). Danach ist eine stärkere Berücksichtigung *globaler Gemeinschaftsinteressen* durch die WTO unabdingbar. In Ansätzen ist dies im Zusammenhang mit dem Problemkreis der öffentlichen Gesundheit und dem TRIPS-Abkommen bereits deutlich geworden, als etwa die Erteilung von Zwangslizenzen auch für Produktionen in Drittländern erleichtert werden musste, um dem Menschenrecht auf Gesundheit angesichts von Epidemien wie HIV/Aids und Malaria Rechnung zu tragen.[11] In ähnlicher Weise ist am Beispiel des Rechts auf Wasser die Frage einer menschenrechtskonformen Interpretation des GATS-Übereinkommens thematisiert worden (vgl. Nowrot/Wardin 2003). Entwicklungs- und Umweltanliegen sind ohnedies seit den 60er bzw. den neunziger Jahren von GATT und WTO zu berücksichtigen. Insgesamt zeigt sich, dass die Konstitutionalisierung der Welthandelsordnung im Sinne eines Gemeinschaftsansatzes auch in der WTO längerfristig eine Sachnotwendigkeit darstellt. Die Verbesserung der Zusammenarbeit zwischen den verschiedenen Wirtschaftsorganisationen ist ebenfalls eine Notwendigkeit (vgl. Tietje 2002).

Ein wichtiges Momentum kommt von der *Europäischen Union*, insbesondere deren Politik der Entwicklungszusammenarbeit. So fördert die Gemeinschaft

---

[10] Vgl. Report of the Secretary General: We, the peoples: the role of the United Nations in the twenty-first century, UN Doc. A/54/2000 of 27 March 2000.

[11] Siehe die Doha-Declaration on the TRIPS Agreement and Public Health of 14 November 2001 sowie zur Problematik der Zwangslizenzen die darauffolgende Interpretation des Allgemeinen Rates der WTO vom 30. August 2003.

gemäß Art. 177 des Vertrages über die Europäische Gemeinschaft (EGV) die nachhaltige wirtschaftliche und soziale Entwicklung der Entwicklungsländer, wobei einerseits deren harmonische, schrittweise Eingliederung in die Weltwirtschaft bezweckt wird, andererseits der Armutsbekämpfung, der Fortentwicklung und Festigung der Demokratie und des Rechtsstaates sowie dem Ziel der Wahrung der Menschenrechte und Grundfreiheiten ein besonderer Stellenwert zukommt (Art. 177 Abs. 1 und 2 EGV). Die Europäische Union ist etwa in der WTO für den Beschluss einer „Entwicklungsagenda" eingetreten und hat auch die Initiative eines zollfreien Zuganges zum Gemeinschaftsmarkt für „alles außer Waffen" ergriffen.[12] Sie unterstützt den Aufbau institutioneller Kapazitäten der Entwicklungsländer zur Beteiligung am Handel und fördert die soziale Dimension der Globalisierung durch eine konstruktive und nachhaltige Beziehung zwischen Handel und sozialer Entwicklung (vgl. Benedek 2003b). Ein besonderer Stellenwert in der Entwicklungszusammenarbeit kommt der Förderung der Menschenrechte und Demokratie zu. Dies zeigt sich in der Aufnahme von Menschenrechts- und Demokratieklauseln in die Verträge der Europäischen Gemeinschaft mit Drittstaaten sowie in die Abkommen von Lomé und Cotonou (vgl. Pippan 2002). Somit findet sich in der Entwicklungspolitik der EU eine Verbindung zwischen der wirtschaftlichen und sozialen Dimension, sowie das Bemühen um rechtliche Rahmenordnungen, das auch für die internationalen Wirtschaftsbeziehungen bzw. die internationale Politik von Bedeutung ist.

Schlussfolgerungen

Für eine gerechtere Weltordnung bedarf es einer Fortentwicklung der rechtlich-institutionellen Grundlagen, insbesondere in Form der internationalen Organisationen, in welchen die internationale Zusammenarbeit institutionalisiert ist. Die breite Kritik der Globalisierungsgegner an den internationalen Wirtschaftsorganisationen hat dazu beigetragen, deren Legitimität zu erschüttern und die Bereitschaft für Reformen zu wecken, die bereits seit Mitte der neunziger Jahre von verschiedener Seite, wie der Commission on Global Governance gefordert wurden. In diesem Zusammenhang sind die ursprünglichen Ordnungsansätze nach dem Zweiten Weltkrieg von Bedeutung, auf welche zumindest teilweise, etwa

---

[12] Vgl. Verordnung 416/01/EG des Rates vom 28.2.2001.

was ein besseres Gleichgewicht zwischen der wirtschaftlichen und der sozialen Dimension der Internationalen Wirtschaftsordnung oder die Strukturen der Global Governance betrifft, zurückgegriffen werden könnte.

Darüber hinaus bestehen eine Reihe von Handlungs- und Reformansätzen, die für die Fortentwicklung der institutionellen Grundlagen der internationalen Wirtschaftsbeziehungen fruchtbar gemacht werden können, wie der verstärkte Einbezug nicht-staatlicher Akteure, insbesondere der NGOs, die für das globale Gemeinwohl eintreten. Auch die Diskussion um eine Konstitutionalisierung internationaler rechtlicher Ordnungen geht in dieselbe Richtung, nämlich der Berücksichtigung von internationalen Gemeinschaftsinteressen. Diese Entwicklung findet in einer laufenden Verrechtlichung der internationalen (Wirtschafts-)Beziehungen ihren Ausdruck, die zu einer *demokratischen Global Governance auf multilateraler Grundlage* beiträgt (vgl. Zangl/Zürn 2004), auch wenn immer wieder unilateralistische Tendenzen und undemokratische Machtgruppen auftreten.

Durch die zunehmende Anerkennung der Menschenrechte auch im wirtschaftlichen und sozialen Bereich und der Demokratisierung internationaler Beziehungen sowie der Bedeutung der Selbstbestimmung des Individuums bezüglich seiner Freiheit und der menschlichen Sicherheit erhält die internationale Ordnung eine neue, den zwischenstaatlichen Ansatz transzendierende Qualität. Um ihrer Legitimität willen werden sich die internationalen Organisationen verstärkt an inhaltlichen, ethischen Werten orientieren, welche dadurch in den Prozess weiterer Verrechtlichung und Institutionalisierung einfließen.

Literatur

Allott, P. (2001): Intergovernmental societies and the idea of constitutionalism. In: Coicaud, J.-M./Heiskanen, V. (eds.): The legitimacy of international organizations. Tokyo, pp. 69-103.
Auprich, A. (2000): Das Recht auf Entwicklung als kollektives Menschenrecht. Frankfurt/Main.
Axworthy, L. (2001): Human Security and Global Governance, Putting People First. In: Global Governance, Vol. 7 (2001), pp. 19-23.
Bender, P. (2002): Ein Parlament für die WTO? In: Internationale Politik 6/2002, S. 43-44.
Benedek, W. (1990): Die Rechtsordnung des GATT aus völkerrechtlicher Sicht. Berlin/Heidelberg.

Benedek, W. (1995): Die neue Welthandelsorganisation (WTO) und ihre internationale Stellung. In: Vereinte Nationen 1/1995, S. 13-19.
Benedek, W. (1998): Die Welthandelsorganisation (WTO). Textausgabe. München.
Benedek, W. (1999): Developing the Constitutional Order of the WTO – The Role of NGOs, in: Benedek, W./Isak, H./Kicker, R. (eds.): Development and Developing International and European Law. Frankfurt/Main, pp. 228-250.
Benedek, W. (2000): Die Entwicklungsländer in der WTO. In: Zeitschrift für Europarechtliche Studien (ZEuS), Heft 1-2000, S. 41-60.
Benedek, W. (2003a): Die Konstitutionalisierung der Welthandelsordnung: Kompetenzen und Rechtsordnung der WTO. In: Berichte der Deutschen Gesellschaft für Völkerrecht, Band 40, Heidelberg, S. 283-330.
Benedek, W. (2003b): Art. 177. In: Grabitz/Hilf: Das Recht der Europäischen Union, Art. 177, insbesondere RZ 21f., München.
Benedek, W. (2004a): Demokratisierung internationaler Wirtschaftsorganisationen am Beispiel der WTO. In: Kopetz, H./Marko, J./Poier, K. (Hg.), Soziokultureller Wandel im Verfassungsstaat. Wien 2004, S. 225-238.
Benedek, W. (2004b): Globale Governance der Weltwirtschaft. In: Koller, P. (Hg.): Die globale Frage. Empirische Befunde und ethische Herausforderungen. Wien (im Erscheinen).
Center for International Trade, Economics and Environment (CUTS) (2003): We've been here before, Perspectives on the Cancun Ministerial. Jaipur, India.
Clapham, A. (1999): Globalisation and the Rule of Law: In: International Commission of Jurists, Globalisation, Human Rights and the Rule of Law, The Review, Vol. 61 (1999), pp. 17-34.
Commission on Human Security (2003): Human Security Now, Protection and Empowering People. New York.
Grefe, C./Greffrath, M./Schumann, H. (2002): Attac – Was wollen die Globalisierungsgegner. Berlin.
Hofmann, R. (ed.) (1999): Non-State Actors as new Subjects of International Law. Berlin 1999.
Khor, M. (2000): Globalization and the South: Some Critical Issues, Third World Network. Malaysia.
Leuprecht, P. (1999): The World Trade Organization – Another Playground of Pan-Economic Ideology? In: Mehra, M. (ed.): Human Rights and Economic Globalization: Directions for the WTO, Global Public Foundation, Uppsala, pp.15-22.
Martin, H.-P./Schumann, H. (1996): Die Globalisierungsfalle, Der Angriff auf Demokratie und Wohlstand. Reinbek.
Nowrot, K./Wardin, Y. (2003): Liberalisierung der Wasserversorgung in der WTO-Rechtsordnung, die Verwirklichung des Menschenrechts auf Wasser als Aufgabe einer transnationalen Verantwortungsgemeinschaft, Beiträge zum Transnationalen Wirt-

schaftsrecht (hg. von C. Tietje, G. Kraft und R. Sethe), Heft 14, Halle (Saale) Juni 2003.

Oberleitner, G. (2002): Human Rights and Human Security, Occasional Paper No. 8 (2002), (www.etc-graz.at).

Ogata, S./Cels, J. (2003): Human Security – Protecting and Empowering People, Global Governance, Vol. 9 (2003) 3.

Pippan, C. (2002): Die Förderung der Menschenrechte und der Demokratie als Aufgabe der Entwicklungszusammenarbeit der Europäischen Gemeinschaft. Frankfurt/Main.

Schlemmer-Schulte, S. (1998): The World Banks Experience with its Inspection Panel: In: Zeitschrift für ausländisches öffentliches Recht und Völkerrecht, Band 58 (1998), S. 353-388.

The Commission on Global Governance (1995): Our Global Neighbourhood. Oxford.

Tietje, C. (2002): Global Governance and Inter-Agency Co-operation in International Economic Law, Journal of World Trade, Vol. 36 (2002) 3, pp. 501-515.

UNDP (2002): Bericht über die menschliche Entwicklung 2002. Bonn.

Zangl, B./Zürn, M. (Hg.) (2004): Verrechtlichung – Baustein für Global Governance? Bonn.

Brigitte Hamm
Unternehmensverantwortung und Global Governance

Bei der Frage, wie die globale Entwicklung nach den Prinzipien der Gerechtigkeit zu gestalten ist, kann es nicht allein um die Verantwortung der Staaten gehen. Zunehmend richtet sich die Aufmerksamkeit auch auf die Privatwirtschaft und dabei insbesondere auf die global agierenden transnationalen Konzerne (TNK). Welche Rolle spielen diese nicht-staatlichen Akteure, um weltweit Gerechtigkeit durchzusetzen? Welche Verantwortung können und sollten sie dabei übernehmen? Dabei geht es nicht zuletzt um die Rolle, die die Privatwirtschaft in der Global Governance spielt oder spielen sollte. Der folgende Beitrag macht deutlich, dass Unternehmensverantwortung auf *rein freiwilliger* Ebene nicht funktionieren kann. Die Entwicklungszusammenarbeit kann jedoch einen wichtigen Beitrag zur Stärkung der sozialen Verantwortung von Unternehmen leisten.

1 Unternehmensverantwortung

Unternehmensverantwortung und der Zusammenhang von Wirtschaft und Ethik sind alte Themen. Der enge historische Zusammenhang zwischen der Herausbildung des Kapitalismus und einer auf dem Christentum gründenden Ethik ist nicht erst seit Max Weber und seiner Schrift „Die protestantische Ethik und der Geist des Kapitalismus" bekannt. Darin beschreibt Weber, wie im Protestantismus, insbesondere im Calvinismus, nicht nur das Recht, sondern die Pflicht zur Gewinnorientierung verankert und mit einer sozialen Verantwortung des Unternehmers verkoppelt ist.

Eine solche religiös begründete Verknüpfung von Ethik und Unternehmensverhalten ist heute vermutlich nur noch in seltenen Fällen gegeben. So gibt es nur noch vereinzelte herausragende Unternehmerpersönlichkeiten. Typisch ist heute eher ein Aktienkonzern mit einem Leitungsteam, dem Management. Insofern hat sich auch die individuelle Unternehmerverantwortung gewandelt. Dennoch hat das Thema Wirtschaftsethik längst nicht ausgespielt, sondern ist bei-

spielsweise bei der Ausbildung in den Wirtschaftswissenschaften zu einem zentralen Thema geworden. Das Geschäft mit der Wirtschaftsethik boomt. Dies hat unterschiedliche Gründe:
- So steht die Privatwirtschaft vor neuartigen Herausforderungen, die sich beispielsweise bei der Produktion genmanipulierter Lebensmittel oder beim Schutz der Privatsphäre im Internet ergeben.
- Neben technologischen Neuerungen geht es auch um die Rolle von Konzernen im Globalisierungsprozess und den Zuwachs ihres Macht- und Kontrollpotenzials als so genannte Global Players. TNK und zunehmend auch mittelständische Unternehmen investieren in Ländern des Südens und verlagern ihre Produktionsstätten vor allem in Sonderwirtschaftszonen, die ihnen günstige Investitionsbedingungen bieten[1]. Durch ihre Wirtschaftsmacht beeinflussen insbesondere die TNK die wirtschaftliche und gesellschaftliche Entwicklung vieler Länder des Südens.

Nur zu häufig bleiben bei diesen Geschäften Menschenwürde und Menschenrechte der Betroffenen auf der Strecke. Angesichts solcher Missstände stehen transnationale Konzerne unter dem Druck von Gewerkschaften und Nichtregierungsorganisationen (NRO), die deren Geschäftsgebaren kritisch begleiten. Auch kritische Konsument(inn)en stellen Fragen zu den ökologischen, sozialen und menschenrechtlichen Qualitätsstandards der Produkte, die sie kaufen.

Die Globalisierung zwingt Unternehmen, sich ethischen Fragen auf neue Weise zu stellen. Ethische Fragen gehören heute mehr denn je zum Alltag der Manager großer Firmen – und Ethik ist zu einem Bestandteil des Geschäfts geworden. Dies zeigt sich auch daran, dass die so genannte *Corporate Social Responsibility (CSR)* zu einem Schlagwort geworden ist, das die Verantwortung und das Engagement der Unternehmen für die Einhaltung international anerkannter Sozial-, Umwelt- und Menschenrechtsstandards bei ihren Aktivitäten in Ländern des Südens zum Ausdruck bringen soll. Dabei wird CSR als freiwillige Initiative der Privatwirtschaft, als Ergänzung, häufig aber auch als Gegensatz zu verbindlichen Gesetzen, verstanden. CSR soll hier entsprechend der Mitteilung der EU-Kommission (KOM 2002, 347) als „ein Konzept verstanden werden, das den

---

[1] TNK oder häufig auch multinationale Konzerne sind Unternehmen mit der Fähigkeit, Operationen in mehr als einem Land zu koordinieren. Laut UNCTAD läuft ein Drittel des Welthandels heute innerhalb von Unternehmen, also auf Intra-Ebene ab. UNCTAD geht von 63.000 TNK mit 690.000 Tochtergesellschaften aus (Dicken 1998, 8).

Unternehmen als Grundlage dient, auf freiwilliger Basis soziale Belange und Umweltbelange in ihre Tätigkeit und in die Wechselbeziehung mit den Stakeholdern zu integrieren."

2 Global Governance

Die Commission on Global Governance betont in ihrem 1995 herausgegebenen Bericht „Our Global Neighbourhood" die Notwendigkeit neuer Kooperationsformen für die Problemlösung, wenn sie Global Governance beschreibt als die „Gesamtheit der zahlreichen Wege, auf denen Individuen sowie öffentliche und private Institutionen ihre gemeinsamen Angelegenheiten regeln. Es handelt sich um einen kontinuierlichen Prozess, durch den kontroverse oder unterschiedliche Interessen ausgeglichen werden und kooperatives Handeln initiiert werden kann" (Commission 1995, 4).

Jenseits dieser stark normativen Bestimmung von Global Governance wollen andere Autoren mit dem Begriff betonen, dass es um ein Regieren ohne eine souveräne Autorität, also ohne Staaten oder eine Weltregierung, geht und zugleich, dass die mit Global Governance gekennzeichneten Beziehungen und Aktivitäten nationale Grenzen überschreiten.

Governance wird gemeinhin als Steuerung oder Regulierung durch die Organisierung kollektiven Handelns und der zu Grunde liegenden Strukturen begriffen. *Global* Governance lässt sich als Antwort auf zunehmende Probleme demokratischen Regierens durch die Nationalstaaten verstehen. Denn globale Politik kann nicht länger ausschließlich nur auf Nationalstaaten und internationale Organisationen bauen, wenn sie erfolgreich sein soll. In allen Politikfeldern treten die Steuerungsdefizite deutlich hervor. Globale Probleme machen nicht vor den Grenzen bestimmter Nationalstaaten Halt. Solchermaßen entgrenzte Problemlagen, oder wie Marianne Beisheim (2004) dies ausdrückt, die „Denationalisierung von Problemlagen", erfordern neue Wege und Mittel der Steuerung. Dabei geht es zum einen um den weiteren Ausbau multilateraler Vertragswerke und Institutionen, also um internationale Politik, und zum anderen um die immer stärkere Einbindung nicht-staatlicher Akteure in die Problemlösung, als transnationale Politik.

Global Governance ist eine Mehrebenenpolitik und erfolgt durch das Zusammenwirken staatlicher und nicht-staatlicher Akteure auf diesen Ebenen. Unterschiedliche Politikebenen von der globalen bis zur lokalen Ebene wirken aufeinander und bedingen und verstärken sich wechselseitig. Unabhängig von der Herausbildung transnationaler Netzwerkstrukturen und unabhängig von der Einbindung gesellschaftlicher Akteure auf unterschiedlichen Ebenen bedeutet Global Governance jedoch nicht, dass die Staaten aus ihrer Verantwortung entlassen werden sollten. Im Gegenteil, allgemein wird festgestellt, dass die Staaten die wichtigsten Akteure für die Gestaltung internationaler Politik bleiben müssen.

Als wichtige Voraussetzung für Global Governance wird die Herausbildung einer neuen Kooperationskultur gesehen, in der staatliche und nicht-staatliche Akteure mit divergierenden Interessen und in unterschiedlichen Machtpositionen aufeinander treffen und neue Wege aushandeln. Im Prinzip setzt eine so verstandene Global Governance also auf Dialog und Kooperation. Im Bereich der Unternehmensverantwortung für die globale Wirtschaft lassen sich die vielfältigen Multistakeholder-Initiativen, die Unternehmen auf Sozial-, Umwelt- und Menschenrechtsstandards verpflichten wollen, als Beispiele für Global Governance anführen. Eine Kooperationskultur in Sinne von Global Governance steht im Kontext von CSR jedoch erst am Anfang.

Kritische Stimmen zum Konzept von Global Governance (z.B. Brand u.a. 2000) verstehen Global Governance überwiegend als hegemonialen Diskurs des Kapitals und des Staates, um Herrschaft zu legitimieren und eigene Leitbilder durchzusetzen. Aus dieser Sicht werden die verschiedenen Multistakeholder-Initiativen zu CSR, beispielsweise Runde Tische, kritisch gesehen. Genannt wird hier die Ineffizienz solcher Veranstaltungen und die Bindung eines kritischen NRO-Potenzials an Konsensvereinbarungen. In der Tat müssen NROs für sich eine Standortbestimmung vornehmen und sich fragen, wie weit sie sich einbinden lassen wollen und können, ohne ihre Identität aufzugeben.

3 Corporate Social Responsibility

Das Bild von der sozialen Verantwortung von Unternehmen hängt auf doppelte Weise eng mit der Deregulierung der globalen Wirtschaft zusammen, wie sie insbesondere in den späten achtziger und neunziger Jahren vorangetrieben wurde. Die Betonung der sozialen Verantwortung der Unternehmen soll einerseits die Deregulierung legitimieren, sie ist gleichzeitig aber auch eine Reaktion auf die Deregulierung und auf konkrete Missstände im ökologischen, sozialen und menschenrechtlichen Bereich infolge der wirtschaftlichen Globalisierung.

Peter Utting sieht unterschiedliche Phasen in den Regulierungsbemühungen der Privatwirtschaft, nämlich von der staatlichen „command and control" Regulierung in den sechziger und siebziger Jahren über die privatwirtschaftliche Selbstregulierung, die mit der neoliberalen Deregulierung einher ging, hin zu einer Art *Co*-Regulierung, die heute typisch sei (Utting 2004 i. E.), wobei zwei oder mehrere Stakeholder das Kontrollinstrument konzipieren und für die Durchführung verantwortlich zeichnen. Aus seiner Sicht werden solche co-regulatorischen Übereinkünfte zunehmend durch NROs geprägt, weshalb er auch von *„civil regulation"* spricht.

Die wichtigsten Initiativen zu CSR lassen sich differenzieren in freiwillige Multistakeholder- Vereinbarungen, die zwischen NROs und/oder Gewerkschaften und Unternehmen ausgehandelt werden, Instrumente mit staatlicher Beteiligung und schließlich UN-Initiativen:

3.1 Multistakeholder-Initiativen ohne staatliche Beteiligung

Als typische Multistakeholder-Initiativen ohne staatliche Beteiligung sind *Verhaltenskodizes* zu nennen, die zwischen zivilgesellschaftlichen Akteuren und den Unternehmen ausgehandelt werden. Hinzu kommen so genannte Frameworks of Agreements, die zwischen einem Unternehmen und seiner Gewerkschaft vereinbart werden. Für das Jahr 2000 ermittelte die OECD 246 Verhaltenskodizes, von denen 83 Prozent innerbetrieblich oder zwischen Unternehmen und Gewerkschaften ausgehandelt waren (vgl. Gordon/Miyake 2000).

Verhaltenskodizes sind häufig eine Reaktion auf Proteste und Initiativen auf den unterschiedlichen Ebenen. Dabei sind besonders Unternehmen aus der Bekleidungs- und Sportartikelindustrie in die Kritik von Menschenrechts- und Verbraucherorganisationen geraten. Viele Produkte dieser Branchen werden heute nahezu ausschließlich im Süden hergestellt. Markenfirmen sehen sich vermehrt kritischen Konsument(inn)en in den Industrieländern gegenüber, die nicht bereit sind, Produkte zu erwerben, die durch Kinder- oder Zwangsarbeit hergestellt wurden. Dieser Druck, z.B. durch die Kampagne für saubere Kleidung (Clean Clothes Campaign, CCC), veranlasst Unternehmen, freiwilligen Kontrollmechanismen – zumeist in der Form von Verhaltenskodizes und Gütesiegeln – zuzustimmen.

Solche Verhaltenskodizes, die in Multistakeholder Initiativen ausgehandelt wurden, sind in der Regel inhaltlich umfassender als unternehmensinterne Kodizes und häufig auch mit Überwachungsmechanismen versehen. Verhaltenskodizes stellen eine Form der Regulierung der Wirtschaft – ohne die Staaten und auf freiwilliger Basis – dar. Im Völkerrecht zählen Verhaltenskodizes zum so genannten *Soft Law*, weil die vereinbarten Regeln für alle Beteiligten klar sind, und sie diesen zustimmen.

3.2 Staatliche Beteiligung bei CSR

Hier sind besonders die *OECD-Leitsätze für multinationale Unternehmen* zu nennen. Die seit 1976 zum fünften Mal überarbeiteten Leitsätze sind am 27. Juni 2000 von allen OECD-Mitgliedsstaaten verabschiedet worden und richten sich an große Konzerne mit Hauptsitz in den OECD-Ländern (vgl. Kasten 1). Die jetzige Revision der Leitsätze geht wesentlich auf zivilgesellschaftlichen Druck gegen das multilaterale Investitionsabkommen (MAI) der OECD zurück. Zunächst war geplant, die Leitsätze an MAI anzuhängen, um die Kritiker zu beruhigen und eine gewisse Balance zu den neuen Rechten für Investoren, die im MAI verankert werden sollten, zu erreichen.

Kasten 1
Aufbau der OECD-Leitsätze (revidierte Version 2000)

Teil 1 Die OECD-Leitsätze für multinationale Unternehmen	
I.	Begriffe und Grundsätze
II.	Allgemeine Grundsätze
III.	Offenlegung von Informationen
IV.	Beschäftigung und Beziehungen zwischen den Sozialpartnern
V.	Umwelt
VI.	Bekämpfung der Korruption
VII.	Verbraucherinteressen
VIII.	Wissenschaft und Technologie
IX.	Wettbewerb
X.	Besteuerung

Teil 2 Umsetzungsverfahren der OECD-Leitsätze für multinationale Unternehmen
▪ OECD-Ratsbeschluss
▪ Verfahrenstechnische Anleitungen
Teil 3 Erläuterungen
▪ Erläuterungen zu den OECD-Leitsätzen für multinationale Unternehmen
▪ Erläuterungen zu den Umsetzungsverfahren der OECD-Leitsätze für multinationale Unternehmen

Die Leitsätze sind Bestandteil der OECD-Erklärung über internationale Investitionen und multinationale Unternehmen. Sie stellen Empfehlungen der Regierungen an die Unternehmen dar, wobei letztere die Hauptverantwortung für deren Einhaltung tragen. Wie auch bei Verhaltenskodizes, so stellt auch die Beachtung der Leitsätze für die Unternehmen lediglich eine freiwillige Selbstverpflichtung dar.

Dennoch schränkt der Konsens aller Regierungen der OECD-Mitgliedsstaaten die Beliebigkeit freiwilligen Handelns ein. Durch die Zugrundelegung international anerkannter Normen wird ein Rahmen für das CSR-Engagement von Unternehmen gesetzt.

Ein zusätzliches Element der Verbindlichkeit erhalten die OECD-Leitsätze dadurch, dass die OECD-Länder verpflichtet sind, die organisatorische Umsetzung der Leitsätze zu sichern und mit der Einrichtung Nationaler Kontaktstellen bei Nichteinhaltung der Leitsätze eine Beschwerde-Instanz existiert. *Nationale Kontaktstellen* sollen in allen OECD-Ländern Beschwerden bei Verstößen durch Konzerne gegen die Leitsätze entgegennehmen und ggf. zu einem Gespräch zwischen Unternehmen und Beschwerdeführen einladen. Beschwerden können von allen „interessierten Parteien", also auch Nichtregierungsorganisationen, eingereicht werden.

Allerdings bilden die Kontaktstellen lediglich eine Beschwerdeinstanz mit geringen Kompetenzen. Am besten lassen sie sich wohl als Schiedsstellen oder Vermittlungsinstanzen beschreiben. Gelingt es nicht, auf der Ebene der Kontaktstelle eine befriedigende Lösung herbeizuführen, kann ein Beschwerdefall an den zuständigen Ausschuss, das *Committee on International Investment and Multinational Enterprises (CIME)* bei der OECD weitergeleitet werden. In Deutschland ist die nationale Kontaktstelle beim Bundesministerium für Wirtschaft und Arbeit (BMWA) angesiedelt.

Wenn die OECD-Leitsätze bislang noch weitgehend wirkungslos geblieben sind, dann deshalb, weil ihnen zum einen noch der notwendige Bekanntheitsgrad fehlt, zum anderen, weil die nationalen Kontaktstellen teilweise sehr schwerfällig arbeiten. Die Effektivität der nationalen Kontaktstellen ist für die Wirksamkeit der OECD-Leitsätze von zentraler Bedeutung.

3.3 Initiativen auf UN-Ebene

Hier sind besonders zwei Initiativen, der *Global Compact* und die *Normen der Vereinten Nationen* für die Verantwortlichkeiten transnationaler Unternehmen und anderer Wirtschaftsunternehmen im Hinblick auf die Menschenrechte, zu nennen.[2]

Der *Global Compact* ist ein als Partnerschaft zwischen der Privatwirtschaft und den Vereinten Nationen konzipierter Pakt. Er wurde erstmals von UN-Generalsekretär Kofi Annan auf dem Weltwirtschaftsforum in Davos 1999 vorgestellt. Dem Pakt gehören neben dem Generalsekretär auch andere UN-Organisationen (u. a. Hochkommissariat für Menschenrechte der Vereinten Nationen UNHCHR, die Internationale Arbeitsorganisation ILO, das Umweltprogramm der Vereinten Nationen UNEP) an. Rund 1300 Unternehmen aus allen Teilen der Welt sind Mitglied des Global Compact. Als zivilgesellschaftliche Akteure beteiligen sich internationale Gewerkschaftsverbände und große internationale NROs aus dem Menschenrechts- und Umweltbereich.

Mit neun sehr allgemein gehaltenen Prinzipien soll das Verhalten der beteiligten Unternehmen im Sinne von Sozial-, Umwelt- und Menschenrechtsstandards beeinflusst werden. Der Global Compact ist konzipiert als Lern- und Diskussionsforum, wobei die Unternehmen ihre Erfahrungen mit der Umsetzung der neun Prinzipien im Internet darlegen und zur Diskussion stellen. Da Unternehmen dabei in der Regel eine positive Selbstdarstellung abliefern, erscheint diese Initiative vielen kritischen NROs als zu schwach, um unternehmerisches Verhalten tatsächlich an international anerkannten Standards auszurichten. Es existie-

---

[2] Beide Instrumente werden hier als UN-Initiativen aufgeführt, auch wenn die Vereinten Nationen eine zwischenstaatliche Organisation sind. Doch sowohl beim Global Compact als auch bei den Normen waren UN-Mitgliedsstaaten zunächst kaum eingeschaltet.

ren aber unterschiedliche Bemühungen, dem Global Compact mehr „Biss" zu verleihen.

Zwar stellen auch die *Normen der Vereinten Nationen für die Verantwortlichkeiten transnationaler Unternehmen* und anderer Wirtschaftsunternehmen im Hinblick auf die Menschenrechte ein bisher nicht verbindliches Regelwerk für die Privatwirtschaft dar. Sie sind aber dennoch von besonderer Bedeutung, weil sie mit den ihnen beigefügten Kommentaren konkrete Kriterien für Umsetzung und Monitoring sowie für die Rechenschaftslegung durch die Unternehmen und die Staaten formulieren. Vor allem die Implementierungsmechanismen und Entschädigungen bei Verstößen verleihen den Normen ein deutlich stärkeres Gewicht gegenüber freiwilligen Verhaltenskodizes. Zusätzlich unterstreicht auch die Autorität der Vereinten Nationen die Bedeutung dieser Normen, denn viele völkerrechtlich verbindliche Menschenrechtsverträge sind aus zunächst unverbindlichen Erklärungen hervorgegangen.

Die Normen wurden am 13. August 2003 durch die Unterkommission der Vereinten Nationen für die Förderung und den Schutz der Menschenrechte verabschiedet. Sie wurden im April 2004 erstmals in der UN Menschenrechtskommission verhandelt und zunächst zur weiteren Prüfung an das Hochkommissariat für Menschenrechte verwiesen. Im nächsten Jahr sollen die Normen dann erneut in der Menschenrechtskommission beraten werden.

Vor allem die vergleichsweise klaren Durchsetzungsmechanismen dürften bei vielen Unternehmen Vorbehalte hervorrufen. Regierungen befürchten zudem, dass mit diesen UN-Normen die Hauptverantwortung der Staaten für den Menschenrechtsschutz unterminiert werden könnte, und Unternehmen sehen die Gefahr, dass sie staatliche Pflichten für den Schutz, die Gewährung und den Respekt der Menschenrechte übernehmen sollen. Langfristig können die Normen für die Verantwortung der Privatwirtschaft insbesondere für den Schutz und die Gewährleistung grundlegender Menschenrechte, aber auch für Sozial- und Umweltstandards von herausragender Bedeutung werden, weil sie die Lücke zwischen freiwilligen Vereinbarungen und bestehenden internationalem Recht schließen.

Ähnlich wie Verhaltenskodizes und die OECD-Leitsätze, so nehmen auch die Normen Bezug auf bereits bestehende Konventionen, Erklärungen, freiwilligen Verhaltenskodizes etc. Sie gliedern sich in die folgenden acht Kapitel, denen 18

Normen, an die sich die Privatwirtschaft halten soll, zugewiesen sind (vgl. Kasten 2). Ein neuntes Kapitel liefert wichtige Definitionen.

Kasten 2

Aufbau der Normen der Vereinten Nationen für die Verantwortlichkeiten transnationaler Unternehmen und anderer Wirtschaftsunternehmen im Hinblick auf die Menschenrechte:

- A. Allgemeine Verpflichtungen
- B. Recht auf Chancengleichheit und Gebot der Nicht-Diskriminierung
- C. Recht auf Sicherheit der Person
- D. Arbeitnehmerrechte
- E. Anerkennung von nationaler Souveränität und Menschenrechte
- F. Verpflichtung zum Verbraucherschutz
- G. Verpflichtung zum Umweltschutz
- H. Allgemeine Bestimmungen für die Umsetzung der Normen
- I. Definitionen

4 Abschließende Bewertung und Thesen

4.1 Globale Steuerungsdefizite

Die neoliberalen Bestrebungen zur Deregulierung der globalen Wirtschaft treffen gewissermaßen auf eine Gegentendenz, nämlich auf Bestrebungen zur Regulierung von unten durch Druck von NROs, Gewerkschaften und in vielen europäischen Ländern auch durch das Kaufverhalten kritischer Konsument(inn)en. Diese Regulierungsbestrebungen sind in starkem Maß als nicht-staatlich zu kennzeichnen. Die Staaten sind zwar nicht völlig außen vor, sie betonen in der Regel aber eher den freiwilligen Charakter dieser Bestrebungen.

Multistakeholder-Initiativen für die Stärkung von CSR erfüllen wesentliche Kriterien von Global Governance, weil es sich um Multiakteursprozesse handelt, bei denen unterschiedliche Ebenen von der internationalen bis hin zur lokalen und zur einzelbetrieblichen Ebene miteinander verknüpft werden. Ein nicht unwesentlicher Erfolg in diesen Prozessen dürfte sein, dass die Beteiligten sich auf einen Lernprozess einlassen, der zum Abbau von gegenseitigen Vorurteilen beitragen kann, was eine Voraussetzung für Kooperation darstellt.

Dennoch: Global Governance gelingt in diesen CSR-Prozessen bisher nicht zufriedenstellend. Es fehlt eine an Gerechtigkeitsprinzipien ausgerichtete, kohärente und konsistente Steuerung der globalen Wirtschaft durch die Staaten. Diese müsste auch die Asymmetrien der Weltwirtschaft im Auge haben mit einzelnen Weltregionen, die von der globalen Wirtschaftsentwicklung immer stärker „abgekoppelt" werden. Erst in einem solchen vorgegebenen Rahmen erlangen CSR-Aktivitäten ihren angemessenen Stellenwert als kleine Bausteine bei der Steuerung der globalen Wirtschaft.

Eine wichtige Kritik betrifft die *Reichweite* freiwilliger Instrumente. So zeigt Peter Utting auf, dass nur ein kleiner Teil der rund 64.000 weltweit agierenden TNK durch Verhaltenskodizes und Zertifikationsinstrumente tatsächlich erfasst wird (vgl. Kasten 3).

Kasten 3

Beteiligung von Unternehmen an internationalen Instrumenten

Internationale Instrumente	April 2004	Dezember 2003*
UN Global Compact	1369**	1184
Global Reporting Initiative (using GRI Guidelines)	418***	366

* nach Utting (2004)
** http://www.ethicaltrade.org/Z/abteti/who/memb/list.shtml#co; (11.04.2004)
*** http://www.unglobalcompact.org/Portal; (11.04.2004)

Damit Global Governance in diesem Bereich funktioniert, müssten die Staaten und internationalen Organisationen ihre Steuerungsfunktionen beherzter und konsequenter wahrnehmen. Neben einer stärkeren Regulierung durch Gesetze sollten auch bestehende Mechanismen intensiver genutzt werden. Dies gilt insbesondere für die OECD-Leitsätze für multinationale Unternehmen, die mit den nationalen Kontaktstellen in der Verantwortung der jeweiligen Regierungen über einen Beschwerdemechanismus verfügen, der in der Praxis vor allem auf Grund der zögerlichen Haltung der verantwortlichen staatlichen Stellen nur schwach ist.

Eine Unterstützung der Normen der Vereinten Nationen für die Verantwortlichkeiten transnationaler Unternehmen und anderer Wirtschaftsunternehmen im

Hinblick auf die Menschenrechte durch zunächst einzelne Staaten würde – basierend auf internationalem Recht – ebenfalls die Regulierung der globalen Wirtschaft stärken, weil Unternehmen bei schweren Verstößen gegen diese Normen zur Verantwortung gezogen würden.

Eine weitere staatliche Verantwortung wird darin gesehen, die Bevölkerung stärker aufzuklären über negative Auswirkungen der wirtschaftlichen Globalisierung in Ländern des Südens. Dies könnte dazu beitragen, dass kritische Konsument(inn)en in den Multistakeholder-Prozessen zu CSR ein größeres Gewicht erhalten.

4.2 Verknüpfung mit konkreten Interessen

CSR kann seitens der Privatwirtschaft nur wirksam sein, wenn konkrete wirtschaftliche Interessen das zu Grunde liegende Motiv sind. Dies können Vermarktungsinteressen sein, d.h. wenn das Kaufverhalten kritischer Konsument(inn)en auf dem Markt für die Unternehmen spürbar wird. Es können aber auch Kosten sein, die beim Streben nach Gewinnen vermieden werden sollen. So zeigt eine neuere Studie der OECD (2003) zur Wirkung von Verhaltenskodizes im Umweltbereich, dass es vor allem Kosten sind, die Unternehmen zur Einhaltung von Regeln bewegen.

Auch dieser Befund spricht dafür, dass Beschwerdemechanismen zu stärken sind. In diesem Kontext schlägt Peter Utting (2004) vor, die Diskussionen über CSR in eine Bewegung über *Corporate Accountability* zu überführen und somit die Verantwortung der Unternehmen nicht länger als Willenserklärung zu akzeptieren, sondern die Verpflichtung der Unternehmen zu unterstreichen.

4.3 Rolle der Entwicklungszusammenarbeit

Die Entwicklungszusammenarbeit kann einen wichtigen Beitrag zur Stärkung von CSR leisten und die Privatwirtschaft kann ihrerseits einen Beitrag zur Entwicklung von Gesellschaften im Süden liefern. Hier ist auf *Public Private Partnerships (PPP)* zu verweisen, die sich konsequent an den Entwicklungsinteressen von Gesellschaften im Süden orientieren sollten. Dabei sollten beteiligte Unternehmen zumindest auf die Einhaltung der OECD-Leitsätze verpflichtet werden. Die Normen könnten ebenfalls eine Gesprächsgrundlage für Vereinbarungen zwischen Einrichtungen der Entwicklungszusammenarbeit und Unternehmen bilden. Eine andere Möglichkeit wäre aber, auch konkrete Probleme der globalen Wirtschaft wie Bürgschaften und die Supply-Chain-Problematik (Management der Logistik- und Lieferkette) verstärkt zu einer Aufgabe in der Entwicklungszusammenarbeit zu machen und hier unterstützend tätig zu werden.

Literatur

Beisheim, M. (2004): Fit für Global Governance? Transnationale Interessengruppenaktivitäten als Demokratisierungspotenzial – am Beispiel Klimapolitik, Bd. 16. Opladen.

Brand, U./Brunnengräber, A./Schrader, L./Stock, C./Wahl, P. (2000): Global Governance. Alternativen zur neoliberalen Globalisierung? Münster.

Commission on Global Governance (1995): Nachbarn in einer Welt. Der Bericht der Kommission für Weltordnungspolitik. Bonn.

Deutsche Gesellschaft für die Vereinten Nationen (Hg.) (2004): Normen der Vereinten Nationen für die Verantwortlichkeiten transnationaler Unternehmen und anderer Wirtschaftsunternehmen im Hinblick auf die Menschenrechte, Nr. 88 - 13. August 2003. Berlin.

Dicken, P. (1998): Global Shift. Transforming the World Economy, 3rd Edition. London.

Fuchs, P. (2000): Codes of Conduct - neue Handlungsoption zur Re-Regulierung transnationaler Konzerne „von unten"? In: Dörrenbächer, Ch. / Plehwe, D. (Hg.): Grenzenlose Kontrolle? Organisatorischer Wandel und politische Macht multinationaler Unternehmen. Berlin, S.286-307.

Gordon, K./Miyake, M. (2000): Deciphering codes of corporate conduct: A review of their contents, OECD. Paris.

Gutachten für die Arbeitsgruppe „Global Governance" der Enquete-Kommission „Globalisierung und Weltwirtschaft" des Deutschen Bundestages, zum Thema: Grundlagen einer Global Governance, (www.bundestag.de/gremien/welt/gutachten/vg11.pdf., gelesen am 15.11.2002).

Habisch, A. (2003): Corporate Citizenship. Gesellschaftliches Engagement von Unternehmen in Deutschland. Berlin/Heidelberg.

Hamm, B. (2004): Maßnahmen zur Stärkung von Corporate Social Responsibility in der Entwicklungszusammenarbeit (EZ) ausgewählter europäischer Geberländer. Lessons Learnt für die deutsche Entwicklungszusammenarbeit. Deutsches Institut für Entwicklungspolitik (DIE). Bonn.

Held, M./Kubon-Gilke, G./Sturn, R. (Hg.) (2002): Jahrbuch Normative und institutionelle Grundfragen der Ökonomie. Gerechtigkeit als Voraussetzung für effizientes Wirtschaften, Bd.1. Marburg.

Kommission der Europäischen Gemeinschaft (EU Kommission) (2002): Mitteilung der Kommission betreffend die soziale Verantwortung der Unternehmen: ein Unternehmensbeitrag zur nachhaltigen Entwicklung. Kom (2002) 347 endgültig, Brüssel.

Rawls, J. (1975): Eine Theorie der Gerechtigkeit. Frankfurt/Main.

UN Nongovernmental Liaison Service (NGLS) (2002): Voluntary Approaches to Corporate Responsibility: Readings an a resource Guide. Genf/New York.

Utting, P. (2004): New Approaches to TNC Regulation: The Potenzial and Limits of Multistakeholder Initiatives, in: Brühl, T./ Feldt, H./ Hamm, B. u.a. (Hrsg.): Unternehmen in der Weltpolitik. Bonn (im Erscheinen).

Ute Hausmann
Entwicklungspolitik als praktische Menschenrechtspolitik
Die Annäherung von Entwicklungs- und Menschenrechtspolitik am Beispiel des Menschenrechts auf Nahrung

Aus Anlass des fünfzigsten Jubiläums der Allgemeinen Erklärung der Menschenrechte 1998 erklärte der damalige Bundesminister für wirtschaftliche Zusammenarbeit und Entwicklung Carl-Dieter Spranger: „Entwicklung ist nichts anderes als die Verwirklichung der Rechte des Menschen auf Freiheit, Selbstbestimmung, Beteiligung, Nahrung, Unterkunft, Bildung und Gesundheit. Das oberste Ziel der deutschen Entwicklungszusammenarbeit ist, die wirtschaftliche und soziale Lage vor allem der armen Menschen in Entwicklungsländern zu verbessern. Dies heißt, die Menschen in den Partnerländern auf dem Weg zur Verwirklichung ihrer Menschenrechte zu unterstützen. Entwicklungspolitik ist daher praktische Menschenrechtspolitik!"[1] Der Zusammenhang zwischen Entwicklung und Menschenrechten war bereits 1993 durch die Erklärung und den Aktionsplan der Wiener Weltmenschenrechtskonferenz durch die Staatengemeinschaft anerkannt worden. Die Annäherung der beiden Politikbereiche, Entwicklungspolitik einerseits, internationaler Menschenrechtsschutz andererseits, ist bis heute nicht abgeschlossen, hat aber in den letzten Jahren deutlich an Dynamik gewonnen. Diese Annäherung findet auf unterschiedlichen Ebenen statt – zwischen dem UN Hochkommissariat für Menschenrechte und den Fachorganisationen der Vereinten Nationen, zwischen den verschiedenen nationalen Ministerien sowie zwischen Menschenrechtsorganisationen und entwicklungspolitischen Nichtregierungsorganisationen. Im Sommer 2004 hat das Bundesministerium für wirtschaftliche Zusammenarbeit und Entwicklung erstmals einen *entwicklungspolitischen Aktionsplan für Menschenrechte* vorgelegt und damit die Verankerung menschenrechtlicher Prinzipien in der entwicklungspolitischen Zusammenarbeit weiter vertieft (vgl. BMZ 2004).

---

[1] Carl-Dieter Spranger „Förderung der Menschenrechte: Eine Herausforderung für die Entwicklungszusammenarbeit". Rede zur Eröffnung des entwicklungspolitischen Forums der Deutschen Stiftung für internationale Entwicklung, Berlin, 19. Januar 1998

Menschen haben Rechte, Staaten haben Pflichten

Eine wichtige Voraussetzung für die Annäherung von Menschenrechts- und Entwicklungspolitik ist ein übereinstimmendes Verständnis davon, wie Menschenrechte zu definieren sind und welche individuellen Rechtsansprüche und korrespondierenden Staatenpflichten sich daraus ableiten lassen. Dabei sind alle Menschenrechte von Belang – bürgerliche, politische, wirtschaftliche, soziale und kulturelle. Im Folgenden soll insbesondere auf wirtschaftliche und soziale Menschenrechte (und dabei speziell auf das Menschenrecht auf Nahrung) eingegangen werden, da diese bis zur Wiener Weltmenschenrechtskonferenz nur eine untergeordnete Rolle gespielt haben.

Während in der Allgemeinen Erklärung der Menschenrechte bereits alle Menschenrechte enthalten sind, kam es in den Auseinandersetzungen des Kalten Krieges zu einer Aufspaltung der Menschenrechte, die sich in zwei getrennten Menschenrechtspakten manifestierte, dem Internationalen Pakt für bürgerliche und politische Rechte zum einen, den Internationalen Pakt für wirtschaftliche, soziale und kulturelle Rechte zum anderem, die beide von der UN-Generalversammlung 1966 verabschiedet wurden. Letzteren, den so genannten Sozialpakt, haben bislang 148 Staaten ratifiziert. Eine gewichtige Ausnahme sind indes die USA, die als einziger Staat auch die Kinderrechtskonvention nicht unterzeichnet haben, da in dieser soziale Menschenrechte von Kindern anerkannt werden.

Ein Missverständnis, das oft bei der Frage auftaucht, wie Entwicklungspolitik und soziale Menschenrechte sich zueinander verhalten, lautet, dass Entwicklungspolitik automatisch einen Beitrag zur Umsetzung dieser Rechte in den Entwicklungsländern leistet, da es ihr Ziel sei, die wirtschaftliche und soziale Lage vor allem der armen Menschen in diesen Ländern zu verbessern. Eine menschenrechtsorientierte Entwicklungspolitik zeichnet sich jedoch speziell dadurch aus, dass sie die Beziehung zwischen dem Staat und seinen Bürgern (bzw. den in seinem Territorium lebenden Menschen) thematisiert. Der Staat ist durch seine Verfassung und durch die Unterzeichnung internationaler Menschenrechtsabkommen verpflichtet, die darin enthaltenen Rechte zu respektieren, zu schützen und zu gewährleisten.

Eine *menschenrechtsorientierte Entwicklungspolitik* zielt darauf ab, die verantwortlichen Staaten in die Lage zu versetzen, die Menschenrechte in ihrem

Land zu verwirklichen. Gleichzeitig trägt sie dazu bei, dass die Menschen ihre Rechte selbstbestimmt wahrnehmen können und diese politisch und rechtlich einfordern können. Bei Letzterem spielen Nichtregierungsorganisationen eine bedeutende Rolle. So stellt Michael Krennerich (2002) in einer Studie über den Menschenrechtsansatz der deutschen kirchlichen Hilfswerke fest, dass es deren Ziel ist, „unterdrückte und benachteiligte Menschen in Entwicklungsländern in ihrem Bemühen zu unterstützen, für ihre Rechte einzutreten (*empowerment*), und die Staaten, die internationale Gemeinschaft und vereinzelt sogar Wirtschaftskonzerne in die Pflicht zu nehmen, die verschiedenen Dimensionen der Menschenrechte zu achten, zu schützen und zu gewährleisten" (Krennerich 2003, I).

Das Menschenrecht auf Nahrung – von der Normsetzung ...

Am Beispiel des Menschenrechts auf Nahrung lässt sich zeigen, wie sich Menschenrechts- und Entwicklungspolitik in den vergangenen Jahren angenähert haben. Das Menschenrecht auf Nahrung ist Bestandteil der *Allgemeinen Erklärung der Menschenrechte* von 1948 sowie des *Internationalen Paktes über wirtschaftliche, soziale und kulturelle Rechte*. Durch die Ratifizierung des Paktes verpflichten sich die Staaten, neben anderen Menschenrechten das Menschenrecht auf Nahrung zu verwirklichen. Die Einhaltung des Paktes erfolgt über ein Berichtsverfahren, in dem die Regierungen im Fünf-Jahres-Rhythmus einen Bericht über die Umsetzung der Bestimmungen des Paktes an den UN-Ausschuss für wirtschaftliche, soziale und kulturelle Rechte einreichen. Dieser UN-Ausschuss setzt sich aus unabhängigen Rechtsexperten zusammen. Er hat den Auftrag, die Berichte zu begutachten und Empfehlungen an die Regierungen abzugeben, wie die im Pakt genannten Rechte besser verwirklicht werden können. Um die einzelnen im Pakt enthaltenen Rechte genauer zu definieren, verfasst der UN-Ausschuss so genannte „General Comments". Damit trägt er wesentlich zur Normsetzung bei.

Auf die politische Tagesordnung gelangte das Menschenrecht auf Nahrung mit dem Welternährungsgipfel von 1996. Mit der Betonung des Menschenrechts auf Nahrung in der Abschlusserklärung haben die Regierungen anerkannt, dass Hunger und Unterernährung politische Ursachen haben. Regierungspolitik kann das Menschenrecht auf Nahrung also entweder fördern oder verletzen. In Punkt 7.4. beauftragte der Aktionsplan des Welternährungsgipfels die UN-Hochkommissarin für Menschenrechte, gemeinsam mit dem UN-Ausschuss und relevanten Fachorganisationen der UN, das im Internationalen Pakt enthaltene Menschenrecht auf Nahrung besser zu definieren. In Folge legte der UN-Ausschuss für wirtschaftliche, soziale und kulturelle Rechte 1999 den „General Comment No 12" [2] zum Menschenrecht auf Nahrung vor. Darin wird zunächst der normative Gehalt des Menschenrechts festgestellt: „Das Recht auf angemessene Nahrung ist dann verwirklicht, wenn jeder Mann, jede Frau und jedes Kind, einzeln oder gemeinsam mit anderen, jederzeit physischen und wirtschaftlichen Zugang zu angemessener Nahrung oder Mitteln zu ihrer Beschaffung hat." Daraus leitet sich die Verpflichtung jedes Staates ab, „sicherzustellen, dass alle seiner Herrschaftsgewalt unterstehenden Personen Zugang zu einer Mindestmenge an Grundnahrungsmitteln haben, die ausreichend, gehaltvoll und gesundheitlich unbedenklich sind, um zu gewährleisten, dass sie keinen Hunger leiden." Diese Verpflichtung lässt sich in drei Verpflichtungsebenen unterteilen: „Die *Achtungspflicht* gegenüber dem bestehenden Zugang zu angemessener Nahrung erfordert, dass die Vertragsstaaten keine Maßnahmen ergreifen, welche die Verhinderung dieses Zugangs zur Folge haben. Die *Schutzpflicht* erfordert Maßnahmen des Staates, durch die sichergestellt wird, dass Unternehmen oder Einzelpersonen Menschen nicht den Zugang zu angemessener Nahrung vorenthalten. Die *Gewährleistungspflicht (Förderungspflicht)* bedeutet, dass der Staat aktiv darauf hinwirken muss, den Menschen Zugang zu und die Nutzung von Ressourcen und Mitteln zur Sicherung des Lebensunterhalts, namentlich der Ernährungssicherheit, zu erleichtern. Schließlich haben die Staaten immer dann, wenn eine Einzelperson oder eine Gruppe aus Gründen, auf die sie keinen Einfluss hat, nicht in der Lage ist, das Recht auf angemessene Nahrung mit den ihr zur Verfügung stehenden Mitteln wahrzunehmen, die Pflicht zur unmittelbaren Gewährleistung dieses Rechts (Bereitstellung). Diese Verpflichtung erstreckt sich auch auf Opfer von Naturkatastrophen oder anderen Katastrophen."

Im Anschluss daran benennt der General Comment Verletzungen des Menschenrechts auf Nahrung und wendet sich dann der Umsetzung auf einzelstaatlicher Ebene zu. Die wichtigsten Elemente sind: die Erarbeitung einer nationalen

---

[2] Ausschuss für wirtschaftliche, soziale und kulturelle Rechte "Allgemeine Bemerkung 12 (Zwanzigste Tagung, 1999) Das Recht auf angemessene Nahrung (Art. 11)" E/C.12/1999/5

Strategie für das Menschenrecht auf Nahrung und den Zugang zu angemessener Nahrung für alle Personengruppen, die alle Aspekte des Ernährungssystems einbezieht, d.h. Erzeugung, Verarbeitung, Verteilung, Vermarktung und Verbrauch; die Erarbeitung von Rahmengesetzen; das Einrichten von Überwachungsmechanismen, *Rechtsbehelfen und Durchsetzung einer Rechenschaftspflicht der politisch Verantwortlichen.*

... zur Umsetzung

Auf dem Welternährungsgipfel 1996 hatten sich die Regierungen das Ziel gesetzt, bis 2015 die Zahl der Hungernden zu halbieren. 2002 lud die Ernährungs- und Landwirtschaftsorganisation der UN (FAO) zu einer Folgekonferenz ein. Die Bestandsaufnahme der FAO war erschütternd. In den fünf Jahren seit der letzten Konferenz hatte es keine Fortschritte in der Bekämpfung des Hungers gegeben. Die FAO nannte als wichtigsten Grund den mangelnden politischen Willen der Regierungen, gezielt gegen den Hunger vorzugehen. Dieser zeigte sich auch nicht im Laufe des Folgegipfels. Die Vertreter von sozialen Bewegungen, von Kleinbauern- und Fischerorganisationen sowie von Umwelt- und Menschenrechtsorganisationen, die den Gipfel begleiteten, kamen zu einer niederschmetternden Analyse des neu vorgelegten Aktionsplans (vgl. FIAN et al. 2003). Der Aktionsplan mache keine Anstalten, die Probleme zu analysieren und zu korrigieren, die in den vorangegangenen fünf Jahren Fortschritte verhindert hatten. Vielmehr verschreibe der Aktionsplan dieselbe falsche Medizin mit schwerwiegenden Nebenwirkungen, welche die Situation weiter verschlechterten.

Eine der wenigen konkreten Entscheidungen des Folgegipfels von 2002 war der Auftrag, innerhalb von zwei Jahren in der FAO freiwillige Richtlinien zur Umsetzung des Rechts auf Nahrung zu entwickeln. An den Verhandlungen sind alle Mitgliedstaaten der FAO beteiligt, also nicht nur die Staaten, die den Internationalen Pakt über wirtschaftliche, soziale und kulturelle Rechte ratifiziert haben. Diese Verhandlungen sind deshalb von Bedeutung, da damit erstmals ein soziales Menschenrecht Gegenstand von Regierungsverhandlungen ist und damit eine politische Anerkennung der in den Menschenrechtsorganen der UN erarbeiteten menschenrechtlichen Standards erfolgt. Die Zwischenergebnisse der

Verhandlungen geben Anlass zur Hoffnung, dass dieser „Transfer" in die politische Sphäre glücken wird. Die Richtlinien sollen die Regierungen dabei unterstützen, das Menschenrecht auf Nahrung umzusetzen. Im Wesentlichen stellen die Richtlinien deshalb einen Katalog von Positivmaßnahmen dar, der jedoch alle drei Verpflichtungsebenen berücksichtigt, also die Respektierungs-, die Schutz- und die Gewährleistungspflicht.

Unterstützung nationaler Bemühungen durch die Entwicklungszusammenarbeit

Die *FAO-Richtlinien* könnten in Zukunft zusammen mit dem General Comment des UN-Ausschusses und den Empfehlungen des UN-Ausschusses an einzelne Regierungen eine Grundlage für den politischen Dialog im Rahmen der Entwicklungszusammenarbeit darstellen. Da die Richtlinien im Konsens verabschiedet werden, werden sie damit prinzipiell durch alle Regierungen anerkannt. Die Bemühungen einzelner Regierungen, das Menschenrecht auf Nahrung umzusetzen, könnte zum Beispiel durch folgende Maßnahmen der deutschen Entwicklungszusammenarbeit im bilateralen oder multilateralen Rahmen gefördert werden:

- Unterstützung und Förderung des staatlichen Monitorings von Verletzungen des Menschenrechts auf Nahrung, z.B. durch die Identifizierung besonders betroffener Gruppen, durch die Erarbeitung von Berichten an den UN-Ausschuss oder durch die Befähigung, private Unternehmen zu kontrollieren;
- Förderung der Einrichtung von Beschwerdeverfahren, bzw. Befähigung existierender Systeme (z.B. Nationale Menschenrechtskommissionen, Ombudsman) auch Verletzungen sozialer Menschenrechte zu bearbeiten;
- Bildungs- und Trainingsmaßnahmen für Mitarbeiter in Regierungsinstitutionen, z.B. zur Definition des Menschenrechts auf Nahrung und anderer Rechte, zur Identifizierung revelanter Politikbereiche und die Anwendung von Menschenrechtsstandards in denselben;
- zur Verfügungstellen von rechtlicher, politischer und verwaltungstechnischer Beratung für Regierungen, insbesondere im Rahmen von Gesetzgebungsverfahren und Verwaltungsreformen;

- Unterstützung der Entwicklung einer nationalen Strategie zur Umsetzung des Menschenrechts auf Nahrung, die auch in anderen nationalen Strategien wie den Poverty Reduction Strategies angemessene Berücksichtigung findet. Bedeutende Elemente einer solchen Strategie sind
  o Identifizierung besonders betroffener Gruppen (Landlose und Kleinstbauern stellen etwa 75 Prozent der Hungernden dar),
  o Überprüfung der Gesetzgebung im Hinblick auf alle besonders betroffenen Gruppen,
  o Überprüfung der für die einzelnen Gruppen ergriffenen Politikmaßnahmen,
  o Erarbeitung von gezielten Maßnahmen für jede identifizierbare Gruppe,
  o Erarbeitung einer Rahmengesetzgebung für das Menschenrecht auf Nahrung;
- Unterstützung und Förderung von direkten Maßnahmen, die sich positiv auf das Menschenrecht auf Nahrung auswirken, z.B. Aufbau bzw. Unterhalt von Instrumenten zum Schutz des Zugangs zu produktiven Ressourcen, insbesondere Land; Unterstützung von Agrarreformmaßnahmen; Einkommensprogramme für nicht-selbsthilfefähige Haushalte.

Diese Maßnahmen setzten voraus, dass die Regierungen ein wirkliches Interesse haben, das Menschenrecht auf Nahrung in ihren Ländern zu verwirklichen. Die Einführung eines Menschenrechtsansatzes verändert nachhaltig die Beziehung von Staat und Bürgern und kann weitreichende Konsequenzen dahingehend haben, wer in Zukunft die Kontrolle über produktive Ressourcen wie Land und Wasser erhält, da im Mittelpunkt des Menschenrechts auf Nahrung der physische und wirtschaftliche Zugang zu Nahrung und produktiven Ressourcen steht.

Pragmatischer Ansatz setzt sich durch

Wie in jeder Beziehung taucht bei der Annäherung von Entwicklungspolitik und Menschenrechtspolitik bzw. den beteiligten Organisationen und Institutionen die Frage auf, ob ein Bereich dem anderen unterzuordnen ist. So lässt sich sowohl bei staatlichen als auch nichtstaatlichen Organisationen die Debatte beobachten, ob nun die Menschenrechte alleiniger Fixpunkt aller Aktivitäten werden sollen.

Muss zum Beispiel bei einem Infrastrukturprojekt eine positive Auswirkung auf die Verwirklichung der Menschenrechte nachgewiesen werden? Muss jedes Selbsthilfeprojekt über eine Komponente des Empowerment verfügen? Diese Debatte wird dadurch beeinflusst, dass die Menschenrechte formal einen höheren Stellenwert genießen als entwicklungspolitische Ziele. So nehmen sie im Völkerrecht, insbesondere der UN-Charta den höchsten Rang ein. Dasselbe gilt für die meisten nationalen Verfassungen. Gleichzeitig werden die Menschenrechte weltweit mit den Füßen getreten und sind auch international mit deutlich schwächeren Überwachungsmechanismen ausgestattet als zum Beispiel die Verträge der Welthandelsorganisation.

Es ist deshalb ein berechtigtes Anliegen, die Höherrangigkeit der Menschenrechte vor anderen politischen Zielen immer wieder hervorzuheben, ohne die aus menschenrechtlicher Sicht in der Mehrzahl begrüßenswerten entwicklungspolitischen Ziele in Frage zu stellen. Dies bedeutet jedoch auch, dass Maßnahmen im Rahmen bi- und multilateraler Entwicklungszusammenarbeit nicht zu Verletzungen von Menschenrechten beitragen dürfen, wie dies z.B. in der Vergangenheit bei Landvertreibungen durch Staudammprojekte oder Naturparks passiert ist. Ein *pragmatischer* Ansatz, der sowohl durch die Studie des DIE „Menschenrechtsansatz für die deutsche Entwicklungszusammenarbeit" empfohlen wird, als auch von den deutschen kirchlichen Hilfswerken praktiziert wird, anerkennt, dass es eine so genannte *„Menschenrechtsverträglichkeitsprüfung"* geben muss, dass ansonsten nicht jede Aktivität einen Menschenrechtsbezug haben muss, gleichzeitig aber explizit Maßnahmen gefördert werden, die Menschenrechte in Ländern des Südens stärken. Die Hilfswerke machen ihr Engagement in erster Linie von ihren Partnern im Süden abhängig (vgl. Krennerich 2003).

Menschenrechte verpflichten zu internationaler Zusammenarbeit

Auch wenn sich pragmatisch begründen lässt, dass staatliche Entwicklungszusammenarbeit nicht ausschließlich an der Verwirklichung der Menschenrechte ausgerichtet ist, so ist bedeutend an dieser Stelle hervorzuheben, dass die Entwicklungszusammenarbeit eine wichtige Rolle dabei spielt, der völkerrechtlichen Verpflichtung zur Zusammenarbeit bei der Verwirklichung der Menschenrechte nachzukommen. Diese Verpflichtung zur Zusammenarbeit leitet sich insbesondere aus Artikel 2(1) des Internationalen Paktes für wirtschaftliche, soziale und kulturelle Rechte ab: „Jeder Vertragsstaat verpflichtet sich, einzeln oder durch internationale Hilfe und Zusammenarbeit, insbesondere wirtschaftlicher und technischer Art, und der Ausschöpfung aller seiner Möglichkeiten Maßnahmen zu treffen, um fortschreitend mit allen geeigneten Mitteln, vor allem durch gesetzgeberische Maßnahmen, die volle Verwirklichung der in diesem Pakt anerkannten Rechte zu erreichen."

In seinem General Comment zur Auslegung dieses Artikels betont der UN-Ausschuss, „dass gemäß den Artikeln 55 und 56 der UN-Charta, den bewährten Grundsätzen des internationalen Rechts und den Bestimmungen des Vertrages selbst internationale Zusammenarbeit für Entwicklung und damit für die Realisierung wirtschaftlicher, sozialer und kultureller Rechte eine Verpflichtung für alle Staaten ist. Dies obliegt insbesondere jenen Staaten, die in einer Position sind, andere Staaten hier zu unterstützen" (zit. nach Brot für die Welt et al. 2001, 7).

In welchem Umfang und in welcher Art diese internationale Zusammenarbeit erfolgen soll, bleibt jedoch offen. Allerdings hat der UN-Ausschuss in den vergangenen Jahren bei mehreren Regierungen, darunter Finnland, Japan, Irland und Deutschland die Erreichung des 0,7 Prozent-Ziels in der Bereitstellung von Mitteln für die Entwicklungszusammenarbeit angemahnt. Zu der Art der Verwendung dieser Gelder hat sich der UN-Ausschuss jedoch nicht geäußert. Um der deutschen Situation gerecht zu werden, muss an dieser Stelle angefügt werden, dass deutsche Unterstützung für Menschenrechtsprojekte in anderen Ländern nicht nur durch das Bundesministerium für wirtschaftliche Zusammenarbeit und Entwicklung erfolgt, sondern auch durch andere Ministerien. So ist das Bundesministerium für Verbraucherschutz, Ernährung und Landwirtschaft (BMVEL, bei dem die Zuständigkeit für die FAO liegt) maßgeblich daran beteiligt, dass die Erarbeitung der Richtlinien in der FAO politisch durchgesetzt und auch finanziert werden konnte. In diesem Zusammenhang fördert das BMVEL auch Initiativen für das Menschenrecht auf Nahrung, u.a. in Sierra Leone und Brasilien.

Menschenrechte als Referenzrahmen für entwicklungspolitische Kohärenz

Das *Ziel menschenrechtsorientierter Entwicklungspolitik* ist es, die verantwortlichen Staaten in die Lage zu versetzen, die Menschenrechte in ihrem Land zu verwirklichen. Aber: die wirtschaftliche Globalisierung schränkt besonders bei ärmeren Staaten die Möglichkeiten politischer Gestaltung in hohem Maße ein. Die Rahmenbedingungen wirtschaftspolitischen Handelns werden bei ärmeren Staaten vor allem durch Strukturanpassungsprogramme und deren Nachfolgeprogramme bestimmt. Durch diese wird detailliert vorgeschrieben, welche Außenhandelspolitik ein Land verfolgen muss, welche staatlichen Abgabenarten noch erlaubt sind und welche begrenzt werden müssen, etwa im Gesundheits- und Bildungssektor. Ergänzt werden diese Strukturanpassungsprogramme inzwischen durch Vorgaben anderer internationaler Verträge. Eine besondere Rolle kommt dabei den WTO-Verträgen zu, da die WTO inzwischen detailliert darüber mitbestimmt, welche nationalen Politikmaßnahmen erlaubt oder abbaupflichtig sind. Strukturanpassung und internationale Handelsregeln kommen dann in Konflikt mit Menschenrechten, wenn die Staaten nicht ausreichend Freiraum haben, notwendige Schutz- und Gewährleistungsmaßnahmen zum Schutz dieser Menschenrechte zu ergreifen, da ihnen dies durch Konditionalitäten und Handelsregeln nicht erlaubt ist.

2001 hat der UN-Ausschuss für wirtschaftliche, soziale und kulturelle Rechte Deutschland aufgefordert, alles zu tun, damit die Politik und Maßnahmen von Weltbank und Internationalem Währungsfonds mit den Verpflichtungen Deutschlands aus dem Internationalen Pakt konform ist, dass also auch diese Institutionen die im Pakt enthaltenen Menschenrechte respektieren, schützen und gewährleisten. Dies zeigt sehr deutlich, dass der UN-Ausschuss nicht nur die Verpflichtung eines Staates gegenüber den Menschen innerhalb seines Territoriums, sondern auch gegenüber Menschen in anderen Ländern sieht. Unter Menschenrechtlern werden diese Verpflichtungen als *extraterritoriale Staatenpflichten* bezeichnet. Da mit fortschreitender Globalisierung die Auswirkungen nationaler Politik (direkt oder über internationale Organisationen) auf die Entwicklung und die Menschenrechte in anderen Ländern weiter zunehmen werden, wird sich eine menschenrechtlich orientierte Entwicklungspolitik in Zukunft neben der Förderung der Menschenrechte in diesen Ländern sehr viel stärker als bisher mit Fragen der Kohärenz zwischen Entwicklungspolitik, Menschenrechtsstandards und anderen Politikbereichen beschäftigen müssen.

Literatur

Brot für die Welt, EED, FIAN (2001): Parallelbericht: Deutschlands Erfüllung seiner internationalen Verpflichtungen gemäß dem Internationalen Pakt über wirtschaftliche, soziale und kulturelle Rechte. Schwerpunkt: Das Recht auf angemessene Ernährung. Bonn/Stuttgart/Heidelberg (im Internet unter www.fian.de).

Bundesministerium für wirtschaftliche Zusammenarbeit und Entwicklung (BMZ) (2004): Entwicklungspolitischer Aktionsplan für Menschenrechte 2004 – 2007. Menschen haben ein Recht auf Entwicklung. BMZ-Konzepte Nr. 127. Bonn.

FIAN, WANAHR, Institut Jaques Maritain, CFSI (2003): Voluntary Guidelines for the Implementation of the Right to Adequate Food – A Joint North South Contribution. March 2003 (im Internet unter www.fian.org).

Krennerich, Michael (2003): Menschenrechtsansatz für die deutsche Entwicklungszusammenarbeit: Ansätze und Erfahrungen der Kirche. Deutsches Institut für Entwicklungspolitik. Bonn.

Jens Martens
Globale Öffentliche Güter – ein neues Paradigma für die Entwicklungszusammenarbeit?

1 Einleitung

Das Konzept der Globalen Öffentlichen Güter (*Global Public Goods GPGs*) hat innerhalb weniger Jahre im umwelt- und entwicklungspolitischen Diskurs an Bedeutung gewonnen. Das Konzept bietet einen zusätzlichen Begründungszusammenhang für die multilaterale Kooperation und eine Legitimationsgrundlage für die Mobilisierung zusätzlicher Finanzmittel zur Bewältigung globaler Probleme.

Auslöser der gegenwärtigen Diskussion war das von den UNDP-Mitarbeitern Inge Kaul, Isabelle Grunberg und Marc A. Stern 1999 herausgegebene Buch *„Global Public Goods. International Cooperation in the 21st Century"* (Kaul et al. 1999). Globale Öffentliche Güter sind nach ihrer Definition solche Güter, deren Nutzen über Landesgrenzen und Regionen, Bevölkerungsgruppen und Generationen hinaus reicht. Unter diese breite Definition fallen die klassischen öffentlichen Güter Frieden und Sicherheit ebenso wie eine intakte Umwelt, Gesundheit, das kulturelle Erbe, aber auch finanzielle Stabilität, Wissen und Information und selbst Fairness und Gerechtigkeit. Bei der UN-Konferenz über Entwicklungsfinanzierung *(International Conference on Financing for Development)* im März 2002 in Monterrey und beim Weltgipfel für nachhaltige Entwicklung *(World Summit on Sustainable Development)* im Sommer 2002 in Johannesburg wurde das Konzept intensiv diskutiert. Dabei wurde deutlich, dass der Ansatz keineswegs unumstritten ist. Weder über die Definition noch über die Bereitstellung und Finanzierung von GPGs konnte unter den Regierungen Einigung erzielt werden. In den Abschlussdokumenten von Monterrey und Johannesburg taucht der Begriff nicht auf.

Manchen Regierungen erscheint das GPG-Konzept zu unspezifisch und schwammig. Andere befürchten, dass dieser Ansatz zu einer weiteren Konditionalisierung der öffentlichen Entwicklungsfinanzierung *(Official Development Assistance – ODA)* und zu einer Überfrachtung der Entwicklungszusammenarbeit mit zusätzlichen Aufgaben führt.

Diese berechtigten Vorbehalte zu entkräften, kann eine der Funktionen der internationalen *Task Force on Global Public Goods* sein, die auf Initiative der schwedischen und französischen Regierungen beim Weltgipfel für nachhaltige Entwicklung in Johannesburg ins Leben gerufen wurde. Die Task Force soll dazu dienen,

- größere Klarheit über das GPG-Konzept zu gewinnen und die Grundlagen für einen internationalen Konsens über die Definition und ein Minimalset (Prioritätenliste) von Globalen Öffentlichen Gütern zu schaffen;
- den Finanzbedarf für die Bereitstellung spezifischer GPGs abzuschätzen; sowie
- Finanzierungsoptionen zu entwickeln und konkrete Verantwortlichkeiten für die Bereitstellung der Mittel zu benennen.

Im Folgenden möchte ich die wichtigsten Aspekte der gegenwärtigen Diskussion über Konzept und Finanzierung Globaler Öffentlicher Güter skizzieren. Zunächst werde ich die Definition und die normativen Grundlagen des GPG-Begriffs erörtern. Im Anschluss stelle ich unterschiedliche Optionen der Finanzierung von GPGs vor.

2 Begriff und Definition

2.1 Der traditionelle Begriff des Öffentlichen Gutes

Der Begriff des Öffentlichen Gutes hat in den Wirtschaftswissenschaften eine lange Tradition. Die Vorstellung, dass es Güter gibt, deren Bereitstellung für den Einzelnen nicht profitabel ist, für eine Gemeinschaft aber dennoch vernünftig sein kann, lässt sich mindestens bis zu David Hume (1739) zurückverfolgen. Für die ökonomische Theorie des 20. Jahrhunderts hat Paul Anthony Samuelson (1954) die Verwendung des Begriffs geprägt. Nach seiner Definition haben öffentliche Güter – in Abgrenzung zu privaten Gütern – zwei besondere Eigenschaften: 1.) Das Gut kann von beliebig vielen Personen konsumiert werden, ohne dass diese sich gegenseitig im Konsum einschränken (*Kriterium der „Nicht-Rivalität"*); und 2.) Niemand kann vom Konsum des Gutes ausgeschlossen werden (*Kriterium der „Nicht-Ausschließbarkeit"*).

Ein klassisches Beispiel ist der Leuchtturm. Sein Licht kann von beliebig vielen Schiffen genutzt werden, ohne dass der Nutzen des einzelnen dadurch eingeschränkt wird. Das Licht weist allen Schiffen gleichermaßen den Weg, ein Ausschluss ist nicht möglich. Gerade deswegen stellt sich aber die Frage, wer den Leuchtturm finanziert, baut und betreibt. Da jeder ihn kostenlos nutzen kann, sobald er gebaut ist, ist es für den Einzelnen ökonomisch nicht rational, ihn zu bauen. Trittbrett fahren würde sich vermeintlich lohnen. Die Folge: Der Leuchtturm wird überhaupt nicht gebaut. Da die „unsichtbare Hand" des Marktes in diesem Fall versagt, muss das Gut durch die „öffentliche Hand" des Staates bereitgestellt werden.

2.2 Vom nationalen zum Globalen Öffentlichen Gut

Die Perspektive für die Bereitstellung öffentlicher Güter war traditionell die nationalstaatliche. Mit fortschreitender Globalisierung gewinnen jedoch diejenigen Güter immer mehr an Bedeutung, deren externe Effekte über Staatsgrenzen hinaus reichen. Weder die Zerstörung der Ozonschicht noch Finanzmarktkrisen oder der Treibhauseffekt machen an nationalen Grenzen halt. Kaul u.a. (1999) prägten angesichts dieser Entwicklungen den Begriff des Globalen Öffentlichen Gutes. Zusätzlich zur Nicht-Rivalität und Nicht-Ausschließbarkeit gelten für ein *Globales* Öffentliches Gut weitere Kriterien: *Erstens* sind seine externen Effekte für mehr als eine Ländergruppe relevant. *Zweitens* profitieren nicht nur einzelne Bevölkerungsgruppen in bestimmten Ländern von den Auswirkungen des Gutes. Und *drittens* reicht der Nutzen des Gutes über eine Generation hinaus.

Ebenso wie auf der nationalen Ebene versagen die Märkte auch bei der ausreichenden Bereitstellung *Globaler* Öffentlicher Güter. Und ähnlich wie auf nationaler Ebene das Marktversagen als Legitimation für staatliches Handeln dient, wird angesichts globalen Marktversagens eine verstärkte zwischenstaatliche Kooperation als notwendig angesehen.

2.3 Das Dreieck der Öffentlichkeit *(Triangle of Publicness)*

Der traditionelle ökonomische Diskurs befasste sich hauptsächlich mit dem Aspekt des Konsums Öffentlicher Güter. Die gegenwärtige Debatte reicht weit darüber hinaus. Inge Kaul hat das Bild vom „Dreieck der Öffentlichkeit" ge-

prägt, indem sie drei Aspekte von Öffentlichkeit unterscheidet (vgl. Kaul et al. 2003):
- Öffentlichkeit des Konsums *(publicness in consumption)*
- Öffentlichkeit der Entscheidung über die Bereitstellung des Gutes *(publicness in decisionmaking)*
- Öffentlichkeit der Verteilung der aus dem Gut erwachsenden Vorteile *(publicness in distribution of (net) benefits)*.

Der erste Aspekt bezieht sich auf die Kriterien der Nicht-Rivalität und Nicht-Ausschließbarkeit. Je mehr ein Gut diese Kriterien erfüllt, desto stärker öffentlich ist sein Konsum. Der zweite Aspekt bezieht sich darauf, wer darüber entscheidet, ob ein Gut zum öffentlichen Konsum bereitgestellt wird. Je demokratischer und partizipativer dieser Entscheidungsprozess abläuft, desto stärker öffentlich ist das Gut in dieser Hinsicht. Der dritte Aspekt betrifft die Frage der gleichmäßigen Verteilung: Nur wenn alle von dem Gut gleichermaßen profitieren, und nicht nur diejenigen, die reich genug sind, in der richtigen Lage wohnen, einen Computer besitzen o.ä., ist auch die Verteilung der Vorteile aus dem Gut öffentlich.

2.4 Vom technischen zum normativen GPG-Konzept

Im herkömmlichen ökonomischen Diskurs war die Definition des Öffentlichen Gutes in erster Linie eine technische Frage, die sich vor allem an den Kriterien der Nicht-Rivalität und Nicht-Ausschließbarkeit entschied. Es gibt in der Praxis aber nur sehr wenige Güter, die auf Grund ihrer Beschaffenheit reine Öffentliche Güter sind. Wenn der politische Wille und die entsprechende ökonomische Macht vorhanden sind, kann fast immer der Kreis der Konsumenten eingegrenzt werden. Für die Begrenzung des Wissenstransfers gibt es Patentrechte; zu Finanzmärkten haben Broker andere Zugangsmöglichkeiten als der Normalverbraucher; die Regierungen konsumieren mehr Landesverteidigung in ihren Atomschutzbunkern als die einfachen Soldaten, die im Konfliktfall an die Front geschickt werden; Satellitenprogramme können verschlüsselt werden usw.

Der Begriff des Öffentlichen Gutes hat in seiner praktischen Anwendung immer eine politisch-normative Komponente: „A public good is one that the public decides to treat as a public good" (Malkin and Wildavsky 1993, 372). Was eine

Gesellschaft als Öffentliches Gut betrachtet, hängt vom jeweiligen historischen Kontext ab und kann sich im Laufe der Jahrhunderte ändern. In Europa gilt beispielsweise die allgemeine Schulbildung heute als legitimes Öffentliches Gut, während sie vor ein paar Jahrhunderten noch als privates Gut gehandelt wurde.

2.5 Die Millenniumserklärung als normative Grundlage

Auch wenn die Definition dessen, was als Globales Öffentliches Gut angesehen wird, politisch bestimmt wird, ist sie keineswegs beliebig. Denn die Definition Globaler Öffentlicher Güter erfordert einen normativen Bezugsrahmen, ein global geteiltes „gemeinsames Verständnis" *(„shared understanding",* vgl. Walzer 1983) darüber, welche Güter auf globaler Ebene öffentlich und welche privat sein sollten. Als Grundlage bieten sich hierfür die weltweit gültigen Konventionen und Deklarationen der Vereinten Nationen an. Denn die Vereinten Nationen und ihre Generalversammlung stellen derzeit das einzige Entscheidungsgremium dar, das dem Anspruch einer „globalen Öffentlichkeit" zumindest ansatzweise gerecht wird.

Beim gegenwärtigen Stand der internationalen Diskussion scheint die Konzentration auf ein begrenztes Set von Gütern dringend geboten, um das GPG-Konzept operationalisierbar zu machen. Den Ausgangspunkt für eine begrenzte Prioritätenliste von Globalen Öffentlichen Gütern kann die Millenniumserklärung der Vereinten Nationen[1] bilden, die im Jahr 2000 von Vertretern aus 189 Staaten, darunter 147 Staats- und Regierungschefs, verabschiedet wurde. Mit dieser Erklärung wurde ein gemeinsames Verständnis aller Mitglieder der Vereinten Nationen darüber hergestellt, welche Ziele und Aufgaben in der gemeinsamen Verantwortung aller Staaten liegen. Aus der Millenniumserklärung lässt sich die folgende „Top 10-Liste" Globaler Öffentlicher Güter ableiten:

Top 10-Prioritätenliste Globaler Öffentlicher Güter

Vom Menschen geschaffene GPGs
- Frieden und internationale Sicherheit
- Internationale Rechstaatlichkeit/Völkerrecht

---

[1] UN Dok. A/RES/55/2 vom 8.September 2000.

- Schutz der Menschenrechte
- Chancengleichheit und internationale Gerechtigkeit
- Gesundheit, insb. Schutz vor HIV/Aids und anderen schweren Infektionskrankheiten
- Wissen und Information

Natürliche GPGs (Globale Gemeinschaftsgüter)
- Schutz der Erdatmosphäre/des Klimas
- Schutz der Biodiversität
- Schutz der Wälder
- Schutz der Meere

Diese Aufzählung ist zweifellos weder vollständig noch für alle Zeit gültig. Vielmehr stellt sie ein mögliches Minimalset der heute wesentlichen Globalen Öffentlichen Güter dar, über die ein politischer Konsens auf Weltebene besteht. Die auf Grundlage der Millenniumserklärung angeführten Öffentlichen Güter sind allerdings teilweise auf einem so abstrakten Niveau formuliert, dass eine Konkretisierung notwendig ist, wenn die Verantwortlichkeiten für die Bereitstellung und Finanzierung der Güter festgelegt werden sollen.

Denn es hilft wenig, sich darauf zu verständigen, dieses oder jenes als Globales Öffentliches Gut zu definieren, wenn nicht ein entsprechendes System zu seiner Bereitstellung *(public goods delivery system)* eingerichtet wird. Für jedes Gut ist daher zu bestimmen, wer auf welcher Ebene welche Maßnahmen mit welchen Mitteln ergreifen muss, damit das Gut im notwendigen Umfang bereitgestellt wird. Insbesondere muss geklärt werden, wie die Verantwortung zwischen der nationalen und internationalen Ebene aufgeteilt werden soll.

3 Finanzierung Globaler Öffentlicher Güter

Wie oben ausgeführt zeichnen sich Öffentliche Güter grundsätzlich dadurch aus, dass sie nicht automatisch in ausreichendem Umfang durch die „unsichtbare Hand" des Marktes zur Verfügung gestellt werden. Es wäre allerdings ein Irrtum, daraus zu schlussfolgern, ein Öffentliches Gut müsse ausschließlich von öffentlichen Einrichtungen produziert, finanziert und bereitgestellt werden. Aufgabe des Staates bzw. zwischenstaatlicher Organisationen ist es in erster Linie, für den politischen, rechtlichen und institutionellen Rahmen zu sorgen, um die ausreichende Versorgung und gerechte Verteilung zu gewährleisten. Die Bereitstellung der Güter und ihre Finanzierung kann fallweise auch über Private oder durch Kooperationen von öffentlichen und privaten Institutionen (Stichwort: „Public Private Partnerships") erfolgen.

Grundsätzlich können Globale Öffentliche Güter durch öffentliche und/oder private Mittel, durch die Einführung von Steuern, Nutzungsentgelten oder Gebühren sowie durch die Schaffung neuer Märkte finanziert werden. Für jedes Gut gibt es verschiedene Finanzierungsoptionen, die von der technischen Machbarkeit, aber auch von politischen und ökonomischen Interessen bestimmt werden. Ein Patentrezept für die Finanzierung von GPGs gibt es nicht.

3.1 Öffentliche Mittel

3.1.1 Nationale Budgets

Der weitaus überwiegende Teil der Mittel zur Finanzierung von GPGs kommt bisher aus den öffentlichen Haushalten. Die wichtigste Quelle sind die Budgets der Entwicklungsministerien. Aber auch aus anderen Ressorts (Umwelt, Gesundheit, Bildung, Wirtschaft etc.) werden neben den nationalen auch Globale Öffentliche Güter finanziert. Dies geschieht u.a. durch Subventionen und Steuererleichterungen.

Problematisch ist, dass ein wachsender Teil der stagnierenden ODA-Mittel zur Finanzierung Globaler Öffentlicher Güter verwendet wird und damit nicht mehr für die spezifischen nationalen Entwicklungsbedürfnisse der Länder des Südens eingesetzt werden kann. Dies ist vermutlich ein Grund dafür, warum viele Länder des Südens dem Konzept der Globalen Öffentlichen Güter eher skeptisch gegenüber stehen.

Vor diesem Hintergrund wird vorgeschlagen, künftig genauer zwischen der *konventionellen Entwicklungshilfe* und den *Beiträgen zur Finanzierung von GPGs* zu unterscheiden. Diese sollten zusätzlich zur ODA aufgebracht werden. Dies wurde im Grundsatz bereits auf der Rio-Konferenz beschlossen. Die notwendigen Mehrausgaben für globale Umweltschutzmaßnahmen sollten, so hieß es damals, nicht aus den bestehenden Entwicklungshilfegeldern, sondern mit „neuen und zusätzlichen Ressourcen" finanziert werden. Dies galt unter anderem für die *Global Environment Facility* (GEF). Das Versprechen von Rio wurde jedoch im Folgeprozess nicht eingelöst.

Einige Regierungen haben inzwischen spezielle Fonds außerhalb des Entwicklungsbudgets eingerichtet, aus denen Globale Öffentliche Güter im Umweltbereich finanziert werden sollen. So hat z.B. die französische Regierung zu diesem Zweck den „Fonds Français pour l'Environment Mondial" geschaffen.

3.1.2 GEF und Globale Fonds

Ein großer Teil der multilateralen Mittel für GPGs wird von der Weltbank und den von ihr verwalteten Fonds kontrolliert. Zu den wichtigsten Fonds und Institutionen gehören der Fonds des Montrealer Protokolls zum Schutz der Ozonschicht, die Consultative Group on International Agricultural Research (CGIAR), in der seit 1973 weltweit Zentren der Agrarforschung zusammenarbeiten, und die *Global Environment Facility GEF.*

Die GEF wurde 1991 im Vorfeld der Rio-Konferenz auf Initiative der französischen und deutschen Regierung gegründet. Der Fonds finanziert Projekte zum Schutz des Klimas, der biologischen Vielfalt, der Ozonschicht und der Gewässer. Die GEF ist offizieller Finanzierungsmechanismus der Klimarahmenkonvention und der Konvention über biologische Vielfalt. Zusätzlich ist sie seit 2002 Finanzierungsinstrument der sog. POP-Konvention (Persistent Organic Pollutant) und der Wüstenkonvention. Dabei beschränkt sich die GEF ausdrücklich auf die Finanzierung der Zusatzkosten *(incremental costs)* von Umweltschutzmaßnahmen, die von globaler Bedeutung sind (siehe oben). Die Verwaltung der GEF erfolgt durch die Weltbank, die Projektdurchführung durch Weltbank, UNDP und UNEP. Bislang einzigartig ist die paritätische Stimmrechtsverteilung zwischen Geber- und Empfängerländern im Verwaltungsrat der GEF. Sie stellt einen Kompromiss zwischen dem „Ein Land - eine Stimme"-System der UNO und dem „Ein Dollar - eine Stimme"-System von IWF und Weltbank dar und kann möglicherweise als Präzedenzmodell für zukünftige weltwirtschaftliche Entscheidungsgremien dienen.

Die GEF verfügt nach der dritten Wiederauffüllung für den Zeitraum 2002-2006 über Mittel in Höhe von 2,92 Mrd. US-Dollar. Davon sind allerdings nur

2,2 Mrd. „fresh money", die restlichen 700 Millionen sind noch aus früheren Auffüllungsrunden in der Kasse. Trotz des erheblich erweiterten Aufgabenbereichs der GEF konnte damit eine adäquate Aufstockung der Mittel nicht erreicht werden. Das GEF-Sekretariat selbst hatte im Vorfeld 3,5 Mrd. US-Dollar als notwendig bezeichnet.

Neben den Fonds unter dem Dach von Weltbank und UN wurden in den letzten Jahren zahlreiche Sonderfonds außerhalb des UN-Systems gegründet, aus denen Vorhaben zur Förderung einzelner Globaler Öffentlicher Güter, insbesondere im Bereich Gesundheit und Forschung, finanziert werden. Dazu zählen der *Globale Fonds zur Bekämpfung von HIV/Aids, TBC und Malaria*, der im Jahr 2001 auf Initiative der G-8 geschaffen wurde, und der Fonds der *Global Alliance for Vaccines and Immunisation (GAVI)*.

GAVI wurde 1999 mit dem Ziel ins Leben gerufen, jedem Kind auf der Welt den Impfschutz gegenüber den wichtigsten Infektionskrankheiten zu ermöglichen. Die Allianz wird getragen von privaten Stiftungen, allen voran der Bill & Melinda Gates Foundation, internationalen Organisationen (UNICEF, WHO und Weltbank), Regierungen, Forschungseinrichtungen, Unternehmen und Nichtregierungsorganisationen. Mit einem Beitrag von 750 Mio. US-Dollar ist die Gates Foundation der mit Abstand größte Geldgeber des GAVI-Fonds.

Die Gates-Foundation hat im 16-köpfigen Verwaltungsrat des Fonds einen der fünf ständigen Sitze neben UNICEF, der Weltbank, der WHO und dem Vaccine Fund – eine Konstruktion, die an den UN-Sicherheitsrat erinnert. Die Regierungen der Industrie- und Entwicklungsländer teilen sich dagegen im Rotationsverfahren nur fünf der nichtständigen Sitze. Kritiker halten diese Form von *„Public-Private Partnership"* unter Demokratieaspekten für fragwürdig. Denn mit ihr erhalten private Geldgeber die Mitentscheidungsgewalt über die Prioritäten internationaler Gesundheitspolitik und die Verwendung (zumindest teilweise) öffentlicher Gelder. Dies gilt auch für den Globalen Fonds zur Bekämpfung von HIV/Aids, TBC und Malaria (*Global Fund*), auch wenn der finanzielle Beitrag privater Akteure hier, abgesehen von 100 Mio. US-Dollar der Gates Foundation, bislang weit hinter den Erwartungen zurückblieb.

Befürworter sehen in den Globalen Gesundheitsfonds Präzedenzfälle für *Multistakeholder*-Netzwerke, die besser als rein zwischenstaatliche Gremien die Bereitstellung von GPGs gewährleisten können. Kritiker warnen dagegen vor einem zu starken Einfluss der Privatwirtschaft in diesen Fonds. Sie fürchten außerdem, dass die Gründung immer neuer „Satelliten-Fonds" außerhalb des UN-Systems zu einer Schwächung der Vereinten Nationen führen könne und koordinierte, sektorübergreifende Entwicklungsstrategien behindert würden.

3.1.3 Der Vorschlag für eine International Finance Facility

Im Januar 2003 präsentierte die britische Regierung ihre Initiative für eine *International Finance Facility (IFF)*[2]. Sie ist der bislang ambitionierteste Versuch, die notwendigen Mittel zur Finanzierung der Millenniumsentwicklungsziele *(Millennium Development Goals – MDGs)* zu mobilisieren. 50 Mrd. US-Dollar sollen jährlich mit dem Fonds über einen Zeitraum von 15 Jahren aufgebracht werden. Die Regierungen sollen sich im Rahmen von Wiederauffüllungsrunden zu mehrjährigen Beitragszusagen verpflichten. Mit diesen Zusagen als Grundlage soll die IFF im eigenen Namen über die Ausgabe von Anleihen (Bonds) zusätzliche Mittel auf den internationalen Kapitalmärkten aufnehmen. Dies entspricht der Praxis der Weltbank und anderer multilateraler Entwicklungsbanken.

Finanziert werden sollen mit diesen Mitteln vier- bis fünfjährige Armutsbekämpfungsprogramme einzelner Empfängerländer, die den Entwicklungsvorstellungen der Geberländer entsprechen müssen („...in line with donor wishes"). Eingebettet ist die IFF in den Vorschlag für einen umfassenderen Entwicklungspakt (Development Compact) zwischen Nord und Süd. Er soll nach den Vorstellungen der britischen Regierung aus vier Bausteinen bestehen, von denen die IFF einer wäre. Als weitere Bausteine nennt der Vorschlag

- ein neues regelgestütztes System für globales Wirtschaftswachstum und Stabilität, das auf Kodizes und Standards beruht, die für alle Länder gleichermaßen gelten;
- die vollständige Handelsliberalisierung in Industrie- und Entwicklungsländern in Weiterführung der Beschlüsse der WTO-Ministerkonferenz von Doha;
- die Öffnung der Märkte der Entwicklungsländer und die Schaffung günstiger Rahmenbedingungen für private Investoren.

---

[2] Vgl. http://www.hm-treasury.gov.uk/media//A5B56/IFF_proposal_doc_080404.pdf (abgerufen am 4.08.2004).

Die britische Initiative wurde von den anderen Regierungen der G-7/8 zurückhaltend aufgenommen. Auf der Jahrestagung von IWF und Weltbank im September 2003 in Dubai wurden die beiden Institutionen aufgefordert, bis zum Frühjahr 2004 die Idee weiter zu prüfen.

3.2 Internationale Steuern und Entgelte

Steuern, Abgaben, Nutzungsentgelte und Gebühren sind auf nationaler Ebene die bei weitem wichtigsten Instrumente zur Finanzierung Öffentlicher Güter. Die öffentliche Sicherheit, die schulische Ausbildung, das Straßennetz und kulturelle Einrichtungen werden überwiegend durch Steuern finanziert. Öffentliche Verkehrsmittel, Schwimmbäder oder Bibliotheken könnten ohne Nutzungsentgelte kaum betrieben werden. Es wäre daher eine logische Konsequenz, diese Finanzierungsinstrumente auch für Globale Öffentliche Güter einzuführen. Dazu wäre es nicht nötig, eine globale Steuerbehörde oder ein Weltfinanzamt zu schaffen. Die Steuern oder Entgelte könnten von den nationalen Regierungen und Steuerbehörden erhoben und verwaltet werden. Wichtig wäre nur, dass sowohl die Erhebung als auch die Verwendung der Mittel international koordiniert wird und verbindlich erfolgt.

Steuern und Entgelte haben gegenüber anderen Formen der Finanzierung Globaler Öffentlicher Güter einen grundsätzlichen Vorteil, weil sie sowohl durch ihren Lenkungseffekt als auch durch ihren Einnahmeeffekt wirken können. So kann eine weltweite Steuer auf die Emission von Treibhausgasen einerseits zu Energieeinsparungen und zum Einsatz umweltfreundlicherer Technologien anregen – und damit zur Senkung des Schadstoffausstoßes. Andererseits können die Steuereinnahmen für weltweite Klimaschutzmaßnahmen (Wiederaufforstungen, Technologietransfer etc.) verwendet werden und damit die Bereitstellung des Globalen Öffentlichen Gutes „Klimaschutz" zusätzlich unterstützen.

3.2.1 Internationale Steuern

Zur Bekämpfung der globalen Klimaerwärmung wird seit längerem vorgeschlagen, eine internationale Steuer auf den Kohlenstoffgehalt fossiler Brennstoffe (Kohlenstoff-Steuer) bzw. eine globale CO_2-Steuer einzuführen. Sie soll weltweit die Preise für fossile Brennstoffe erhöhen und damit Anreize schaffen, auf umweltfreundlichere Energiequellen, wie Wind- oder Sonnenenergie, umzusteigen. Gleichzeitig werden durch eine solche Steuer Einkünfte erzielt, die in aller Welt für Maßnahmen des Klimaschutzes ausgegeben werden können. Wie hoch die Einnahmen aus einer solchen Steuer sind, hängt u.a. vom Steuersatz und von der Nachfrageelastizität für fossile Brennstoffe ab (d.h. davon, wie sehr die Nachfrage auf Grund der durch die Steuer erhöhten Preise sinken würde). Schätzungen der UNO, des Intergovernmental Panel on Climate Change (IPCC) und der OECD variieren je nach den Grundannahmen zwischen weltweit 125 und 750 Mrd. US-Dollar pro Jahr.

Der Widerstand gegen eine solche Steuer ist noch groß. Sowohl die OPEC-Staaten und die USA als auch die großen Öl- und Energiekonzerne leisteten bisher erbitterten Widerstand gegen alle Versuche, auf internationaler Ebene den Verbrauch fossiler Brennstoffe zu verteuern. Auf der anderen Seite wächst mit dem Bewusstsein über die globalen Klimaveränderungen aber auch die Zahl der Unterstützer einer solchen Steuer. So sprach sich das High-level Panel on Financing for Development, das vom UN-Generalsekretär Kofi Annan im Vorfeld der Monterrey-Konferenz unter Vorsitz des ehemaligen mexikanischen Präsidenten Ernesto Zedillo eingesetzt worden war, in seinem Report ausdrücklich für die Einführung einer globalen CO_2-Steuer aus (vgl. Zedillo-Panel 2001).

Neben diesem Vorschlag existieren zahlreiche weitere Ideen und Konzepte für internationale Steuern. Am prominentesten ist der Vorschlag für eine Devisenumsatzsteuer *(Currency Transaction Tax CTT)*. Ihr Ziel soll es sein, extreme Wechselkursschwankungen durch eine Verteuerung kurzfristiger Währungstransaktionen zu verhindern (vgl. Wahl/Waldow 2001). Sie wäre damit ein Beitrag zur Bereitstellung des Globalen Öffentlichen Gutes Finanzmarktstabilität. Weit fortgeschritten sind auch die Vorschläge für eine internationale Flugbenzinsteuer. Mit ihr soll die indirekte Subventionierung des Luftverkehrs durch die bisherige Steuerbefreiung des Flugbenzins überwunden werden.

3.2.2 Nutzungsentgelte

Vor allem als Instrument zum Schutz der *Global Commons* wird seit längerem vorgeschlagen, Entgelte einzuführen, die eine Übernutzung knapper Umweltressourcen verhindern sollen. Einen wichtigen Beitrag zu dieser Diskussion leistete der Wissenschaftliche Beirat der Bundesregierung Globale Umweltveränderungen (WBGU) 2002 in einem Sondergutachten mit dem Titel „Entgelte für die Nutzung globaler Gemeinschaftsgüter" (WBGU 2002). Er beschäftigt sich darin vor allem mit internationalen Entgelten auf die Nutzung des Luftraumes und der Meere.

Um die Umweltbelastungen durch den Flugverkehr zu reduzieren, empfiehlt der WBGU die Einführung eines emissionsorientierten Nutzungsentgeltes für den internationalen Luftraum. Im Gegensatz zur Flugbenzinsteuer wären nach Ansicht des WBGU bei einem emissionsorientierten Entgelt Ausweichmöglichkeiten (z.b. Tanken in Ländern, die die Steuer nicht erheben) geringer. Der WBGU kalkuliert die jährlichen Einnahmen aus einem solchen Nutzungsentgelt auf 3 bis 30 Mrd. Euro pro Jahr. Die Mittel sollen zweckgebunden für Klimaschutzmaßnahmen verwendet werden.

Ein zweiter Vorschlag des WBGU bezieht sich auf die Nutzung der Weltmeere durch den Schiffsverkehr. Zum Schutz der Meere schlägt der WBGU vor, ein Jahresentgelt für Hochseeschiffe zu erheben. Wie hoch das Entgelt ausfällt, richtet sich nach der Umweltfreundlichkeit des jeweiligen Schiffes. Der WBGU schätzt, dass das jährliche Aufkommen bei einer zunächst EU-weiten Einführung des Entgelts bei 360 bis 720 Mio. Euro läge.

Nutzungsentgelte stehen für den WBGU nicht in Konkurrenz zu Konzepten internationaler Steuern, sie sind lediglich „ein Instrument aus einem breiten Spektrum möglicher Finanzierungsinstrumente". Da ihre Einführung politisch leichter durchsetzbar erscheint, können sie jedoch als Präzedenzfall für weitergehende Finanzierungsmodelle dienen. Mitentscheidend für die Einführung von Nutzungsentgelten auf globaler Ebene ist die Zustimmung der Entwicklungsländer. Sie sind vermutlich eher zur Einführung bereit, wenn die Einnahmen zweckgebunden für globale Nachhaltigkeitspolitik verwendet werden.

3.3 Marktlösungen

Öffentliche Güter werden zwar nicht automatisch in ausreichendem Maße durch den Markt bereitgestellt; wenn Regierungen nachhelfen, sind jedoch in einigen Fällen auch Marktlösungen denkbar. Dies gilt unter anderem für das Öffentliche Gut „Klimaschutz". Paradebeispiel für die marktorientierte Finanzierung von GPGs ist das Instrument der „Verschmutzungsrechte" bzw. der handelbaren Emissionszertifikate. Ihre Einführung wird sowohl für die nationale als auch für die regionale und globale Ebene diskutiert.

Um einen globalen Markt für Verschmutzungsrechte zu schaffen, müssen die Regierungen zunächst für einen bestimmten Zeitraum (z.B. ein Jahr) die Gesamtmenge der Emissionen des jeweiligen Schadstoffes (Kohlendioxid, Schwefeldioxid o.ä.) festlegen. Diese wird auf Zertifikate verteilt, die zum Ausstoß der entsprechenden Menge des Schadstoffes berechtigen. Die Zertifikate werden dann, ggf. entsprechend einer von den Regierungen festzulegenden Länderquote, an die emittierenden Unternehmen gratis verteilt, verkauft oder versteigert. Sie können in der Folge untereinander gehandelt werden, wobei Angebot und Nachfrage den Preis bestimmen.

Als erfolgreiches Beispiel wird häufig das US-amerikanische Programm zur Reduzierung des Schwefeldioxids genannt. Der US-Kongress hatte 1990 zur Bekämpfung des sauren Regens im Rahmen der *Clean Air Act Amendments* ein System handelbarer SO_2-Zertifikate für die amerikanische Stromindustrie eingeführt. Es gelang mit diesem System, relativ kostengünstig eine Senkung der SO_2-Emissionen auf 50 Prozent des Niveaus von 1980 zu erreichen. Ein ähnliches System zur Reduzierung von Treibhausgasen ist allerdings wesentlich komplizierter. Dennoch gibt es bereits eine Vielzahl von Initiativen zur Einführung handelbarer Emissionsrechte. In Dänemark wurde schon im Jahr 2000 der Handel mit CO_2-Zertifikaten aufgenommen, Großbritannien folgte im Frühjahr 2002, die Europäische Kommission plant, im Jahr 2005 ein Programm zum Emissionshandel zu starten, und auf globaler Ebene ist im Rahmen des Kyoto-Protokolls für 2008 ein solches Programm vorgesehen.

Die Annahme, mit einem System handelbarer Emissionszertifikate die ideale Marktlösung zur Finanzierung Globaler Öffentlicher Güter jenseits staatlicher Regulierung gefunden zu haben, wäre allerdings verfehlt. Denn was auf den ersten Blick als reine Marktlösung erscheint, entpuppt sich bei genauerem Hinsehen als komplexes System (zwischen-) staatlicher Regelsetzung und Überwachung. Regierungen müssen nicht nur die Gesamtmenge der tolerierten Emissionen und den Einstandspreis der Zertifikate festsetzen – und dies im regelmäßigen Turnus. Sie müssen auch für die Überwachung der tatsächlichen Emissionen sowie die Organisation und Aufsicht des Handels mit Emissionsrechten sorgen – und das weltweit. Die Transaktionskosten, die auf staatlicher Seite dadurch entstehen, sind möglicherweise höher als die Kosten anderer Instrumente zur Internalisierung externer Effekte, wie etwa globaler Steuern oder Entgelte.

Fazit

Die internationale Auseinandersetzung über die Definition, die Bereitstellung und die Finanzierung Globaler Öffentlicher Güter befindet sich noch in den Anfängen. Das Konzept hat durchaus das Potenzial, der multilateralen Umwelt- und Entwicklungspolitik eine neue Perspektive zu geben. Notwendig ist dazu allerdings die stärkere Einbeziehung der Entwicklungsländer. Die Diskussion wurde bislang allzu sehr von Wissenschaftlern und Politikern des Nordens dominiert. Ein „gemeinsames Verständnis" *(shared understanding)* über das Konzept und die Priorisierung von GPGs kann jedoch nur gemeinsam von den Regierungen und Zivilgesellschaften des Nordens und Südens entwickelt werden. Dies führt zum Aspekt der „Öffentlichkeit der Entscheidung" über die Bereitstellung von GPGs. Wie repräsentativ die Entscheidungsfindung erfolgt, wie partizipativ die Entscheidungsprozesse verlaufen und wie demokratisch die globalen Institutionen strukturiert sind, in denen über die Bereitstellung und Finanzierung von Globalen Öffentlichen Gütern entschieden wird, ist maßgeblich für die Akzeptanz und den Erfolg des Konzepts.

Ob das GPG-Konzept einen politischen Mehrwert bringt, hängt darüber hinaus davon ab, ob mit ihm die Mobilisierung neuer und zusätzlicher Finanzmittel gelingt. Sollten die Industrieländer zur Finanzierung von GPGs weiterhin vor allem auf das ODA-Budget zurückgreifen, wäre es nur zu verständlich, wenn die Entwicklungsländer bei ihrer Skepsis gegenüber diesem Konzept blieben. Zumindest die „ODA-Neutralität" der GPG-Finanzierung ist daher unerlässlich.

Die Regierungen würden sich auch ökonomisch rational verhalten, wenn sie neue und zusätzliche Mittel außerhalb des ODA-Budgets für Globale Öffentliche Güter bereitstellten. Denn den Mehrausgaben auf der einen Seite würden auf der anderen Seite gesellschaftliche Minderausgaben in weit größerem Umfang gegenüber stehen. Allein die jährlichen Kosten der globalen Klimaveränderungen werden von UNEP mit mindestens 300 Mrd. US-Dollar beziffert. Die volkswirtschaftlichen Verluste durch HIV/Aids, Malaria und Tuberkulose werden noch höher geschätzt. Die Kosten für die Überwindung der akuten Finanzkrisen in Lateinamerika, Südostasien, der Türkei und Russland lagen allein zwischen 1995 und 2000 nach Angaben der Weltbank bei 284,3 Mrd. US-Dollar (vgl. Weltbank 2001, 126). Die geschätzten jährlichen Kosten für die Bereitstellung eines Minimalsets Globaler Öffentlicher Güter liegen weit darunter.

Auf nationaler Ebene wäre es kaum vorstellbar, dass man zum Beispiel die Kosten für Verkehrsschilder und Ampeln einsparte, aber die dann weit höheren Kosten der Verkehrsunfälle in Kauf nähme. Aber genau dies geschieht derzeit auf globaler Ebene. Der *gesellschaftliche Konsens*, der auf nationaler Ebene darüber existiert (und kontinuierlich neu ausgehandelt wird), welche Güter öffentlich bereitgestellt und finanziert werden sollen, muss auf globaler Ebene erst noch geschaffen werden.

Literatur

Ferroni, M. (2000): Reforming Foreign Aid. The Role of International Public Goods (OED Working Paper Series No. 4).Washington D.C.

Goldman, M. (1998) (ed.): Privatizing Nature. Political Struggles for the Global Commons. London.

Hain, R./Martens, J. (2002): Globale öffentliche Güter – Zukunftskonzept für internationale Zusammenarbeit? Hg. von der Heinrich-Böll-Stiftung und WEED. Berlin.

Hume, D. (1739): A Treatise of Human Nature. London.

Kanbur, R./Sandler, T./Morrison, K. M.(1999): The Future of Development Assistance: common pools and international public goods. Baltimore.

Kaul, I. et. al (Hg.) (2003): Providing Global Public Goods: Managing Globalization. New York.

Kaul, I./Le Goulven, K./Schnupf, M. (eds.) (2002): Global Public Goods Financing: New Tools for New Challenges. A Policy Dialogue. New York.

Kaul, I./Grunberg, I./Stern, M. A. (eds.) (1999): Global Public Goods. International cooperation in the 21st century. New York.

Kindleberger, C. P. (1986): International Public Goods without International Government. American Economic Review 76, pp. 1-13.

Malkin, J./Wildavsky, A. (1991): Why the traditional distinction between public and private goods should be abandoned, Journal of Theoretical Politics 3, pp. 355-378.

Paul, J. A./Wahlberg, K. (2001): Globale Steuern für globale Aufgaben. WEED Arbeitspapier. Bonn/Berlin/New York.

Sagasti, F./Bezanson, K. (2001): Financing and Providing Global Public Goods. Expectations and Prospects, Report Prepared for the Ministry of Foreign Affairs Sweden. Brighton.

Samuelson, P. A. (1954): The pure theory of public expenditure, Review of Economics and Statistics 36, pp. 387-9.

Ul Haq, M./Kaul, I./Grunberg, I. (eds.) (1996): The Tobin Tax – Coping with Financial Volatility. New York.

Wahl, P./Waldow, P. (2001): Devisenumsatzsteuer – ein Konzept mit Zukunft. Möglichkeiten und Grenzen der Stabilisierung der Finanzmärkte durch eine Tobin-Steuer. WEED, Bonn.

Walzer, M. (1983): Spheres of Justice. New York.

World Bank (2001): Effective Use of Development Finance for International Public Goods. In: World Bank: Global Development Finance 2001, pp. 109-135.

Wissenschaftlicher Beirat Globale Umweltveränderungen (WBGU) (2002): Entgelte für die Nutzung globaler Gemeinschaftsgüter. Berlin.

Zedillo Panel (High-level Panel on Financing for Development) (2001): Recommendations and Technical Report of the High-level Panel on Financing for Development, New York: UN (UN Dok. A/55/1000).

V.

Globale Solidarität und Globales Lernen

Marianne Heimbach-Steins
Bildung und Beteiligungsgerechtigkeit
Bildungspolitische und sozialethische Anfragen

1 Einleitung

Bildung kann verstanden werden als jenes gesellschaftliche Projekt, das den Mitgliedern der jeweils nächsten Generation einer Gesellschaft, zunehmend aber auch den Erwachsenen, hilft, jene Fähigkeiten, Fertigkeiten und Kompetenzen zu entwickeln, die sie benötigen, um heute in der Gesellschaft leben und zugleich die Gesellschaft für morgen aufbauen zu können. Ein solches Verständnis öffnet den Blick für den komplexen Zusammenhang zwischen Bildung und Gerechtigkeit: Wer in welcher Weise und in welchem Umfang Zugang zu Bildungsgütern erhält und tatsächlich an ihnen teilhat, nach welchen Kriterien Bildungschancen in einer Gesellschaft verteilt werden, sind Fragen, die ebenso geklärt werden müssen wie die Bestimmung von Bildungszielen und Prioritäten, nach denen staatliche Bildungspolitik sowie internationale Anstrengungen zur Verbesserung der Bildung weltweit ausgerichtet werden (vgl. Heimbach-Steins/Kruip 2003). Schon diese wenigen Aspekte zeigen, wie facettenreich und schwer zu vereindeutigen der Maßstab „Gerechtigkeit" ist; gilt dies schon für relativ überschaubare nationalgesellschaftliche Kontexte, so erst recht im internationalen bzw. weltgesellschaftlichen Maßstab.

Ein zentrales Kriterium von Gerechtigkeit der Bildung erschließt sich im Horizont christlicher Sozialethik über den Begriff der Beteiligung. Darum soll es in den folgenden Überlegungen gehen: *Bildung ist Schlüssel zu gesellschaftlicher Partizipation.* Partizipation schließt im Sinne des sozialethisch-normativen Kriteriums der *Beteiligungsgerechtigkeit* (*kontributive Gerechtigkeit*) sowohl die gesellschaftlich zu ermöglichende *Teilhabe* als auch die von den Individuen aufzubringende Bereitschaft zur *Verantwortung* ein; sie bringt die Wechselbeziehung zwischen der Verantwortung der Einzelnen zur Mitgestaltung gesellschaftlicher Prozesse und der Verantwortung des Gemeinwesens, solche Teilnahme in Freiheit zu ermöglichen, zum Ausdruck. Im Folgenden möchte ich diese beiden bereits im Titel des Beitrags angedeuteten Aspekte der Beteiligungsgerechtigkeit erörtern: Zum einen geht es darum, durch die Eröffnung von Bildungszugängen und die Initiierung von Bildungsprozessen Menschen zur gesellschaftlichen Beteiligung zu befähigen bzw. zu ermächtigen: *Beteiligung durch Bildung* erfordert eine *partizipatorische Option*. Zum anderen ist die Aufmerksamkeit darauf zu richten, ob und wie Bildung überhaupt die Voraussetzungen für eine beteiligungsorientierte Gesellschaft legen oder doch zu einer solchen Grundlegung beitragen kann; anders gesagt: ob und wie Bildung Menschen dazu befähigt, die gesellschaftliche Wirklichkeit gerade unter der Rücksicht der (gegebenen oder verweigerten) Partizipation für alle zu beurteilen – und eine Option für jene zu treffen, deren Beteiligungschancen prekär sind, mithin auch eine Option für eine beteiligungsorientierte Politik: *Bildung für Beteiligung* erfordert eine *advokatorische Option*.

Mit diesem Zugang wähle ich bewusst eine subjektorientierte Perspektive. Sie sucht dem grundsätzlichen Vorrang der Person im Sinne einer christlichen Anthropologie und Sozialethik auch für die Entwicklung von Gerechtigkeitsmaßstäben für institutionelle Zusammenhänge Rechnung zu tragen; d.h. es geht nicht darum, subjektbezogene Aspekte gegen Institutionen bezogene Aspekte auszuspielen (was eine völlige Verkennung der Zusammenhänge bedeuten würde), sondern den „Vorrang der Person" als kritisches Korrektiv an die Strukturen und Institutionen der Bildung heranzutragen. Ziel des Beitrags ist es, grundlegende Aspekte eines Vorverständnisses für die komplexen sozialethischen Fragestellungen einer beteiligungsorientierten Bildungspolitik zu skizzieren.

2 Bildung zwischen Exklusion und Inklusion

Bildung ist, so die Grundannahme, eine notwendige (wenngleich nicht hinreichende) Voraussetzung zu selbstverantworteter Lebensführung in sozialer, ökonomischer und kultureller Hinsicht, zu politischer Mitwirkung und zur Verteidigung der eigenen vitalen Interessen und Rechte. Was das bedeutet, kann exemplarisch studiert werden in Kontexten, in denen solche Beteiligungsmöglichkeiten nicht selbstverständlich sind, in der Perspektive der Armen, gesellschaftlich Marginalisierten bzw. Ausgeschlossenen.

Anlässlich einer von den kirchlichen Hilfswerken Misereor und Missio durchgeführten „Lernreise" hatte ich im Jahr 2001 Gelegenheit, die Arbeit der *South African Homeless People's Federation* vor Ort kennen zu lernen. In diesem nationalen Dachverband der Land- und Obdachlosen haben sich seit 1991 über 100.000 betroffene Familien organisiert, um ihre Lage zu verbessern. Sie kämpfen gemeinschaftlich für Land, Häuser und politische Durchsetzung ihrer Interessen. Die Organisation wird von der Nichtregierungsorganisation *People's Dialogue for Land and Shelter* unterstützt (vgl. für ein ausführliches Porträt der beiden Organisationen: Bolnick 2000; Wichterich 1998).

Untypisch für das vorherrschende Geschlechterarrangement in Südafrika haben die *Frauen* die Initiative in der Hand (vgl. Bolnick 2000, 36; Wichterich 1998, 223). Eine kleine Begebenheit bei der Begrüßung in einem der Federation Offices macht deutlich, was sie bewegt: Unsere Gastgeberinnen singen zur Begrüßung ein Lied über die *Federation*. Am Schluss ruft eine der Frauen mit erhobenem Arm und zur Faust geballter Hand den Kampfruf des ANC – „Amandla!" („Macht!"). Üblicherweise antwortet die Menge: „Die Macht gehört uns!" („The power – it is ours"), die Frauen hingegen rufen: „Macht – das ist Wissen und Geld!" („Power is knowledge and money"): Es geht um *Ermächtigung* (*empowerment*), die eigenen Angelegenheiten materiell und politisch selbst in die Hand zu nehmen.

Dabei erscheint die Ausgangslage dieser Armen desolat: Wer keinen eigenen Grund und Boden hat, verfügt nur über die eigene Arbeitskraft als „Kapital". Sie durch Bildung zu „veredeln", ist den meisten verwehrt; denn Bildung kostet Geld. Wer nicht in den Kohleminen oder in der Landwirtschaft unterkommt, bleibt im ländlichen Bereich meist arbeitslos. In den Städten gibt es für Unausgebildete zwar gewisse Arbeitsmöglichkeiten im informellen Sektor, als Hausangestellte, im Bereich einfacher Dienstleistungen; aber die Arbeitslosigkeit erreicht in den schwarzen Wohngebieten bis zu 80 Prozent. Die Landlosen müssen ihre Fähigkeiten entwickeln, um ihren Lebensunterhalt zu erwirtschaften: Kleinhandel, Nähen, Ziegelbrennen, einfache Dienstleistungen. Innerhalb der *Federation* werden Fertigkeiten im Austausch zwischen den existierenden Gruppen weitergegeben. Das Rückgrat der Bewegung sind die Spargruppen, die nach strengen Regeln von bescheidensten Anfängen ausgehend gemeinsam sparen und zum Auffangen von Krisen, für ein kleines *business* oder als Bausparprogramm an die Mitglieder Kredite vergeben. Das dazu notwendige Know-how wird in den Gruppen gelernt und gemeinschaftlich praktiziert. Die Armen entscheiden selbst, welche Initiativen sie starten. Mit der Erfahrung, dass sie selbst etwas können, Bedürfnisse (etwa für die Infrastruktur einer Siedlung) systematisch ermitteln, mit den Behörden über Land und Infrastrukturmaßnahmen verhandeln können, dass sie Einkommen erwirtschaften und sogar in bescheidenem Umfang etwas erübrigen können, um mittelfristig aus der (oft illegal errichteten) Blechhütte in ein festes Haus auf eigenem Grund und Boden zu übersiedeln, gewinnen sie nicht nur bessere Lebensbedingungen, sondern auch jenes Selbstwertgefühl, das der schwarzen Bevölkerung in der Apartheidära systematisch und nachhaltig ausgetrieben wurde.

3 Beteiligung durch Bildung – einige Schlussfolgerungen

3.1 Weites Bildungsverständnis

Das Beispiel zeigt zunächst, dass und warum es wichtig ist, von einem weiten Bildungsbegriff auszugehen. Als Fundament gesellschaftlicher Partizipation umfasst Bildung alle Maßnahmen und Prozesse, die in einer Gesellschaft unternommen werden, um Menschen zur Entfaltung ihrer Fähigkeiten und Begabungen und zum Erwerb von Haltungen, Fertigkeiten, Wissen und Können zu verhelfen, die sie in die Lage versetzen, ihr eigenes Leben verantwortlich zu gestalten und als verantwortliche Mitglieder der Gesellschaft zu deren humaner und nachhaltiger Entwicklung beizutragen (vgl. Müller 1999, 39). Ein solches Verständnis kann den Bildungsbegriff nicht auf den Bereich der *formalen* Bildung beschränken. Es umfasst ebenso die *nonformale* Bildung, d.h. alle organisierten Erziehungs- und Bildungsaktivitäten, die außerhalb des formalen Bildungssystems auf bestimmte Zielgruppen und die Vermittlung von bestimmten Lernzielen ausgerichtet sind, und im weiteren Sinne auch die *informale* Bildung, die in nichtorganisierten bzw. -institutionalisierten erzieherischen Prozessen dazu beiträgt, (junge) Menschen zur verantwortlichen gesellschaftlichen Teilhabe zu befähigen (vgl. Lenhart 2000). Bildungsethische und -politische Bemühungen sollten stärker darauf gerichtet werden, wie die weitgehend getrennt voneinander existierenden Bereiche der Bildung in einer kontextadäquaten Weise durchlässiger gemacht werden können, um für benachteiligte Gruppen bessere und gerechtere Bildungschancen zu eröffnen.

Um Bildungsressourcen für die Nicht- oder nur randständig Beteiligten in den Blick zu bekommen, müssen Orte und Angebote Beachtung finden, die herkömmlicher Weise nicht mit Bildung assoziiert werden. Bildung geschieht an unterschiedlichen gesellschaftlichen Orten und oft in Formen, die nicht durch das Etikett „Bildung" markiert sind. Tatsächlich werden in den Zusammenschlüssen der *Federation* – in der Gestalt von Landlosenarbeit und Spargenossenschaften – Bildungsprozesse ermöglicht, die Menschen befähigen, für ihre Interessen zu kämpfen, sich zu politisieren und Fertigkeiten zu erwerben, die ihnen helfen, ihre desolate wirtschaftliche und soziale Lage zu verbessern. Den springenden Punkt formuliert Damagazo Iris Namo, die Gründerin der Organisation *People's Dialogue*, indem sie sagt: „Die Frauen haben sich gegenseitig ausgebildet und befähigt" (Giebel, 2001, 27). Sie ermächtigen sich wechselseitig in einem Netzwerk, das gemeinsames Lernen, die Ausbildung handwerklicher Fertigkeiten, Problemlösungs- und Verhandlungskompetenz ermöglicht. Das Netzwerk erschließt eine praktische, lebensweltlich angepasste Bildung und eröffnet damit Beteiligungschancen für Menschen, die keine oder nur eine rudimentäre Schulbildung genossen haben, die zu den gut 15 Prozent Analphabeten des Landes bzw. zu den ca. 50 Prozent der schwarzen Bevölkerung Südafrikas gehören, die weniger als sieben Jahre Schulbildung genießen (vgl. UNDP 2001, 207; UNESCO 2000, 132).

3.2 Kontextuelle selbstorganisierte Bildung – empowerment

Grundlegendes Kriterium für die Befähigung der Armen ist die Achtung ihres Selbstbestimmungsrechtes als Grundlage von Bildungsprozessen. Das Grundprinzip des *empowerment*-Programms lautet: „Tun ist (bzw. schafft) Wissen" (Bolnick 2000, 37). Präziser noch: *Gemeinsames* Tun schafft Wissen – in einer charakteristischen Zuordnung von selbstbestimmtem und experimentierendem Lernen der Armen und behutsamer Unterstützung durch Professionelle. Was die Armen lernen, bemisst sich an dem, was sie für ein selbstbestimmtes Leben können müssen. Der Prozess ist von Anfang an partizipativ; die Armen übernehmen Verantwortung für das, was geschieht; sie organisieren sich in kleinen Gruppen, die selbstverwaltet arbeiten. Die notwendige Schulung, z.B. im Umgang mit Ersparnissen und der Vergabe von Kleinkrediten, erfolgt in der größeren Gruppe der ortsansässigen Niederlassung der *Federation* und in Austauschprogrammen mit anderen lokalen Gruppen im Land und auch im internationalen Rahmen. Der Austausch ist ein zentrales Medium des Lernens: In konkreter Anschauung dessen, was andere schon erreicht haben, in der Kommunikation über Erfolge und Rückschläge wird auf praktische Weise gelernt. Dies bezieht sich sowohl auf die Techniken und Fertigkeiten beim Hausbau (*horizontal transfer of skills*) als auch auf Projektplanung, den Umgang mit der Bürokratie und die kompetente Vorbereitung darauf. Die Austauschprogramme sind daher wesentliche Instrumente für die Armen, um ihre eigenen Möglichkeiten zu entdecken und anzufangen, die eigenen Fähigkeiten zu entwickeln und auf diese zu vertrauen. Zugleich trägt der Austausch zum Gemeinschaftsaufbau und zur politischen Organisation der Armen bei (vgl. Bolnick 2000, 36-38; Wichterich 1998, 222ff.).

Die Arbeit der Siedlergemeinschaften ist auf finanzielle Hilfe und ein gewisses Maß an Anleitung angewiesen. Dafür steht der Zusammenschluss von *People's Dialogue* und *Homeless People's Federation* ein. Der entwicklungspolitische Ansatz der Allianz ist dezidiert beteiligungsorientiert. Nicht Sachwerte zu schaffen, ist das Ziel, sondern die Armen zu mobilisieren und zu ermächtigen. Dem muss das Bildungskonzept entsprechen. Ein paternalistischer Gestus wäre dem Ziel, an dem sich auch der professionelle Input ausrichten muss, vollkommen entgegengesetzt: Lernprozesse abzukürzen, indem man den Armen eigenes Entdecken und Fehler „erspart", entspräche nicht dem Ansatz einer nachhaltigen Bildung und Entwicklung. Das Schwergewicht der Förderung liegt auf der Ermöglichung selbstbestimmter Lernprozesse. Problemlösungen müssen aus der Praxis entwickelt und auf die Lebensumstände der Armen zugeschnitten sein, damit Inhalte und Ziele von Bildung relevant und die Methoden der Vermittlung bzw. des Lernens kontextuell angepasst sind. Kriterien sind die Verwendung eigener Ressourcen, Transparenz der Vorgehensweise und Reproduzierbarkeit der Modelle. Professionelle sind in diesen Prozessen nicht Urheber oder Leiter, sondern „bestenfalls Helfer" und Katalysatoren (Bolnick 2000, 47).

3.3 Inklusion – Exklusion

In dieser Bewegung geschieht „Globalisierung von unten" (Bolnick 2000, 12): In den Zusammenschlüssen lernen die Armen vor Ort und über Kontinente hinweg, ihre Bedürfnisse zu artikulieren, ihre Interessen zu vertreten und Wege aus dem Elend heraus zu bahnen. Sie stärken sich gegenseitig, um das als richtig Erkannte auch gegenüber Behörden und politischen Institutionen geltend machen zu können. *People's Dialogue* und die *Homeless People's Federation* sind Bestandteil eines Netzwerkes, das weit über Südafrika hinausreicht. Die südafrikanischen Landlosen haben für ihre Initiative von ähnlichen Projekten in Indien gelernt. Heute beraten sie selbst Projekte in Zimbabwe, Namibia, Senegal und Kenia. Wenn es für die Ärmsten der Armen eine Hoffnung gibt, kommt sie aus solchen Bewegungen. Ohne Zweifel wird über solche – auf der formellen Ebene gesellschaftlicher Institutionen eher unscheinbaren – Projekte für die daran beteiligten Armen ein entscheidender Schritt aus der Exklusion ermöglicht: Indem lokale Gemeinschaften gestärkt werden, die Mitglieder ihre Fähigkeiten entwickeln und vernetzen, werden sie zu Subjekten ihres Handelns, zu politischen Akteuren in ihren eigenen Lebenskontexten und – vermittelt über das Netzwerk der Federation – auch im Austausch mit Gruppen anderswo im Land und in anderen Armutsregionen der Welt.

Gleichwohl bleiben diese Armen in ihrer Gesellschaft arm. Sie werden aller Wahrscheinlichkeit nicht die Grenze zur Welt der „Nicht-Armen" überspringen, die durch nichts deutlicher symbolisiert wird als durch das Kriterium der Kreditwürdigkeit: Die Armen sind nicht „bankeable". Inklusion, Partizipation durch *community-building* und *empowerment* ist die eine Seite der Medaille, fortgesetzte Exklusion, gesellschaftliche Spaltung auf Grund bleibender – nicht selten sich weiter verschärfender – sozialer Disparitäten die andere. Letzteres ist kein Argument gegen den Wert des ersten, unverzichtbaren, wenn denn die Situation der Armen überhaupt verbessert werden soll. Aber die Einsicht in die bleibende Spannung von Inklusion und Exklusion zwingt zu einem Realismus, der es verbietet, von Bildungsprozessen wie dem geschilderten alleine das Heil zu erwarten: So notwendig Bildung ist, um Beteiligung zu ermöglichen, und so sehr sie dazu beiträgt, sozialen Aufstieg zu erreichen: Sie geschieht gleichwohl im Kontext von Gesellschaften, die durch asymmetrische Machtverhältnisse, durch ungleiche Verteilung ökonomischer Ressourcen und durch ideologische Muster geprägt sind, welche diese Ungleichheiten des Zugangs, der Verteilung und der Verwirklichung von Beteiligungsrechten eher verfestigen als verflüssigen. Soziale Disparitäten schlagen auch auf das Erziehungs- und Bildungssystem durch und werden nicht selten auch durch Erziehungs- und Bildungsprozesse hindurch fortgeschrieben, wie etwa anhand vergleichender Daten zu Einschulungsraten, öffentlichen Bildungsausgaben, Schuleffizienz zwischen verschiedenen Ländern und Weltregionen zu ersehen ist (vgl. dazu Seitz 2003, 85ff.; UNESCO 2000;

UNESCO 2002; Watkins 2000). Dass dies nicht nur in Entwicklungsgesellschaften der Fall ist, zeigt sich u.a. an der immer noch sehr deutlichen Interdependenz zwischen sozialer Schichtzugehörigkeit und Bildungsbeteiligung in der deutschen Gegenwartsgesellschaft.

3.4 Bildung – „Lernreisen" in die Welt der Anderen?

Das Beispiel, an dem ich die bisherigen Überlegungen konkretisiert habe, verdanke ich selbst einer besonderen Bildungserfahrung: einer Lernreise in eine mir bis dato weitgehend unbekannte, nicht nur geografisch weit entfernte Welt. Der Weg zu den „Anderen" ermöglichte *Begegnung* mit fremden Menschen und ihren Lebensbedingungen, ihren Erfahrungen, Kämpfen und Hoffnungen. So sehr dies eine privilegierte Ausnahmesituation des Lernens darstellt, so sehr repräsentiert es eine Dimension von Bildung, die mir unter dem Anspruch der Beteiligungsgerechtigkeit unverzichtbar erscheint. Denn Bildung geschieht heute in der Weltgesellschaft und muss an den daraus erwachsenden Herausforderungen Maß nehmen. Bildung „in der Weltgesellschaft" (Seitz 2002) ist nicht nur Medium gesellschaftlicher Beteiligung, sondern soll auch dazu beitragen, Voraussetzungen für eine beteiligungsorientierte Gesellschaft zu legen, d.h. Menschen befähigen, die gesellschaftliche Wirklichkeit unter der Rücksicht von Inklusion und Exklusion wahrzunehmen und zu gestalten.

Um gesellschaftlich relevant und wirksam zu werden, bedarf die *partizipatorische* Option für *Beteiligung durch Bildung* eines *advokatorischen* Pendants: Bildungsziele, die Konzeption von Bildungsprozessen und die Gestaltung von Bildungsangeboten sind darauf auszurichten, dass Beteiligung möglich und als gesellschaftliches Projekt für alle anerkannt und gefördert wird. Vor bzw. neben der pädagogischen Realisierung in Praxis und Reflexion ist es eine politische Aufgabe, die Investitionen in Bildung, die Ausgestaltung des Bildungssystems, die Erwartungen an einen Bildungskanon und an die Vermittlung von Kompetenzen unter diesem sozialethischen Vorzeichen zu überprüfen (vgl. zur Bandbreite der hier nur stichwortartig angesprochenen Fragen ausführlicher Heimbach-Steins/Kruip 2003).

4 Bildung für Beteiligung

Richtete sich der erste Teil meiner Überlegungen auf die *Ermöglichung gesellschaftlicher Beteiligung* durch Bildung, so ist jetzt zu fragen, inwiefern mittels Bildung die *Sensibilität* für das mit ungleicher Beteiligung verbundene Gerechtigkeitsproblem geweckt und gefördert werden kann. Damit richtet sich der Blick schwerpunktmäßig auf Menschen und gesellschaftliche Gruppen, denen die Möglichkeit einer Bildungsbeteiligung im formalen wie im informellen Bereich offen steht. Aus dieser begünstigten Position heraus sind Menschen herausgefordert, sich zu strukturell asymmetrischen gesellschaftlichen Konstellationen zu verhalten, die Exklusion bzw. Nicht-Beteiligung verfestigen. Die Wahrnehmung der ausgeschlossenen Anderen und die Auseinandersetzung mit gesellschaftlichen Strukturen, die erheblichen Teilen der Weltbevölkerung elementare Beteiligungschancen vorenthalten, ist weder selbstverständlich noch – im Sinne einer verantwortlichen gesellschaftlichen Teilhabe – verzichtbar. Unter Globalisierungsbedingungen hat diese Dimension neue Dringlichkeit und zugleich eine Komplexität gewonnen, die Politik, Pädagogik und Ethik gleichermaßen herausfordert (vgl. Seitz 2002). Es geht deshalb um Rahmenbedingungen und Konturen einer Bildung, die an dem Ziel orientiert ist, eine partizipationsorientierte Kultur und eine sozial wie ökologisch nachhaltige Entwicklung im lokalen wie im globalen Maßstab zu fördern. Im gegebenen Rahmen muss ich mich darauf beschränken, subjektbezogen einige grundlegende Aspekte der Befähigung zu skizzieren, die eine Bildung für Beteiligung im angedeuteten Sinne verfolgen und an denen die Gestaltung von allgemeinen Bildungskonzeptionen und -prozessen Maß nehmen sollte.

Der springende Punkt einer Bildung zur aktiven Teilhabe und verantwortlichen Teilnahme an komplexen, offenen Gesellschaften ist es, Identität stiftende Erfahrungen mit der Befähigung zu verknüpfen, den eigenen Horizont ohne Angst vor Identitätsverlust überschreiten zu können. Die Spannung von *Identität und Überschreitung* konstruktiv gestalten zu können, muss deshalb die primäre Zielsetzung allgemeiner Bildungsprozesse sein, durch die Menschen im Sinne der advokatorischen Option für Beteiligung zum Handeln in der Weltgesellschaft befähigt werden sollen (vgl. Heimbach-Steins 2002). Bildungskonzeptionen und Bildungsprozesse sind darauf auszurichten, dass sie explizit auf soziale Disparitäten wie auf ethnische, weltanschauliche und kulturelle Pluralität, kurz:

auf die Konzentration von Differenzen in einem begrenzten und doch zugleich global verflochtenen gesellschaftlichen Kontext reagieren. Bildung muss Kenntnisse vermitteln, die komplexe sozioökonomische und -kulturelle Zusammenhänge begreifen lassen; sie muss aber zugleich *kognitive und emotive Fähigkeiten* schulen, die Menschen brauchen, um sich in einer solchen Welt zurecht zu finden und sie nach humanen Maßstäben zu gestalten (vgl. Nussbaum 1997, 6). Nur eine solche umfassende Bildung, die personale Identität und kommunikative Kompetenz entwickeln hilft, wird Voraussetzungen dafür schaffen, dass Menschen ihre eigenen Kontexte mit anderen, fremden assoziieren und sich über den Nahbereich des eigenen Erlebenszusammenhangs hinaus solidarisch verhalten können.

Bildung muss zugleich Kontextbewusstsein und die Erfahrung der Verbundenheit mit Anderen fördern, wenn sie Menschen befähigen soll, in pluralen Kontexten menschenwürdig miteinander zu leben. Sie muss die Standortgebundenheit und Perspektivität individueller Wahrnehmung und Erfahrung bewusst machen und zugleich das Vertrauen fördern, dass die „Anderen" die eigene Identität nicht bedrohen, sondern das gemeinsame Leben von Verschiedenen eine Vervielfältigung von Lebensmöglichkeiten bedeuten kann. Wenn das ‚Lernen, mit anderen zu leben' die heute wahrscheinlich wichtigste Art der Bildung ist (vgl. Deutsche UNESCO-Kommission 1997, 79), dann müssen Bildungsprozesse die Fähigkeit der einzelnen entwickeln helfen, sich selbst als an einen partikularen Kontext gebunden wahrzunehmen, dem andere kulturelle Kontexte prinzipiell gleichberechtigt gegenüberstehen. Dies setzt voraus, die Grenzen des eigenen Kontextes, der Identität stiftet und Vertrautheit ermöglicht, nicht nur zu erkennen, sondern auch lernend zu überschreiten. Um die *Anderen* als *zugleich Fremde und durch gemeinsame Lebensziele Verbundene* zu entdecken, bedarf es der Ermöglichung und der Reflexion von Begegnungserfahrungen – sei es in physischer Nähe und direkter Kommunikation, sei es in literarischer oder sonstiger medialer Vermittlung.

Solche Erfahrungen, die die Ebene des kognitiven Lernens überschreiten, sind notwendig, wenn Bildungsprozesse das friedliche Zusammenleben, gleichberechtigte Partizipation verschiedener Gruppen an den gesellschaftlichen Gütern und Aufgaben und die Fähigkeit zu gewaltfreier Konfliktregelung in pluralen Kontexten unterstützen sollen. Sie bilden eine wichtige Voraussetzung dafür, dass die Einsicht in die Wirkung gesellschaftlicher Strukturen und Handlungsmuster, die aus Differenz *Diskriminierung*, aus dem Anderssein *Exklusion* hervorgehen lassen, zu einem für das eigene Leben und Engagement bedeutsamen Moment werden kann.

Bildung muss auch ein Unterscheidungsvermögen in Bezug auf „die Anderen" fördern. Die Fähigkeit zur Überschreitung des eigenen Horizontes braucht ein kommunikables ethisches Fundament. Die Suche nach Kriterien führt zurück auf Basiswerte des Zusammenlebens und weist zugleich voraus auf das Ziel einer Gesellschaft, in der ein gleichberechtigtes und friedliches Zusammenleben in einem pluralen und komplexen Sozialgefüge mit vielfältigen weltweiten Vernetzungen gelingen kann: Zentral ist die Achtung der gleichen Würde und Freiheit jeder Person, ihre humanen Fähigkeiten in Kommunikation mit anderen zu entfalten. Formen und Mittel der Kommunikation, die diese Grundnorm verletzen, indem sie die Anderen mit Zwang und Gewalt überziehen, scheiden aus. Damit ist eine Grenze des Anerkennungsverhältnisses markiert, die sich *nicht* auf die Personwürde des/der Anderen selbst, wohl aber auf die Akzeptanz bestimmter Handlungsweisen bezieht. Das Postulat der Anerkennung kann nicht neutral sein gegenüber beliebigen – im Extremfall terroristischen – Mitteln zur Realisierung eigener Ziele. Denn das Verhältnis der Anerkennung ist auf Wechselseitigkeit angelegt und impliziert deshalb unbedingt die Verweigerung gegenüber totalitären Ansprüchen jedweder Art. Toleranz und Solidarität stehen ihrerseits unter dem Kriterium von Freiheit und Gerechtigkeit; d.h. der materiale Gehalt der Freiheit bestimmt sich von dem grundlegenden Wert eines die personale Entfaltung aller einzelnen ermöglichenden und fördernden Zusammenlebens unter Wahrung unterschiedlicher Identitäten.

5 Ein sozialethischer Maßstab: Beteiligungsgerechtigkeit

In zwei aufeinander bezogenen Gedankengängen wurden bisher die beiden eingangs eingeführten Aspekte der Beteiligungsgerechtigkeit reflektiert. Im folgenden Abschnitt ist abschließend der normative Gehalt dieses sozialethischen Kriteriums zu bündeln.

Wer im Horizont christlicher Sozialethik von Beteiligungsgerechtigkeit spricht, ruft ein Verstehensmodell auf, das dieses Gerechtigkeitskriterium den anderen Komponenten der sozialen Gerechtigkeit zuordnet (vgl. Huber 1995,

194f.; Anzenbacher 1997, 221-224): Vor allem wird sie kritisch ergänzt durch das Kriterium gerechter Verteilung der (materiellen) Güter, wobei im Sinne der Option für die Armen die Sicherung elementarer Grundbedürfnisse derjenigen, die ihre materiellen Bedürfnisse nicht selbst befriedigen können, Vorrang hat (*Verteilungsgerechtigkeit*). Dass der Zugang zu Bildung zunächst ein Problem der Verteilungsgerechtigkeit ist, kann unschwer an den auch in vielen hochentwickelten Gesellschaften nach wie vor virulenten Ungleichheiten des Bildungszugangs von Kindern und Jugendlichen je nach ihrem sozioökonomischem und -kulturellem Hintergrund abgelesen werden (vgl. exemplarisch OECD 2001, 218-258).

5.1 Anthropologisches Vorverständnis

Verteilungs- und Beteiligungsgerechtigkeit konstituieren zusammen mit weiteren Aspekten (Tausch- und Verfahrensgerechtigkeit) ein Gerechtigkeitsverständnis, das die ganzheitliche und verantwortliche *personale Selbstentfaltung* in der sozialen Gebundenheit der konkreten menschlichen Existenz zum Ziel hat. Diesem anthropologischen Leitbild entspricht es, der Beteiligungsgerechtigkeit gerade unter dem Aspekt der Verbesserung der Chancen für die jeweils Schwächeren ein besonderes Gewicht im Konzept der sozialen Gerechtigkeit beizumessen (vgl. Huber 1995, 194f.; Heimbach-Steins 1999, 150). Beteiligungsgerechtigkeit setzt die *Anerkennung der Subjektstellung des Menschen in der Gesellschaft* und zugleich die *Angewiesenheit menschlicher Selbstentfaltung auf Gesellschaft* voraus. Sie verweist auf ein Verständnis der *Sozialität*, das diese als gleichursprüngliches und gleichgewichtiges Pendant zur *Individualität* der Person begreift und sich kritisch zu einem Verständnis von Autonomie des Subjekts verhält, welches das unabhängige, keinem anderen Menschen verpflichtete und auf niemanden angewiesene Individuum als *Ideal* menschlicher Selbstverwirklichung vorstellt. Sozialität ebenso wie Individualität als *Gestaltungsaufgabe* wahrzunehmen, an der alle Glieder einer Gesellschaft je nach Kräften und Fähigkeiten aktiv teilnehmen sollen, bietet auch für ein beteiligungsorientiertes Bildungsverständnis einen wichtigen normativen Maßstab.

Die Betonung der Verantwortung der Person richtet sich zugleich kritisch gegen einen paternalistischen Ansatz in der Gestaltung von Bildungsinstitutionen, Bildungskonzepten und Bildungspraxis: Sowohl die Verantwortung für die eigenen Belange und die Mitwirkung am Gemeinwohl, die im Licht des Kriteriums der Beteiligungsgerechtigkeit als Herausforderung der Person ansichtig werden, als auch die Solidaritätspflicht der (staatlich organisierten) Gesellschaft gegenüber ihren Gliedern leiten sich aus der Anerkennung des Subjektstatus bzw. dem „menschenrechtlichen Anerkennungsverhältnis" (Anzenbacher 1997, 198) her. Dies bedingt, dass neben der Sicherstellung einer materiellen Mindestausstattung der Zugang zu nichtmateriellen Gütern wie die Mitwirkung an politischen, ökonomischen und kulturellen Prozessen notwendig zur Verwirklichung von Gerechtigkeit gehören. Dass der Eröffnung und Sicherstellung von Bildungschancen unter den Bedingungen der Wissens- und Informationsgesellschaft dabei ein kaum zu überschätzender Stellenwert zukommt, liegt auf der Hand.

5.2 Menschenrecht auf Bildung

Wenn Beteiligungsgerechtigkeit deshalb gemäß den *sozialen Menschenrechten* die Verwirklichung bestimmter gesellschaftlicher Rahmenbedingungen einfordert und nach den realen Chancen der Gesellschaftsglieder fragt, an materiellen und immateriellen Gütern, an Macht und Einfluss in allen relevanten gesellschaftlichen Bereichen zu partizipieren, so führt dies im hier erörterten Zusammenhang notwendigerweise zum *Menschenrecht auf Bildung* (vgl. Heimbach-Steins 2003; Müller 1999), in dem die Fragen der Verteilung und der Beteiligung wiederum auf das Engste miteinander verwoben erscheinen: Die *realen* Partizipationschancen an Bildungsgütern wie an anderen gesellschaftlichen Gütern (vgl. zur Diskussion um Bildung als öffentliches, privates und kollektives Gut: Kruip 2003, Seitz 2003) sind nicht denkbar ohne eine gewisse materielle „Mindestausstattung": Das Recht auf Bildungsbeteiligung darf nicht davon abhängig gemacht werden, ob jemand in der Lage ist, aus eigener Kraft materielle Mittel dafür aufzubringen. Gleichwohl stellt sich unter den in allen Gesellschaften, wenn auch in unterschiedlicher Schärfe, gegebenen Bedingungen begrenzter Ressourcen die Frage nach Reichweite und Grenzen des Rechtes auf Bildung: ob es etwa nur Kindern/Jugendlichen oder auch erwachsenen Analphabeten oder im Sinne lebenslanger Bildung generell allen Bildungswilligen – in welchem Ausmaß und zu welchen Konditionen (Eigenbeitrag?) – gesellschaftlich eingeräumt wird, ist nicht pauschal und kontextunabhängig zu definieren.

Hingegen erscheint es unter dem normativen Vorzeichen der Beteiligungsgerechtigkeit nicht nur möglich, sondern erforderlich, gewisse Mindestbedingungen zu postulieren und zu begründen. In diesem Sinne charakterisiert Johannes Müller die Ermöglichung einer Grundbildung geradezu als elementares menschliches Bedürfnis, insofern der Mensch „nur als Kulturwesen überlebensfähig" ist (Müller 1999, 51) und deshalb eine elementare Bildung eine unerlässliche Voraussetzung gesellschaftlicher Partizipation in sozialer, politischer, kultureller und ökonomischer Hinsicht darstellt. Von diesem Ansatz her ist die Reichweite eines Menschenrechts auf Bildung zu diskutieren. Es erscheint plausibel, Bildung als ein „vorrangiges Recht der jungen Generation" zu verstehen, nämlich im Sinne einer Erst- und Mindestausstattung zur verantwortlichen Lebensgestaltung und gesellschaftlichen Partizipation (vgl. Müller 1999, 52). Gleichwohl ist diese Antwort nicht erschöpfend, wenn denn das Fehlen elementarer Bildung bei Erwachsenen *de facto* auch die Verweigerung von Beteiligungschancen in ökonomischer, sozialer, politischer und kultureller Hinsicht bedeutet. Insofern ist das Recht auf Bildung – als Verpflichtung der Staaten – mindestens im Sinne eines Rechtes auf Alphabetisierung auch auf Erwachsene auszudehnen (vgl. Müller 1999, 52f.). Weitergehende Ansprüche im Sinne lebenslangen Lernens, die sich unter den Bedingungen rasant sich vervielfältigender und ebenso rasant alternder/veraltender Wissensbestände nahe legen, sind unter Knappheitsbedingungen sicher nicht mit der gleichen Elle zu messen wie die unbedingt sicher zu stellende Beteiligung an Grundbildung. Sie sind aber – jeweils in Relation zu der Situation einer Gesellschaft – im Blick auf die zu setzenden politischen Prioritäten sehr wohl zu diskutieren, wenn man ausgehend von einem personzentrierten sozialethischen Ansatz die Prozesshaftigkeit menschlicher Existenzentfaltung ernst nimmt. Insofern wird es notwendig sein, Idee und Anspruch des lebenslangen Lernens bzw. der lebenslangen Bildung nicht nur ökonomisch als Postulat einer effizienten Nutzung von *human ressources*, sondern im Sinne eines biografischen Ansatzes – als prinzipiell unabschließbarer Prozess der Vervollkommnung der Persönlichkeit – weiter zu denken (vgl. Dausien 2001; Alheit/Dausien 2002).

In jedem Fall verlangt das Kriterium der Beteiligungsgerechtigkeit „den Ausbau und die Entwicklung sozialer Institutionen, die allen die aktive und produktive Mitarbeit am Leben der Gesellschaft ermöglichen" (Huber 1995, 195), auch und gerade im Bildungsbereich. Deshalb müssen Strukturen geschaffen, ausgebaut bzw. gesichert werden, die jeder Person ein Mindestmaß an Bildung, Fertigkeiten und Kompetenzen, vor allem bezüglich der Verstehensvoraussetzungen für die Funktionsweise der eigenen Gesellschaft im Kontext globalisierter Strukturen und Handlungsketten zugänglich machen. *Beteiligungsgerechtigkeit* bildet ein Prüfkriterium für die entsprechenden gesellschaftlichen Institutionen und politischen Strategien unter der Frage, ob sie so ein- bzw. ausgerichtet sind, dass sie die Beteiligungschancen derer erhöhen, die von der aktiven Teilnahme am gesellschaftlichen Handeln ausgeschlossen sind.

Als Kompass einer sowohl *partizipatorisch* als auch *advokatorisch* ausgelegten Option für die Nicht-Beteiligten verpflichtet dieses Kriterium in zweifacher Hinsicht: im Sinne der Parteilichkeit für die Bildungsbeteiligung der Ausgeschlossenen und im Sinne der Entwicklung von Bildungskonzeptionen und -angeboten, die Menschen befähigen, als kompetente Anwälte und Anwältinnen einer menschenrechtlichen Kultur und einer nachhaltigen Entwicklung in der Gesellschaft aktiv zu werden und verantwortlich zu handeln.

Literatur

Alheit, P./Dausien, B. (2002): Bildungsprozesse über die Lebensspanne und lebenslanges Lernen In: Tippelt, R. (Hrsg.): Handbuch Bildungsforschung. Opladen, S. 565 – 585.

Anzenbacher, A. (1997): Christliche Sozialethik. Grundlagen und Zielsetzungen. Paderborn.

Bolnick, J. (2000): Das Zeitalter der Städte und die Selbstorganisation der städtischen Armen. In: Bischöfliches Hilfswerk Misereor (Hrsg.): Zukunft. Gemeinsam anders handeln. Bad Honnef 2000, S. 11-61.

Dausien, B. (2001): Bildungsprozesse in Lebensläufen von Frauen. Ein biographietheoretisches Bildungskonzept. In: Gieseke, W. (Hrsg.): Handbuch zur Frauenbildung. Opladen, S. 102 – 114.

Deutsche UNESCO-Kommission (Hrsg.) (1997): Lernfähigkeit. Unser verborgener Reichtum. Neuwied und Berlin.

Giebel, U. (2001): „Zieht die Socken hoch und los." Ein Gespräch mit „Mama Iris" aus Soweto. In: Die christliche Frau 94/2001 (H.5), S. 26f.

Heimbach-Steins, M. (1999): Beteiligungsgerechtigkeit. Sozialethische Anmerkungen zu einer aktuellen Debatte. In: Stimmen der Zeit 217 (1999) S. 147-160.

Heimbach-Steins, M. (2002): Bildung für die Weltgesellschaft. Sozialethische Sondierungen: In: Stimmen der Zeit 220 (2002), S. 371-382.

Heimbach-Steins, M. (2003): Menschenbild und Menschenrecht auf Bildung. Bausteine für eine Sozialethik der Bildung: In: Heimbach-Steins/Kruip 2003, a.a.O., S. 23 – 43.

Heimbach-Steins, M./Kruip, G. (Hg.) (2003): Bildung und Beteiligungsgerechtigkeit. Sozialethische Sondierungen. Gütersloh.

Huber, W. (1996): Gerechtigkeit und Recht. Grundlinien christlicher Rechtsethik. München und Gütersloh.

Kruip, G. (2003): Bildungsgutscheine – ein Weg zur Lösung der Gerechtigkeits- und Steuerungsprobleme des Bildungssystems. In: Heimbach-Steins/Kruip 2003, a.a.O., S. 109 – 129.

Müller, J. (1999): Recht auf Bildung als Voraussetzung für das Recht auf Entwicklung – Bildungspolitik zwischen globaler und lokaler Kultur. In: JCSW 40/1999, S. 38-59.

Lenhart, V. (2000): Artikel *Bildung*. In: Nohlen, D. (Hrsg.): Lexikon Dritte Welt. Länder, Organisationen, Theorien, Begriffe, Personen. Reinbek, S. 99-102.

Nussbaum, M.C. (1999): Cultivating humanity. A Classical Defense of Reform in Liberal Education. Cambridge (Mass.)/London.

OECD (2001): Lernen für das Leben. Erste Ergebnisse der Internationale Schulleistungsstudie PISA 2000, dt. Ausgabe im Auftrag des Bundesministeriums für Bildung und Forschung. Paris.

Seitz, K. (2002): Bildung in der Weltgesellschaft. Gesellschaftstheoretische Grundlagen globalen Lernens. Frankfurt/Main.

Seitz, K. (2003): Weltweite Bildung und soziale Ungleichheit. Disparitäten im pädagogischen Globalisierungsprozess als Herausforderung für die internationale Bildungsforschung und für das ‚Globale Lernen'. In: Heimbach-Steins/Kruip 2003, a.a.O., S. 75-95.

UNDP (2001): Bericht über die menschliche Entwicklung 2001, hrsg. von der Deutschen Gesellschaft für die Vereinten Nationen. Bonn.

UNESCO (2000): World education report 2000: The Right to education: towards education for all throughout life. Paris.

UNESCO (2002): Education for All. Is the World on Track? Paris.

Watkins, K. (2000): The Oxfam Education Report. Oxford.

Wichterich, C. (1998): Die globalisierte Frau. Berichte aus der Zukunft der Ungleichheit. Reinbek, S. 222-228.

Eckart Voland
Eigennutz und Solidarität
Das konstruktive Potenzial biologisch evolvierter Kooperationsstrategien im Globalisierungsprozess

Einleitung

Menschen sind von Natur aus kooperationsfähig. Die formende Kraft des Darwinischen Evolutionsprinzips hat uns Menschen (und andere Arten) mit Verhaltensstrategien ausgestattet, die vorsehen, beim Verfolg persönlicher Interessen die Belange Dritter zu berücksichtigen. Schließlich zahlt sich Sozialleben wegen der Kooperationsgewinne aus, die entstehen können, wenn eigeninteressierte Akteure (mit oder ohne Sympathie für einander) gemeinsame Sache machen. Die Wohlfahrt der Mitspieler auf der Bühne des Lebens kann für persönliche Nutzenmaximierer, die wir Menschen von Natur aus auch sind, nicht unerheblich sein, weil aus dem Nutzen des Anderen unter Umständen eigener Nutzen erwachsen könnte. Es ist zweifellos richtig, was Christian Vogel (1992) behauptet: „Der wahre Egoist kooperiert". Eigennutz und Solidarität sind keine sich widersprüchlich begegnenden Antagonisten, die der Natur hier und der Kultur dort entstammen und in den immerwährenden Kampf zwischen dem (meist misstrauten) Biologisch-Triebhaften und dem (meist pädagogisch mühevoll unterstützten) Kulturell-Rationalen ihre eigene Schlacht um Hegemonie im Cockpit der menschlichen Verhaltenssteuerung schlagen, sondern der biologische Imperativ zur Wahrung des Eigeninteresses macht Solidarität erst möglich. Kurz: Moral entstammt der Biologie. Es wäre deshalb absolut falsch anzunehmen, Solidarität sei nur gegen die Natur des Menschen durchzusetzen.

Wenngleich Kooperation natürlich ist, entsteht sie dennoch nicht zwangsläufig. Menschliche Verhaltensstrategien sind bekanntlich konditionale Strategien (vgl. Voland 2000), die je nach dem wie die ökologischen, sozialen, biografischen und kontextuellen Umstände die jeweilige persönliche Kosten/Nutzen-Matrix aussehen lassen, durchaus unterschiedliche Bereitschaften für Kooperation hervorbringen. Dies geschieht mittels verhaltenssteuernder Mechanismen, die als informationsverarbeitende Module des Gehirns (auch „Darwinische Algorithmen", „mental organs" oder „Instinkte" genannt) eine selektionsbewährte

Naturgeschichte hinter sich haben und als evolutionäre Angepasstheiten, die die Art Homo sapiens sapiens kennzeichnen, die sozialen Tendenzen auch in der Moderne regulieren. Genaueres über die Evolution der verhaltenssteuernden Mechanismen findet sich in den Lehrbüchern der Evolutionspsychologie (z.B. Barkow et al. 1992, Barrett et al. 2002, Buss 1999). Hier muss der Hinweis genügen, dass auch mit Bezug auf die Verhaltensproduktion unsere evolutionäre Vergangenheit die Gegenwart erklärt. Um das konstruktive Potenzial menschlicher Kooperationsstrategien im Globalisierungsprozess abschätzen zu können, ist es deshalb erforderlich, die evolvierte Funktionslogik kooperativen Verhaltens in den Blick zu nehmen und seine spezifischen Voraussetzungen und Randbedingungen genauestens zu untersuchen.

Evolutionäre Wege zur Solidarität

Auf Grund einer reichhaltigen philosophischen und sozialwissenschaftlichen Ideengeschichte (vgl. Bayertz 1998) leidet der Begriff „Solidarität" chronisch unter inhaltlicher Unschärfe. Zumindest zwei deutlich unterscheidbare – und für Soziobiologen grundsätzlich verschiedenartige – Bedeutungsinhalte verbergen sich hinter derselben Bezeichnung (vgl. Voland 1998):

a) Solidarität wird zum einen verstanden als moralische Verpflichtung gegenüber Benachteiligten: Sie motiviert zu Hilfeleistungen, wobei die Unterstützung der Hilfsbedürftigen notwendigerweise an eine Inkaufnahme persönlicher Nachteile durch den Helfenden gebunden ist – und:

b) zum anderen wird Solidarität verstanden als Ausdruck gemeinsamer Interessen. Sie motiviert zur Kooperation, weil ein Einzelner kaum Chancen hätte, im Alleingang seinen persönlichen Zielen erfolgreich näher zu kommen. Nicht persönliche Opferbereitschaft gegenüber Dritten konstituiert hier solidarisches Verhalten, sondern im Gegenteil die gemeinsame Verfolgung unmittelbar eigennütziger Interessen.

Für das Verhalten a) hat sich in der biologischen Verhaltensforschung der Begriff *„Altruismus"* eingebürgert, während für b) *„Mutualismus"* die präzisere Bezeichnung ist. Für Biologen ist die Variante a) die interessantere, weil sie für den Menschen die Gültigkeit des Darwinischen „survival of the fittest" in Frage zu stellen scheint und von daher nicht nur Darwin selbst, sondern auch so manchem seiner Gefolgsleute Kopfzerbrechen bereitet hat. Wie kann es sein, dass im Darwinischen „struggle for life" psychologische Mechanismen bestehen können, die zur Akzeptanz persönlicher Lebensnachteile motivieren?

Inzwischen aber ist die Nuss geknackt. Sieht man einmal von der Möglichkeit ab, dass Altruismus über Indoktrination und Manipulation in die Welt gelangen kann, weil die Gewissensbildung junger Menschen durch eigeninteressierte Erzieher missbraucht und ausgebeutet werden kann (vgl. Voland/Voland 1999), dann bleiben immerhin noch mindestens drei biologisch evolvierte, altruistische Solidarität hervorbringende Verhaltensstrategien, die bisher von Soziobiologen im Tier- und Menschenreich beschrieben worden sind und die trotz der altruistischen Komponente unter bestimmten Bedingungen evolutionär stabil sind. Diese sind zusammen mit dem Mutualismus (der Solidarität im Modus b) steckbriefartig in Tabelle 1 aufgeführt.

Tabelle 1: Strategien der Solidarität

Strategien der Solidarität	Strategisches Ziel	Funktionslogik	Rahmenbedingungen	Beispiele
Mutualismus	Investition in ein gemeinsames Verhalten bei unmittelbarer Gewinnerwartung	Direkte Amortisation eigennützlichen Verhaltens bei gleichzeitig „zufälligen" Vorteilen für einen Dritten.	Nichtnullsummenspiele	Mannschaftssport Großwildjagd Arbeitskampf Star Alliance
Reziproker Altruismus	Investition in einen Partner bei späterer Gewinnerwartung	Tausch momentaner Vorteile gegen spätere Vorteile	Nichtnullsummenspiele, Vertrauen	gegenseitige Hilfe in wechselnden Notsituationen

Nepotistischer Altruismus	Investition in einen Verwandten bei Gewinnerwartung in Einheiten indirekter Fitness	Tausch direkter Fitness gegen indirekte Fitness	genetische Verwandtschaft	„Helfer-am-Nest-Verhalten", also Unterstützung der Reproduktion von Verwandten zu Lasten eigener Reproduktion, „Familiensolidarität"
Prestigeakkumulation	Investition in kommunikative Reliabilität. Offenbarung verborgener Eigenschaften mittels „Handicap-Prinzip"	Amortisation durch Auskonkurrenzierung weniger fitter Mitbewerber um soziale oder sexuelle Vorteile	Prestigekonkurrenz	Generosität, öffentliches Spendenverhalten
unwahrscheinlich:				
Genetischer Altruismus	Investition in die Gruppe/ Population/Art ohne persönliche Gewinnerwartung	Tausch eigener Fitness gegen fremde Fitness	Gruppenselektion	kein evolutionär stabiles Beispiel bekannt

Mutualismus

Mutualismus gereicht zum allseitigen Vorteil aller Beteiligten. Kooperation wird durch die natürliche Selektion direkt verstärkt, wenn Verhaltensziele gemeinschaftlich leichter oder effizienter erreicht werden können als solitär. Voraussetzung sind so genannte „Nichtnullsummenspiele", also Situationen, in denen der Gewinn des einen nicht zugleich der Verlust des anderen ist, sondern in denen Kooperationsgewinne für alle Beteiligten entstehen. Weil Mutualismus im Gegensatz zum reziproken Altruismus keine altruistische Komponente enthält, ist diese Form von Kooperation risikoarm und entsprechend leicht zu evozieren. Sie kann spontan selbst unter sich vollkommen Fremden entstehen, denn sie setzt weder Vertrautheit noch gegenseitige Sympathie voraus. Es bedarf nicht einmal weitergehender gemeinsamer Interessen. Lediglich gewisse kognitive Voraussetzungen müssen vorhanden sein, damit eine effiziente Verhaltenskoordination gelingen kann. Ernst Barlach hat eine derartige Situation in seinem Relief „Der Blinde und der Lahme" festgehalten: Der Blinde trägt den Lahmen, und dieser weist den Weg. So entsteht Solidarität aus purem Eigennutz. Selbst ansonsten schärfste Konkurrenten können auf diesem Weg zur Kooperation finden.

Reziproker Altruismus
Ein reziproker Altruist ist jemand, der zunächst auf die volle Ausschöpfung seiner persönlichen Lebenschancen zu Gunsten Dritter verzichtet. Er wird dadurch belohnt, dass man seine Solidarität bei anderer Gelegenheit erwidert. Die Lebens-Nettobilanz solch gegenseitiger Unterstützung weist einen Fitnessgewinn für alle Beteiligten aus, der die ursprünglichen altruistisch entstandenen Kosten mindestens ausgleicht. Es ist an sich leicht vorstellbar, dass es sich in der Währung der genetischen Fitness – also in der Währung, in der die natürliche Selektion bilanziert – auszahlen kann, Gutes zu tun, wenn sich der Nutznießer bei anderer Gelegenheit mit wertvoller Hilfestellung revanchiert und dies um so mehr, je weniger Aufwand einem das Gute bereitet. Der entscheidende Unterschied zwischen Mutualismus und Reziprozität besteht darin, dass Reziprozität durch einen altruistischen Akt zum Vorteil eines Partners eingeleitet wird, also Kosten verursacht. Diese anfänglichen Kosten sind als eine von Amortisationserwartungen getragene Investition in die Hilfsbereitschaft des Partners zu verstehen, wobei sich der Nettolohn unter Umständen erst sehr viel später einstellen mag.

Schließlich gibt es noch einen weiteren und ganz wesentlichen Unterschied: Mutualisten haben nämlich keinerlei Anreiz, sich gegenseitig zu betrügen, während reziproke Altruisten ständig Gefahr laufen, in die destruktive Falle des Gefangenendilemmas zu geraten (vgl. Axelrod/Hamilton 1981). Dieses entsteht, wenn zwei Partner zwar durch Kooperation gewinnen könnten, aber jeder der beiden persönlich noch mehr gewinnt, wenn er den anderen betrügt. Ein einfaches Beispiel: Ein Obstbauer (A), dessen Äpfel eine Woche später reifen als die seines Nachbarn (B), könnte B bei der Ernte helfen und so dessen Gewinn vermehren. Das zahlt sich auch für A aus, wenn B bereit ist, sich eine Woche später zu revanchieren, denn zwei Bauern ernten mehr Äpfel als einer. Aber warum sollte B, wenn seine Ernte erst einmal eingefahren ist, für A arbeiten?

Obwohl bei nüchterner Betrachtung Zusammenarbeit die beste Lösung für das Problem darstellt, weil beide Beteiligten davon profitieren, entsteht in solchen Situationen Kooperation keineswegs spontan, sondern sie bedarf eines besonderen Vertrauensverhältnisses zwischen den Beteiligten. Außerdem müssen diese davon ausgehen können, dass das Kooperationsspiel weitere Runden kennt. Mutualisten hingegen kennen diese Probleme nicht. Wer nicht kooperiert, macht in jedem Fall Minus.

Reziproke Altruisten laufen ständig Gefahr, ausgebeutet zu werden, sei es, weil sich aus welchen Gründen auch immer zu selten Gelegenheiten zur Reziprozität ergeben, oder sei es, weil einige Betrüger es geradezu darauf anlegen, dem Altruisten die Rückzahlung zu verwehren. In Anbetracht der latenten Gefahr der Einseitigkeit wird reziproker Altruismus umso wahrscheinlicher entstehen, je häufiger und regelmäßiger vertraute Partner auf einander treffen (also bei wenig Migration) und je schwieriger und kostspieliger es für potenzielle Betrüger wird, zwar den Nutzen der Altruisten für sich in Anspruch zu nehmen, sich aber selbst nicht altruistisch zu verhalten.

In dem gleichen Maße, wie die natürliche Selektion reziprok-altruistische Tendenzen belohnt, wird sie deshalb dazu parallel und ganz zwangsläufig die Entwicklung protektiver Mechanismen zum bestmöglichen Schutz gegen Ausbeutung fördern. Deshalb entsteht ein Selektionsdruck im Hinblick auf ein möglichst frühzeitiges und sicheres Erkennen von betrügerischen Regelbrechern. Tatsächlich konnten Cosmides und Tooby (1992) mithilfe kognitionspsychologischer Experimente sehr eindrucksvoll nachweisen, dass unser Wahrnehmungs-, Erkenntnis- und Denkapparat ganz speziell dazu eingerichtet ist, soziale Einseitigkeiten aufzuspüren. Menschliche Intelligenz ist primär soziale Intelligenz, und deshalb fällt es uns deutlich leichter, Abweichungen von sozialen Regeln als Regelverletzungen zu erkennen als logisch gleichartige Abweichungen von Regeln, die keinen sozialen Bezug aufweisen. Kurz: Betrüger zu entlarven, gelingt uns leichter, als logisch zu denken. All das Gesagte funktioniert offensichtlich, ohne dass kulturelle Variabilität auf die kognitiven Module für sozialen Austausch einen differenzierenden Einfluss hätte. Ob US-amerikanische College-Studierende (die häufigsten Probanden der Evolutionspsychologie) oder tropische Jäger und Sammlerinnen (die begehrtesten Probanden der Evolutionspsychologie): Reziprozität wird überwacht und ständig bilanziert, und Abweichler sind einem entsprechenden sozialen Druck ausgesetzt (vgl. Gurven im Druck, Sugiyama et al. 2002).

Nepotistischer Altruismus
Damit ist die Inkaufnahme persönlicher Nachteile zu Gunsten von Verwandten gemeint. Als verantwortlicher Selektionsmechanismus gilt die Verwandtenselektion (vgl. Voland 2000). Nach diesem Konzept entsteht Solidarität umso wahrscheinlicher, je genetisch enger Altruist und Rezipient miteinander verwandt sind. Der entscheidende Unterschied zwischen Nepotismus und Reziprozität besteht in der Art der Entlohnung für den Altruisten. Während nepotistische Transaktionen eingleisig verlaufen und den indirekten Fitnessanteil erhöhen, kommt der durch Reziprozität erzielte Fitnessgewinn erst durch das spätere Verhalten eines (verwandten oder nichtverwandten) Interaktionspartners zustande. Ausfluss dieses Prinzips ist beispielsweise das, was man „Familiensolidarität" nennt – häufig emotional stark besetzt und ohne große Worte intuitiv gelebt.

Genetischer Altruismus
Der Vollständigkeit halber sei erwähnt, dass Kooperationsstrategien ohne persönliche Gewinnaussicht, die also zu dauerhaft eigenen Lasten ausschließlich das Wohl der Kooperationspartner befördern, ohne Verwandtschaft, Erwiderungswahrscheinlichkeit und Prestigeakkumulation ins Kalkül zu ziehen, evolutionär nicht stabil sein können. Die menschliche Psyche ist nicht zu genetischer Selbstaufgabe, wenn man so will zu „wahrem Altruismus" eingerichtet, wenngleich es geschickten Demagogen immer mal wieder gelingt, Dritte im Interesse eines großen Ziels zur Selbstaufgabe zu bewegen. Auch aus dem Tierreich sind keine „wahrhaft altruistischen" Verhaltensstrategien bekannt. Was man früher als Investition in das Art- oder Gruppenwohl interpretiert hatte (z.B. Warnrufe oder rituell abgebremste Rivalenkämpfe), lässt sich aus heutiger Sicht widerspruchsfrei aus der soziobiologischen Perspektive des „egoistischen Gens" erklären.

Prestigeakkumulation
Altruistische Attitüden und Verhaltensweisen wie Generosität, Großherzigkeit, Abgeben und Teilen haben diejenigen, die es sich leisten können, immer schon strategisch zur Steigerung ihrer sozialen Anerkennung eingesetzt. Verantwort-

lich für diesen Zusammenhang ist das so genannte „Handicap-Prinzip" (vgl. Boone 1998, Uhl/Voland 2002, Voland im Druck, Zahavi/Zahavi 1998). Es basiert auf dem Anreiz, ansonsten verborgene Eigenschaften (wie Vitalität, Macht, Reichtum) auf der Bühne der sozialen Konkurrenz fälschungssicher anzeigen zu können und so von einem wählerischen Publikum als Sexual- oder Sozialpartner anerkannt zu werden. Ehrlichkeit wird dabei über teure Signale bewiesen. Die Logik ist trivial: Nur wer sich etwas leistet, zeigt unmissverständlich, dass er es sich tatsächlich leisten kann. Als Paradebeispiel für die Evolution teurer Signale gilt das Prachtgefieder des Pfauen-Hahns. Es ist zu nichts anderem nutze, als im Zuge der Partnerwahl die wählenden Hennen über das Vorhandensein verborgener Qualitäten („guter Gene") zu informieren. Je prächtiger das Gefieder, desto gesünder die Hähne, desto gesünder seine Nachkommen. Weniger fitte Männchen können in dem Wettbewerb um die attraktiven Schaumerkmale einfach nicht mithalten. Betrug ausgeschlossen.

Die Verwendung teurer Signale zur Veröffentlichung verborgener Qualitäten ist eine biologisch sehr alte Kommunikationsform, deren Funktionslogik um die Kosten/Nutzen-Bilanz aufwendiger Verschwendung kreist. Was aber aus der Sicht des Signalgebers Verschwendung ist, kann für die Empfänger entweder nutzlos sein oder ausgesprochen nützlich. Die Kosten sind für den Signalgeber gleich hoch, unabhängig davon, ob die Empfänger materiellen Nutzen aus seinem Signal ziehen oder nicht. Im Tierreich scheint es so zu sein, dass die meisten Handicaps nur Information transportieren, also keine altruistische Komponente enthalten. Aus dem Pfauenschwanz ziehen die wählenden Hennen außer Information über die Fitness des Hahns keinen unmittelbaren Gewinn. Beim Menschen hingegen enthalten die Handicaps neben ihrer Information über verborgene Eigenschaften möglicherweise auch materiellen Nutzen für andere, also eine altruistische Komponente.

Großzügigkeit ist sowohl ein Zeichen für die materielle Situation des Spenders als auch von Nutzen für den Empfänger. Und genau aus diesem Unterschied konstituiert sich Moral. Was in der Lebensbilanz des Pfaus (und aller anderen subhumanen Exekutoren des Handicap-Prinzips) als Investition in ein teures Signal verbucht wird, taucht nirgendwo anderes als Einnahme auf. Bei moralfähigen Lebewesen wie uns Menschen hingegen steht zwar ebenso die Investition in ein teures Signal auf der Seite der Ausgaben, zugleich aber auch auf der Einnahmeseite in der Bilanz der Altruismusempfänger. Wer beispielweise öffentlich wahrnehmbar an UNICEF spendet, erntet Reputation (vgl. Milinski et al. 2002), die er an anderer Stelle gegen handfeste Vorteile in der sexuellen oder sozialen Konkurrenz eintauschen kann. Die typisch menschliche Fähigkeit zur Solidarität wäre danach evolutionäres Produkt von „Angebern", die es sich leisten konnten, im Zuge der Demonstration ihrer verborgenen Eigenschaften anderen Gutes zu tun. In der viel gebrauchten Empfehlung „Tue Gutes und rede drüber" steckt demnach eine ganz gehörige Portion evolutionärer Weisheit.

Evolutionäre Solidaritätsstrategien in der Moderne

Solange der Traum vom neuen (und besseren) Menschen pädagogische Vision bleiben muss, ist es der alte Adam mit seiner im Kern archaischen Verhaltenssteuerung, der die Geschichte vorantreibt, gleichwohl in sie hineingeworfen und ihren ökonomischen und sozialen Turbulenzen ausgesetzt ist. Wenn „Steinzeithirne", die evolutionär in Anpassung an die ökologischen und sozialen Strukturen überschaubarer face-to-face Gesellschaften entstanden sind, sich auf den Weg in die Weltgesellschaft machen, muss das zu anachronistischen Verwerfungen einschließlich kognitiver und emotionaler Dissonanzen führen. Zeugnisse derartiger Problemlagen liefern Nachrichten aus vielen Teilen der Welt (Europa nicht ausgenommen): Archaisches in-group/out-group Denken, das eine neutrale Begegnung zwischen Menschen kaum zulässt, weil die Welt in Freund und Feind aufgeteilt ist, gehört zweifellos zu jenen stammesgeschichtlichen Angepasstheiten, die eine auf multi-ethnische Integration setzende Zukunftsgestaltung behindern. Beobachter des Globalisierungsprozesses fürchten, dass das Konfliktpotenzial, das entsteht, wenn Menschen mit im Kern denselben nepotistischen und ethnozentrischen Moralen aufeinandertreffen, unkontrolliert zu eskalieren droht und auf dem Weg zur Weltgesellschaft mehr Brände entfacht als Solidaritätsimpulse zu verhindern vermag. Keine Frage: Stammesgeschichtliche Angepasstheiten haben auch ein sozial destruktives Potenzial.

Gleichwohl hat auch Kooperationsfähigkeit ihre stammesgeschichtlichen Wurzeln, wovon obige Zusammenschau Zeugnis ablegen sollte. Die Frage ist, inwieweit die evolutionäre Funktionslogik kooperativen Verhaltens auch in der modernen Welt zu entsprechendem Verhalten führt. Wie weit reichen die evolutionären Wege zur Solidarität in die Moderne?

Die Antwort muss differenziert ausfallen, denn die in Tabelle 1 genannten Quellen für kooperatives Verhalten sind nur zum Teil „globalisierungsdienlich", weil ihre Bedingungen kontextspezifisch gebunden sind. *Nepotistischer Altruismus* wirkt nur innerfamiliär, weil er auf gemeinsame genealogische Abstammung der Beteiligten angewiesen ist. Vermutlich ist Nepotismus zwar die nach Alter und Umfang bedeutsamste Quelle für Solidarität, bleibt aber auf den verwandtschaftlichen Nahbereich beschränkt. Zwar mögen weltliche und religiöse Ideologen die Verwandtschaftssemantik für ihre Ziele ausnützen wollen und von „heiligen Vätern", „Brüdern und Schwestern", „Mutter Erde" usw. reden, aber eine verlässliche Basis zur Ausweitung von Sympathiezirkeln sind diese Sprachspiele sicherlich nicht.

Wer *Reziprozität* etablieren will, muss zunächst der Falle des Gefangenendilemmas entgehen. Dies gelingt, wenn die Interaktionspartner eine lang genug während Interaktionsgeschichte durchlebt haben, in der sich gegenseitiges Vertrauen herausbilden konnte. Anthropologische Felduntersuchungen zeigen zunehmend, dass selbst in naturnahen Gesellschaften mit obligater Nahrungsteilung Reziprozität keinen oder nur einen sehr kleinen Teil des Tauschverhaltens erklären kann (vgl. Alvard/Nolin 2002, Hawkes/Bliege Bird 2002). Trotz der theoretischen Stärke dieses Konzepts und seiner intuitiven Plausibilität ist Reziprozität offensichtlich eine nicht leicht zu etablierende Strategie, weil die notwendigen Voraussetzungen (wiederkehrende Kooperationsprobleme zwischen vertrauten Partnern) sich nur selten ergeben. Wo sie aber gegeben sind, können sie robuste Sozialsysteme begründen (vgl. Gurven im Druck, Hill 2002). Angesichts zunehmender Mobilität mit z.T. nur flüchtigen sozialen Begegnungen hat Reziprozität deshalb wohl keine Chance, zur tragenden Säule einer weltumspannenden Solidarität zu werden.

Karitative Spendenaktionen belegen immer wieder sehr anschaulich, wie der psychische Anreiz zur *Prestigevermehrung* als Motor solidarischen Verhaltens ausgenutzt werden kann. Wie kraftvoll dieser Motor möglicherweise sein könnte, ist allerdings beim derzeitigen Forschungsstand noch nicht seriös abzuschätzen. Ein Problem besteht beispielsweise darin, dass Prestigevermehrung ein kognitiv egozentrisches Unternehmen ist und deshalb die Problemsituationen seitens der Nutznießer der Solidarität kaum in den Blick geraten. Weil aber andererseits Prestige in sehr vielen sozialen Transaktionen eine entscheidende Rolle spielt und von daher ein sozial knappes Gut darstellt, sehen Milinski et al.

(2001) in der Prestigeökonomie einen vielversprechenden Ansatz zur Lösung Solidarität erfordernder sozialer Probleme, einschließlich des Allmendeproblems.

Das größte Potenzial, Kooperation zu etablieren, hat zweifellos der *Mutualismus*. Wenn als einzige Voraussetzung erfüllt ist, dass alle Beteiligten aus ihrer Kooperation Gewinn ziehen, fallen Eigennutz und Solidarität motivational aufeinander. Freilich findet diese Strategie auch ihre strukturellen Grenzen. Eine ökonomische und eine psychologische seien kurz erläutert: Mutualismus ist ökonomisch attraktiv, wenn der persönliche Vorteil (V) jedes Partners der kooperierenden Gruppe von der Größe N den Vorteil einer solitären Aktion übersteigt. Solange die Ungleichung $V_N > V_1$ gilt, entstehen keine Interessenskonflikte. Wenn jedoch die Mitgliederzahl einer kooperativen Gruppe eine gewisse Größe übersteigt, kann unter Umständen die Relation kippen zu $V_1 > V_N$. Der persönliche Vorteil aus einem kooperativen Unternehmen ist geringer als der aus einer Solitäraktion. Zur Verdeutlichung: Wenn sehr viele Jäger einen Hirsch erlegen, bleibt für jeden weniger Beute übrig, als wenn jeder einzeln auf Hasenjagd gegangen wäre. Deshalb neigen gut funktionierende Kooperationsgruppen dazu, keine weiteren Mitglieder aufzunehmen.

Darüber hinaus wird eine psychologische Grenze des Mutualismus aus Ergebnissen der experimentellen Ökonomik sichtbar: Die so genannten „Ultimatum-Spiele" verdeutlichen, dass Menschen über eine gewisse Intuition von Fairness verfügen, die nicht strikt der Vorstellung vom unkonditional den Eigennutz maximierenden homo oeconomicus entspricht (vgl. Henrich et al. 2001). Konkret bedeutet dies, dass bei der Verteilung der Kooperationsgewinne keine große Asymmetrie entstehen darf, wenn Mutualismus als Strategie akzeptiert werden soll. Gewinnverteilungen, bei denen der eine Kooperationspartner einen als unfair groß angesehen Anteil an den erwirtschafteten Überschüssen für sich behält, während der Partner sich mit verbleibenden „Brosamen" zufrieden geben soll, werden auf Dauer nicht stabil sein können, weil in diesen Fällen evolvierte psychische Intuitionen verletzt werden.

Fortschritt durch Tugend oder Eigennutz?

Das Ergebnis dieser Überlegungen, nämlich dass in den genannten Grenzen der im Kern eigennützige Mutualismus der geeignetste Kandidat ist, Solidarität zu etablieren, ist sicherlich alles andere als spektakulär. Es wäre auch kaum mitteilenswert, führte es nicht einen bemerkenswerten und diskussionswürdigen Aspekt im Schlepptau. Solidarität im Modus Mutualismus ist nämlich ausgesprochen billig zu haben, und dies aus mindestens zwei Gründen. Zum einen erzwingt Mutualismus keineswegs die Aufgabe oder Überwindung einer strukturellen Konkurrenzsituation zwischen den Beteiligten. Win-win-Situationen sind auch unter ansonsten schärfsten Konkurrenten denkbar. Glaubt man Jansen (2000), finden circa 50 Prozent der strategischen Kooperationen der Top 2000 Unternehmen in den USA unter Wettbewerbern statt. VW und Ford kooperierten bei der Entwicklung und der Vorbereitung von Märkten für einen Van, um sich hinterher als Konkurrenten auf dem Automarkt zu begegnen. Kurz: Als Strategie passt Mutualismus durchaus in unsere Welt mit ökonomischer Konkurrenz und ihrem Motor des evolvierten Eigennutzes und bedarf von daher keiner besonderen Implementierungsanstrengungen.

Zweitens ist Mutualismus billig zu haben, weil er keiner moralischen Aufladung bedarf. Eine Moralerziehung mit Anspruch auf Wertewandel, mit der Vertreter einer moralisierenden Entwicklungspädagogik Haltungen produzieren wollen, die letztlich auf persönlichen Verzicht abstellen, müssen gar nicht erst bemüht werden. Weil Mutualismus das Eigen- mit dem Gemeinwohl verknüpft, kann eine entsprechende Entwicklungspädagogik ganz ohne moralisierende Kommunikation auskommen (vgl. Scheunpflug/Schmidt 2002). Es bedarf keiner Sympathie füreinander, nicht einmal persönlicher Bekanntschaft. Es bedarf keiner über die unmittelbare Gewinnerwartung hinausgehender Interessen, keiner Gleichheit in Mentalität und Moral. Es reicht ein aufgeklärtes Eigeninteresse, für dessen Pflege ich plädiere. Dieser Vorschlag kann philosophisch nicht überraschen, denn bekanntlich wusste bereits Adam Smith, dass Fortschritt nicht das Ergebnis von Tugend ist, sondern aus der Verfolgung von Einzelinteressen resultiert. Recht hatte er, und dank der modernen Soziobiologie wissen wir auch warum!

Die Globalisierung mit kulturellen Strategien möglichst schadensfrei bewerkstelligen zu wollen, kann deshalb nicht bedeuten, einmal mehr der Jahrtausende alten pädagogischen Vision folgend, den unzulänglichen Alltags-Menschen hinter sich lassen zu wollen. Im Gegenteil: Die Meisterung der Globalisierung wird umso wahrscheinlicher gelingen, je mehr der biologisch evolvierte, genetisch aber steinzeitlich gebliebene Homo sapiens ins Kalkül genommen wird und je aufgeklärter und phantasievoller die konstruktiven Möglichkeiten seiner evolvierten Interessen genutzt werden. Diese kreisen als Folge des Darwinischen Prinzips und deshalb naturnotwendig um Eigennutz. Von daher scheint es aussichtsreicher, wenn Solidarität gelebt werden soll, auf ihre verlässlichste Quelle, den Eigennutz, zu setzen anstatt auf eine „wahrhafte" Selbstlosigkeit – moralisch zwar ambitioniert, aber ohne tragfähiges anthropologisches Fundament.

Literatur

Alvard, M. S./Nolin, D. A. (2002): Rousseau's whale hunt? Coordination among big-game hunters. In: Current Anthropology 43 (2002), pp. 533-559.

Axelrod, R./Hamilton, W. D. (1981): The Evolution of Cooperation. In: Nature 211 (1981), pp. 1390-1396.

Barkow, J. H./Cosmides, L./Tooby, J. (eds.) (1992): The Adapted Mind – Evolutionary Psychology and the Generation of Culture. New York/Oxford.

Barrett, L./Dunbar, R./Lycett, J. (2002): Human Evolutionary Psychology. Basingstoke/New York.

Bayertz, K. (Hg.) (1998): Solidarität – Begriff und Problem. Frankfurt a. M.

Boone, J. L. (1998): The evolution of magnanimity – When is it better to give than to receive? In: Human Nature 9 (1998), pp. 1-21.

Buss, D. M. (1999): Evolutionary Psychology – The New Science of the Mind. Boston.

Cosmides, L./Tooby, J. (1992): Cognitive adaptations for social exchange. In: Barkow et. al. 1992, a.a.O., pp. 163-228.

Gurven, M.: To give and to give not: The behavioral ecology of human food transfers. Behavioral and Brain Sciences (im Druck).

Hawkes, K./Bliege Bird, R. (2002): Showing off, handicap signaling, and the evolution of men's work. In: Evolutionary Anthropology 11 (2002), pp. 58-67.

Henrich, J./Boyd, R./Bowels, S. et al. (2001): In search of Homo economicus: Behavioral experiments in 15 small-scale societies. In: Papers and Proceedings of the American Economic Asociation 91 (2001), pp. 73-78.

Hill, K. (2002): Altruistic cooperation during foraging by the Ache, and the evolved human predisposition to cooperate. In: Human Nature 13 (2002), pp. 105-128.

Jansen, S. A. (2000): Konkurrenz der Konkurrenz! – Co-opetition: Die Form der Konkurrenz – Typen, Funktionen und Voraussetzungen von paradoxen Koordinationsformen. In: Jansen, S. A./Schleissing, S. (Hg.): Konkurrenz und Kooperation – Interdisziplinäre Zugänge zur Theorie der Co-optition. Marburg, S. 13-63.

Milinski, M./Semmann, D./Krambeck, H.-J. (2001): Reputation helps solve the 'tragedy of the commons'. In: Nature 415 (2001), pp. 424-426.

Milinski, M./Semmann, D./Krambeck, H.-J. (2002): Donors to charity gain both indirect reciprocity and political reputation. Proceedings of the Royal Society London B (online publ.).

Scheunpflug, A./Schmidt, C. (2002): Auf den Spuren eines evolutionstheoretischen Ansatzes in der Erziehungswissenschaft und dessen Anregungen für eine Bildung für nachhaltige Entwicklung. In: Beyer, A. (Hg.): Fit für Nachhaltigkeit? Biologisch-anthropologische Grundlagen einer Bildung für nachhaltige Entwicklung. Opladen, S. 123-140.

Sugiyama, L. S./Tooby, J./Cosmides, L. (2002): Cross-cultural evidence of cognitive adaptations for social exchange among the Shiwar of Ecuadorian Amazonia. In: Proceedings of the National Academy of Science 99 (2002), pp. 11537-11542.

Uhl, M./Voland, E. (2002): Angeber haben mehr vom Leben. Heidelberg/Berlin.

Vogel, C. (1992): Der wahre Egoist kooperiert – Ethische Probleme im Bereich von Evolutionsbiologie, Verhaltensforschung und Soziobiologie. In: Ebbinghaus, H.-D./Vollmer, G. (Hg.): Denken unterwegs – Fünfzehn metawissenschaftliche Exkursionen. Stuttgart, S. 169–182.

Voland, E. (1998).: Die Natur der Solidarität. In: Bayertz 1998, a.a.O., S. 297-318.

Voland, E. (2000): Grundriss der Soziobiologie. 2. Aufl. Heidelberg/Berlin.

Voland, E.: Normentreue zwischen Reziprozität und Prestige-Ökonomie. Soziobiologische Interpretationen kostspieliger sozialer Konformität. In: Homann, G./Vollmer, G./Lütge, C. (Hg.): Fakten statt Normen? – Grundzüge einer naturalistischen Ethik. Berlin (im Druck).

Voland, E./Voland, R. (1999): Die Evolution des Gewissens – Oder: Wem nützt das Gute? In: Neumann, D./ Schöppe, A./Treml, A. K. (Hg.): Die Natur der Moral – Evolutionäre Ethik und Erziehung. Stuttgart/Leipzig, S. 195-209.

Zahavi, A./Zahavi, A. (1998): Signale der Verständigung. Frankfurt a.M.

Karl Ernst Nipkow
Universalistische Ethik in einer pluralistischen Welt
Zu den ethischen Grundlagen weltbürgerlicher Bildung

Zur Präzisierung des Themas und zur verwendeten Begrifflichkeit sei mit einem breiteren Bezugsrahmen begonnen. Die Diskussion zu „globaler Gerechtigkeit", „globalem Lernen" und „weltbürgerlicher Bildung" formuliert Erwartungen und Wünsche, die eine Analyse der Voraussetzungen brauchen, um sie zu verwirklichen. Sonst baut man Luftschlösser. Ethik ist nur eine Dimension.

Auf mehreren Ebenen sind bereits Mittel und Wege entwickelt worden, um weiterzukommen. Ihr gemeinsamer Bezugspunkt besteht in der grenzüberschreitenden Ausweitung einer Programmatik, die historisch bislang entweder gar nicht oder nur eingegrenzt angegangen worden ist, als „nationale" Erziehung, nicht als „transnationale" oder „internationale", als „bürgerliche" oder „staatsbürgerliche", nicht als „weltbürgerliche", als Suche nach binnengesellschaftlicher Gerechtigkeit, nicht als Ringen um globale Gerechtigkeit.

1 Die institutionelle Ebene

In geschichtlicher Perspektive hat das 20. Jahrhundert den Blick erweitert. Es gab zwei „Weltkriege". In sie waren Nationen mehrerer Kontinente gleichzeitig verwickelt; dies unterschied sie von Kolonialkriegen. Als Reaktion auf sie bildeten sich erstens transnationale bzw. internationale Institutionen wie der Völkerbund und die Vereinten Nationen. Ferner sind weltweit operierende Nicht-Regierungsorganisationen entstanden wie amnesty international, Greenpeace, attac. Sie werden von breiteren so genannten *„neuen sozialen Bewegungen"* getragen. Funktion und Relevanz der Nicht-Regierungs-Organisationen sind ein bedeutender Forschungsgegenstand politologischer Forschung.

Flankierend sei die Rolle von *Religionsgemeinschaften* genannt. Jüdisch-christliche Gerechtigkeits- und Friedenstraditionen bilden zwar nur eine schmale historische Spur, aber sie existieren. Sie gehen auf den Schrei der Beter nach Gerechtigkeit in den Psalmen und bei den Propheten, die Verheißung eines messianischen Friedensreiches und die Seligpreisungen Jesu zurück. Am Anfang des

Amos-Buches findet sich bereits eine Ausweitung elementarer, das schiere Überleben der umliegenden Fremdvölker sicherstellender Rechtsgrundsätze im Namen Gottes, die nach dem jüdischen Erziehungswissenschaftler Micha Brumlik (1999) eine erste „Begründung der Menschenrechte" darstellen. Insgesamt galt im biblischen Monotheismus, „dass Fremde fähig sind, den Bund mit Gott einzugehen" (Kristeva 1990, 73). Gott galt als der Schöpfer des Universums, daher hat die Bibel eine universale Tendenz.

Unter dem Schock des 30jährigen Krieges hat im 17. Jahrhundert der letzte Bischof der Böhmischen Brüder-Unität, Johann Amos Comenius, seiner Zeit weit vorauseilend, Weltinstitutionen gefordert, einen Weltbildungssenat (vgl. UNESCO), einen Weltgerichtshof zur Sicherung des internationalen Friedens (vgl. Haager Gerichtshof, Internationaler Strafgerichtshof) und ein Weltkonsistorium zur Aussöhnung der Religionen (vgl. den Ökumenischen Rat der Kirchen). Comenius war der erste weltweit denkende europäische evangelische Friedenstheologe. Seine Vision leuchtet in der Aussage seines Spätwerks über „Das einzig Notwendige" („Unum necessarium", 1668) auf: „Wir sitzen alle in dem großen Welttheater. Was gespielt wird, geht uns alle an ... Die ganze Menschheit ist ein Stamm, ein Geschlecht, eine Familie, ein Haus."

Zur Ebene der Institutionalisierung von Mitteln und Wegen ist auch die Etablierung von schulischen und außerschulischen Bildungsprogrammen zu rechnen. Ich nenne „entwicklungspädagogische" Ansätze, Curricula für „interkulturelles", „ökumenisches", „interreligiöses" Lernen und Formen einer „Menschenrechtserziehung und -bildung" (vgl. Zeitschrift für internationale Bildungsforschung und Entwicklungspädagogik 4/2002).

Die auf die Antike zurückgehenden humanistischen Traditionen waren in der „allen Menschen gemeinsamen Vernunft begründet"; die „Zuneigung" (Liebe) galt allen: caritas generis humanis (Cicero). Getrennte Städte sollten in einer Megapolis aufgehen, und man riet Alexander dem Großen, Barbaren und Griechen gleich zu behandeln. In der Stoa verdeckte dies Ideal des *Kosmopolitismus* allerdings die subtile Grenze, die man elitär zwischen sich selbst und jenen zog, die nicht zu jener Vernünftigkeit bzw. Geistigkeit gelangen konnten (vgl. Kristeva 1990).

2 Die rechtliche Ebene

Internationales Recht ist zwischenstaatliches Recht, Menschen- und Grundrechte sind Individualrechte. Sie alle transzendieren Grenzziehungen auf Grund ihres universalisierenden Gefälles. Hugo Grotius (De jure belli ac pacis, 1625) begründete internationales Recht im Naturrecht und damit letztlich in Gott als dem „Urheber (Schöpfer) der Natur". Menschen- und Grundrechte fußen heute mit verwandten Letztbegründungen wesentlich im Begriff der „Menschenwürde".

Wir sind Zeugen einerseits der Bedeutung dieser Rechtsschöpfungen für die internationale Gewissensschärfung mit konkreten Konsequenzen (Ruanda-Tribunal, Jugoslawien-Tribunal), aber anderseits auch der permanenten Verletzung des Völkerrechts. Dennoch: Es sind Maßstäbe ins allgemeine Bewusstsein gedrungen, deren Missachtung vor einem immer breiteren Teil der Weltöffentlichkeit nicht unbemerkt und ohne moralische Missbilligung bleibt. Damit erreichen wir die ethische Ebene.

3 Die ethische Ebene

3.1 Ethik der Menschenrechte

Sie bildet einen ersten, allerdings uneinheitlichen Typus. Vertreter der so genannten *„asian values"* und *islamistische* Menschenrechtskonzepte wenden ein, dass die Menschenrechte der UNO-Charta von 1948 *„westlich"* seien. Gegenüber dem unterstellten Individualismus individueller Freiheitsrechte betont man in Asien Gemeinschaftswerte, im Islam soziale Menschenrechte. Die Schaffung sozialer Gerechtigkeit sei vordringlicher als individuelle Abwehrrechte wie Meinungs- oder Pressefreiheit, selbst Religionsfreiheit.

Der Einwand eines westlichen Bias setzt Genesis und Geltung kurzschlüssig in eins. Der Umstand der Entstehung der Menschenrechte und Menschenrechtsethik im Kulturraum westlicher Demokratien erlaubt noch nicht, ihre universale Gültigkeit allein deswegen zu verneinen. Sofern Freiheitsrechte in einer allen Menschen zukommenden Menschenwürde gründen, die die freie Entfaltung jeder Person denknotwendig einschließt, erfüllt eine Menschenrechtsethik die Grundbedingung einer universalistischen Ethik, die Verallgemeinerbarkeit des

Postulats. Richtig ist die ebenso aus dem Grundwert der Menschenwürde abzuleitende Verpflichtung, für die globale Wahrnehmung individueller Freiheitsrechte global sozial gerechte Lebensverhältnisse zu schaffen. Hieraus erwächst die Forderung einer „ethischen Globalisierung" in der Weltwirtschaft und Weltpolitik – aber nicht auf Kosten einer prinzipiellen Schwächung oder gar Aufopferung von Freiheitsrechten. Muslimische Politologen wie Bassam Tibi (1996) halten darum eine auf der religiösen Rechtsprechung der Scharia beruhende Integration von Staat und Religion mit den westlichen Menschenrechten für unvereinbar und plädieren für einen kompatiblen so genannten Euro-Islam.

Pädagogisch halte ich eine Rechtserziehung auf der Basis der Menschenrechte für einen unerlässlichen ersten, universal begründbaren Aspekt *globalen Lernens*. Er ist eine conditio sine qua non, eine notwendige, keineswegs eine hinreichende Bedingung. Er zielt auf institutioneller Ebene auf einen freiheitlichen, demokratischen säkularen Rechtsstaat und damit auf eine Erziehung zur Demokratie. Außerdem sind Nicht-Regierungsorganisationen ebenso wie globales Lernen als bewusstseinbildendes und informelles, handlungsorientiertes Lernen zu stärken.

3.2 Deduktive universale Gerechtigkeitsethik

Die berühmt gewordene „Theory of Justice" (1971, dt. 1979) von John Rawls ist das Beispiel für einen zweiten Typus einer universalistischen Ethik. Sie macht die für manche vielleicht etwas verwirrende Unterscheidung zwischen Ethiken des „Guten" und des „Rechten". Die ersten werden bestimmten Kulturen, Religionen, Weltbildern zugeordnet, sind mithin kulturabhängig und damit zunächst noch nicht von sich aus universal. Wir kommen auf sie unter dem Terminus „induktiver" Ansätze zurück. Sie fassen die in kulturellen oder religiösen „Lebensformen" (Wittgenstein) geschichtlich kontingent entstandenen moralischethischen Wertgefüge zusammen.

Nach Rawls müssen demgegenüber Ethiken, die eine Universalität ihrer Wertüberzeugungen beanspruchen, Kants „Prinzip" der logischen Verallgemeinerbarkeit genügen („Kategorischer Imperativ"). Nur dann schließt eine Ethik in einem unbedingt verpflichtenden Sinne ausnahmslos alle Menschen ein. Ein „reales Prinzip", so erläutert F. W. J. Schelling in seiner „Geschichte der neueren Philosophie" (1827, 98f.) anschaulich, nötigt einen Menschen, „gleichsam wie eine universelle Schwerkraft" zu denken, nämlich so nach dem „Gesetz" von Ursache und Wirkung zu urteilen wie diese Schwerkraft den Körper bestimmt sich zu bewegen. Kant spricht analog vom „Sittengesetz". Während mit dieser Bezeichnung die zwingende selbstverpflichtende *Kraft* des moralischen Geltungsanspruchs beschrieben wird, ist für ein „Prinzip" nach Kant ferner kennzeichnend, dass es im Menschen *unabhängig* von Wünschen, Neigungen und Vorstellungen seinen Anspruch denknotwendig a priori reklamiert. Es wird dem Denken und Wollen als eine „unabhängige und diesem vorausgehende Notwendigkeit auferlegt" (Schelling 1827, 98). Man bezeichnet dies philosophisch als „transzendentale" Begründung. Sie ist mit einer „transzendenten" im Sinne einer religiösen oder metaphysischen nicht zu verwechseln. Rawls spricht von einer „freestanding philosophical foundation" der Gerechtigkeit (zit. n. Apel 1999, 55). Sie richtet sich auf die denknotwendige ‚Bedingung der Möglichkeit von' etwas und wird allein von der im Feld der Moral angenommenen sittlichen Vernunftlogik abgeleitet – ein deduktives Verfahren. In diesem Sinne haben alle Menschen ein „Recht" auf Gerechtigkeit als grundsätzlich gleiche menschenwürdige Lebenschancen.

3.3 Induktiv-empirische Ansätze eines universalen Ethos und Mischformen

Dieser dritte Typus erkennt zu Recht die mögliche Kurzsichtigkeit des zweiten Typus darin, dass eine Prüfung der Verallgemeinerbarkeit unter denknotwendigen sittlichen Prinzipien geschichtlich vorhandene, in der jeweiligen Zeit gegebene Ethiken des „Guten" voraussetzt. Auch Kant, so Otfried Höffe (1979), setze nicht die Sittlichkeit von sich her, sondern unterwerfe überkommene ethische Traditionen einer universalistischen Prüfung. Vorhandene Sittlichkeit ist in Kulturen und Religionen in Form eines „Ethos" anzutreffen (z.B. eines konfuzianischen oder christlichen). In der Antike ging Aristoteles von einem Ensemble von „Tugenden" aus. Heute werden Tugendethiken (Alasdair MacIntyre) und andere „kommunitaristische" Ethosentwürfe (Charles Taylor, Michael Walzer) erneuert, weil Werte wie Gemeinsinn und Solidarität verfallen.

Die universale Allgemeingültigkeit vorfindbarer Moral ist zunächst noch nicht erwiesen. Real existierende „Sittlichkeit" ist deshalb zusammen mit ihren moralphilosophischen Umschreibungen nach Höffe, Apel und anderen Kant folgenden Philosophen kraft universalistisch-orientierter „Reflexion" auf ihre

„Verallgemeinerbarkeit" zu prüfen. Das eine nicht ohne das andere, Sittlichkeit nicht ohne Reflexion, aber umgekehrt Reflexion auch nicht ohne sittliche Überlieferungen und gelebtes Ethos. Höffe verbindet dementsprechend Kant mit der aristotelischen wie auch der utilitaristischen Tradition (vgl. zum Ganzen möglicher moralphilosophischer Ansätze Nipkow 1998).

Der ‚reine' dritte Typus geht von vornherein induktiv, d.h. etwa empirisch-komparativ vor, indem er „gemeinsame" universal gemeinte ethische Forderungen, die das für alle Menschen notwendige verpflichtende „Gute" betreffen, generalisierend bündelt und argumentativ ‚begründet'. Die Anführungsstriche sollen andeuten, dass bei einer einseitig induktiven Generalisierung von einer universalistischen Begründung im oben beschriebenen Sinne nicht gesprochen werden kann. Gleichwohl erhofft man sich mit Recht schon dann einen moralischen Fortschritt in Richtung globaler Verständigung, wenn überhaupt weltweit gewisse gemeinsame ethische Überzeugungen festgestellt und gestärkt werden können. Das ist sicher richtig und pädagogisch fruchtbar zu machen.

Hans Küng hat in diesem Sinne ein „*Weltethos*" identifiziert, das zwar von einer universalisierenden Tendenz beseelt ist, aber nicht einen philosophisch strengen universalistischen Anspruch erheben will. In der von Küng inspirierten „Erklärung zum Weltethos" des Parlaments der Weltreligionen 1993 in Chicago (Küng/Kuschel 1993) und in zahlreichen weltweiten Aktivitäten hat sich der Ansatz inzwischen institutionell niedergeschlagen, auch in Unterrichtsprojekten (Lähnemann/Haussmann 2000). In seiner Grundforderung kreist das „Weltethos" um den Satz: „Jeder Mensch muss menschlich behandelt werden" (Küng/Kuschel 1993, 25). Ihm zugesellt ist die Goldene Regel: negativ formuliert: Was du nicht willst, das man dir tut, das füg auch keinem anderen zu. Oder positiv: Was du willst, dass man dir tut, das tue auch den anderen. Die Goldene Regel ist in allen Weltreligionen anzutreffen. Das „Weltethos" konkretisiert sich in vier „unverrückbaren Weisungen" (ebd. 27ff.), „Du sollst nicht töten!", positiv: „Hab Ehrfurcht vor dem Leben!" (ebd.), „Du sollst nicht stehlen!", positiv: „Handle gerecht und fair!" (hier wird die „Verpflichtung auf eine Kultur der Solidarität und eine gerechte Weltordnung" gefordert), „Du sollst nicht lügen!", positiv: „Rede und handle wahrhaftig!", und „Du sollst nicht Unzucht treiben!", positiv: „Achtet und liebet einander!". Küng betont den Unterschied zwischen „Ethik" und „Ethos", die von ihm angestrebte Ebene der das konkrete Verhalten und Handeln bestimmenden Sittlichkeit.

Rawls hat in seinen späteren Arbeiten den rein prinzipienorientierten Standpunkt Kants aufgegeben. Er hält im Sinne des induktiven Ansatzes ebenfalls nach einem „overlapping consensus" Ausschau, der in der politischen Welt tatsächlich erreicht werden könne (Rawls 1985). Konzessionen macht auch Karl-Otto Apel, der jedoch zunächst als Vertreter eines vierten Typus gelten kann. Er setzt transzendentalpragmatisch an.

3.4 Kommunikations- bzw. Diskursethik als Verfahrensethik

Mit seiner neueren Position vertritt K. O. Apel eine *„Komplementaritätsbeziehung"* (1999, 58) zwischen der Suche nach ‚common values' und dem Ansatz der Diskursethik. Apel hat Anfang der siebziger Jahre Kants „transzendentale" Argumentation „transzendentalpragmatisch" auf die Situation von Gesprächen angewendet. Damit ist sie auch für interkulturelle und interreligiöse „Dialoge" einschlägig. Sie verfolgt „prozedurale Normen", ohne den „Prozeduralismus der Diskursethik" übertreiben und überschätzen zu wollen (Apel 1997, 71). Der Grundgedanke ist einfach: Jeder Sprecher erwartet in einem Diskurs die Anerkennung als Subjekt und Gehör für seine Argumentation. Reziprok muss er dasselbe jedem anderen Gesprächspartner zusprechen. Die „Grundnormen eines argumentativen Diskurses (sind) die immer schon anerkannte Gleichberechtigung und gleiche Mitverantwortung aller virtuellen Diskurspartner" (ebd.), andernfalls macht sich jemand eines „performativen Selbstwiderspruchs" schuldig (Apel 1999, 69), will sagen: Er widerspricht im Diskurs-„Vollzug" („Performanz") seiner Absicht und damit sich selbst als vernünftigem Subjekt. Kant hatte die „Selbsteinstimmigkeit der Vernunft" verlangt (ebd.).

Wie schon von Höffe wird auch von Apel das weite und plurale Feld der gegebenen Sittlichkeit in Form von „Werten" und verschiedenen Arten eines „Ethos" bei den Diskursteilnehmern (wie überhaupt in der Welt) vorausgesetzt. Keiner soll in seinen Wertüberzeugungen bevormundet werden. Hier setzt der Gedanke der Komplementarität an: Im von Apel nach anfänglichen Missverständnissen akzeptierten „Weltethos-Programm" (Apel 1999, 58) wie anderswo, besonders in der die Werte der Gemeinschaft und des Gemeinsinns betonenden „kommunitaristischen Ethik", suche man nicht zu Unrecht pragmatisch ein „ethisches Minimum" (ebd.). Sein Einwand im Sinne der Verallgemeinerbarkeitsprüfung bleibt freilich, dass z.B. religionskomparatistisch entdeckte „overlapping values" zwischen ethisch orientierten Religionen, mögen sie auch sehr verbreitet aufzufinden sein, ihre *„Akzeptabilität für alle Betroffenen"* stets erst erweisen müssen (ebd., 68). Das „prozedurale Prinzip der Diskursethik" vertritt mit seinen prozeduralen, d.h. verfahrensethischen „Normen" im Sinne einer „regulativen Idee" (Apel 1997, 76) Interessen, die über empirisch vorhandene gemeinsame Werte grundsätzlich hinausführen und jene Menschen kontrafaktisch gedanklich einbeziehen, die (noch) keinen idealen Diskurs führen können wie Kinder, Unterdrückte, Behinderte und wer auch immer sonst in Gesellschaften, in denen Gerechtigkeit als prozedurale Norm der Gleichheit der Vernunftsubjekte nicht gesichert ist. Die „ideale Kommunikationsgemeinschaft" muss advokatorisch (vgl. Micha Brumliks „advokatorische Ethik") auch die „Interessen der zukünftigen Generationen wahrnehmen, etwa im Zusammenhang mit den ökologischen Problemen" (Apel 1999, 69). Zu Recht ist ferner eine Rückfrage an die Stabilität von induktiv-generalisierend gefundenen ethischen Übereinkünften zu richten, da „jeder *faktisch erreichte* Konsens *fallibel* und daher *provisorisch* ist" (ebd., 70). Bündnisse unter dem Dach gemeinsamer Werte können sich abschwächen und auflösen.

Am Beispiel des Weltethos-Programm kann als weiterer Punkt darauf verwiesen werden, dass die geographisch globale *Verbreitung* von Verboten und Geboten noch nicht per se ihre globale *Geltung* bedeutet, d.h. die verpflichtende Anwendung der eigenen Binnenmoral auf andere Sozietäten, im Welthorizont auf fremde Kulturen, Gesellschaften und Religionen. Solche Ansätze müssen intensiv die Problematik des Anderen und Fremden diskutieren und diese prinzipiell einbeziehen, was nicht geschieht. Die vier „unverrückbaren" Weisungen (nicht zu töten, zu stehlen, zu lügen und Unzucht zu treiben) sind ihrer evolutionären Entstehungsgeschichte nach gut zu erklären: Sie gelten für die Eigengruppe. Die eigene Sozietät ist *überlebensnotwendig* auf die genannten klassisch in der sozialen Tafel des Dekalogs anzutreffenden Verbote angewiesen. Darum sind sie überall verbreitet. Nach außen, zu Fremdgruppen hin wie anderen Stämmen, Ethnien, Völkern, Nationen, Religionen gelten die Verbote nicht von selbst. Hier wird im Tribalismus unserer Tage getötet, fremdes Eigentum angeeignet, der Feind getäuscht, und Frauen werden bis in unsere Zeit vergewaltigt. Für die Tatsache von Mord und Schädigung auch in der Eigengruppe (Familie) muss auf die speziellere Forschung verwiesen werden (exemplarisch Vogel 1989).

Ein zusätzlicher Einwand betrifft die Semantik jedes induktiv kulturvergleichend vorgehenden Ansatzes. Meint etwa das Schriftzeichen, das in der chinesischen Sprache im Konfuzianismus für „Menschlichkeit" steht, dasselbe wie in westlichen Sprachen? Auch die globalen hermeneutischen Probleme werden bislang zu wenig beachtet, weil keine philologischen Experten (Sinologen, Islamwissenschaftler usw.) herangezogen werden.

Fragen sind gegenüber beiden Ansätzen notwendig, auch gegenüber Apels Kommunikations- und Diskursethik, die einen streng universalistischen Anspruch behauptet. Wo bleibt ihr Erfolg in der Praxis, und wie vermeidet sie akademisch-abstrakte Abgehobenheit? Apel verweist darauf, dass die „prozeduralen Prinzipien" (die Anerkennung jedes Sprechers als gleichwertiges Subjekt und in symmetrischer Kommunikation) „in vager Form – durch ständige Prätention – in unseren *tausend Gesprächen und Konferenzen* bereits anerkannt werden" (Apel 1999, 72 f.). Dies ist richtig und ein Fortschritt. Die Praxis von Konferenzen ist aber noch nicht die Praxis des Alltagsverhaltens. Ethische Verständigung über nationale, kulturelle und religiöse Grenzen hinweg gibt noch nicht Gewähr für eine Veränderung von „Mentalitäten" und „Habitus" im breiteren Ausmaß. Fortschritt in Worten wird immer wieder konterkariert durch Rückschritte auf der Ebene des Handelns. Eine verborgene Schicht von Bedingungen wird hierbei zu wenig ergründet, auch in der Erziehungswissenschaft; sie betrifft die Bedingungen in der conditio humana.

4 Die anthropologische Ebene

4.1 Die pessimistische anthropologisch-ethische Hypothese der evolutionären Ethik: die eine Menschheit kann man denken, nicht empfinden

Ich verbinde in dieser und den folgenden Überschriften die Adjektive „anthropologisch" und „ethisch" miteinander, um anzudeuten, dass aus den oft den Autoren verborgen bleibenden eigenen Annahmen über den Menschen, ihr Menschenbild, entsprechende ethische Folgerungen gezogen werden.

Was ist dem Menschen in seiner Verfassung menschlich eigen? Die Antwort hierauf ist eine Voraussetzung für die Beurteilung der effektiven Chancen einer universalen Ethik, denn was hülfe philosophisch-ethische oder religionstheologische Reflexion auf einer Metaebene, wenn sie nicht auf der Einstellungs- und Handlungsebene an potentiell universal ansprechbare ethische Motivationen anknüpfen könnte? Oder anders gesagt: Wir müssen erstens annehmen, dass Menschen in der Regel nicht nach abstrakten Prinzipien handeln, sondern nach den in ihrem Umfeld geltenden und von ihnen durch Sozialisation verinnerlichten Konventionen, Werten und Normen. Sind wir aber auf eine globale Gerechtigkeit binnengesellschaftlich genügend vorbereitet? Nun könnte zwar diese gesellschaftliche Bedingungsseite gesellschaftlich und pädagogisch in Angriff genommen werden – die Hoffnung der „interkulturellen" und „interreligiösen" Erziehung, der „Entwicklungspädagogik", der „Menschenrechtserziehung", der Sensibilisierung für ein „Weltethos" usw. – , wenn nicht zweitens eine weit zurückreichende, zähe menschheitsgeschichtliche Erblast zu beachten wäre. Sind Menschen auch genetisch auf eine ihre Eigengruppe überschreitende universale Ethik prädisponiert?

Die pessimistische Hypothese, dass dies nicht der Fall oder zumindest nur bedingt zu ändern sei, wird inzwischen auf Grund der Arbeiten von Alfred K. Treml u.a. diskutiert (Mahnke/Treml 2000, Görgens et al. 2001). Ich selbst habe manche Annahmen und Befunde bei der Bearbeitung von Aggression, Gewalt, Gewaltvermeidung und Fremdenfeindlichkeit heranziehen können (zuletzt Nipkow 2003), unter Prüfung der Frage, ob das evolutionäre Paradigma mit dem gegenwärtigen Selbstverständnis der Pädagogik kompatibel ist (vgl. Nipkow 2002). Dies ist m. E. nur partiell der Fall, wenn man eine krude, genetisches Erbe verabsolutierende Soziobiologie (z.B. Edward Wilson) vertritt, während der systemtheoretisch gerahmte Ansatz der Rezeption der Evolutionsforschung bei Alfred K. Treml fruchtbarer ist.

Die skeptische These wird anschaulich, wenn man sich das viergliedrige Sozialfeld von „eigen" und „anders", „nah" und „fern" vor Augen führt. Die kreuzförmig sich verbindenden Kodierungen betreffen zwei zentrale Dimensionen jedes Sozialverbandes, zum einen Besitzverhältnisse (Ressourcen), zum anderen Gemeinschaftsbindungen.

- *Was* gehört mir und uns, und was müssen wir gegen andere verteidigen?
- *Wer* gehört zu mir und uns, und gegen wen müssen wir uns schützen und behaupten?

Die Evolution sozialer Lebensformen, also in Gruppen, bot große Vorteile (vgl. Voland 2000), aber Sozialleben hatte und hat auch seinen Preis. Stets geht es um *Kooperation* oder *Abgrenzung*. Unter welchen Umständen das soziale Verhalten entweder mehr durch Vertrauen, Zuneigung, Fürsorge und Kooperation oder durch Misstrauen, Gleichgültigkeit, Abgrenzung und Unterdrückung geprägt ist, hängt entscheidend von vertrauten sozialen Verhältnissen ab, die unmittelbar für das eigene (Über)Leben wichtig sind. Vertreter der Evolutionären Ethik schließen aus, dass neben dem „Verwandtschaftsaltruismus" ein Altruismus existiert, der völlig egalitär alle anderen Lebewesen meint und von dem Verwandtschaftsgrad oder der Wahrscheinlichkeit der Erwiderung des eigenen Altruismus durch reziprokes Handeln („reziproker Altruismus") unabhängig ist. Der österreichische Evolutionsforscher Franz Wuketits behauptet: „Es gibt in Wirklichkeit keinen moralischen Kosmopolitismus, Begriffe wie ‚Menschheit' sind künstliche Gebilde, die evolutionär nicht verankert sind. Die Vorstellung von der Erde als unserer Heimat oder gar eines Universums, in dem wir zu Hause sind, sind Abstraktionen, die ein Lebewesen, welches über Jahrmillionen auf relativ engem Raum gelebt hat, zwar zu denken, nicht aber wirklich zu empfinden vermag" (Wuketits 1995, 19).

4.2 Die optimistische anthropologisch-ethische Hypothese:

4.2.1 Die emotionale Variante einer intuitionistischen Ethik: Menschlichkeit gegenüber allen Menschen entspringt der Unmittelbarkeit des Gefühls

Nach Spuren einer grenzüberschreitenden gefühlsbezogenen „Menschlichkeit" im Sinne eines post-konventionellen Denkens im Konfuzianismus (vgl. Roetz 1992) kehrt in der europäischen Neuzeit diese Linie wieder in der Rede von der „Vernunft des Herzens" bei Blaise Pascal, im Begriff des „Wohlwollens" bei David Hume, der untrüglichen „guten Natur" des „Wilden" bei Jean-Jacques Rousseau, in der „Stimme des Herzens" bei Johann Heinrich Pestalozzi, der Annahme Friedrich Schleiermachers, dass jeder Mensch ein „Kompendium der Menschheit" sei, darum könne ein jeder gegenüber jedem anderen positiv emotional offen sein (finde er ja im anderen sich selbst wieder), und der Mitleidsethik Arthur Schopenhauers. In der Gegenwart geht der amerikanische kommunitaristische Philosoph Michael Walzer von einer angeblich vorhandenen „spontanen, tief empfundenen Menschlichkeit" aus, als „Produkt der Unmittelbarkeit des Gefühls ... Wir helfen den anderen, weil sie genau das sind, was sie sind: Wesen wie wir selbst – und nicht, weil sie auch Franzosen oder Norweger, Chinesen oder Inder, Katholiken oder Muslime, Liberale oder Sozialisten sind" (Walzer 1999, 42), allerdings unter den Bedingungen der Nähe. Die Beispiele bezieht Walzer aus dem Alltag: mit Rousseau das Beispiel des um Hilfe Rufenden „auf der Straße" (ebd., 38) oder „das Bild eines hungernden Kindes" (ebd., 40).

Man kann philosophisch-ethisch von einer *„intuitionistischen"* Hypothese sprechen, die gegenüber den im Kopf angenommenen ethnisch-kulturellen oder religiös-dogmatischen Barrieren eine anscheinend untrügliche, universal alle anderen Menschen mit umschließender Unmittelbarkeit des Gefühls annimmt.

In Deutschland vertritt der Sozialpsychiater Horst-Eberhard Richter (2003, 71) vehement diese philosophisch-anthropologische Linie, weil das Generalthema der Neuzeit die hybride Selbstzerstörung sei, ein rationalistischer männlicher Eroberungs-, Unterwerfungs- und Gotteskomplex, die Sucht zu sein wie Gott, dem mit den verdrängten Kräften des Herzens Einhalt geboten werden müsse.

Wieweit aber verfällt die skizzierte Linie der Erfahrung eines unmittelbaren humanen Gefühls – angeblich ausnahmslos für jeden anderen – nicht doch einer Selbsttäuschung? Im Anblick des Leidens auf der Welt, so Horst-Eberhard Richter, entspringe das „Mitfühlen als natürliche Anlage" (Richter 2003, 55). Dorothee Sölle sieht das in ihrem Buch über „Leiden" (1973) anders: „Sieht man von einem sentimentalen Erschauern ab, so ist uns das Mit-Leiden nicht natürlich oder selbstverständlich. Der Instinkt der Hühner, sich auf das verwundete zu stürzen, ist von uns nur wenig gemildert" (Sölle 1973, 208). Hinzugefügt sei, dass unterlassene Hilfeleistung in Deutschland unter Strafe steht; sie ist offensichtlich alles andere als selbstverständlich.

Aber auch die pessimistische Hypothese erliegt einer verkürzenden Sicht, wenn sie übersieht, dass die Kraft positiver affiliativer Gefühle, die wie die Evolutionsforschung weiß, in der Mutter-Kind-Bindung wurzeln, unter bestimmten Bedingungen auch auf fremde und entfernt lebende Menschen übertragen werden kann (vgl. Nipkow 2003).

4.2.2 Die rationale diskursethische Variante: alle Menschen können auf die Gleichheit der Vernunft angesprochen werden

Nur knapp sei die Frage aufgeworfen, wo die verbreitete Betonung von vernünftigen Diskursen ihre anthropologische Wurzel hat. Apel geht ihr in den zwei herangezogenen neueren Abhandlungen gar nicht nach. Hinweise auf Kohlbergs kognitiv-strukturelle Entwicklungspsychologie und hier auffällig nur auf die Stufe der „postkonventionellen Ethik", ferner der ständige Rekurs auf die Vernunft zeigen aber: Der Diskursansatz setzt bestimmte kognitive Kompetenzen und noch dazu entwicklungsabhängige voraus, ferner die zwingende Wirkung einer dem Menschen innewohnenden „Vernunft" in ihrer strukturellen Gleichheit. Für alle Kulturen soll gelten, dass menschlicher „Vernunftgebrauch *selbsteinstimmig*" sei (Apel 1999, 69). Was ist zu sagen, sofern in Asien paradoxe Denkformen in nichtlogischer Form im Kurs stehen, z.B. die buddhistischen Koans? Gibt es „die" Vernunft? Und wie lernen Mehrheiten?

5 Pädagogischer Ausblick

Obwohl sie nicht mehr zu dem mir anvertrauten Thema gehören, sind einige pädagogische Folgerungen bereits angedeutet worden (Rechtserziehung, Erziehung zu Demokratie, informelle Lernprozesse durch Teilnahme an Basisbewegungen). Die zuletzt vorgestellten ethischen Ansätze verweisen trotz ihrer Schwächen auf die Notwendigkeit einer frühen, systematischen Einübung von Diskursen in allen pädagogischen Institutionen, von interkulturellen und interreligiösen Erfahrungen in der Nähe in face-to-face Kontakten, interkulturellen Kindertagesstätten bis zu einer multikulturellen Schulkultur, und von „strukturellem Lernen" zum Abbau tiefenstrukturell verwurzelter dualistischer Denkmuster (Freund-Feind-Denken). Gegen jede Art von Xenophobie wirkt am stärksten ein zeitweiliges tägliches Zusammenleben im fremden Sozialisationsraum.

Literatur

Apel, K.-O. (1997): Ethnoethik und universalistische Makroethik: Gegensatz oder Komplementarität? In: Lütterfelds, W./ Mohrs, Th. (Hg.): Eine Welt – Eine Moral? Eine kontroverse Debatte. Darmstadt, S. 60-76.

Apel, K.-O. (1999): Globalisierung und das Problem der Begründung einer universalen Ethik. In: Kuschel et al. 1999, a.a.O. S. 48-75.

Brumlik, M. (1999): Zur Begründung der Menschenrechte im Buch Amos. In: Brunkhorst, H. et al. (Hg.): Recht auf Menschenrechte: Menschenrechte, Demokratie und internationale Politik. Frankfurt a. M., S. 11-19.

Görgens, S./Scheunpflug, A./Stojanov, K. (Hg.) (2001): Universalistische Moral und weltbürgerliche Erziehung. Die Herausforderung der Globalisierung im Horizont der modernen Evolutionsforschung. Frankfurt a. M.

Höffe, O. (1992): Ethik und Politik. Grundmodelle und -probleme der praktischen Philosophie. Frankfurt a. M. 1979 (4. Aufl. 1992).

Kristeva, J. (1990): Fremde sind wir uns selbst. Frankfurt a. M.

Küng, H./Kuschel, K.-J. (Hg.) (1993): Erklärung zum Weltethos. Die Deklaration des Parlamentes der Weltreligionen. München.

Kuschel, K.-J./Pinzani, A./Zillinger, M. (Hg.) (1999): Ein Ethos für eine Welt? Globalisierung als ethische Herausforderung. Frankfurt a. M./New York.

Lähnemann, J./Haussmann, W. (Hg.) (2000): Unterrichtsprojekte Weltethos I und II. Hamburg.

Mahnke, H.-P./Treml, A. K. (Hg.) (2000): Total global. Weltbürgerliche Erziehung als Überforderung der Ethik? Edition ethik kontrovers 8. Frankfurt a. M.

Nipkow, K. E. (1998): Bildung in einer pluralen Welt. Bd. 1: Moralpädagogik im Pluralismus. Gütersloh.

Nipkow, K. E. (2002): Möglichkeiten und Grenzen eines evolutionären Paradigmas in der Erziehungswissenschaft. In: ZfPäd., H. 5/2002, S. 670-689.

Nipkow, K. E. (2003): God, Human Nature and Education for Peace: new approaches to moral and religious maturity. Aldershot.

Rawls, J. (1971): A Theory of Justice. Cambridge (Mass.).

Rawls, J. (1985): Justice as Fairness: Political not Metaphysical. In: Philosophy and Public Affairs 14 (1985), H. 3.

Richter, H. E. (2003): Das Ende der Egomanie. München.

Roetz, H. (1992): Die chinesische Ethik der Achsenzeit. Eine Rekonstruktion unter dem Aspekt des Durchbruchs zu postkonventionellem Denken. Frankfurt a. M.

Schelling, F. W. J. (1827): Zur Geschichte der neueren Philosophie. Leipzig 1827/1968.

Sölle, D. (1973): Leiden. Stuttgart.

Tibi, B. (1996): Im Schatten Allahs. Der Islam und die Menschenrechte. München.

Vogel, Ch. (1989): Vom Töten zum Mord. Das wirkliche Böse in der Evolutionsgeschichte. München.

Voland, E. (2000): Grundriss der Soziobiologie. Heidelberg/Berlin.
Walzer, M. (1999): Zur Erfahrung von Universalität. In: Kuschel et al. 1999, a.a.O. , S. 38-47.
Wuketits, F. (1995): Entwurzelte Seelen. Biologische und anthropologische Aspekte des Heimatgedankens. In: Universitas 50 (1995) 1, S. 11-24.

Klaus Hirsch
Quo vadis Humanitas?

Ich habe meinem Beitrag bewusst einen Titel in Lateinisch und in Frageform gegeben. Warum lateinisch? Lateinisch steht symbolisch für die Anknüpfung an die christlich-abendländische Tradition. Das Wort *Humanitas* ist in seiner lateinischen Form in fast allen europäischen Sprachen erhalten geblieben. Warum als Frageform? Weil mit dem Nachdenken über Humanitas, über Humanität, etwas in Frage steht.

Der Begriff *Humanität* geht heute nicht so leicht über die Lippen, und dennoch bin ich überzeugt davon, dass wir ihn und das, was er bezeichnet, dringend brauchen. Humanität und Humanismus ist insofern ein schillernder Begriff, da er durch die 2000-jährige Geschichte eine Vielzahl von Deutungen angenommen hat, von der der Antike verpflichteten Bildung über den sozialistischen Humanismus zu humanitären militärischen Einsätzen. Aber er beinhaltet immer doch auch noch in sich eine sehr grundsätzliche Bedeutung, in der es um die Bewahrung der Menschlichen geht. Ich möchte deshalb nicht gerne Grillparzer folgen, der in einem Epigramm 1849 formulierte: „Der Weg der neuern Bildung geht von Humanität durch Nationalität zur Bestialität".

Die Frage ist, wie dem Wort Humanismus seinen Sinn wieder geben. Heidegger definiert in seinem berühmten Brief über den Humanismus (1949) folgendermaßen: „Das ist Humanismus: Sinnen und Sorgen, dass der Mensch menschlich sei und nicht un-menschlich, ‚inhuman', das heißt außerhalb seines Wesens. Doch worin besteht die Menschlichkeit des Menschen? Sie ruht in seinem Wesen. Aber woher und wie bestimmt sich das Wesen des Menschen?" (Heidegger 1976, 319).

Wir sind aus dieser Frage nach dem Wesen des Menschen nie entlassen und müssen uns ihr in kontroversen Auseinandersetzungen immer neu stellen. Heidegger befragt zunächst Marx, der den menschlichen Menschen in der Gesellschaft findet. Er befragt den Christen, der die Menschlichkeit des Menschen abgrenzt gegen die Göttlichkeit, *Humanitas versus Deitas*, und er landet dann sehr schnell beim Ursprung des Begriffs, in der Antike, in der römischen Republik. Der Römer als *homo humanus*, der dem *homo barbarus* gegenüber gestellt ist. Heidegger weist darauf hin, dass Humanitas eine Übersetzung des griechischen

Begriffs *paideia* ist. *Paideia* bezeichnet Erziehung, Bildung, wie sie in den Philosophenschulen gelehrt wurde.

Im Neuen Testament erscheint dieser Begriff als Erziehung zur Gerechtigkeit in einem Apostelbrief, 2. Timotheus 3, 16: Dies ist die Erziehung, die Gott will. Sie wird ausdrücklich als Erziehung des Herrn bezeichnet.

Für eine Erziehung zur Gerechtigkeit, für eine humanitäre Haltung im Sinne des Mühens um den Menschen, um seine Menschlichkeit, um gerechte Verhältnisse, dafür muss ich nicht in die Antike zurückgehen. Es mag manchmal hilfreich sein, stimulierend und anregend, sich traditioneller Wurzeln zu vergewissern. Wie können wir heute das humane Menschenbild formulieren, das bei Cicero als Ideal folgendermaßen formuliert ist: Den homo humanus kennzeichnet „sittliche und geistige Bildung, menschlicher Edelmut, Würde und Adel menschlichen Geistes, Ehrbarkeit, Witz, Geschmack, Humor, Anmut, Eleganz, Feinsinnigkeit, Geist, Bildung, Erziehung, Urbanität, innere Ausgeglichenheit, Freundlichkeit, Güte, Milde, Menschenfreundlichkeit, Gastfreundlichkeit, Großzügigkeit, Freigiebigkeit" (Rieks 1974, 1231).

Kehren wir zurück zu Heideggers Definition: Humanes Handeln verstanden als sinnen und sorgen darum, dass der Mensch menschlich sei und nicht unmenschlich, inhuman, das heißt außerhalb seines Wesens. Hinter der Frage: *Quo vadis Humanitas?* steht heute die Sorge, dass der Mensch mit seinem Wesen in einer globalen von ökonomischen Prioritäten und Sicherheitsinteressen bestimmten Welt verloren geht.

Ein weiterer wichtiger Gesprächspartner im Diskurs um Humanität, der in der christlich-abendländischen Tradition befragt werden kann, ist Herder. In seinen „Briefen zur Beförderung der Humanität" diskutiert auch er die Problematik des Begriffs Humanität und kommt zu dem Ergebnis: „Also wollen wir bei dem Wort *Humanität* bleiben ... Humanität ist der *Charakter unsres Geschlechts*; er ist uns aber nur in Anlagen angeboren, und muss uns eigentlich angebildet werden. Wir bringen ihn nicht fertig auf die Welt mit; auf der Welt aber soll er das Ziel unseres Bestrebens, die Summe unserer Übungen, unser Wert sein ... Das *Göttliche* in unserm Geschlecht ist also *Bildung zur Humanität*" (Herder 1991, 148).

Hier redet der Pädagoge und hat vielleicht mit diesen Worten auch etwas zur entwicklungspolitischen Bildung zu sagen. Bildung zur Humanität ist hier verstanden als Ausbildung des Göttlichen im Menschen. Hier begegnen sich Philosophie, Pädagogik und Religion bei der Frage um die Menschlichkeit des Menschen wider alle Unmenschlichkeit und Brutalität. In alten biblischen Schriften, z.B. bei Jesaja 58,6ff. klingt das so: „Gib frei, die du bedrückst, reiß jedes Joch weg...Wenn du in deiner Mitte niemand unterjochst...sondern den Hungrigen dein Herz finden lässt und den Elenden sättigst, dann wird dein Licht in der Finsternis aufgehen, und dein Dunkel wird sein wie der Mittag."

Das ist die wahre *humane Erziehung*. Deren bedarf es aber: Denn, wie gesagt, wir bringen Humanität nicht fertig auf die Welt mit, wie Herder sagt. Es bedarf der Lehre, der *Erziehung zur Gerechtigkeit*.

Ein eindrucksvolles Beispiel dafür, um was es bei der Frage nach der Humanität geht, gibt Chesterton in seinem 1910 erschienenen Buch „What's wrong with the world?". Darin kommt Chesterton zu dem Ergebnis: Wenn einem Mädchen ein Haar gekrümmt wird, dann *something is wrong with the world*. Er bezieht sich zu Beginn des 20. Jahrhunderts auf eine Praxis in London, jungen Mädchen wegen Läusen die Haare zu schneiden und er analysiert scharf: Dies betrifft natürlich nur die Armen der Gesellschaft, die in unmenschlichen, unhygienischen Verhältnissen leben müssen. Dann stellt er die Frage: Warum kamen die Doktoren nie auf die Idee, die Läuse zu vernichten, statt die Haare, also die ungerechten Verhältnisse zu ändern, die es zulassen, dass Kinder in Armut und Schmutz aufwachsen?

Wenn eine Gesellschaft ihre Untertanen in den Schmutz schickt, dann scheint es einfacher, die Haare abzuschneiden, statt die Köpfe der Tyrannen, der Verantwortlichen. Nie scheint den Herrschenden das Unrecht von Slums in den Sinn zu kommen: das ist die Lektion der Läuse. Ich beginne mit den Haaren der Mädchen, sie sind zu schützen und wenn Landlords, Gesetze, Wissenschaften dagegen sind, dann müssen diese gehen. Das junge Mädchen „is the human and sacred image; all around her, the social fabric shall sway and split and fall; the pillars of society shall be shaken, and the roofs of ages come rushing down; and not one hair of her head shall be harmed" (Chesterton o.J., 194). Nicht ein Haar von dem Haupt eines jungen Mädchens soll gekrümmt werden. Doch so lange das immer noch passiert *something is wrong with the world*.

Literatur

Chesterton, G. K. (o. J.): What's wrong with the world? San Francisco.
Grillparzer, F. (1971): Werke Band III, Gedichte, Epigramme, Satiren, autobiografische Schriften. München.
Heidegger, M. (1976): Brief über den Humanismus (1946). In: Gesamtausgabe, Band 9, Wegmarken, S. 313-364. Frankfurt a. M.
Herder, J. G. (1991): Briefe zur Beförderung der Humanität. Frankfurt a. M.
Rieks, R. (1974): Humanitas. In: Ritter, J. (Hg.): Historisches Wörterbuch der Philosophie, Band 3, 1231 f., Darmstadt.

Veröffentlichungsnachweise

Wolfgang Sachs: Ökologie – die neue Farbe der Gerechtigkeit.
Der Beitrag ist angelehnt an das Johannesburg-Memorandum der Heinrich-Böll-Stiftung (2002), das der Autor koordiniert hat, sowie an die Studie Wolfgang Sachs: Ökologie und Menschenrechte, Wuppertal Paper Nr. 131, Wuppertal Institut für Klima, Umwelt, Energie 2003.

Kerstin Müller: Entwicklung und Sicherheit in der globalisierten Welt.
Erstveröffentlicht in: Zeitschrift Entwicklungspolitik 12/2004, S. 25-29.

Ulrich Menzel: Die neue Politisierung der Entwicklungspolitik.
Erstveröffentlicht in: Zeitschrift Entwicklungspolitik 14/15/2004, S. 20-26.

Thomas Kesselring: Wozu Entwicklungspolitik?
Eine gekürzte Fassung dieses Beitrag erschien vorab in: Zeitschrift Entwicklungspolitik 12/2004, S. 33-38.

Corinna Mieth: Sind wir zur Hilfe verpflichtet?
Eine gekürzte Fassung dieses Beitrags erschien vorab in: Zeitschrift Entwicklungspolitik 14/15/2004, S. 27-33.

Christoph Stückelberger: Grundwerte und Prioritäten globaler Entwicklung.
Eine gekürzte Fassung dieses Beitrags erschien vorab in: Zeitschrift Entwicklungspolitik 14/15/2004, S. 34-38.

Klaus Seitz: Die Sicherheitsfalle.
Erstveröffentlicht in: epd-Entwicklungspolitik 16/17/2003, S. 41-45. Der Beitrag wurde für diese Publikation überarbeitet und aktualisiert.

Alexander Lohner: Option für die Armen oder Strategie der Sicherheitspolitik?
Eine gekürzte Fassung dieses Beitrags erschien in: Zeitschrift Entwicklungspolitik 12/2004, S. 30-32.

Joachim Lindau: Zwischen Sicherheitskalkül, Eigeninteresse und Barmherzigkeit.
Eine gekürzte Fassung dieses Beitrags erschien in: Zeitschrift Entwicklungspolitik 14/15/2004, S. 39-41.

Lothar Brock: Die Eigeninteressen der Entwicklungsagenturen.
Erstveröffentlicht in: epd-Entwicklungspolitik 7/2001, S. 34-39.

Gerhard Kruip: Wechselseitige Verpflichtungen.
Erstveröffentlicht in: Zeitschrift Entwicklungspolitik 12/2004, S. 39-40.

Wolfgang Benedek: Rechtlich-institutionelle Grundlagen einer gerechten Weltordnung.
Eine gekürzte Fassung des Beitrags erschien vorab in Zeitschrift Entwicklungspolitik 20/2004, S. 21-25.

Brigitte Hamm: Unternehmensverantwortung und Global Governance.
Eine gekürzte Fassung des Beitrags erschien vorab in Zeitschrift Entwicklungspolitik 12/2004, S. 41-46.

Ute Hausmann: Entwicklungspolitik als praktische Menschenrechtspolitik.
Originalbeitrag.

Jens Martens: Globale Öffentliche Güter – ein neues Paradigma für die Entwicklungszusammenarbeit?
Es handelt sich um die für diese Publikation überarbeitete und aktualisierte Fassung eines Arbeitspapiers, das der Autor zusammen mit Roland Hain für die Heinrich-Böll-Stiftung verfasst hat (World Summit Papers No. 20, Berlin 2002).

Marianne Heimbach-Steins: Bildung und Beteiligungsgerechtigkeit.
Erstveröffentlicht in: Zeitschrift für internationale Bildungsforschung und Entwicklungspädagogik 26 (2003) 4, S. 21-26. Der Beitrag wurde für diese Publikation ergänzt.

Eckart Voland: Eigennutz und Solidarität
Erstveröffentlicht in: Zeitschrift für internationalen Bildungsforschung und Entwicklungspädagogik 26 (2003) 4, S. 15-20.

Karl Ernst Nipkow: Universalistische Ethik in einer pluralistischen Welt.
Erstveröffentlicht in: Zeitschrift für internationalen Bildungsforschung und Entwicklungspädagogik 26 (2003) 4, S. 9-14.

Klaus Hirsch: Quo vadis Humanitas?
Eine gekürzte Fassung dieses Beitrags erschien vorab in: Zeitschrift Entwicklungspolitik 10/2004, S. 22-23.

Die Autorinnen und Autoren

Benedek, Wolfgang
Univ.-Prof. Dr. Dr. h.c., Professor für Völkerrecht am Institut für Völkerrecht und Internationale Beziehungen der Karl-Franzens-Universität Graz; Leiter des Europäischen Trainings- und Forschungszentrums für Menschenrechte und Demokratie (ETC) in Graz.

Brock, Lothar
Prof. Dr., Professor emeritus am Institut für Vergleichende Politikwissenschaft und Internationale Beziehungen der Johann-Wolfgang-Goethe-Universität in Frankfurt am Main, Vorsitzender der Kammer für Entwicklung und Umwelt der Evangelischen Kirche in Deutschland.

Hamm, Brigitte
Dr., wissenschaftliche Mitarbeiterin am Institut für Entwicklung und Frieden der Universität Duisburg-Essen.

Hausmann, Ute
Diplomentwicklungspolitologin, Grundsatzreferentin der deutschen Sektion des FoodFirst Informations- und Aktionsnetzwerkes (FIAN), Herne.

Heimbach-Steins, Marianne
Prof. Dr., Professorin für Christliche Soziallehre und Allgemeine Religionssoziologie an der Katholisch-Theologischen Fakultät der Universität Bamberg.

Hirsch, Klaus
Dr., Studienleiter für internationale Wirtschaftsbeziehungen und interkulturelle Kommunikation an der Evangelischen Akademie Bad Boll.

Kesselring, Thomas
Priv.-Doz. Dr., Privatdozent für Ethik und Philosophie an der Universität Bern.

Kruip, Gerhard
apl. Prof. Dr., Direktor des Forschungsinstituts für Philosophie in Hannover und Vorsitzender der Sachverständigengruppe „Weltwirtschaft und Sozialethik" der Wissenschaftlichen Arbeitsgruppe für weltkirchliche Aufgaben der Deutschen Bischofskonferenz.

Lindau, Joachim
Programmdirektor von Brot für die Welt, Stuttgart.

Lohner, Alexander
Priv.-Doz. Dr. Dr., Theologischer Grundsatzreferent beim Bischöflichen Hilfswerk Misereor, Aachen und Dozent für Theologische Ethik an den Universitäten Kassel und München.

Martens, Jens
Diplom-Volkswirt, Vorstandsmitglied und Programmleiter „Investitionen /Internationale Umwelt- und Entwicklungspolitik" bei der Nichtregierungsorganisation WEED e.V. (Weltwirtschaft, Ökologie und Entwicklung), Bonn.

Menzel, Ulrich
Prof. Dr., Professor für Internationale und Vergleichende Politik und geschäftsführender Leiter des Instituts für Sozialwissenschaften der Technischen Universität Braunschweig.

Mieth, Corinna
Dr., wissenschaftliche Assistentin am Philosophischen Seminar der Universität Bonn.

Müller, Kerstin
Mitglied des Deutschen Bundestages (Bündnis 90/Die Grünen), Staatsministerin im Auswärtigen Amt, Berlin.

Nipkow, Karl Ernst
Prof. Dr. Dr. h. c., Professor emeritus für Praktische Theologie (Religionspädagogik) an der Evangelisch-theologischen Fakultät und kooptiertes Mitglied für Erziehungswissenschaft an der Fakultät der Sozial- und Verhaltenswissenschaften der Universität Tübingen.

Sachs, Wolfgang
Dr., Wissenschaftler am Wuppertal Institut für Klima, Umwelt, Energie GmbH, Wuppertal.

Seitz, Klaus
Priv.-Doz. Dr., Redakteur der Zeitschrift Entwicklungspolitik, Frankfurt am Main, und Privatdozent für Allgemeine Erziehungswissenschaft und Internationale Bildungsforschung an der Universität Hannover.

Stückelberger, Christoph
Prof. Dr., Zentralsekretär von Brot für alle, Bern, und Professor für Ethik an der Theologischen Fakultät der Universität Basel.

Voland, Eckart
Prof. Dr., Professor für Philosophie der Biowissenschaften an der Universität Gießen.

Anschriften der Herausgeber:

Dr. Klaus Hirsch, Evangelische Akademie Bad Boll,
Akademieweg 11, D-73087 Bad Boll., Tel. 07164/79257,
E-Mail: klaus.hirsch@ev-akademie-boll.de

Dr. Klaus Seitz, Zeitschrift Entwicklungspolitik,
Emil-von-Behring-Straße 3, D-60439 Frankfurt/Main, Tel. 069/58098-140,
E-Mail: seitz@entwicklungspolitik.org

Zeitschrift
Entwicklungs-
POLITIK

unabhängig • politisch • kritisch

Das drei Mal vom Bundespräsidenten mit dem „Journalistenpreis Entwicklungspolitik" ausgezeichnete Forum für den Nord-Süd-Dialog für Sie – und mit Ihnen!

Beteiligen auch Sie sich am öffentlichen Diskurs!
Nutzen und abonnieren Sie die Zeitschrift!
Fordern Sie Probeexemplare (gratis) und Prospekt an!
Für Ihre thematischen Anregungen erreichen Sie
den Chefredakteur K.Friedrich Schade.

Zeitschrift Entwicklungspolitik
Emil-von-Behring-Str. 3 • D-60439 Frankfurt/M
Tel. +49/(0)69/580 98-138 • Fax -139
zeitschrift@entwicklungspolitik.org